LAS CIENCIAS OCULTAS.

LAS
CIENCIAS OCULTAS.

ENSAYO

SOBRE LA MAGIA, LOS PRODIGIOS Y LOS MILAGROS

POR

EUSEBIO SALVERTE.

TRADUCIDO

DE LA TERCERA EDICION FRANCESA

POR

D. F. J. ORELLANA.

»Non igitur oportet nos magicis illusionibus
uti, cum potestas philosophica doceat operari quod sufficit.»
Rog. Bacon, *De secr. oper. art. et nat.* G. V.

BARCELONA:
IMPRENTA Y LIBRERÍA DE SALVADOR MANERO,
Rambla de Sta Monica, num 2, frente á Correos.
1865.

Es propiedad de Salvador Manero.

LAS CIENCIAS OCULTAS.

ENSAYO

SOBRE LA MAGIA, LOS PRODIGIOS Y LOS MILAGROS.

CAPITULO PRIMERO.

El hombre es crédulo, porque es naturalmente verídico.—Aprovechando su credulidad y poniendo en juego sus pasiones, algunos hombres superiores han hecho que se doblegue á una especie de sumision religiosa.—Las relaciones de las maravillas que les conducian á este fin no todas son falsas, por lo que es útil y al mismo tiempo curioso estudiar los hechos contenidos en estas relaciones y las causas de que los mismos hechos se derivan.

El hombre nace y muere crédulo; pero de tan honroso principio se deriva cierta disposicion, cuyas consecuencias le precipitan en un cúmulo de errores y de males. Naturalmente verídico, se inclina á hacer de sus palabras la expresion de sus sensaciones, de sus sentimientos y de sus recuerdos, con la misma verdad que sus lloros y sus gritos de dolor y júbilo, y sobre todo sus miradas y los movimientos de su fisonomía revelan sus padecimientos, sus temores ó sus placeres. La palabra engaña con mas frecuencia que los signos mudos ó inarticulados, porque el discurso participa mas del arte que de la naturaleza; pero es tal la fuerza de la inclinacion que nos arrastra hácia la verdad, que el hombre mas habituado á faltar á ella se halla dispuesto á suponer que la respetarán los demás; y para que les niegue su crédito, es preciso que encuentre en sus afirmaciones algo que repugne á lo que ya sabe, ó que le haga sospechar el deliberado intento de engañarle.

La novedad de los objetos y la dificultad de compararlos con otros objetos conocidos no perturban la credulidad del hombre sencillo. Son para él nuevas sensaciones que recibe sin discutirlas; y su singularidad es acaso un atractivo que le hace aceptarlos con mas gusto. El hombre, casi siempre, ama y busca lo maravilloso. ¿Es natural este gusto? ¿Se deriva de la educacion que, durante muchos siglos, ha recibido el género humano de sus primeros institutores? Hé aquí una cuestion vasta y todavía nueva, pero que no es el objeto de mis investigaciones. Baste observar que, inclinándonos siempre la aficion á lo maravilloso á preferir el relato mas sorprendente al mas natural, muy á menudo ha sido este último abandonado, perdiéndose para siempre. Algunas veces, sin embargo, y de ello presentaremos mas de un ejemplo, la verdad sencilla ha podido salvarse del olvido.

El hombre confiado puede ser engañado una ó muchas veces; pero su credulidad no basta para dominar su existencia entera. Lo maravilloso no excita mas que una admiracion pasagera: en 1798, notaron sorprendidos los franceses lo poco que al egipcio indolente conmovía el espectáculo de los globos aereostáticos: los salvages suelen ver á un europeo ejecutar actos de destreza y habilidades de física que no pueden ni desean siquiera explicar, siendo un espectáculo que les divierte, sin consecuencia para ellos, y sin que perturbe de modo alguno su tranquila independencia.

Pero se conduce al hombre por medio de sus pasiones, y sobre todo por la esperanza y el temor. ¿Y qué otra cosa puede producir, mantener y exaltar mas el temor y la esperanza que una credulidad confiada? Túrbase la razon; la imaginacion se puebla de maravillas, y no solo se crée en actos sobrenaturales, sino que en ellos se ven los beneficios y las venganzas, y se leen las órdenes y las amenazas de los seres omnipotentes que tienen el destino de los débiles mortales en sus terribles manos.

Desde los tiempos mas antiguos, los hombres superiores que quisieron imponer á sus semejantes el freno de la religion, presentaron los milagros y los prodigios como signos distintivos de su mision, como obras inimitables de la divinidad, cuyos intérpretes eran ellos. Sobrecogida de asombro, la muchedumbre se inclinó bajo el yugo, y el hombre mas soberbio golpeó las gradas del altar con su frente humillada.

Han transcurrido los siglos; y ora consolado, ora víctima del terror, algunas veces regido por leyes justas, sometido las mas á tiranos caprichosos ó feroces, el género humano ha creido y obedecido. La historia de todos los paises y de todas las edades llena está de relatos maravillosos, que nosotros hoy rechazamos con desden; desden poco filosófico. ¿Acaso, no merecen el mas alto interés las creencias que han ejercido tan poderoso influjo en los destinos del género humano? ¿Podemos olvidar que la intervencion de la divinidad, visible en los prodigios y los milagros, ha sido casi en todas partes el instrumento mas poderoso de la civilizacion, y que hasta los sabios han dudado (1) si pueden existir leyes, instituciones duraderas, sin la garantía que asegura esta intervencion universalmente respetada?

Si consideramos los mismos hechos con relacion á sus causas, el desden es todavía menos fundado: el orígen de las fábulas que nos parecen mas repugnantes pertenece quizás á una parte honorífica de la historia del género humano. En las relaciones maravillosas, no todo puede ser ilusion y mentira. La credulidad, como la invencion, tiene sus límites. Debemos estudiar al hombre, no en las tradiciones mentirosas, sino en sus hábitos constantes: dificilmente se arraigará una impostura, y mas dificilmente nacerá, si no encuentra en nuestras sensaciones ó en nuestros recuerdos nada que la secunde. El hombre es crédulo, porque es naturalmente verídico; y la mentira es mas adecuada para denegar, disfrazar ó dislocar la verdad, que para contrahacerla (2). La invencion, hasta en las cosas mas pequeñas, cuesta esfuerzos de que no siempre es el hombre capaz. El genio inventor, aun cuando solo se ejerce para instruirnos ó agradarnos, cede continuamente á la necesidad de acercarse á la realidad y de mezclarla con sus creaciones, seguro de que, sin este artificio, en-

---

(1) J. J. Rousseau, *Du contrat social*, lib. IV. cap. 8.
(2) »Dificilmente se supone una cosa de todo punto inverosímil; y, »preciso es decirlo, un hecho de esta naturaleza casi nunca es inexacto» (Sainte Croix, *Exámen crítico de los historiadores de Alejandro*. 2.ª edicion en 4.°, Paris, 1804, pág. 29.

contrarian poco acceso en el espíritu humano. Con mucha mas razon, el hombre que tiene un gran interés en subyugar nuestra credulidad, rara vez aventurará una fábula que no tenga por base algun hecho verdadero, ó que no admita al menos la suposicion de su posibilidad. Esto se descubre en las imitaciones tomadas de comarcas y edades remotas, y en las repeticiones en que abunda la historia de los prodigios, apenas disfrazadas por la alteracion de algunos detalles; y esto se reconocerá todavía mejor, convenciéndose con nosotros de que la mayor parte de los hechos maravillosos pueden explicarse por un corto número de causas, mas ó menos fáciles de discernir y desenvolver.

La investigacion de estas causas no tiene por objeto satisfacer una vana curiosidad. Los prodigios, nacidos de una observacion mas ó menos exacta de la naturaleza; las invenciones y si se quiere las imposturas de los taumaturgos, en su mayor parte deben pasar al dominio de las ciencias físicas. Considerada bajo este aspecto la historia de las ciencias, de sus progresos y de sus variaciones, puede suministrar datos preciosos acerca de la antigüedad de la civilizacion y de sus vicisitudes; así como tambien dar curiosos indicios sobre los orígenes, aun no sospechados, de algunos de nuestros conocimientos.

Otra ventaja, en fin, recompensará nuestras investigaciones: por ellas, esclarecida la Historia, puede presentársenos bajo un nuevo aspecto; pues restableceremos la realidad de los hechos; daremos á los historiadores un carácter de veracidad, sin el cual todo lo pasado sería perdido para la historia del hombre civilizado; porque una vez convencidos de ignorancia y mentira en sus relatos de acontecimientos maravillosos, repetidos á cada paso, ¿qué fé merecerian en sus demás relaciones por muy verosímiles que sean? Justamente desacreditada por la contínua mezcla del error con la verdad, y falta de interés para la filosofía moral y para la política, la Historia no seria mas que una *fábula convenida*, y así precisamente la han juzgado algunos sabios. Pero no: el hombre civilizado, que ha estudiado y descrito las costumbres de tantas especies vivientes, no se halla reducido al punto de degradacion de no haber conservado mas que fábulas en las memorias que pueden darle á conocer su propia especie. Léjos de no ofrecer mas que un repertorio de inepcias y mentiras, las páginas de la Historia nos abren los archivos de una política sabia y misteriosa, de la cual se han valido en todos tiempos algunos hombres superiores para regir al género humano, para conducirle á la felicidad ó al infortunio, á la abyeccion ó á la grandeza, á la esclavitud ó á la libertad.

CAPITULO II.

Distincion de los *prodigios* y de los *milagros*.—Motivos que hacen creibles los relatos maravillosos: 1.º el número y la concordancia de estos, y la confianza que merecen los observadores y los testigos; 2.º la posibilidad de hacer que desaparezca lo maravilloso, remontándose á alguna de las causas principales que han podido dar un colorido maravilloso á un hecho natural.

Dividamos en dos partes el dominio de lo maravilloso: una que comprenda los prodigios, y otra los milagros y las obras mágicas.

Independientes de toda accion humana, los *prodigios* son aquellos acontecimientos singulares que no produce la naturaleza sino separándose aparentemente de sus invariables leyes.

Todo es prodigio para la ignorancia, que fuera del estrecho círculo de sus alcances no acierta á ver la órbita donde se mueve el universo. Para el filósofo no existen los prodigios: un nacimiento monstruoso, el derrumbamiento súbito de la roca mas dura, sabe que resultan de causas tan naturales, tan necesarias como la sucesion alternativa del dia y de la noche.

Los prodigios que, en otros tiempos, ejercian un poder omnímodo sobre los temores, los deseos y las resoluciones de los hombres, hoy no hacen mas que despertar la incredulidad y provocar el exámen de los sabios. En la infancia de las sociedades, los hombres superiores se apoderaban de todos los hechos raros, de todas las maravillas reales ó aparentes, para transformarlos á los ojos del vulgo en testimonios de la cólera, de las amenazas, de las promesas ó de la benevolencia de los dioses.

Los *milagros* y las *obras mágicas*, atribuidas igualmente á una influencia sobrenatural, son maravillas ejecutadas por los hombres, ya sea que una divinidad benéfica ó terrible se sirva de su ministerio; ya que la divinidad obre por sí misma, despues de haber revestido nuestra forma perecedera; ya sea, en fin, que, por el estudio de las *ciencias transcendentales*, un osado mortal haya sometido á su imperio los *genios* dotados de algun poder sobre los fenómenos del mundo visible.

Todo milagro imprime un sentimiento de veneracion á los hombres religiosos; pero estos no dan semejante nombre sino á las obras sobrenaturales consagradas por su creencia. Nosotros designaremos con el nombre genérico de *magia* el arte de ejecutar maravillas: esto podrá separarnos de las ideas admitidas; pero nos acercará á las ideas antiguas y á la verdad.

Donde quiera que el pensamiento no se halle dominado por una revelacion religiosa, ¿qué motivos de credibilidad podrán hacer que un espíritu juicioso admita la existencia de prodigios ó de obras mágicas?

El cálculo de probabilidades le servirá de guia.

Que un hombre sea embaucado por apariencias mas ó menos especiosas, ó que él mismo trate de engañarnos si tiene interés en hacerlo, es mucho mas probable que la exactitud de un relato que implique algo de prodigioso. Pero si en tiempos y lugares diversos, muchos hombres han visto una misma cosa ó cosas exactamente iguales; si sus relatos se multiplican y concuerdan entre sí, entonces todo muda de aspecto. Lo que parecia increible á los sabios, y milagroso al vulgo, se convierte en un hecho curioso, pero comprobado; hecho que divierte al vulgo, y que los sabios estudian procurando penetrar su causa.

En este caso, una sola cuestion queda por resolver para juzgar lo pasado. ¿Puede admitirse que los hombres hayan mentido con impudencia tantas veces, y que otras tantas hayan encontrado otros hombres dispuestos á creer cosas absurdas? ¿No es mas cuerdo reconocer que ciertas relaciones, en apariencia maravillosas, se fundan en la realidad, mayormente cuando es posible explicarlas, bien sea por las pasiones humanas, ó bien por el estado de las ciencias en la antigüedad.

Yo citaré sin temor testimonios reputados hasta ahora como sospechosos, porque referian hechos que se consideraban imposibles. El descrédito en que han caido forma parte de la cuestion, y no puede con justicia ser opuesto á sus relatos.

¿Es creible que, en el año 197 de nuestra Era, cayese en Roma y en el *foro* de Augusto una lluvia de azogue? Dion Casio no la vió caer; pero la observó inmediatamente despues de su caida, recogió algunas gotas y se sirvió de ellas para frotar una moneda de cobre y darle la apariencia de la plata, que conservó, segun dice, por espacio de tres dias (1). Glycas habla tambien de una lluvia de azogue que cayó en tiempo del reinado de Aureliano (2): pero este analista goza de poca autoridad, y es permitido suponer que no hizo sino desfigurar, cometiendo un anacronismo, la relacion de Dion Casio. La escasez y la carestía del mercurio en Roma, bajo uno y otro reinado, no permiten suponer que se hubiese podido arrojar en el *foro* la cantidad necesaria para figurar los efectos de una lluvia. Sin embargo, es demasiado extraña esta maravilla para que hoy se pueda admitirla. ¿Deberemos rechazarla de un modo absoluto? Háse dicho que lo imposible no es nunca probable: no; pero, ¿á quién le es dado fijar los límites de lo posible; límites que, ante nuestra vista, ensancha diariamente la ciencia? Examinemos, dudemos; pero no neguemos con precipitacion.

Si un prodigio semejante al que atestigua Dion fuese referido en diferentes épocas y por otros escritores; si se repitiese en nuestros dias, á la vista de observadores prácticos, no seria ya una fábula, una ilusion, sino un fenómeno que ocuparia un lugar en los fastos donde la ciencia consigna aquellos hechos que ha reconocido por ciertos, sin que todavía pretenda explicarlos.

Se ha calificado de fábulas todo lo que los antiguos refieren acerca de piedras caidas del cielo... A principios del siglo XIX, lo

---

(1) *Cælo sereno pluvia rori simillima, colorisque argentei, in forum Augusti defluxit, quam ego, etsi non vidi cum caderet, tamen, ut ceciderat, in veni; eaque, ita ut si esset argentum, oblivi monetam ex ære; mansitque is color tres dies; quarto vero die quidquid oblitum fuerat evanuit.* (Xiphilin, in Severo.)

(2) «*Aureliano imperante argenti guttas decidisse sunt qui tradant.*» (Glycas, Annal. lib. III).

mas selecto de los sabios franceses rechazaban con alguna severidad la relacion de una lluvia de aerólitos; y pocos dias despues, tuvieron que reconocer la realidad y la repeticion harto frecuente de este fenómeno.

El 27 de mayo de 1819, una granizada enorme devastó el territorio de Grignoncourt (1). El alcalde del pueblo recogió é hizo derretir granizos que pesaban medio kilógramo; y en el centro de cada uno encontró una piedra de color de café claro, gruesa de 14 á 18 milímetros, plana, redonda y con un agujerito en medio, donde podia entrar el dedo meñique. Jamás se habian visto en el pais piedras semejantes (2); y esta vez aparecieron esparcidas por el suelo, en todo el espacio donde habia caido el granizo. Yo he leido la relacion del fenómeno, en un proceso verbal dirigido al prefecto de Neufchateau por el alcalde, que me ha referido los mismos detalles de viva voz, habiéndomelos confirmado el cura del pueblo. ¿Se dirá que la tempestad y la violencia del granizo sacaron á la superficie de la tierra las piedras escondidas en ella? Esta hipótesis está refutada por la observacion personal del alcalde. Además, curioso yo mismo de saber la verdad, he observado el suelo en el momento mismo en que acababa de ser removido por el arado á mayor profundidad seguramente que habia podido hacerlo el granizo, y no he descubierto una sola piedra semejante á las que describió el alcalde en su relacion.

¿Se repudiará un hecho atestiguado de una manera tan precisa? En 1825 se observó en Rusia la caida de granizos que contenian piedras meteóricas, las cuales fueron enviadas á la Academia de Petersburgo (3). El 4 de julio de 1833, en el distrito de Tobolsk, se vió caer simultáneamente granizos enormes y aerólitos cúbicos. Macrisi refiere que, el año 723 de la Hegira, ●nto con una grani-

(1) Distrito de Neufchateau, departamento de los Vosgues.
(2) En las orillas del Ognon, rio que corre á diez leguas de Grignoncourt, se encuentran en gran cantidad piedras absolutamente iguales á estas. ¿Serán tambien producto de una granizada cargada de aerólitos?
(3) El análisis químico dió á conocer en ellas, sobre 100 partes, 70 de óxido rojo de hierro; 7,50 de manganeso; 7,50 de sílice; 6,25 de tierra micácea; 3,75 de arcilla, 5 de azufre y p érdida. (*Boletin universal de ciencias*, 1825, tom. III, pág. 117, num. 137.—1826. tom. VIII, pag. 343.)

zada enorme, cayeron piedras que pesaban de 7 á 30 rotl (de 4 á 18 kilógramos) (1).

Si leyésemos en un autor antiguo, «que una mujer tenía una teta »en el muslo izquierdo, con la cual crió á su hijo y algunos otros »niños,» pareceria esto un cuento ridículo, y seria rechazado con desden y desprecio. Sin embargo, este fenómeno ha sido averiguado por la Academia de ciencias de Paris (2). Para ponerlo fuera de duda, bastó la exactitud reconocida del sabio que lo observó, y el valor de los testimonios en que se apoya su veracidad.

Hay una causa mas que disminuye y acaba por desvanecer la inverosimilitud de los relatos maravillosos: esta causa es la facilidad con que se puede despojar de su apariencia prodigiosa todos aquellos que provocan desde luego una prudente desconfianza. Para esto las mas veces basta con reconocer el principio de la exageracion en alguna de las disposiciones que han llegado á ser propias del espíritu humano, gracias á la oscuridad profunda en que sus guias procuran siempre mantenerle. La ignorancia prepara la credulidad á recibir los prodigios y los milagros; la curiosidad la excita; el orgullo la interesa; el amor á lo maravilloso la seduce; la prevencion la arrastra; el terror la subyuga; el entusiasmo la embriaga. ¡Y cuántas veces la casualidad, es decir, una série de acontecimientos cuya conexion no percibimos, y que por lo mismo permite atribuir un efecto á una causa que le es agena; cuantas veces, repetimos, la casualidad, secundando á todos esos agentes del error, no se ha burlado de la credulidad humana!

Ya sea que ciertos milagros hayan sido producidos por la ciencia ó la destreza de una casta hábil, la cual emplease el resorte de la creencia para manejar á los pueblos; ya sea que esta casta se haya aprovechado de los prodigios que sorprendian las miradas del vulgo, y de los milagros cuya existencia estaba ya inculcada en su ánimo, nuestro deber es discutir unos y otros hechos, sean reales ó aparentes. Así descorreremos el velo al proceder de una clase de hom-

(1) *Kitab-al-Solouk*, citado por Mr. Et. Quatremère, *Memoires sur l'Egypte*, tom. II, pág 189, 190.
(2) Sesion de 25 de junio de 1827. Véase la *Revue encyclopédique*, tomo XXXV, pág. 244.

bres que, fundando su imperio en lo maravilloso, han querido encontrarlo en todas partes, y á la docilidad estúpida de la muchedumbre que ha consentido fácilmente en ver maravillas en todo. Estrecharemos tambien en sus verdaderos límites el dominio de las ciencias ocultas, objeto principal de nuestra investigacion, si indicamos exactamente las causas que, junto con los esfuerzos de la ciencia y las obras de la naturaleza, concurrieron, bien á operar milagros, bien á determinar la importancia y la interpretacion de los prodigios de que se apoderaba un taumaturgo, dispuesto á suplir su impotencia real con su presencia de ánimo.

En el curso de la discusion, no temeremos multiplicar los ejemplos; no temeremos que el lector exclame: ¡Cómo! ¡se sabia todo eso! Se sabia, pero no se habian deducido las consecuencias. No bastará dar la explicacion de algunos hechos aislados; sino que debemos aproximar y comparar una masa considerable de ellos, para poder deducir esta consecuencia: toda vez que, en cada rama de nuestro sistema, nuestras explicaciones conservan la verdad en el fondo y disipan lo maravilloso de un gran número de hechos, es infinitamente probable que este sistema tiene la verdad por base, y que es aplicable á todos los hechos.

CAPITULO III.

Enumeracion y discusion de las causas.—Apariencias engañosas y juegos de la naturaleza.—Exageracion de los detalles de un fenómeno ó de su duracion.—Expresiones impropias, mal comprendidas, mal traducidas.—Expresiones figuradas; estilo poético. —Explicaciones erróneas de representaciones emblemáticas.—Apólogos y alegorías adoptados como hechos reales.

Es tal el atractivo de los hechos extraordinarios, que el hombre poco ilustrado se aflige cuando se le saca de los ensueños maravillosos para darle á conocer la verdad, y bastan las apariencias mas frívolas para transformar á sus ojos en seres vivientes ó en hechuras de los hombres las inimitables obras de la naturaleza.

Este atractivo, y la tendencia á la exageracion que es consecuencia suya; la tenacidad de la tradicion que recuerda como todavía existente lo que hace siglos ha cesado; el orgullo singular que tiene un pueblo en apropiarse para su historia las tradiciones fabulosas ó alegóricas recibidas de otro pueblo anterior á él; las expresiones inexactas, y las mas inexactas tradiciones de los relatos antiguos; el énfasis propio de las lenguas de la antigüedad, y el estilo figurado, atributo esencial de la poesía, es decir, del primer lenguaje en que los conocimientos y los recuerdos fueron transmitidos á la memoria de los pueblos; el deseo natural en los hombres medio ilustrados de explicar las alegorías y los emblemas, cuyo sentido solamente los sabios conocian; el interés que mueve, así las pasiones nobles, como las pasiones bajas, á influir por medio de lo maravilloso sobre la credulidad del presente y del porvenir; tales son las causas que, separadas ó reunidas, han engrosado los fastos de la Historia de un sinnúmero de ficciones prodigiosas (1), sin que los depositarios de las luces tuviesen necesidad de secundar esta creacion con su impulso poderoso. Para encontrar la verdad bajo las apariencias de un prodigio, bastará unas veces poner un hecho semejante, y del cual no se haya apoderado la supersticion, al lado de la supuesta maravilla; y otras, separar los accesorios de que lo haya revestido alguna de las causas influyentes que hemos señalado.

I.

El ruido de las campanas, en Reims, bastaba para hacer temblar uno de los pilares de la iglesia de San Nicasio, y para comunicar á esta pesada mole una oscilacion durante cierto tiempo. Cerca de Damieta, un minarete construido de ladrillos recibia un movimiento muy marcado del impulso de un hombre colocado en su cúspide (2). Pónganse á la disposicion de un taumaturgo estos accidentes, que los arquitectos no habian combinado ni previsto seguramente, y serán convertidos en obra de la divinidad. La mezquita de Jethro, en Hhuleh (3), es famosa por su *minarete temblador*. El santon coloca su mano sobre la bola en que aquel termina, invocando el nombre de Alí: al pronunciar este nombre sagrado, el minarete se estremece y se balancea con tal violencia, que los curiosos que suben á él temen verse precipitados desde lo alto.

Muchas de las metamorfosis y maravillas consagradas por la Historia ó embellecidas por los poetas latinos y griegos no son otra co-

(1) Hay una de estas ficciones que debe su produccion, su duracion y universalidad al concurso de causas diferentes, y que nos ha parecido digno asunto de una Memoria separada. Véase al fin del tomo la nota A. *De los dragones y serpientes monstruosas, que figuran en muchos relatos fabulosos é históricos.*

(2) Macrisi, citado por Et. Quatremère, *Mémoires sur l'Egypte*. tom. I, pág. 340.

(3) *Huleh ó Hilleh*, ciudad situada sobre el Eufrates, en el Bajalato de Bagdad. En 1741, el viajero Abdul-Kerym (*Viaje de la India á la Meca*, Paris, 1797, pag. 117-119) fué testigo del milagro: en vano trató de hacerlo él mismo; porque no poseia el secreto del Santon.

3

sa que traducciones históricas de ciertos nombres de hombres, pueblos y lugares, y todas ellas se explican por un principio sencillo: en lugar de decir, que el recuerdo del milagro ha creado el nombre del hombre, del pueblo, del país ó de la ciudad, hay que decir, por el contrario, que el nombre ha producido el milagro. Esto es lo que hemos demostrado en otro lugar (1), indicando al mismo tiempo el orígen de estos nombres significativos.

Si la aficion á lo maravilloso ha hecho que se adopten relaciones cuyo orígen fabuloso era tan fácil descubrir, con mas razon ha debido apoderarse de los juegos de la naturaleza, tales como las apariencias que hacen ver tintas en sangre las aguas de los rios, y que dan á una roca la semejanza de un hombre, de un animal ó de un barco.

Memnon cae muerto á los golpes de Aquiles. Los dioses recogen las gotas de su sangre, y forman con ellas un rio que corre por los valles del Ida. Todos los años, en el dia fatal que vió al hijo de la Aurora perecer víctima de su valor, las aguas del rio toman el color de la sangre á que deben su orígen (2). En este caso, como en otros mil, la tradicion griega está copiada de otra mas antigua. El rio Adonis desciende del monte Líbano (3). Cada año, este rio toma un color rojo muy subido, y lleva hasta el mar sus ondas ensangrentadas. Es la sangre de Adonis, y este prodigio indica que deben comenzar las ceremonias de duelo en honor del semi-dios. Un habitante de Bíblos explicaba el fenómeno, haciendo observar que el terreno del monte Líbano, en los parages que riega el Adonis, se compone de una tierra colorada: en cierta época del año, resecada la tierra, es movida y llevada por el viento al rio en terbellinos de polvo del mismo color. El agua de un lago, en Babilonia, tambien se enrojece durante algunos dias: el color de las tierras que le circundan, dice Ateneo, basta para explicar ese fenómeno (4). Una suposicion análoga puede aplicarse al cambio de color que se obser-

---

(1). *Essai historique et politique sur le noms d'hommes, de peuples et de lieux*, par Eusebe Salverte.
(2) Q. Calaber, *Prætermiss. ab Homer.* lib. II.
(3) *Tratado de la diosa de Siria* (Obras de Luciano), tomo V. pag. 143.
(4) Ateneo, *Deipnosoph.* lib. II, cap. 2.—Plin. *Hist nat.* lib. XXXI, cap. 5.

va regularmente en el rio del Ida. En la estacion de las lluvias ó cuando se derriten las nieves, probablemente llegan sus aguas á disolver un banco de tierra ocrosa, impregnada de sulfuro de hierro, cuya presencia se conoce por los vapores infectos que exhala entonces el rio (1). Así es como la apariencia maravillosa puede no reproducirse mas que en cierta época, y aun en el dia preciso en que las aguas del rio adquieren su mayor elevacion.

Diana coronó en Frigia el amor de Endimion: desde léjos se reconocia el lecho que fué teatro de sus placeres, y se creia ver allí un arroyo de leche fresca y de extremada blancura. Disminuida la distancia, el espectador no veia correr otra cosa que un agua límpia y clara; y al pié de la montaña, solo se percibia un simple canal abierto en la roca (2): el milagro habia desaparecido; y una ilusion óptica, que por sí misma se disipaba, era bastante, sin embargo, para perpetuar su creencia.

Un escollo inmediato á la isla de Corfú presenta la apariencia de un buque á la vela (3). Observadores modernos han dado testimonio de esta semejanza (4), que habia chocado á los antiguos, y que no es un hecho único: en otro hemisferio, cerca de la tierra de los Arsacides, surge del seno de las olas la roca de Eddystone, tan semejante á un buque á la vela, que los navegantes ingleses y franceses se han engañado mas de una vez (5). Hoy todo se reduce á notar esa singularidad; pero á los ojos de los antiguos griegos, el escollo inmediato á Corfú era el buque feacio que condujo á Ulises á su patria, y que fué convertido en roca por el dios de los mares, indignado de que el vencedor de su hijo Polifemo hubiese al fin vuelto á Itaca, y á los brazos de su esposa Penélope.

Advirtamos de paso que esta version no tiene solamente por base una ficcion poética, pues recuerda la costumbre piadosa, seguida por los navegantes antiguos, de consagrar á los dioses la representacion

---

(1) Q. Calaber, *Prætermiss. ab Homer.* lib. II.
(2) Q. Calaber, *ibid.* lib. X.
(3) Plin. *Hist. nat.* lib. IV, cap. 12.
(4) *Observaciones sobre la isla de Corfú, Bibliothèque universelle (littérature)*, tom. II, pág. 195, junio 1846.
(5) La Billardière, *Viaje en busca de la Peyrouse*, Paris, año VIII, en 4.°, tom. I. pág. 215.

en piedra de la nave que los habia conducido en un peligroso viaje. Agamemnon dedicó á Diana un barco de piedra, cuando esta diosa, tan caramente aplacada, abrió de nuevo al ardor guerrero de los griegos el camino del mar. En Corcyra (Corfú) un mercader habia dedicado á Júpiter una representacion semejante, y algunos viajeros creian ser aquella la nave en que Ulises volvió á su patria (1).

Esa roca que á primera vista se distingue á un lado del monte Sipilo es la infortunada Niobe, transformada en piedra por la cólera ó la piedad de los dioses. Q. Calaber cuenta esta metamórfosis; pero no obstante, al mismo tiempo que la admite, la explica. «Desde léjos, »dice, créese ver una mujer sollozando y anegada en llanto: de cer- »ca solo se ve una masa de piedra que parece haberse desprendido »de la montaña (2).» «Yo he visto esta *Niobe*, dice Pausánias: es »una roca escarpada que, mirada de cerca, no tiene semejanza algu- »na de mujer; pero alejándose de ella, se cree percibir una mujer »que vierte llanto, con la cabeza inclinada (3).»

Algunas enfermedades endémicas han sido llamadas en estilo figurado las *flechas de Apolo y de Diana*, porque se atribuia su orígen á la influencia del sol y de la luna en la atmósfera, ó mas bien, á las alternativas repentinas de calor y frio, de sequedad y humedad que trae consigo la sucesion del dia y de la noche en un pais montuoso y cubierto de bosques. Supongamos que haya reinado una de estas enfermedades en las cercanías del monte Sipilo; que víctimas de sus estragos, hayan perecido sucesivamente todos los hijos de una casa en presencia de su desolada madre: no hay nada mas verosimil. Pero el hombre supersticioso tiende á suponer un crímen donde solo vé una desgracia, y contará que Niobe ha sido justamente castigada;

---

(1) Procopio, *Historia mezclada*, cap. 22.—En lo alto de una colina, cerca de la ciudad de Vienne, departamento del Isere, hay un monumento llamado el *Buque de piedra*. No se ve ya mas que una cueva abovedada. Su nombre, que hoy no se halla motivado por ningun recuerdo, ha debido ser conservado por una tradicion antigua, y probablemente indica que la bóveda sostenia en otro tiempo un *buque de piedra*, dedicado á los dioses por algunos viajeros librados de los peligros de la navegacion del Ródano, y colocado en aquella altura, para que pudiesen verlo desde léjos los pasajeros embarcados en el rio.

(2) Q. Calaber. lib I.

(3) Pausanias, *Attic*. XXI.

porque, llena del orgullo muy natural que inspira á una madre la prosperidad de su numerosa familia, Niobe habia osado comparar su felicidad á la de los dioses. Al recuerdo de esta madre infeliz se unirá luego la presencia de la roca que figura una mujer como ella desolada y sucumbiendo á su dolor; y se acabará por ver en la misma su imájen. Todo esto, así puede ser una historia verdadera, como una alegoría dispuesta para combatir la presuncion, presentando un cuadro de la inestabilidad de las prosperidades humanas. En uno ú otro caso, los sacerdotes de Apolo y de Diana secundarán la creencia establecida, si es que no la han inventado, y se complacerán enseñando en el monte Sipilo un testimonio imperecedero de la justa venganza de los dioses.

Hay un valle, cuyo suelo está tan profundamente impregnado de sal, que hasta la atmósfera se halla cargada de esta sustancia: la casualidad ha bosquejado allí, en una roca de piedra ó de sal (1), la figura de una mujer en pié volviendo atrás la cabeza: cuéntase que, cerca de aquel sitio, pereció antiguamente la esposa de un célebre patriarca, víctima en su fuga de una detencion acaso involuntaria: la roca salina será una estátua de sal en que fué convertida la mujer, por haber vuelto la cabeza, á pesar de las órdenes de su guia; y la credulidad adoptará con avidez un prodigio, que reune la doble ventaja de aliarse á un recuerdo local, y de ofrecer un apólogo dirigido contra la curiosidad.

La superficie de las rocas presenta desigualdades y formas tan variadas y caprichosas, que siempre se encontrarán cavidades, cuya figura nos represente algun objeto familiar á nuestros ojos; y si estos ansian ver maravillas, no tardarán mucho en descubrir huellas muy visibles, grabadas en la dura piedra por un poder sobrenatural. No citaré la huella del pié de la Budha en el pico de Adam, en Ceilan; pues un observador (2) sospecha que es obra del arte. Mas probable es aun esto relativamente á la huella del pié *Gaudma*, tres veces

---

(1) Volney. *Viaje á Siria* (obras completas), tomo II, pág. 294. Un observador mas moderno ha visto en las márgenes del lago Asfaltites verdaderas rocas de sal, una de las cuales ha podido muy bien dar orígen al relato maravilloso. (*Boletin de la Sociedad de Geografia*, julio, 1838.)

(2) Sir John Davy, en una carta á su hermano Sir Humphrey Davy.

reproducida en el imperio de los Birmanes, la cual mas bien parece un cuadro geroglífico que un capricho de la naturaleza (1). Pero en Saboya, no léjos de Ginebra, el crédulo aldeano enseña un peñasco de granito, sobre el cual han dejado las huellas profundas de sus pasos el diablo y su mulo. Señales no menos profundas marcaban en una roca, cerca de Agrigento, el paso de las vacas conducidas por Hércules (2): inmediato á Tiras en Escitia, el pié del héroe habia dejado una señal de dos codos de largo (3); y en la orilla del lago Regilo, la forma de un pié de caballo, impresa en una piedra muy dura, atestiguaba la aparicion de los Dioscures, que fueron á noticiar á Roma la victoria alcanzada en aquel lugar contra los latinos por el dictador Postumio (4). En las paredes de una gruta cerca de Medina, ven los musulmanes marcada la cabeza de Mahoma, y en una roca de Palestina, la huella del pié de su camello, tan perfectamente impresa como pudiera serlo sobre la arena (5). El monte Carmelo tiene la honra de conservar la señal del pié de Elias, y la del pié de Jonás se hallaba cuatro veces repetida junto á su tumba, en las cercanías de Nazareth. Escondido Moises en una caverna, dejo en la roca la impresion de su espalda y de sus brazos. Cerca de Nazareth reverencian los cristianos la marca de la rodilla de la Vírgen Madre; las de los piés y los codos de Jesucristo, en una roca que se eleva en medio del torrente Cedron; y la del pié del hombre Dios en el mismo lugar donde se asegura que abandonó la tierra para subir á su mansion celestial. La piedra sobre que fué colocado el cuerpo de Santa Catalina se ablandó y recibió la marca de sus riñones (6). No lejos de Manfredonia, en una gruta, se admira el rostro de San Francisco, de relieve en una roca (7). Cerca del *dolmen* de Mavaux (Francia), los aldeanos muestran una piedra, en la cual imprimió su pié la yegua de San Jouin, golpeándola un dia que el pia-

(1) *Viaje de Symó al reino de Ava*, tom. II, pág. 64 y 73, y *Atlas*, lámina VI.
(2) Diod. Síc. lib. IV, cap. 6.
(3) Herodoto, lib. IV, cap. 82.
(4) Cicer. *De nat. deor.* lib. III, cap. 5.
(5) Thévenot, *Viaje á Levante*, pág. 300 y 320.
(6) Thévenot, *Viaje á Levante*, pág. 319, 320, 368, 369, 370, 425 y 426.
(7) *Viaje de Swinburn*, tomo II. pág. 137.

doso abad era atormentado por el diablo (1). En el pueblo de Villemaur, otro *dolmen* tiene marcados los diez dedos de San Flavy (2).

Por muy numerosos que sean estos prodigios (y estamos léjos de haberlos referido todos), no fatigan la fé ni la piedad; se les adopta, se les reverencia y, aunque la Historia los desmienta, se acaba por trasladarlos del ageno al propio país. A poca distancia del Cairo, se halla expuesta á la veneracion de los creyentes, en una mezquita, la señal de los dos piés de Mahoma (3). La *Montaña de la mano*, en la rivera oriental del Nilo, se llama así, porque tiene estampada la mano de Jesucristo (4). Al Norte de la ciudad de Kano en el Sudan, el musulman celoso encuentra en una roca la huella gigantesca del pié del camello (5) que montaba Mahoma cuando subió al cielo. En la iglesia de Santa Radegonda, en Poitiers, hay una piedra en la cual grabó Jesucristo la forma de su pié (6); los habitantes del departamento del Charenta reconocen todavia hoy la huella del pié derecho de Santa Magdalena en una roca inmediata á Vienne; y cerca de la Devinière, paraje que debe á la memoria de Ravelais una celebridad de otro género, hay una huella semejante, que es la del pié de Santa Radegonda (7): esto prueba cuán natural es en el hombre la tendencia á enaltecer con prodigios aquellos lugares que le hace amar su vanidad nacional ó su creencia religiosa.

Belen ofrecia en otro tiempo un ejemplo mas notable sobre este último punto. Acostándose á la boca de un pozo, cubierta la cabeza

---

(1) *Memorias de la Sociedad de Anticuarios de Francia*, t. VIII, pág. 454.

(2) *Memorias de la Sociedad de Agricultura del departamento del Aube*, primer trimestre de 1832, pág. 7 y 8.

(3) J. J. Marcel, *Cuentos del Cheik el Mohdy*, tom. III, pág. 133.

(4) *Khalil Dahery*, citado por Est. Quatremère, *Memorias sobre el Egipto*, t. I., pág. 30 y 31.

(5) *Viajes y descubrimientos en Africa*, por Denham, Clapperton y Oudney; trad. francesa, t. III, pag. 38.

(6) *Memorias de la Sociedad de Anticuarios de Francia*, t. VII, pág. 42 y 43; y t. VIII, pág. 454.

(7) Eloi Johanneau, *Comentario á las obras de Ravelais*, tomo V. pág. 72.
—No siempre mezcla el hombre ideas religiosas á las maravillas que adopta para explicar algunos juegos de la naturaleza. Cerca de Saverne, al pié de una roca cortada á pico, se ven cuatro huellas bien marcadas en *gres rojo* (gres de los Vosgues). Segun una tradicion que tiene tres

con un lienzo, segun refiere Gregorio de Tours (1), se veia pasar de una pared á otra de aquel, rasando la superficie del agua, la estrella que guió á los tres reyes magos; pero no era visible, añade el historiador, sino para los peregrinos que eran dignos por su fé de este favor: es decir, para hombres poseidos de una preocupacion tan viva, que no les permitiese reconocer en lo que percibian la imajen vacilante de un rayo de sol reflejado por el agua.

II.

Para restituir la verdad á historias, en apariencia fabulosas, basta muchas veces reducir á proporciones naturales algunos detalles visiblemente exagerados, ó bien reconocer un fenómeno feble y pasagero en el milagro presentado como constante y enérgico. El diamante y el rubí, expuestos mucho tiempo á la accion del sol y llevados inmediatamente á la oscuridad, esparcen una luz fosforescente de alguna duracion: el énfasis de los cuentistas orientales nos habla de un diamante, un carbunclo que, con los fuegos que despide, alumbra toda la noche las profundidades de un bosque sombrío ó las vastas salas de un palacio.

Con el nombre de *roukh* ó *rokh*, los mismos cuentistas suelen describirnos una pájaro monstruoso, cuya fuerza excede á toda ve-

ó cuatro siglos de antigüedad, cierto señor, persiguiendo un ciervo, ó perseguido él por enemigos vencedores, cayó precipitado junto con su caballo desde lo alto de la roca, sin herirse; y solo el caballo dejó estampada en la piedra la señal de sus piés. Observemos que cerca de las cuatro marcas principales se ven otras mas pequeñas; lo cual explican diciendo, que los trabajadores se han entretenido en agrandar las unas y borrar las otras. Sin mediar esta última circunstancia, el fenómeno tiene relacion naturalmente con un hecho que hoy llama la atencion de los sabios. Segun el baron de Humboldt y otros naturalistas, las huellas que se observan en el *gres rojo* de Hildburghausen han sido estampadas en la piedra misma, antes de endurecerse, por los pasos de animales antediluvianos, cuadrúpedos ó cuadrumanos. Hitchcock ha descubierto, en el gres rojo de Massachusets, numerosas huellas de aves, de las que no existen ya otras semejantes. Pero M. de Blainville piensa que no son sino marcas de vegetales, análogas á las que frecuentemente se encuentran en el gres rojo.

(1) Greg. Turon. *Miracul.* lib. I, párrafo 1.

rosimilitud. Reduciendo la exageracion á una medida dada por los hechos positivos, Buffon ha reconocido ya en el *rokh* un águila de un vigor y de unas dimensiones próximamente como los del *condor* de América y del *laemmer-geier* de los Alpes. Segun todas las apariencias, el *rokh* no difiere del *burkut* (1), águila negra muy fuerte, que habita las montañas del Turquestan, y de la cual refieren los indígenas maravillas poco creibles; pues llegan hasta atribuirle el tamaño de un cameoll.

Deséchese lo que han referido del inmenso *Kraken* los marinos del Norte; táchese de exageracion lo que cuentan Plinio y Eliano sobre las dimensiones de dos pólipos de mar, que sin embargo debieron de ser vistos por numerosos observadores y en épocas no muy distantes de aquellas en que uno y otro autor escribieron: admitiendo solamente, con Aristóteles, que los brazos de este molusco llegaban alguna vez hasta la longitud de dos metros, se reconocerá, como lo han hecho los autores del *Nuevo Diccionario de Historia natural*, la posibilidad de que arrebatase á un hombre de una lancha ó barca descubierta (2). En este caso, ¿á qué se reduce la fábula de *Escila*?

Este mónstruo, azote de los mayores peces que pasaban cerca de él, y cuyas seis cabezas repentinamente lanzadas fuera de las olas, estirando sus enormes cuellos, arrebataron seis de los remeros de Ulises (3); este mónstruo, si á la exageracion poética se sustituye la realidad posible, no es otra cosa que un pólipo extraordinariamente crecido, y pegado al escollo hácia el cual se vieron obligados á dirigir sus endebles embarcaciones unos navegantes poco expertos, por temor de caer en el abismo de Caríbdis. ¿Cuántas otras fábulas de Homero no serán asimismo hechos naturales, abultados por la óptica de la poesía?

Enumerando las plantas dotadas de propiedades mágicas, Plinio

---

(1) En ruso, *Berkut;* en chino, *Khu-tchaa-Hiao...* Zimkowski, *Péking*, tomo I, pág. 414.
(2) Véanse Plin. *Hist. nat.* lib. IX, cap. 30; Ælian. *De nat. anim.* lib. XIII, cap. 6; Aristot. *Hist. anim*, lib. IV, cap. 6; y el *Nouveau Diction. d'Hist. nat.* Paris, 1819, tom. XXX, pág. 462.
(3) Homero, *Odis.* lib. XII, vers. 90-100 y 245-269.

nombra tres que, segun Pitágoras, tienen la propiedad de congelar el agua (1). En otro pasaje, pero sin recurrir á la mágia, Plinio concede al cáñamo una propiedad semejante: segun dice, el jugo de esta planta, echado en agua, la espesa de repente á manera de jalea (2). Los vegetales ricos en mucílago reproducen este fenómeno en diferentes grados, pudiendo citarse entre otros la *althea cannabina* de Linnéo y la verbena oblecia: «Hemos observa- »do, dice Valmont de Bomare, hablando de esta última (3), que »tres ó cuatro hojas de esta planta, machacadas y puestas en una »onza de agua, le dan en pocos momentos la consistencia de una »jalea de manzanas.» La planta designada en este pasaje puede muy bien ser una especie de malvavisco de hoja de cáñamo, la *althea cannabina* de Linnéo: su jugo, extremadamente mucilaginoso, produce hasta cierto punto ese efecto, que se obtendrá igualmente de todos los vegetales tan ricos como él en mucílago: en ambos casos no hay mas que un poco de exageracion.

La planta llamada por Eliano *Cynospastos* y *Aglaophotis*, y *Baaras* por el historiador Josefo, «echa una flor de color de fuego, que brilla al anochecer á la manera de un relámpago (4).» Una *fulguracion* parecida se ha creido percibir en la flor de la capuchina, en el momento de la fecundacion, sobre todo á la entrada de la noche y despues de un dia muy caluroso: la experiencia no ha confirmado este aserto; pero no permite poner en duda la produccion de la luz que, en ciertas circunstancias, emiten otros vegetales, como son el agárico de olivo y el *euphorbia phosphorea* (5). La equivocacion de Josefo y de Eliano consiste tal vez en haber supuesto constante un fenómeno pasajero.

En los valles contiguos al lago Asfaltites, dice el viajero Hasselquist, el fruto del *solanum melongena* (Linn) es atacado frecuentemente por un insecto (*tenthredo*), que convierte todo lo interior en

(1) Plin. *Hist. nat.* lib. XXIV, cap. 13 y 17.
(2) Idem, *ibidem*, lib XX, cap. 23.
(3) *Diction. d'Hist. nat.* Art. Obletia.
(4) Fl. Josefo, *De bello judaico*, lib. VII, cap. 25; Ælian. De *nat. animal.* lib. XIV, cap. 27.
(5) Comptes rendus des Séances del'Académie des Sciences, 30 de octubre 1837.

polvo, no dejando entera mas que la piel, y sin hacerle perder nada de su forma ni de su color (1). Allí mismo es donde, segun Josefo, nace la *manzana de Sodoma*, que engaña la vista por su color, y que al tocarla se convierte en humo y ceniza, recordando con un milagro permanente un castigo tan justo como terrible (2). El antiguo historiador generaliza en este caso el accidente particular observado por el naturalista: para él, ese accidente es el último rasgo de la maldicion divina que las tradiciones de sus mayores hacen pesar sobre las ruinas de Pentápolis.

Afirma un naturalista americano (3), que á la proximidad de algun peligro, los hijos de la serpiente de cascabel se refugian en la boca de su madre... Un ejemplo análogo á este pudo inducir á los antiguos á creer que algunos animales *paren sus hijos por la boca*: de una observacion verdadera pudieron deducir una conclusion precipitada y absurda.

En otros casos han prolongado la duracion de un fenómeno, pintándolo como existente mucho tiempo despues que habia desaparecido.

El lago Averno tomó este nombre, porque las aves que vuelan sobre él caen muertas, asfixiadas por los vapores que exhala: esto refieren los escritores antiguos; pero sabemos que hoy dia los pájaros vuelan sobre este lago impunemente. ¿Diremos que miente la tradicion citada? Permitido es dudarlo. «Las lagunas de la Caroli- »na, dice un viajero (4), son tan insalubres en ciertos parages po- »blados de grandes bosques y durante los fuertes calores del dia, »que *las aves*, con excepcion de las acuáticas, *son heridas de muerte*

---

(1) Hasselquist, *Viaje á Levante*, tomo II, pág. 90.—El viajero Broucchi, no habiendo encontrado el *solanum melongena* desde las orillas del Mar Muerto hasta Jerusalen, piensa que Hasselquist se ha equivocado, y que la manzana de Sodoma es una protuberancia semejante á la nuez de agalla, formada por la picadura de un insecto en el *pistacia terebinthus*. (Boletin de la Sociedad de Geografía, tomo VI, p. 111.)

(2) Fl. Josefo, De *bello judaico*, lib. V, cap. 5.

(3) Will. Clinton, *Discurso preliminar de las Transacciones de la Sociedad lit. y filosóf. de Nueva York*, 1825; *Biblioteca universal (ciencias)*, t. II, página 263.

(4) M. Bosc, *Biblioteca universal (ciencias)*, t. V, (mayo de 1817), página 24.

»*al atravesarlas.*» Alimentado por fuentes sulfurosas (1) y rodeado de bosques muy espesos, como las lagunas de la Carolina (2), el lago Averno exhalaba vapores pestilenciales: Augusto hizo aclarar los bosques, y la insalubridad desapareció, quedando en su lugar una atmósfera sana y agradable. Cesó el prodigio; pero la tradicion lo conservó tenazmente; y la imaginacion, herida de un terror religioso, continuó por mucho tiempo considerando aquel lago como una de las entradas á la mansion de la Muerte.

III.

No menos que la exageracion, las expresiones impropias ó mal comprendidas revisten un hecho verdadero con un tinte de maravilla, de falsedad ó de ridiculez.

Un error popular, cuyo orígen se hace remontar á las enseñanzas de Pitágoras, ha establecido por mucho tiempo una misteriosa conexion entre ciertas plantas y la enfermedad que padece un hombre en la época de su florescencia; de tal modo que el enfermo nunca sana por completo, y se resiente de su mal cada vez que las plantas florecen de nuevo (3). Esto es una verdad inexactamente expresada, para ponerla á los alcances de la muchedumbre poco instruida, que no sabe distinguir bien las diversas partes del año sino por los fenómenos sucesivos de la vegetacion: el hecho no depende de la naturaleza de las plantas, sino de la revolucion del año, que suele traer con la primavera la renovacion periódica de las afecciones gotosas, reumáticas y aun cerebrales.

La impropiedad de la expresion, y juntamente con ella la apariencia de prodigio ó de mentira, se aumentan cuando los escritores antiguos repiten lo que les han contado acerca de un país extranjero, en otra lengua que no es la suya; ó cuando los modernos los traducen sin comprenderlos, y se apresuran á tacharlos de error.

En las inmediaciones del mar Rojo, dice Plutarco, se ven salir del cuerpo de algunos enfermos unas pequeñas serpientes que, si se

---

(1) Servio, *in Æneid* lib. III, vers. 441.
(2) Aristót. *De mirab. auscult.*
(3) Plin. *Hist. nat.* lib. XXIV, cap. 17.

quiere cojerlas, vuelven á entrar en él, y causan al infeliz paciente dolores insoportables (1). Esta relacion ha sido calificada de cuento absurdo; y sin embargo, es la descripcion exacta de la enfermedad conocida con el nombre de *Dragoncillo*, y que todavía hoy se observa en la misma comarca, en la costa de Guinea y en el Indostan.

Herodoto refiere que, en la India, unas *hormigas mas grandes que zorras*, minando en la arena para fabricar sus habitaciones, descubrian el oro que se encuentra mezclado con ella (2). Un repertorio de relaciones maravillosas, que evidentemente ha sido compilado de originales antiguos, coloca en una isla inmediata á las Maldivias unos *animales grandes como tigres*, y *de una figura parecida á las hormigas* (3)... Algunos viajeros ingleses han visto cerca de Grangué, y en unas montañas arenosas y abundantes en pajitas de oro, ciertos animales, cuya forma y cuyos hábitos explican las relaciones del historiador griego y del cuentista oriental (4).

Plinio y Virgilio describen á los *Seres* recogiendo la seda en el *árbol* que *la produce*; árbol que, segun el poeta, es semejante al algodonero (5). La traduccion demasiado literal de una expresion justa ha hecho de este modo que se considere á la seda como producto del árbol en el cual la deposita el insecto y los hombres la recojen. En este caso, el equívoco no ha creado mas que un error; pero, ¡en cuántos otros no ha podido formar prodigios!

Ctesias coloca en la India «una fuente, que todos los años se lle-»na de oro líquido. Cada año se saca de allí con cien ánforas de

---

(1) Plutar. *Symposiac.* lib. VIII.
(2) Herodot. lib. III, cap. 102.
(3) *Los mil y un dias*, Dias CV, CVI.—En el versículo 11 del capítulo 4.° del libro de Job, los Setenta expresan por la palabra *myrmecoleon*, leonhormiga, el hebreo *laisch*, que la Vulgata traduce por *tigre*. D. Calmet asienta que este nombre fue conocido de los antiguos y aplicado por ellos á unos animales, á los que llamaban simplemente *myrmex*, palabra que significa hormiga, pero que tambien ha designado una especie de *leon*. Véase Estrabon, lib. XVI; Eliano, *De nat. anim.* lib. VII, cap. 47, y lib. XVII, cap. 42; Agatharchid. cap. 34.
(4) *Asiatic Researches*, tomo XII; *Nuevos anales de viajes.* t. I. pág. 311 y 312
(5) Plin. *Hist. nat.* lib. VI, cap. 17; Virgil. *Georg.* lib. II, vers. 120 y 121, Servio, en su Comentario, designa á la seda su verdadero orígen.

»barro, que se rompen cuando el oro se ha endurecido en el fondo, »y en cada una de las cuales se encuentra el valor de un talen- »to (1).» Larcher (2) se burla de esta relacion, é insiste particularmente en la desproporcion del producto con la capacidad de la fuente, que no debia contener menos de una toesa cúbica de aquel oro líquido.

Sin embargo, la relacion de Ctesias es exacta, aun cuando no lo son las expresiones: en lugar de *oro líquido*, debió decir *oro suspendido en el agua*. Por lo demás, tuvo cuidado de manifestar que lo que se sacaba de la fuente era el agua, y no el oro. Semejante á las charcas de Libia, á las que la compara Aquiles Tacio, y de las cuales se sacaba el oro pegado á unos maderos untados de pez, que se sumergian en su fango (3), esta fuente era el depósito de un *lavadero de oro*, como los que existen donde quiera que se encuentran rios y terrenos auríferos, y como los hay todavía muy importantes en el Brasil. El oro nativo, extraido por el agua de la tierra con que está mezclado, se encontraba probablemente allí en partículas bastante ténues para permanecer en suspension por mucho tiempo y aun para sobrenadar: este fenómeno se ha observado en los lavaderos de oro del Brasil (4). Por consiguiente, al método que hoy se usa, se preferia el de dejar que el agua se evaporase, hasta que el oro quedara depositado en el fondo y en las paredes de los vasos, que se rompian luego, y cuyos fragmentos serian despues raspados ó lavados. Ctesias añade que se encontraba hierro en el fondo de la fuente, y este rasgo completa la verdad de su narracion; pues uno de los mayores trabajos en los lavaderos del Brasil consiste en separar del oro el óxido negro de hierro que se encuentra mezclado con él (5). Asimismo, el oro de Bambuk, que se recoge tambien por lavado, tiene mezclado hierro y polvo de esmeril, que cuesta mucho trabajo separar del metal precioso (6).

(1) Ctesias, *In Indic. apud Photium*.
(2) Larcher, traduccion de *Herodoto*, segunda edicion, tomo VI, pág 343.
(3) Aquil. Tat. De *Clitoph. et Leucipp. amor.* lib. II.
(4) Mawe, *Viage al interior del Brasil*, t. I, pág. 135 y 330.
(5) Id., t. I, pág. 329, 331; t. II, pág. 40, 54 y 110.
(6) Mollien, *Voyage en Afrique*, t. I, pág. 334 y 335.

Desde tiempo inmemorial, los indios, antes de dirigir la palabra á una persona de un rango superior al suyo, se ponen en la boca una pastilla perfumada. En otro idioma, esta pastilla se convertirá en un *talisman* de que es preciso prevalerse para obtener una acogida favorable de los poderosos de la tierra; y expresándose así, no se hará mas que repetir lo que los mismos indígenas de la India dicen; pero sin comprender bien su pensamiento.

El *hestiatoris* (1) servia en Persia para difundir la alegría en las comidas, y *proporcionaba el primer puesto cerca de los reyes.* Aquí solo vemos expresiones figuradas, cuyo sentido se comprende fácilmente. En un pueblo aficionado al vino y á los placeres de la mesa, esas palabras pintan solamente el favor y la superioridad que adquiria el convidado que se mostraba mas alegre y al mismo tiempo mas hábil para beber mucho. Los persas y aun los griegos encontraban una especie de gloria en beber con exceso sin embriagarse, y buscaban las sustancias propias para amortiguar los efectos del vino. Con este intento, comian semillas de col y coles cocidas (2): las almendras amargas eran empleadas tambien con el mismo objeto (3), y, segun parece, con algun resultado. No hay, pues, inconveniente alguno en conjeturar que el *hestiatoris* gozaba de la misma propiedad, hasta el punto de no permitir nunca que la embriaguez abrumase al espíritu ó hiciese traspasar los límites de la jovialidad.

¿Qué cosa era la planta *Latacea* que daba el rey de Persia á sus enviados, y por cuya virtud les era todo facilitado por donde quiera que pasaban (4)? Una insignia distintiva, una vara de forma particular, ó una flor bordada en sus vestidos, en las banderas que se llevaban delante de ellos, y que servia para anunciar sus títulos y prerogativas.

Jahel dió de beber *leche* á Sísara fugitivo y rendido de cansancio, en vez del agua que le habia pedido, con el objeto de hacerle dormir (5). Nosotros, que damos el nombre de *leche* á una emul-

---

(1) Plin. *Hist. nat.* lib. XXIV, cap. 17.
(2) Ateneo, *Deipnos.* lib. I, cap. 30.
(3) Plutar. *Symposiac.* lib. I, cuest. 6; Aten. *Deipnos.* lib. II, cap. 12.
(4) Plin. *Hist. nat.* lib. XXVI, cap. 4.
(5) *Liber Judicum,* cap. 4, vers. 19-21.

sion de almendras (1), ¿no podemos creer que esta palabra, en el libro hebreo, designa una bebida soporífera, que por su color y su gusto habia recibido un nombre semejante?

Sitiada Samaria y presa de los horrores del hambre, llega á tanto la necesidad, que se pagan cinco monedas de plata por una pequeña medida de *palomina*, *(excremento de paloma)* (2)..... Esto, así dicho, tiene un sentido ridículo. Pero Bochart asienta de un modo plausible, que ese nombre se daba entonces, como se da todavía hoy entre los árabes, á una especie de guisantes.

El vino que ha tenido en infusion plumas de *tchin* es un veneno mortal: así lo afirman los escritores chinos, y la Historia refiere numerosos ejemplos de envenenamientos consumados por ese medio (3). No conocemos el pájaro dotado de una propiedad tan funesta; pero el hecho se explica suponiendo que, para conservar un veneno, se le introduce en el cañon de una pluma: no de otro modo se dice que Demóstenes se dió la muerte chupando una pluma de escribir.

Midas, rey de Frigia (4), Tanyoxartes, hermano de Cambises (5), y Psamménito, rey de Egipto (6) mueren despues de haber bebido *sangre de toro*: á la misma causa se atribuye la muerte de Temístocles. Cerca de la antigua ciudad de Argos, en la Acaya, habia un templo dedicado á la Tierra: la mujer que era llamada á ejercer en él las funciones de sacerdotisa debia no haber tenido comercio mas

(1) Una yema de huevo batida en agua azucarada forma un líquido, que en España suele llamarse *caldo de la reina*, y que los franceses llaman *lait de poule*, (leche de gallina): literalmente traducido á otra lengua, este nombre expresará una maravilla, ó bien una absurdidad, tanto mas chusca cuanto que precisamente lo empleaban los latinos en el sentido propio, para designar un prodigio ridículamente imposible *(lac gallinæ*.)
(2) *Regum*, lib. VI, cap. 6, vers. 25.
(3) J. Klaproth, *Carta á Humboldt sobre la invencion de la brújula*, página 89. El *tchin*, segun los autores chinos, se parece á un buitre y se alimenta de serpientes venenosas. De su nombre se ha formado un verbo que significa envenenar. (Nota de M. Estanislao Jullion, del Instituto de Francia.)
(4) Estrabon, lib. I
(5) Ctesias, *In Persic. apud Photium.*
(6) Herodoto, lib. III, cap. 13.

que con un solo hombre; y para demostrar esta pureza, bebia *sangre de toro* (1), la cual le causaba una muerte repentina en caso de impostura.

La experiencia prueba que la sangre de toro no tiene ninguna propiedad maléfica. Pero en Oriente y en algunos templos de Grecia se poseia el secreto para componer un brevaje destinado á dar una muerte repentina y exenta de dolor: el color rojo oscuro de este brevaje habia hecho que se le diese el nombre de *sangre de toro*, nombre impropiamente explicado en el sentido literal por los historiadores griegos. Mas adelante veremos el nombre de *sangre de Neso* dado á un supuesto filtro amoroso, y tomado en el sentido recto por los mitólogos, que habrian debido conocer su significacion por la mismas relaciones que copiaban (2). La *sangre de la hidra de Lerna*, de que estaban impregnadas las flechas de Hércules, cuyas heridas eran incurables, tampoco nos parece ser otra cosa que uno de esos venenos de que, en todos tiempos, han hecho uso los pueblos armados de flechas, para que sus heridas fuesen mas mortíferas.

¿Se quiere un ejemplo moderno de la misma equivocacion? Cerca de Basilea se cosecha un vino al cual se le ha dado el nombre de *sangre de suizos*, tanto por su color rojo subido, cuanto porque se produce en un campo de batalla ilustrado por el valor helvético. ¿Quién sabe si, algun dia, un traductor literal ho transformará en antropófagos á los patriotas que todos los años, en un banquete cívico, hacen largas libaciones de *sangre de suizos* (3)?

Para robustecer esta explicacion, busquemos en la Historia pruebas del modo como un hecho puede transformarse en prodigio, merced á las expresiones menos exactas que enérgicas empleadas para describirlo.

Acometido por los *cruzados*, lleno de terror ante las miradas y que, á través de sus viseras, le lanzan estos guerreros completamente revestidos de metal, el griego amedrentando los describe como *hombres de bronce, cuyos ojos lanzan llamas* (4).

(1) Pausanias, *Acaya*, cap. 25.
(2) Esta obra, cap. XXV.
(3) W. Coxe, *Cartas sobre la Suiza*, carta XLIII.
(4) Nicetas, *Annal. Man. Comn.*, lib. I, cap. 4.

En el Kamtschatka, los rusos han conservado el nombre de *Brichtain*, hombres de fuego, vomitadores de fuego, que les dieron los indígenas, cuando los vieron por primera vez hacer uso de los fusiles: suponian que el fuego partia de sus bocas (1).

Al Norte del Misuri y del rio de San Pedro, cerca de las montañas Azules, habita una horda que, al parecer, emigró de Méjico y de las comarcas limítrofes, en la época de la invasion de los españoles. Segun sus tradiciones, penetró en el interior de aquellas tierras en un tiempo en que las costas del mar eran infestadas por unos mónstruos enormes que vomitaban relámpagos y rayos: de sus entrañas salian unos hombres que, por medio de *instrumentos desconocidos*, ó por un *poder mágico*, mataban á una distancia prodigiosa á los débiles naturales del pais. Estos observaron que los *mónstruos* no podian caminar por la tierra, y para librarse de sus tiros, buscaron un refugio en aquellas montañas apartadas (2). Segun se vé, los vencidos dudaron al principio si sus vencedores debian sus ventajas á un poder mágico, mas bien que á mejores armas. Puede dudarse, pues, si engañados por la apariencia transformaron en *mónstruos* dotados de vida los buques que al parecer se movian por sí mismos; si desde entonces ha existido este prodigio en su creencia; ó si, por el contrario, nació mas tarde, fruto de la atrevida metáfora á que debieron recurrir para explicar un acontecimiento tan nunca visto.

Pero ya este ejemplo se relaciona con una de las causas mas fecundas en maravillas, cual es el empleo del estilo figurado.

IV.

Ese estilo que dá á los hechos, contra la intencion del narrador, un colorido sobrenatural, no existe solamente en el arte, ó mejor dicho, en el hábito propio de las imaginaciones vivas de revestir con expresiones poéticas, con figuras atrevidas el relato de las sensaciones profundas ó de los hechos que se quiere grabar en la memoria. El hombre se inclina siempre á buscar en el estilo figurado el

(1) Kracheninnikof, *Hist. del Kamtschatka*, 1.ª parte, cap. 1.
(2) Carver, *Viaje á la América Septentrional*, etc., pág. 80-81.

nombre que impone á los objetos nuevos, cuyo aspecto le sorprende. Importado un quitasol al centro de Africa, los indígenas le llaman la *nube* (1), designacion pintoresca y propia para ser algun dia la base de un relato maravilloso.

La pasion, que habla con mas frecuencia que la razon, ha introcido en todas las lenguas expresiones eminentemente figuradas, que parecen no serlo, porque es tan grande el hábito de emplearlas en ese sentido, que hace que se olvide comunmente su sentido literal. Por ejemplo: *arder en cólera, comerse los codos, ir como el viento, echar los bofes...* Que un extranjero, conocedor de las palabras, pero no del fondo de la lengua española, traduzca esas frases literalmente (2), y cualquiera exclamará: ¡qué rarezas! ¡qué fábulas! Pues bien, esto se ha hecho ya desde muy antiguo, cuando se ha referido formalmente que un sabio, que ocupó toda su vida observando la naturaleza, Demócrito, se saltó los ojos para meditar sin distraerse (3). Se ha hecho, cuando se ha dicho que los ciervos son enemigos de las serpientes y les hacen huir (4), porque el olor del cuerno de ciervo quemado desagrada á las serpientes y las aleja. La mordedura del *boa* no es venenosa; pero la compresion de su cola dá la muerte: por esto se ha dicho que el boa es un dragon cuya cola está armada de un dardo ponzoñoso. Cuando el hambre la hostiga, persigue su presa con tal velocidad, que rara vez se le escapa:

(1) *Viajes y descubrimientos en Africa*, por Denham, Oudeney y Clapperton, t. III.

(2) El autor hace aplicacion de parecidos ejemplos en la lengua francesa, la cual abunda en frases figuradas sumamente pintorescas y originales, como estas: *Manjer quelqu' un des yeux*; *manjer de la vache enragée*; *jeter une marchandise á la tette*; *avoir les yeux au bout des doigts*; *porter des yeux dans la poche*, etc., que se traducen por mirar á uno ávidamente, y tambien *devorarlo con la vista*; pasar trabajos; vender una cosa muy barato; ser muy astuto, y llevar anteojos. Nuestros marinos que navegan en buque de velas, al ver pasar un vapor en dias de calma, suelen decir: *Ese lleva el viento en la bodega*. (N. del T.)

(3) Esto lo hizo, segun Tertuliano (*Apologet.* cap. XLVI), para sustraerse al poder del amor; porque no podia ver á una mujer sin desearla. Esta tradicion no tiene, sin embargo, otro fundamento que la interpretacion literal de una frase figurada.

(4) Eliano, De *nat. anim.* lib. II, cap. 9.

por esto la poesía ha comparado al vuelo su carrera, y la creencia vulgar ha dotado al *dragon* de verdaderas alas.

Con los nombres de áspid y de basilisco se ha designado á unos reptiles tan ágiles, que era difícil evitar sus ataques desde el punto mismo en que se les veia: díjose, en consecuencia, que el áspid y el basilisco daban la muerte con *el aliento* y con *la mirada*.

De estas expresiones figuradas, orígenes de tantos errores físicos, ninguna sin embargo mas atrevida que la que usaban los mejicanos para pintar la velocidad de la *serpiente de cascabel* en todos sus movimientos; pues la llamaban *el viento* (1).

Una iglesia amenaza ruina: veremos en Auxerre á San German, y en Roma á San Francisco de Asís sostener el edificio (2), que al punto mismo vuelve á quedar inalterable en sus cimientos....... El obispo y el fundador de una órden fueron, por la doctrina y por las obras, el apoyo de la iglesia vacilante: no es otro el sentido de la alegoría; pero la credulidad quiso ver en ella un milagro.

En la oracion, en la contemplacion religiosa, el hombre ferviente se halla como elevado en éxtasis; no pertenece ya á la tierra, se eleva hácia el cielo. Los entusiastas discípulos de Jamblico, por mas que lo desmintiese su maestro, aseguraban que de este modo *era elevado de la tierra* á la altura de diez codos (3); y un milagro semejante ha sido atribuido á Santa Clara y á San Francisco de Asís por efecto de la misma metáfora.

Esta transformacion de una alegoría en hecho físico se remonta á una época muy remota, si hemos de creer á un erudito del siglo XV que, segun la costumbre de sus contemporáneos, rara vez indica las fuentes donde ha bebido. Celio Rodigino refiere que, segun los mas sabios caldeos, los rayos luminosos emanados del alma pueden algunas veces penetrar divinamente el cuerpo, el cual entonces se eleva por sí mismo sobre la tierra. Esto, dice, le acontecia á Zoroastro; y del mismo modo explica la elevacion de Elías al cielo y *el rapto* de San Pablo (4).

(1) Lacépède, *Hist. nat. de las serpientes*, art. *Boiquira*.
(2) Robineau Desvoidys, *Descripcion de las criptas de S German de Auxerre* (obra inédita). *Liber conformitatum S. Francisci*, etc.
(3) Eunap. *in Iamblich.*
(4) *Arbitrabantur Chaldæorum scientissimi, ab rationali anima id..... effici*

En el reino de Fez hay «un collado que es preciso pasarlo danzando y agitándose mucho, para no ser sorprendido por la fiebre (1).» Esta tradicion popular, que subsistia y era obedecida hace cien años, ha sido entregada al desprecio por hombres ilustrados. En efecto, ¿hay nada mas absurdo? Sin embargo, ¿qué se previene á los viajeros en la campaña de Roma y en las inmediaciones de la ciudad eterna? Se les recomienda que combatan el sueño á que se sienten inclinados de un modo casi invencible, por medio de un ejercicio forzado y de os movimientos mas enérgicos: el que cede, siquiera sea por un instante, se expone á sufrir accesos de fiebre siempre peligrosos, y con frecuencia mortales.

Los habitantes de Hai-nan y de casi toda la provincia de Canton crian en sus casas una especie de perdiz llamada *tchu-ki*. Se asegura que las hormigas blancas abandonan inmediatamente las casas donde hay una de estas aves, sin duda porque se alimentan con ellas y las destruyen en gran cantidad; pero los chinos dicen poéticamente, que *el grito del* tchu-ki *convierte en polvo las hormigas blancas* (2). Tómese en sentido recto esta expresion enfática, y tendremos una maravilla ó una impostura ridícula.

Todos los años por la primavera, las *ratas amarillas* se transforman en *codornices* en los desiertos que separan á la China de la Tartaria (3): igualmente acontecia en Irlanda y en el Indostan, que las hojas y las frutas de los árboles se transformaban primero en caracolillos, y luego en aves acuáticas. Si en uno y otro relato se reemplaza la idea de metamórfosis por la de aparicion sucesiva, se encontrará la verdad, desvaneciéndose lo absurdo.

La amatista es una piedra preciosa que tiene el color mas explendente del vino. El lenguaje figurado sustituye esta enunciacion friamente exacta con una expresiva imágen: *sin embriaguez; vino que*

---

quandoque, ut radiorum splendore, ab ipsa manantium, illustratum diviniore modo corpus etiam surrigat in sublime etc. etc. (Cœlius Rhodig, Lection. Antiq. lib II, cap. 6.)

(1) Boulet, *Description de l' Empire des Chéifs* (Paris, 1733, in-12,) página 112.

(2) Julio Klaproth, *Descripcion de la isla de Hai-nan (nuevos Anales de viajes)*, 2.ª série, t. VI, pág. 156.

(3) *Elogio de Moukdem*; pág. 32 y 164.

no embriaga. Este nombre así impuesto fué traducido literalmente del griego; y de aquí el que se atribuyese á la amatista la propiedad maravillosa de preservar de la embriaguez al hombre adornado con ella.

No es esta la única gallardía poética, la única metáfora transformada en conseja. Con el tirso que lleva en la mano, señala Baco una fuente á la tropa que sigue sus pasos: «El Dios ha hecho brotar una fuente golpeando la tierra con su tirso (1).» De igual manera, *Atalanta*, á quien la sed abrasa, hiere con su lanza una roca, de la cual sale al punto un manantial de agua fresquísima (2); y la poesía explica y consagra en un mito brillante, el prodigio que su propio estilo ha hecho inventar á la credulidad.

Por último, la Historia y la Historia natural se verán llenas de semejantes errores. Si Reso, al frente de un ejército considerable, consigue reunirse con los defensores de Troya, los griegos, debilitados por diez años de combates, deben desesperar de la victoria. Este fallo de la prevision mas comun, expresado en estilo poético, se convierte en una de las fatalidades de aquel sitio famoso: los destinos no permiten que Troya sea tomada, una vez que los caballos de Reso hayan probado la yerba de las orillas del Janto y bebido de sus aguas.

Si hemos de dar crédito á un escritor del siglo XII, para celebrar la fiesta de un santo venerado en Irlanda, los peces se levantan del seno de la mar y pasan en procesion por delante de su altar: despues de haberle rendido este homenaje, desaparecen (3). La fiesta del santo caia sin duda en la primavera, época en que, por delante de la costa donde estaba construida su iglesia, se veian afluir periódicamente columnas de arenques, atunes ó caballas.

Enviado Nonnosus cerca de los sarracenos de la Fenicia y del monte Tauro por el emperador Justiniano, oye decir á aquellos pueblos que, durante sus reuniones religiosas, viven en paz entre sí y con los extranjeros: *hasta los animales feroces respetan esta paz, y*

---

(1) Pausánias, lib. IV, cap. 36.
(2) Pausánias, *Laconic.* cap. 24.
(3) Gervasio de Tilbery, *Otiq imper.* cap. VIII.—*Historia lit. de Francia*, tomo XVII, pág. 87.

la observan respecto á sus semejantes y á los hombres (1). Con este motivo, Focio trata de fabulista al viajero, que no hizo sino repetir lo que habia oido, si bien tomó por la expresion de un hecho una figura poética usada en Oriente, y que literalmente se halla en el mas elocuente de los escritores hebreos (2); figura que los griegos y los romanos han empleado repetidas veces al pintar el cuadro de la edad de oro; y que Virgilio, menos felizmente acaso, reprodujo en la admirable descripcion de una epizootia que desoló el Norte de Africa y el Mediodía de Europa (3).

Un terror vivo y repentino suspende el uso de la palabra: esto sucede al encontrarse de improviso con un animal feroz. El hecho es natural y muy conocido; pero se ha dicho con tal motivo, que un hombre visto por un lobo, en el que no habia reparado, perdia la voz... La expresion figurada se ha tomado en su propio sentido; y no solo ha dado orígen á un proverbio que se encuentra en Teócrito y en Virgilio (4), sino que tambien Plinio y Solino lo han adoptado. Este último coloca muy formalmente en Italia «lobos de »una especie particular: el hombre á quien ven antes que él los »vea, se vuelve mudo: en vano quiere gritar, pues le falta la »voz (5).»

Las yeguas de Lusitania conciben por el soplo del viento: así lo repiten Varron, Columela, Plinio y Solino (6). Únicamente Trogo Pompeyo (7) comprendió que se queria expresar, por medio de una

(1) Phot. *Biblioth.* cod. III.
(2) Isaias, cap. XI, v. 6, 7, 8.
(3) Virgil. *Georgic:* lib. III. *Egloga* VIII, verso 27.
(4) Theocrit. *Idil.* XIV, v. 12.—Virgil. *Egloga* IX, v. 54.
(5) Solin. cap. VIII.—Plin. *Hist. nat.* lib. VIII, cap. 22. El mismo efecto ha sido tambien atribuido por la supersticion moderna á una causa natural. Una mujer ve entrar de noche cuatro ladrones por la ventana de su cuarto: *quiere gritar y no puede.* Los ladrones toman las llaves, abren los cofres, se apoderan del dinero y salen por el mismo camino... Entónces la mujer recobra la voz y pide socorro. No queda duda de que la imposibilidad de gritar, mientras los ladrones se hallaban en el cuarto, ha sido efecto de un sortilegio. Fromann, trat. *De fascinatione...* pag. 558, 559.
(6) Varron, *De re rustica*, lib. II... Columel. lib. VI. cap. 27. Plin. *Hist. nat.* lib. VIII, cap. 42. Solino, cap. 26.
(7) Justin. lib. XLIV, cap. 3.

imágen brillante, la rápida propagacion de estos animales y su velocidad en la carrera.

Moisés decide al madianita Hobab á unirse á la marcha de los israelitas, prometiéndole una rica parte en los bienes que Dios debe dar á su pueblo. «No nos abandones, le dice: tú sabes los lugares »del desierto donde podemos acampar con mas ventaja: ven, tú serás »nuestro guia (1).» Dispuesto así para partir, abre la marcha el arca santa con la cual avanza ó se detiene todo el pueblo. Los sacerdotes que la rodean llevan el fuego sagrado: el humo es visible de dia, y la llama durante la noche... Dios mismo ha guiado á su pueblo, de noche con una columna de fuego, de d.a con una columna de humo (2).

Hacia el fin de un obstinado combate, y en el momento de una victoria por mucho tiempo disputada, las nubes amontonadas velaban el dia y anticipaban el imperio de la noche: pero de pronto se disipan delante de la luna que, casi en su lleno, se alza en Oriente, mientras que en Occidente aun no se ha ocultado el sol bajo el horizonte. Los dos astros parece que juntan sus luces para prolongar el dia y dar al jefe de los israelitas el tiempo de acabar la derrota de sus enemigos: *Este jefe ha detenido el sol y la luna... Una lluvia de piedras destruye á los vencidos durante su fuga.* Esas piedras parten de las hondas de los hebreos, que eran sobresalientes en su manejo, segun Josefo nos lo asegura (3)...

No es nuestra la idea de sustituir aquí lo maravilloso poético por hechos naturales: un rabino consultado por Oxenstiern (4) le explicó asimismo ese milagro por vias enteramente naturales. El autor de un libro, tan piadoso como lleno de ciencia (5), ve en la lluvia

---

(1) Num. cap. X, v. 29, 32. «Veni nobiscum: noli nos relinquere; tu »enim nosti in quibus locis per desertum castra ponere debeamus; et »eris ductor noster.»

(2) Persiguiendo á Dario, Alejandro, para dar la señal de levantar el campo, hacia encender fuego encima de las tiendas: los soldados eran advertidos por el humo durante el dia, y por la llama durante la noche. Q. Curcio, lib. V, cap. 2.

(3) *Cum essent funditores optimi... Antiq. judaic.* lib. IV, cap. 5.

(4) *Pensamientos de Oxenstiern,* t. I.

(5) J.—H. Van der Palme, *Bybel voor de Jeugd.* (Biblia para la juven-

de piedras una violenta granizada, fenómeno raro, pero terrible en Palestina, y dice que su corta duracion impidió que molestase á los hebreos. Además se admira de que se haya considerado como una relacion histórica la pintura del sol y la luna detenidos á la vez para iluminar la completa victoria de los hebreos; y de que se haya podido desconocer el énfasis y el estilo figurado propio de los cánticos y de los himnos de una poesía elevada, de los cuales se extractó, segun él, todo el libro Josué.

Fuertes con semejante autoridad, llevaremos mas adelante nuestra afirmacion, y sin necesidad de multiplicar las citas particulares, diremos que, para verificar con un ejemplo general la diferencia entre la expresion poética y la realidad, basta leer la historia de los judíos en la narracion de Josefo. La buena fé de este escritor le ha valido, de parte de algunos modernos, reconvenciones que no le dirige por cierto Focio, cristiano tan celoso como ellos, pero juez mas ilustrado (1). No es justo suponerle la intencion de negar ó atenuar los milagros de que su nacion fué objeto y testigo; puesto que se le vé, por el contrario, añadir mas de una vez circunstancias maravillosas á los prodigios consignados en los libros hebreos. Hubiérase debido advertir que Filon, cuya fé, piedad y veracidad no son en modo algunos problemáticas, se aproxima bastante á Josefo en esto de atribuir á causas naturales algunos de los milagros de Moisés. Hablando de la fuente que manó de la roca de Horeb, dice: «Moi- »sés hirió la roca, y ya sea que por una feliz casualidad abriese la »salida á un nuevo manantial, ya que las aguas hubiesen sido trai- »das antes por conductos secretos, y que su abundancia les hiciese »brotar con ímpetu, la roca arrojó tanta agua como una fuente (2).» Filon y Josefo traducen en estilo llano, exacto y conforme al gusto de su siglo el estilo oriental de la Biblia: de este modo algunas maravillas se debilitan ó desaparecen bajo su pluma, pero esta desaparicion, como luego veremos, no implica lo mas mínimo un aten-

tud, n.º VII, Leiden 1817.) Véase *Archivos del cristianismo en el siglo* XIX, octubre 1818, pág. 335, 337.

(1) Phot. *Bibl.* cod. XLVII y CCXXXVIII. Véase como se permite hablar de Josefo el sabio y poco juicioso abad de Longuerue, *Longueruana,* tomo II, pág. 35.

(2) Philo jud. De *vita Mosis*, lib. I.. «Rupem percutit, quæ, etc.»

tado al respeto que los dos escritores judíos profesaban á la sublimidad de las obras de Dios.

Veamos en un postrer ejemplo la influencia de otra causa que viene á secundar la de las expresiones figuradas para hacer que la credulidad considere un hecho natural como un prodigio extraordinario. Segun un historiador árabe, que parece haber consultado los mas antiguos escritores de Oriente (1), Nabucodonosor era un rey feudatario de Siria y de Babilonia, sometido al imperio persa. Habiendo caido en la desgracia del rey de los reyes y sido despojado del reino, fué mas tarde restablecido en el trono con gran aumento de poder, en recompensa de los triunfos que obtuvo en su expedicion contra Jerusalem. El historiador Josefo recuerda su desgracia de muchos años, pasados sin duda en el destierro: «Nabucodonosor, dice, tuvo un sueño, en el cual le pareció que, hallándose *privado de su reino*, vivia siete años en el desierto; y que en seguida se encontraba *restablecido* en su primera dignidad... y todo esto se cumplió, sin que nadie, durante su ausencia, osase apoderarse de sus estados (2).» Daniel refiere que el *reino* de Nabucodonosor *pasó fuera de sus manos*; y que en seguida *fué restablecido en él*, añadiendo como el historiador árabe, *con un acrecentamiento considerable de poder* (3). Si además dice Daniel (4), que este rey, abandonado á la soledad con las bestias, comió yerba como un *buey*; que sus cabellos se hicieron semejantes á la melena de un *leon* (segun los Setenta), ó á las plumas de un *águila* (segun la Vulgata), esto no es mas que una pintura del estado de degradacion á que se hallaba reducido el príncipe destronado y proscripto. Esto no es dudoso, pues en el pasage que hemos citado, Josefo afirma que transcribe puramente, de buena fé y sin cambiar nada, el texto de los libros hebreos. Este cuadro poético acaba, como tantos otros, por ser consi-

---

(1) Tabry... Este fragmento ha sido traducido al inglés por sir Gladwin. Véase tambien á Herbelot, *Biblioteca oriental*, art. *Bahman*.
(2) Fl. Josefo, *Ant. jud.* lib. X, cap. 11. Esta larga y tranquila vacacion del trono seria inexplicable en un imperio independiente y absoluto: es natural en un Estado feudatario, á cuyo gobierno ha provisto un jefe supremo.
(3) Daniel, cap. 4, v. 58.
(4) *Ibid.* v. 29.

derado como una relacion histórica: los rabinos cuentan que, aun cuando Nabucodonosor tuviese la forma de *hombre*, se creia transformado en *buey*; que sus cabellos se asemejaban á la melena de un *leon*, y sus uñas, desmesuradamente crecidas, á las garras de un *águila*. Por último, segun san Epifanio (1), Nabucodonosor, conservando los sentimientos y el pensamiento de *hombre*, era realmente medio *buey*, medio *leon*.

Viendo reaparecer, en estas diversas pinturas, las formas del *hombre*, del *buey*, del *leon* y del *águila*, ¿cómo no recordar que estas cuatro figuras han marcado por espacio de 2153 años los puntos solsticiales y equinocciales y que, por consiguiente, han desempeñado un importante papel en las religiones del Oriente?—Un hábito cuyos efectos se han reproducido con mas frecuencia de lo que se sospecha, el hábito de mezclar á los hechos históricos los rasgos tomados de la astronomía religiosa, seguramente ha precipitado los progresos de la credulidad respecto á las metamórfosis de Nabucodonosor. Supongamos aun, lo cual es muy probable, que hayan existido en Babilonia representaciones alegóricas donde se hallasen reunidas esas cuatro figuras astronómicas; que los hebreos cautivos hubiesen visto alguna, á la cual fuese enlazado para ellos el nombre de aquel rey, á quien debian tener siempre presente en sus recuerdos, por considerarle como al autor de sus desastres: ¡cuánta eficacia no tendria el aspecto de aquel emblema para ayudar á la creencia del mito maravilloso!

V.

En efecto: ¿qué son los emblemas para la vista, sino lo que el estilo figurado es para el pensamiento? Su influencia inevitable ha creado tambien un número grandísimo de historias prodigiosas.

En la antigüedad se veian expuestos á cada paso emblemas ingeniosos, destinados á significar lo que habia de mas importante en los dogmas y en las tradiciones, en la moral y en la Historia. Su sentido, bien comprendido al principio, se oscureció poco á poco por la

(1) S. Epifan. *in vita Daniel*.

lejanía de los tiempos, llegando al fin hasta perderse por la irreflexion y la ignorancia. Sin embargo, el emblema permanecia en pié, hiriendo siempre la vista del pueblo, exigiendo siempre fé y veneracion. En tal estado, la representacion, por muy absurda y monstruosa que fuese, debió ocupar en la creencia general el puesto de la realidad que originariamente recordaba. De un símbolo destinado á expresar que la religion y las leyes emanan de la inteligencia suprema, nació la creencia de que un halcon habia traido á los sacerdotes de Tébas un libro, donde estaban contenidos las leyes y los ritos religiosos (1). Segun Diodoro (2), ciertas islas del Nilo se hallaban defendidas por unas serpientes con cabeza de perro y por otros mónstruos. Estos mónstruos y estas serpientes no eran probablemente otra cosa que emblemas destinados á prohibir á los profanos su acceso á ellas.

¡Cuántos mitos y prodigios tienen un orígen análogo en los fastos del Egipto; cuántos en los fastos de la India y de la Grecia!

Se ha contado, y se repite todavía, sin pararse á pensar si es ó no absurdo, que tal era la fuerza de Milon de Crotona que, cuando se ponia en pié sobre un dísco estrecho, no era posible desviarle de allí, ni quitarle de la mano izquierda una granada, sin embargo de que no la apretaba lo bastante para estrujarla, ni separar unos de otros los dedos extendidos y juntos de su mano derecha.—Milon, dice un hombre versado en el conocimiento de las costumbres y de los emblemas religiosos, era en su patria gran sacerdote de Juno. Su estátua, colocada en Olimpia, le representaba, segun el rito sagrado, en pié sobre un pequeño broquel redondo, y teniendo una granada, fruto del árbol dedicado á la diosa. Los dedos de su mano derecha estaban extendidos, juntos y hasta unidos: así es como los figuraban siempre los antiguos estatuarios (3). El vulgo explicó por medio de cuentos maravillosos una imperfeccion del arte y unas representaciones misteriosas cuya verdadera significacion se habia olvidado.

No es necesario acudir á la antigüedad para citar hechos análo-

(1) Diod. Síc. lib. I, part. II, párrafo 32.
(2) Diod. Sic. lib I, part. I, párrafo 19.
(3) Apolonio de Tiana. Filostr. *Vita Apollon*. lib, IV, cap 9.

gos. Durante la Edad media se hizo uso de calendarios de figuras, como único medio de instruccion para los pueblos que no sabian leer. Para expresar que un santo mártir habia muerto degollado, se le representaba en pié, llevando en las manos su cabeza separada del tronco (1). Este emblema pudo ser adoptado tanto mas fácilmente, cuanto que de mucho tiempo atrás fijaba la atencion, y por consiguiente los respetos del vulgo, en el calendario geroglífico de una religion mas antigua (2).

De los calendarios pasó el emblema naturalmente á las estátuas y á las diversas representaciones de los mártires. Yo he visto á San *Clair* en una iglesia de Normandía, á San *Mithre* en Arles, y en Suiza á todos los soldados de la legion tebana, representados con sus cabezas en las manos. Santa *Valeria* está representada de este modo en Limoges, sobre las puertas de la catedral y en otros monumentos (3). El gran sello del canton de Zurich presenta en la misma actitud á San *Félix* Santa *Régula* y San *Exuprancio* (4)...

Tal es ciertamente el orígen de la piadosa leyenda que se refiere de estos mártires, como de San Dionisio (5) y otros muchos mas: San *Maurin* de Agen (6), San *Principin* de Souvigny en el Borbonés, San *Nicasio*, primer obispo de Ruan, San *Luciano*, apostol de Bové,

---

(1) V. *Menagiana*, tomo IV. pág. 103.—Todavia se deben encontrar algunos de estos calendarios en los gabinetes de los curiosos.

(2) *Sphæra Persica*. Capricornius, Decanus III... Dimidium figuræ sine capite, «quia caput ejus in manu ejus est.»—En un calendario egipcio se nota un emblema que pudo dar orígen al mito de *Gerion*... Vir triceps, dextra porrecta indicans. *Monomœr. Ascendent... in Decanis ægyptiacis*. Taurus. Decan. I... 6 grad.—Las personas que, participando de la opinion de los hebreos, consideran la historia de Judit como una ficcion piadosa, descubrirán su orígen en otra figura de este calendario: Pisces. Decan. III 26 grad. «Mulier viro dormienti caput securi amputat.»

(3) C. N. Allou, *Description des monuments du département de la Haute-Vienne*, pág. 143.

(4) San *Exuperancio* no se encuentra en los sellos anteriores á 1240.

(5) 　　　«*Se cadaver mox erexit,*
　　　Truncus truncum caput vexit,
　　　Quo ferentem hoc direxit
　　　Angelorum legio...»
Prosa cantada en el oficio de San Dionisio hasta 1789

(6) *Memorias de la Sociedad de Anticuarios de Francia* t. III, pág. 268, 269.

San L*ucano*, obispo de París (1), San *Balsemo*, de Arcis-sur-Aube, San *Saviniano*, de Troyes (2), y otros tres que solo el año 275 dió á la misma diócesis en Champaña (3). Para que naciese esta leyenda, pudo bastar desde luego que un *hagiógrafo* contemporáneo emplease una figura enérgica que todavía usamos; que para pintar los obstáculos y peligros que podian impedir á los fieles el cumplimiento de los últimos deberes respecto á los mártires, dijese que la posesion y la sepultura de aquellos sagrados restos habian sido un verdadero milagro: la actitud en que los santos eran presentados á la veneracion pública determinó la naturaleza del milagro, y autorizó para decir que, despues de decapitados, habian ido por su pié desde el lugar del suplicio al de su sepultura.

VI.

No es posible presumir hasta qué punto puede llegar una curiosidad crédula que admite todas las explicaciones, prefiriendo siempre las mas maravillosas: la forma exterior de una alegoría ó de un apólogo, por muy transparente que sea, fija invenciblemente sus miradas.

«El canto del gallo hace huir al leon...» Esto significa que, al anunciar el gallo con su canto la vuelta del dia, todos los animales carniceros se vuelven voluntariamente á sus guaridas.

Algunos proverbios morales, disfrazados de un modo transparente, no han dejado de pasar por axiomas de física. Todo lo vence y rinde el amor, y hasta la fuerza mas terrible se somete á su necesidad. De aquí se ha dicho que la ferocidad del leon se amansa al aspecto de una mujer desnuda (4).

A pesar de la facilidad de convencerse de lo contrario, cuenta Eliano que, desde el equinoccio de primavera hasta el de otoño, el

---

(1) J. A. Dulaure, *Historia física, civil y moral de París* (1821), t. I, página 112.

(2) *Promptuarium sacrum antiquitatum Tricassinœ diocesis...*, f.° 335 v. y 390 v.

(3) El P. Deguerrois, *La Sainteté chrétienne*, fol. 33, 34, 38, 39 y 48.— En una *vida de San Par*, uno de estos tres mártires, impresa en Noguent-sur-Seine, en 1821, se reproduce esta relacion maravillosa.

(4) *Leonem aiunt conspectis muliebribus pudendis desœvire.*

carnero duerme echado sobre el lado derecho; y desde el equinoccio de otoño al de primavera, sobre el lado izquierdo (1): ridículo error en Historia natural, aunque sea una verdad evidente en el lenguaje alegórico de la astronomía antigua: (refiriéndose al signo de *aries*).

Cuéntase que en la espedicion de Jerges contra los griegos, *una yegua parió una liebre*, prodigio que presagió el resultado de aquella empresa gigantesca (2): pero esto no es mas que la fábula del *Monte que parió un raton*, mejorada tal vez por las condiciones físicas del hecho supuesto y por la picante alusion de una liebre á un ejército fugitivo.

Cuando se dijo por primera vez que *un sinnúmero de ratas, royendo las cuerdas de los arcos y las correas de los escudos de los soldados de Senaquerib*, dieron la libertad al ¡rey de Egipto sitiado por aquel (3), no se quiso referir un prodigio, sino pintar de un solo rasgo el estado de un ejército indisciplinado y negligente á lo sumo, incapaz de resistir el ataque repentino de los etiopes llegados al socorro del rey de Egipto, y casi completamente destruido á manos de sus vencedores. Los sacerdotes, á cuya casta pertenecia el rey, consintieron gustosos que las expresiones alegóricas fuesen traducidas en su sentido directo, y que se acreditase la creencia de un milagro que atribuian á su divinidad tutelar, dispensando así al orgullo nacional de la gratitud debida á sus aliados y libertadores. La tradicion de una salvacion milagrosa se extendió á mas distancia que el apólogo de que procedia. Beroso, citado por Josefo (4), dice que el ejército asirio fué víctima de un azote, de una *peste enviada del cielo*, la cual destruyó rápidamente ciento ochenta y cinco mil hombres.

Así la vanidad caldea cubria con el velo de una desgracia inevitable el oprobio de una derrota merecida. Instruidos los hebreos en las mismas fuentes que Beroso, y acordes con él en cuanto al número de las víctimas (5), dieron gracias al Dios de Abraham y de Moi-

(1) Ælian. *De nat. anim.* lib. X. cap. 18.
(2) Valer. Maxim. lib. I, cap. 6, párrafo 10.
(3) Herodoto, lib. II. cap. 141.
(4) Fl. Josefo, *Ant. jud.* lib. X, cap. 2.
(5) *Reg.* lib. IV, cap. 19, v. 35.—*Paralip.* lib. II, cap. 32, v. 21.—*Isai.* cap. 37, v. 36.

ses, que habia enviado el *ángel exterminador* contra el ejercito del conquistador, para impedir que destruyese á Jerusalen despues de haber subyugado el Egipto.

Del mismo modo se convertirán en tradiciones históricas las ficciones morales y que no tienen relacion con ningun hecho. Podria citar la interesante parábola del samaritano socorriendo al herido abandonado por el sacerdote y el levita. En Palestina se la considera hoy como una verdadera historia, y unos monjes enseñaron el lugar de la escena al viajero Hasselquist (1). El hecho en sí no tiene nada de extraordinario ni que se oponga á la razon; y el corazon, á quien interesa, se siente inclinado á creer en su realidad. Cuidando menos de la verosimilitud, quiso un sabio consagrar en un apólogo esta máxima: que no basta sacrificar á la salvacion de la patria el lujo, los placeres y las riquezas; sino que es necesario, á despecho de las mas caras afecciones, sacrificarle la vida. Fingió que en medio de una ciudad se habia abierto una espantosa sima, que con nada podia llenarse: consultados los dioses, respondieron que la sima no se cerraria sino cuando se hubiese echado en ella lo mas precioso que poseen los hombres: en vano arrojaron plata, oro, pedrerías... Todo fué inútil, hasta que, desprendiéndose de un padre y de una esposa, un hombre generoso se lanzó voluntariamente en el abismo, que al punto se cerró sobre él. A pesar de la inverosimilitud evidente del desenlace, esta fábula, inventada en Frigia ó tomada de una civilizacion mas antigua, ha pasado á la Historia, y se nombra al héroe: este fué Ancuro, hijo de Midas, uno de los reyes de los tiempos heróicos (2). Es tal el encanto de lo maravilloso, que algunos siglos despues se apropió Roma este relato, el cual de esta manera, léjos de significar un precepto general, queda reducido á un ejemplo particular. No se dirá que es el jefe sabino Mecio

---

(2) Hasselquist, *Viaje á Levante*, t. I. p. 184.

(3) *Paralelos de historias griegas y romanas*, párrafo X. Esta obra falsamente atribuida á Plutarco, merece en general poca confianza; pero me parece que puede admitirse su testimonio, tratándose de hacer desaparecer de la Historia un hecho evidentemente fabuloso, y sobre el cual distan mucho de andar acordes los antiguos analistas romanos. Calístenes, citado por Stobeo (*Sermo XLVIII*), reconoce tambien el sacrificio del hijo de Midas, á quien llama Ægistros.

Curcio quien, dentro de Roma casi conquistada, dió su nombre á un pantano hecho célebre por su defensa vigorosa contra los esfuerzos de Rómulo (1): tampoco será un cónsul encargado, segun la constumbre, por el Senado de ceñir con una muralla aquel pantano, sobre el cual habia caido el rayo (2): si Roma se apropia el apólogo de Ancuro tomándolo de la Frigia, y lo introduce en su historia, es para citar á un patricio, á un tal Curcio que en el mismo lugar se precipitó armado en un abismo, abierto y cerrado milagrosamente (3).

Se deja conocer que semejante apropiacion es hija del deseo de aumentar el lustre del país. Ocasion seria esta de manifestar cuántas veces la impostura oficiosa ha sembrado de prodigios la Historia, favoreciendo la vanidad de una nacion ó de una familia, para borrar una mancha, ó para añadir un mérito; pero nos limitaremos á escoger un ejemplo entre los muchos que pudieran citarse. Inútil es que la tradicion conservada por dos historiadores graves (4), refiera que el feroz Amulio violó á su sobrina Rhea y la hizo madre de Rómulo y Remo. A pesar de esto, se repetirá constantemente que de los amores de Marte nacieron los fundadores de una ciudad, que debia ser elevada al poder supremo por el favor del Dios de la guerra.

(1) Tal era el verdadero orígen del nombre de *Lacus Curtius*, segun el historiador *L. Calpurnius Piso*, citado por Varron (Varro, De *lingua latina*, lib. IV, cap. 32). Véase tambien á Tito Livio, lib. I, cap. 12 y 13.

(2) Esta opinion era la de C. Elio y de Q. Lutacio (Varr. loco cit.)

(3) Varron (*loco cit.*) refiere así la tradicion; pero lo hace como quien está poco persuadido, puesto que llama al héroe que se precipitó en la sima *un tal Curcio* (*quemdam Curtium*).

(4) *C. Licinio Macer* y *M. Octavio*, citados por Aurelio Víctor. De *origine gentis romanœ*, cap. 19.

CAPITULO IV.

Fenómenos reales, pero raros, presentados como prodigios debidos á la intervencion de la divinidad, y presentados con éxito, porque se ignoraba que un fenómeno fuese local ó periódico; porque se habia olvidado un hecho natural, que en el principio habria excluido la idea de lo maravilloso; y á veces tambien, porque hubiera sido peligroso querer desengañar á la muchedumbre seducida.—La observacion de estos fenómenos aumentaba los conocimientos científicos de los sacerdotes.—Los escritores antíguos, verídicos en este punto, lo son en lo que dicen de las obras mágicas.

Si un gran número de maravillas mencionadas en los escritos de los antiguos no han existido ó no han tenido importancia sino por efecto del entusiasmo, de la ignorancia y de la credulidad, otras por el contrario, tales como las caidas de aerólitos, están hoy reconocidas como fenómenos reales, que una física ilustrada no rehusa, por mas que no siempre consiga explicarlas de un modo satisfactorio.

La historia natural de nuestra especie presenta muchas singularidades que los observadores circunscritos á su estrecho horizonte han considerado como quiméricas, y cuya existencia ha confirmado una observacion mas exacta.

Escritores griegos muy antiguos, como Isigono y Aristeo de Proconesa, nos hablan de pigmeos de dos piés y medio de altura; de pueblos que tenian los ojos en los hombros y de antropófagos que existian entre los escitas septentrionales; de una comarca llamada *Albania*, donde nacen hombres cuyos cabellos encanecen desde la infancia, y cuya vista, muy débil de dia, es muy clara de noche,

Aulo Gelio (1) califica estos relatos de fábulas increíbles; y no obstante, en los dos primeros pueblos reconocemos á los lapones y los samoyedos, aun cuando se haya exagerado la pequeñez de los unos y el modo como los otros tienen la cabeza hundida entre los hombros (2): Marco Polo afirma que algunas hordas tártaras se comen los cadáveres de los hombres condenados á muerte (3). En cuanto á los indígenas de la *Albania*, ¿es posible desconocer á los *albinos*? El nombre de su supuesta patria no es mas que la traducción del que debieron recibir esos seres tan notables por la blancura de su piel y de sus cabellos (4).

Ctesias ha sido acusado de falsedad muchas veces, bajo la autoridad de los griegos, cuyas creencias y pretensiones contrariaba en sus relatos. Los pigmeos que este autor coloca en medio de Asia, y que tenian el cuerpo cubierto de un vello largo, recuerdan á los *ainos* de las islas Curilas, altos de cuatro piés y cubiertos de pelos muy largos: Turner tambien ha visto en el Butan un individuo de una raza extremadamente pequeña. Los *cinocéfalos* de Ctesias (Eliano, *De nat. anim.* lib. IV, cap. 46) pudieran bien ser los negros oceánicos, *alfurienses* ó *haráforas* de Bornéo y de las islas Malayas, y los *monos* á quienes Rama hizo la guerra en la isla de

---

(1) A. Gel. *Noct. attic.* lib. IX. cap. 4. Solino (cap. LX), copiando sin duda á los escritores cuyo testimonio rechaza Aulo Gelio, habla de un pueblo, cuyos hombres tienen los ojos en los hombros.

(2) Walter Raleigh en 1595, y Keymis en 1596, recibieron de los indígenas de la Guyana los mas positivos informes acerca de la existencia de unos hombres que tenian los ojos en los hombros y la boca en el pecho. (*Relacion de la Guyana*, por W. Raleigh, traduc. franc. pág. 67, 69 y 111.) Es decir, como pensó acertadamente el traductor francés, que esos hombres tenian el cuello muy corto y los hombros extremadamente levantados. El P. Lafiteau (*Les mœurs des sauvages americains*, etc., t. I, pág. 58, 62) observa que la creencia de que existe semejante raza de hombres se halla extendida igualmente por las diversas partes de América y entre los tártaros vecinos á la China; como los samoyedos en Asia, los esquimales y las hordas observadas por Weddel en el Cabo de Hornos, en la Tierra del Fuego y en las islas inmediatas, han hecho nacer ese error entre los indígenas del Norte y del Sur de América. (Weddel, *A voyage to the South pole performed in the years* 1822; 1824. (*Boletin de geografía*).

(3) *Peregrinatio Marci Pauli*, lib. I, cap. 64.—*Memorias de la Sociedad de geografía*, tomo I, pág. 361.

(4) Prichard, *Hist. natural del hombre*. Paris, 1843, tomo I, pág. 106.

Ceilan, segun los libros sagrados de los indios (1).

En los *argipeanos* ó *cabezas calvas* de Herodoto se reconoce á los móngoles y los calmucos, en cuyos pueblos los monges ó *ghelongs* llevan la cabeza rapada. En esta nacion oyó hablar Herodoto de unos pueblos situados mas al Norte, los cuales *dormian seis meses del año*. Herodoto no quiso creer esta indicacion que, sin embargo, solo se refiere á la duracion de la noche y el dia en las regiones polares (2).

Los antiguos hablan tambien de pigmeos en Africa, y un viajero francés los ha encontrado en el Tenda-Mayé, á orillas del rio Grande. Allí, dice, habita una raza notable por la pequeñez de su estatura y la flaqueza de sus miembros (3).

Si descendemos de las generalidades á los detalles, todavía encontraremos que se han despreciado con mucha frecuencia hechos extraordinarios cuyo recuerdo conservaba la antigüedad con una fidelidad religiosa. «Que Rojana pariese un hijo sin cabeza, dice Larcher (4), es una absurdidad capaz por sí sola de desacreditar á Ctesias.» Larcher hubiera podido aprender en todos los tratados de teratología, que el nacimiento de un niño *acéfalo* no tiene nada de imposible (5).

Solo el respeto debido al genio de Hipócrates ha impedido, segun creo, que no se le tache de mentiroso, cuando habla de una enfermedad á que están sujetos los escitas, la cual hace *que se conviertan en mujeres* (6). Julio Klaproth ha visto entre los tártaros

---

(1) Malte-Brun, Memoria *sobre la India Septentrional de Herodoto y de Ctésias,* etc., *Nuevos anales de viajes,* tomo II, pág. 355, 357. En El-Rami, isla inmediata á Serendib (Ceilan) se encuentran hombrecillos de un metro de altura, cuya lengua es ininteligible, etc. (*Geografía de Edrisi,* trad. franc., tomo I. pág. 75.)

(2) Malte-Brun, *ibid., ibid.,* pág. 372, 373.

(3) Mollien, *Viage al interior de Africa,* etc. (París, 1820) tomo II, pág. 240.

(4) Traduccion de Herodoto, segunda edicion, tomo VI, pág. 266, nota 35.

(5) *Diccionario de las ciencias médicas,* art. *Acéfalo.*—Isid Geoffroy Saint-Hilaire, *Historia general y particular de las anomalías de la organizacion.* París, 1836, tomo. II, pág. 464.

(6) Hipócrates, *De los aires, de las aguas y de los lugares,* párrafo 22.

nogais unos hombres que pierden la barba, su piel se arruga, toman el aspecto de las viejas y, como sucedia entre los escitas, son relegados á la categoría de mujeres y expulsados del trato con los hombres (1).

La historia de los animales, tal como nos la han transmitido los antiguos, está llena de detalles aparentemente quiméricos. Sin embargo, la apariencia solo consiste en una denominacion defectuosa: el nombre de *Onocentauro* parece indicar un monstruo que reune las formas del asno y del hombre, no siendo otra cosa que un cuadrumano que, tan pronto corre á cuatro piés, como se sirve de sus remos anteriores á modo de manos; un gran mono cubierto de pelo gris, sobre todo en la parte inferior de su cuerpo (2).

Recientemente se ha reconocido á las *gervasias* en las *ratas de Libia* que andan con las dos patas traseras, y el *erkoom* ó *abbagumba* de Bruce en el pájaro de Africa que tiene un cuerno en la frente (3). Pero, ¿qué era el *catoblepas*, animal del género de los toros ó de los carneros salvajes, y dotado, como el basilisco ó el áspid, de un aliento ó de una mirada homicida (4)? Era el *gnou*: la descripcion que hace de él Eliano, y la forma de la cabeza de uno de estos animales que mataron los soldados de Mario ponen el hecho fuera de duda (5). El *gnou* lleva siempre la cabeza baja: sus ojos pequeños, pero vivos, parecen cubiertos por la espesa melena que tapa su frente: no es posible apercibirse de su mirada ni sentir su aliento sino acercándosele mucho; lo bastante para poder ser herido por este animal feroz y cobarde. La expresion proverbial del peligro á que uno se expone ha sido transformada en fenómeno físico por la aficion á lo maravilloso.

Ya Mr. Cuvier (6) habia indicado esta conciliacion de ideas: dis-

---

(1) Julio Klaproth, *Viaje al monte Cáucaso y á la Georgia en* 1807, 1808. *Bibl. universal de literatura*, tomo VI, pág. 40.
(2) Ælian. *De nat. animal.* lib. XVII, cap. 9
(3) Ælian. *De nat. animal.* lib. XV, cap. 26, y lib. XVII, cap. 10.
(4) Plin. *Hist. nat.* lib. VIII, cap. 21. Ælian. *De nat. anim* lib. VII, cap. 5. Aten. *Deipnosoph.* lib. V. cap. 15.
(5) Ateneo, *Deipn.* loc. cit. Ælian. *De nat. anim.* loc. cit.
(6) Análisis de los trabajos de la clase de ciencias del Instituto de Francia en 1815... *Magasin encyclopédique*, año 1816, tomo I, pág. 44, 46.

cutiendo las antiguas narraciones relativas á ciertos animales considerados como fabulosos, habia expresado la opinion de que lo que se encuentra en ellas de increible *no es mas que el resultado de malas descripciones.* Exactas en un principio, estas descripciones pudieron ser viciadas por algunos detalles imperfectamente conservados en la memoria de los hombres, ó mal traducidas de los escritos hechos en lengua extranjera y salpicados probablemente de expresiones figuradas. Tambien pudieron serlo por la tendencia que tenian los antiguos á comparar el animal con el hombre, y á originar los hechos físicos en causas de un órden moral. Geoffroy Saint-Hilaire ha visto al *pardillo de collar* (1) extraerle al cocodrilo los insectos chupadores que se adhieren al interior de su boca: esto precisamente nos lo refirieron ya los egipcios; pero su relacion nos parecia una fábula, porque ellos suponian la existencia de un pacto de mútua condescendencia entre los dos animales, cosa que nosotros no admitimos, aunque no parezca que el pájaro cometa nunca una imprudencia entrando en la boca del anfibio.

En presencia de estas observaciones, no habrá temeridad en aconsejar á los sabios el exámen de los prodigios que se ofrecian en otro tiempo á los príncipes y á los pueblos como presagios del porvenir, como señales de la voluntad de los dioses y como seguras muestras de su favor ó de su indignacion. La Historia natural pudiera enriquecerse asi de nociones interesantes; y la Fisiología pudiera encontrar muchos *casos raros* que, por esto mismo, serian menos problemáticos y mas fáciles de acomodar al conjunto de la doctrina. Citaré desde luego la compilacion de *Julio Obsequens.* Este autor parece haberse limitado á extractar los registros donde los pontífices romanos consignaban cada año los prodigios que les habian sido denunciados. En el corto fragmento que nos queda de su obra, aparte de la mencion de frecuentes lluvias de piedra, se encuentra la prueba, cuatro veces repetida, de que *la esterilidad de las mulas no es una ley invariable de la naturaleza;* la indicacion de una *combustion humana expontánea* que se creyó determinada por el reflejo de un espejo ustorio, y dos ejemplos de *parto extranatural,*

(1) *Revue encyclop.* Mayo 1828, pág. 300, 301.

cuya posibilidad se ha discutido y verificado en nuestros dias (1). Allí se notará sobre todo la observacion hecha, en un animal, de un fenómeno análogo al que presentaron el *muchacho de Verneuil* (Amadeo Bissieux) en 1814 (2), y en 1826 un jóven chino, que llevaba en el pecho y adherido al esternon un feto acéfalo, sin que esto le molestase notablemente (3). En el siglo XVI, si hemos de dar crédito al médico *Juan Lange*, al abrir un ciervo cogido por Otto Henri, conde palatino, se encontró en sus entrañas un feto bien formado.

El descubrimiento repetido de estos monstruos *heteradelfos* (tal es la expresion de que se vale M. Geoffroy Saint-Hilaire para designar el agregado de dos seres, uno de los cuales no está completamente desarrollado), el descubrimiento de estos monstruos acaso fué lo que dió origen á la creencia en el *hermafrodismo* ó cambio alternativo de sexo, que en otro tiempo se atribuyó á las liebres y á las hienas; pues una observacion de este género hecha en el *mus caspius* (probablemente la marta) fué convertida de ese modo en hecho general (4). No careceria de interés el averiguar si las martas, las hienas y las liebres presentan esta singularidad con mas frecuencia que otros animales.

En los tiempos fabulosos de la Grecia, Ifis y Cenis vieron una y otra cambiarse repentinamente su sexo por un efecto de la bondad de los dioses. En una época menos incierta, los antiguos nos refieren metamórfosis semejantes: Plinio cita cuatro ejemplos, y habla de uno de ellos como habiéndolo comprobado él mismo (5). Pero los modernos han conocido por medio de observaciones precisas, que el desarrollo de los órganos sexuales en algunos hombres es bastante

---

(1) *Servio Flacco. Q. Calpurnio, Coss.* Romæ puer solidus posteriore naturæ parte genitus .. *Sergio Galba, M. Scauro Coss.* idem (puer) posteriore natura solidus natus, qui, voce missa, expiravit. *Julius Obsequens*, De *prodigiis.*

(2) *C. Valerio, M. Herennio, Coss.* maris vituli cum exta demerentur, gemini vitelli in alvo ejus inventi. Julius Obsequens, De *prodigiis.*

(3) Geoffroy Saint-Hilaire, *Historia de las anomalías de la organizacion,* t. III, pág. 215.

(4) Eliano, De *nat. anim.* lib. XVIII, cap. 18.

(5) Plin. *Hist. nat.* lib. VII, cap. 4.

tardío para que ofrezca la apariencia de esta maravillosa transformacion.

M. Geoffroy de Saint-Hilaire describe un caballo *polidáctilo*, que tenia los dedos separados por medio de membranas (1). Los escritores antiguos han hablado de caballos, cuyos piés tenian alguna semejanza con los piés y las manos del hombre, y se les ha acusado de impostura.

La historia de los cuerpos inanimados no es menos rica en hechos singulares, que los antiguos consideraban como prodigios, y nosotros por mucho tiempo hemos calificado de fábulas.

El altar de Venus sobre el monte Eryx, en Sicilia (2), estaba colocado al aire libre, y en él brillaba, noche y dia, una llama inextinguible, sin leña, brasas, ni cenizas, y á pesar del frio, del rocío y de la lluvia. Uno de los filósofos que han prestado mas servicios á la razon humana, Bayle, trata de fábula esta relacion (3). Sin duda no habria acogido con mas indulgencia lo que dice Filostrato de una cavidad observada por Apolonio en la India, cerca de Paraca, de donde salia constantemente una llama sagrada, de color de plomo, sin humo ni olor (4). Sin embargo, en otros lugares ha encendido la naturaleza fuegos semejantes. Los fuegos de *Pietramala*, en Toscana, son debidos, segun sir Humphry Davy, á un desprendimiento de gas hidrógeno carburado (5). Las llamas perpétuas que se admiran en el *Atesch-gah* (lugar del fuego), cerca de Bakú, en Georgia (6), son alimentadas por el nafta de que está impregnado el suelo: tales son los fuegos sagrados, que los *penitentes* indios han encerrado en un recinto de celdas, como se levantó el templo de Venus al rededor del fuego de la montaña de Eryx. En Hungría, círculo de Marmarosch, hay una salina llamada *Szalina*, en la cual se inflamó expontáneamente una corriente de aire impe-

---

(1) Sesion de la Academia de ciencias de Paris, 13 agosto, 1827.—*Historia de las anomalías de la organizacion*, Paris 1832, tomo I. pág. 690.
(2) Eliano, *Var. Hist.*, lib. X, cap. 50.
(3) Bayle, *Diccionario histórico y crítico*, art. *Egnatia*, nota D.
(4) Filostrato, *Vita Appollon.* lib. III, cap. 3.
(5) *Journal de pharmacie*, año 1815, pág. 520.
(6) N. Mouraviev, *Viaje á la Turcomania y á Khiva*, pág. 224 y 225.

tuoso que salió de una galería (1). No era otra cosa que gas hidrógeno, semejante al que hoy se emplea en el alumbrado; como que ha sido utilizado para este uso, con un éxito que parece ser duradero, pues el desprendimiento gaseoso no es menos uniforme que abundante. En la provincia de Xen-si (China), algunos pozos vomitan borbotones de hidrógeno carbonado, que habitualmente se aplica á los usos de la vida (2). Semejantes fenómenos, puestos en manos de un taumaturgo, pronto se convertirán en auxiliares poderosos de la supersticion.

El agua se ha vuelto sangre; el cielo vierte una lluvia de sangre; hasta la nieve pierde su blancura y aparece ensangrentada; la harina, el pan ofrecen al hombre un sangriento manjar en el que hallará el gérmen de enfermedades desastrosas: hé aquí lo que se lee en las historias antiguas, y en la moderna, casi hasta nuestros dias.

En la primavera del año 1825, las aguas del lago Morat aparecieron, en muchos parages, *de color de sangre*... Ya la atencion popular se habia fijado en este prodigio; pero M. de Candolle probó que el fenómeno era debido al desarrollo de miles de millones de uno de esos seres que ocupan un lugar intermedio entre los vegetales y los animales, la *oscillatoria rubescens* (3). Viajando Ehrenberg por el mar Rojo, reconoció que el color de aquellas aguas era debido á una causa semejante (4). Suponiendo que un naturalista estudie el modo de reproduccion, seguramente muy rapido, de la *oscillatoria*, no le será imposible por cierto *convertir en sangre* las aguas de un estanque, de una porcion de rio ó de un arroyo poco rápido.

En el dia se conocen muchas causas naturales propias para hacer que aparezcan en los suelos ó en las paredes de los edificios man-

---

(1) *Le Constitutionnel*, núm. del 7 setiembre 1826.
(2) *Extracto de la Relacion de Vanhoorn y Van-Campen*, 1670... *Sesion de la Academia de ciencias de Paris*, 5 diciembre 1836.—En estos últimos años, el nafta, el petróleo y los aceites esquistosos naturales, y en particular los abundantísimos manantiales de Norte-América, que surten el alumbrado en una gran parte del mundo, se han convertido en cosas vulgares y que á nadie maravillan.
(3) *Revue encyclopédique*. t. XXXIII. pág. 676.
(4) Ibid. t. XXXIII, pág. 783, y *Nuevos anales de viajes*, segunda série, t. VI, pág. 383.

chas rojas como las que pudiera dejar una lluvia de sangre. El fenómeno de la nieve roja, observado con menos frecuencia, aunque es bastante comun, parece ser tambien resultado de diversas causas. Los naturalistas lo atribuyen, unos al polvo seminal de una especie de pino, otros á unos pequeñísimos insectos, otros en fin á plantas microscópicas, que tambien se adhieren á la superficie de ciertos mármoles y á la de los guijarros calcáreos que se encuentran á la orilla del mar (1).

Cerca de Padua, en 1819, la *polenta* preparada con harina de maiz se cubria de numerosos puntos rojos, que no tardaron en parecer gotas de sangre á la gente supersticiosa. El fenómeno se repitió muchos dias, y en vano el terror piadoso acudió, para ponerle término, á las oraciones, á las misas y á los exorcismos. Pero un físico (2) tranquilizó los ánimos que comenzaban á exaltarse de una manera peligrosa, probando que las manchas rojas eran efecto de un principio de putrefaccion hasta entonces inobservado.

El grano de la zizaña (*lolium temulentum*), molido con el trigo, comunica al pan cocido bajo la ceniza un color sanguinolento, y el uso de este alimento produce violentos vértigos... Véase como, en todos los ejemplos citados, reaparece el efecto natural; lo maravilloso se disipa, y con ello cae por tierra la acusacion de impostura ó de credulidad ridícula, tantas veces intentada contra los escritores antiguos.

En la superficie de las aguas termales de Baden, Alemania, y de las aguas de Ischia, isla del reino de Nápoles, se recoge el *zoogeno*, sustancia singular que se parece á la carne humana revestida de su piel, y que, sometida á la destilacion, da los mismos productos que las materias animales. M. Gimbernat (3) vió tambien, cerca del castillo de Lepomena, y en los valles de Sinigaglia y de Negropon-

---

(1) Puede verse, sobre este asunto, la interesante Memoria del profesor M. Agardh, *Bulletin de la Société de géographie*, t. XI, pág. 209-249; y la Memoria de M. Turpin, *sobre la sustancia roja que se observa en la superficie de los mármoles blancos... Académie des Sciences*, sesion del 12 de diciembre de 1836.

(2) *Revista enciclopédica*, págs. 144 y 145.

(3) *Journal de pharmacie*, abril 1821, pág. 196.

to, las rocas cubiertas de esta sustancia. Hé aquí la explicacion de esas lluvias de *pedazos de carne* que figuran en muchos prodigios de la antigüedad, y que inspiraban un asombro bastante justificado para reconocer en ellas el anuncio de los decretos del Destino, ó de las amenazas de la Divinidad.

Para achacar á la intervencion divina un acontecimiento raro, ó bien acaecido en circunstancia oportuna, será suficiente, ora la pasion violenta que pretende asociar á su delirio toda la naturaleza, ora la lisonja que llama al cielo en auxilio de los príncipes, sus representantes en la tierra, ora en fin el sentimiento religioso que arma contra el crímen y el vicio una venganza sobrenatural, y secunda los designios del hombre justo y los esfuerzos de la inocencia oprimida con una asistencia maravillosa.

En 1572, poco despues de la matanza de San Bartolomé, un oxiacanto (rosal silvestre) floreció en el cementerio de los Inocentes (1): algunos fanáticos veian en este supuesto prodigio una señal ostensible de la aprobacion dada por el cielo al asesinato de los protestantes.

Abriendo pozos en las inmediaciones del Oxus, los soldados de Alejandro advirtieron que corria una fuente en la tienda del rey: como antes no la habian visto, fingieron que acababa de aparecer y que era un presente de los dioses; y Alejandro quiso que se creyese el milagro (2).

Unos mismos milagros se reproducen en tiempos y lugares muy diferentes. En 1724, persiguiendo las tropas chinas en Mongolia un ejército de rebeldes, padecian mucho de sed: habiéndose descubierto una fuente cerca de su campamento, exclamaron diciendo que la tal fuente acababa de brotar milagrosamente, y se atribuyó el beneficio al espíritu de la *Mar Azul* (3), por haberse operado la maravilla en sus cercanías: el emperador mandó erigir un monumento para perpetuar la memoria del suceso.

El emperador Isaac Comneno, sorprendido por una violenta tempestad, se refugia debajo de una haya: espantado por el fragor del

(1) Thuan. *Hist.* lib. LII, párrafo 10.
(2) Q. Curc. lib. VII, cap. 10.
(3) Timkouski, *Viaje á Pekin*, t. II, pág. 277.

trueno, cambia de sitio, y al punto la haya es derribada por el viento. La conservacion de los dias del emperador pasó por un milagro de la Providencia, debido á la intercesion de santa Tecla, cuya fiesta celebraban los cristianos aquel dia, y á quien Isaac Comneno dedicó inmediatamente un templo (1).

Los cristianos atribuyeron á la eficacia de sus preces la lluvia que socorrió tan oportunamente á Marco Aurelio en la guerra contra los Marcomanos ; Marco Aurelio la atribuyó á la bondad de Júpiter; algunos politeistas, á un mago egipcio; otros, al teurgista Juliano; pero todos la consideraron como un prodigio celestial.

Cuando Trasíbulo, á la cabeza de los desterrados atenienses, marchaba á libertar á su patria del yugo de los Treinta tiranos, brilló ante sus pasos un meteóro inflamado (2): era una columna de fuego enviada por los dioses para guiarle en el seno de una noche oscura, y por caminos desconocidos de sus enemigos.

Las caidas de aerólitos son bastante frecuentes para coincidir con el momento de un combate: Júpiter entonces hace llover piedras sobre los enemigos de Hércules (3): Dios, si hemos de creer á los árabes, destruye ante los muros de la Meca á los etíopes, sitiadores profanos de la ciudad sagrada (4). Volviendo una noche del palacio del emperador á su celda, Basilio, jefe de los Bogomiles (5), fué asaltado por una lluvia de piedras; ninguna partia de manos de hombres: una violenta conmocion del suelo acompañó al fenómeno:

(1) Ana Comneno, *Hist. del emp. Alejo Comneno*, lib. III, cap. 6.
(2) San Clemente Alej. *Stromat.* lib. I.
(3) Este mito puede tambien explicarse por el empleo del estilo figurado. Los guijarros de que está llena la llanura de Crau suministraron municiones abundantes á los guerreros armados de hondas que, bajo los auspicios de su dios nacional, Hércules tirio, invadian la Galia meridional y combatian á sus indígenas.
(4) Bruce *Viaje á las fuentes del Nilo* (edicion en 8.°) tomo II, pág. 446 y 447.
(5) *Bogomiles ó bogarmitas* secta de hereges constantinopolitanos del siglo XII, que negaban el misterio de la Trinidad, y entre otros errores, sostenian que Dios habia tenido otro hijo, antes de J. C. llamado Satanás, el cual fué arrojado del cielo al infierno por haberse rebelado contra su padre. (N. del T.)

en lo cual los adversarios del monje heresiarca vieron un castigo milagroso (1).

En la época en que Nantes tuvo que someterse á las armas de Julio Cesar, muchos de sus habitantes se refugiaron en las tierras pantanosas que á corta distancia forma el rio de Boloña. Su asilo fué creciendo y se convirtió en una ciudad, conocida con el nombre de *Herbatilicum*; pero en 534, el suelo sobre que fué fundada, minado por las aguas, se hundió, convirtiéndose súbitamente en un lago, y la ciudad fué sumerjida, excepto su parte superior que permaneció en pié, y es hoy la aldea de Herbauge. Los hagiógrafos hicieron un milagro de un desastre que se explica naturalmente. San Martin, enviado por San Felix, obispo de Nantes, á convertir á los habitantes de *Herbatilicum*, los halló inalterables en la religion de sus padres: retírase con el huesped que le habia recibido en su casa, y al punto la ciudad es inundada y sumergida, ocupando su lugar un lago, monumento perpetuo del castigo impuesto á la incredulidad (2).

En la bahía de Douarnenez se perciben unas ruinas submarinas: una tradicion antigua dice que son los restos de la ciudad de *Is*, tragada por el Occéano á principios del siglo V, en castigo del desenfreno de sus habitantes: Gralon, rey del país, se salvó solo; y todavía se muestra en una roca la *marca* de un pié del caballo que montaba (3). La inundacion es un fenómeno local muy poco sorprendente; y otras ruinas en la misma costa testifican los estragos de la naturaleza. Pero el hombre se ha inclinado siempre á utilizar los desastres físicos en provecho de la moral. Así vemos que, hace treinta y ocho siglos, la desaparicion de una comarca risueña se consideró como provocada inevitablemente, como arrancada en cierto modo á la bondad divina, por la incurable corrupcion de los hombres que la habitaban.

(1) Ana Comneno, *Historia del emperador Alejo Comneno*, lib. xv, c. 9.

(2) *Actos de San Martin*, abad de Vertú (en las *Pruebas de la Historia de Bretaña de dom Morice*, tomo I, pág. 116). Véase tambien la *Vida de San Martin*, 24 octubre, y la *Vida de San Filberto*, 20 de agosto.

(3) Cambry; *Viaje al departamento de Finisterre*, t. II, pág. 224 y 284—287.

Regado y fertilizado por el Jordan, como el Egipto lo es por el Nilo, el *valle de las Selvas* se presentaba *semejante al Paraiso* á los ojos del viajero que venia del desierto á Segor (1). Allí florecieron Sodoma, Gomorra y otras veinte ciudades ó burgos durante medio siglo (2). Las ciudades, las habitaciones fueron destruidas por una conflagracion repentina; toda la rica vegetacion desapareció (3); un lago de agua amarga (4), el lago Asfaltites, ocupó el lugar del *valle de las Selvas*: la tradicion es uniforme sobre este hecho, que en sí mismo no tiene nada de sobrenatural.

Aunque la erupcion de surtidores de llamas viene algunas veces acompañada de temblores de tierra, este fenómeno no responde suficientemente á la idea de un incendio general, para que nos dé la base de una explicacion satisfactoria. Estrabon (5) atribuye la destruccion de las ciudades situadas en el espacio que hoy ocupa el lago Asfaltites á la erupcion de un volcan, y en efecto, en las orillas del lago se encuentran algunos de los productos cuya presencia, despues de miles de años, revela la existencia anterior de uno de esos grandes talleres de creacion y de destruccion; pero ni su cantidad ni su variedad son tales como lo haria suponer un orígen tan reciente. Además, la naturaleza del suelo basta para resolver el problema.

El *valle de las Selvas* estaba asentado sobre la capa de materias eminentemente inflamables que forma todavia el fondo del lago Asfaltites: en muchos pozos (6), se veia brotar (7), expuesto á una

(1) *Génes.* cap. 13, vers. 10.
(2) Durante cincuenta y un años, segun el *Seder olam Rabba,* antigua crónica hebraica, traducida al latin por Génebrard á continuacion de su *Cron. gener.* (infolio, París, 1580), pág. 477.
(3) *Génes.* cap. 19, vers. 25.
(4) *Id.* cap. 14, vers. 3.
(5) Estrabon, lib. XVI.
(6) «Vallis autem Silvestris habebat puteos multos bituminis.» *Génes.* cap. 14, vers. 10.
(7) »Acamparon en el valle de los pozos de betun, porque estos pozos existian entonces en aquel lugar. Despues de la destruccion de Sodoma, apareció allí súbitamente un lago al que se le dió el nombre de Asfaltites, á causa del betun (asfalto) que se vé allí brotar por todas partes.» Fl. Josefo, *Ant. Jud.* lib. I, cap. 10.

atmósfera ardiente, el betun que se extendia á lo lejos por debajo de tierra en una espesa capa, igualmente líquida, igualmente inflamable. El incendio determinado por una causa accidental y probablemente por el fuego del cielo (1), se propagó con una rapidez de que apenas pueden darnos una idea las explosiones que suelen devorar las minas de hulla ó de carbon de piedra. Las habitaciones incendiadas, y todo el campo minado á lo léjos por las llamas subterráneas se precipitaron en el abismo formado por el hundimiento del suelo, hundimiento proporcionado al consumo del betun. El Jordan se lanzó en el nuevo lago, cuya extension no tardó en ser bastante considerable para que todo el rio se perdiese en él, abandonando al imperio de la esterilidad las comarcas que antes regaba, y de las cuales pudo formarse el desierto de *Sin* (2), donde el tormento de la sed excitó vivamente las quejas, de los israelitas. Una sola familia se libró de la muerte. Previendo la celeridad con que avanzaría el incendio, el jefe de aquella familia se apresuró á colocarse fuera de los límites de la capa bituminosa; y habiendo llegado á una ciudad á la que no alcanzó el desastre, aun temió engañarse peligrosamente, y abandonando su primer asilo, se refugió sobre una montaña (3). Sin embargo, fiel al sentimiento que hemos señalado, el patriarca atribuye á Dios la sabia prevision que le decidió á huir con la mayor prontitud: *Dios le ha dado aviso del cercano desastre: Dios le ha mandado huir, prohibiéndole mirar hácia atrás* (4). Su piedad contribuye así á dar una apariencia sobrenatural á un hecho que se explica por la marcha ordinaria de la naturaleza.

(1) «*Dios lanza un rayo sobre la ciudad* y la abrasa con sus habitantes, y un igual incendio devasta la campiña.» Fl. Josefo, *Ant. jud.* lib. I, cap. 12. «*Fulminum jactu arsisse... igne cœlesti flagrasse*,» dice Tácito (*Hist.* lib. V, cap. 7) hablando del incendio del territorio y de las ciudades de Pentápolis.

(2) Por la posicion de las montañas vecinas, conjeturo que el Jordan, torciendo hácia el Oeste, iba á juntarse con el torrente conocido bajo el nombre de *torrente de Azor ó torrente de Egipto*, y que, siendo así, desembocaba cerca de la ciudad de Rhinocolura.

(3) «*Ascenditque Loth de Segor, et mansit in monte... Timuerat enim manere in Segor.*» *Génes.* cap. 19, vers. 30.

(4) *Génes.* cap. 19, vers. 12, 13, 15, 16 y 17.

Ciertos fenómenos han sido reverenciados como sobrenaturales ó desechados como imposibles, por no saberse que son propios de tal ó cual localidad.

En este caso se hallan las lluvias de sustancias nutritivas. En 1824 y en 1828, se vió caer del cielo una lluvia de este género en una comarca de la Persia; lluvia tan abundante que, en algunos parages, cubrió el suelo hasta la altura de cinco á seis pulgadas. La sustancia que cayó era una especie de liquen ya conocido: el ganado, particularmente los carneros se alimentaron de ella con avidéz, y tambien se hizo un pan comible (1).

Murmuraban los israelitas contra los alimentos que se veian forzados á tomar en el desierto, y Dios les envió codornices en tanto número, que pudieron mantenerse de ellas durante todo un mes (2). Dos sabios viajeros han pensado que estas codornices no podian ser otra cosa que langostas (3); pero Volney (4), mejor instruido, asegura que hay en el desierto dos pasajes anuales de codornices; y estos tránsitos periódicos proveian en Egipto al alimento de los gabilanes sagrados (5). Saliendo Moisés de Egipto, no podia ignorar la regularidad con que se repetia el fenómeno, y en este recurso natural, pero desconocido de los israelitas, pudo mostrarles la obra de la divinidad que escuchaba sus ruegos, y hasta se dignaba ceder á sus murmuraciones. La muerte casi repentina de muchos de ellos fue una consecuencia de la glotonería con que cargaron de aquellas viandas suculentas sus estómagos fatigados por la penuria; y no los engañó su jefe cuando les hizo co nsiderarla como un justo castigo de su gula.

Mas fácil le habia sido excitar su piadosa gratitud por el paso del

(1) Sesion de la Academia de ciencias de Paris, 4 agosto 1828.
(2) *Núm.* cap. 11.
(3) Niebuhr, *Viaje á la Arabia* (in 8.º), tomo II, pág. 360.—Hasselquist, *Viaje á Levante*, tomo II, pág. 175.
(4) Volney, *Recherches nouvelles sur l'histoire ancienne* t. I, pág. 107 y 108. Anualmente se observa el paso de las codornices en la extremidad de España mas vecina al África, al pié de los Pirineos y en la isla de Caprera. El diezmo de las codornices que se cogen en esta isla, dice un viajero del siglo pasado, constituye toda la renta del obispo. (Labat, *Viajes á España y á Italia*, tomo V, pág. 114 y 115.)
(5) Ælian. *De nat. animal.* lib. VII, cap. 9,

mar Rojo. Para confirmar la realidad del milagro ó para explicarlo, se ha citado una tradicion muy antigua conservada por los *Ictiófagos* que habitaban en las riveras de aquel mar: el reflujo, dicen ellos, fué una vez tan violento, que dejó en seco todo el golfo: pero vino luego el flujo con ímpetu, y las aguas recobraron súbitamente su nivel (1). Mas, para ser adorado por los hebreos y admitido por nosotros, el prodigio no necesita de esas circunstáncias extraordinarias.

Prescindiendo de esto, ¿cómo han podido pasar por maravillosos tantos hechos naturales?

1.° Si la muchedumbre consideró á menudo como un prodigio el fenómeno local cuya repeticion periódica no sospechaba, tambien á menudo la ignorancia ó el olvido ocultaron el conocimiento del hecho natural á los mismos sacerdotes que proclamaban el prodigio. La prueba de esto la encontraremos en el ejemplo que vamos á discutir.

Los eleanos adoraban á Júpiter *espanta-moscas* (Apomyios): en los juegos olímpicos se hacia desaparecer todas las moscas por medio de un sacrificio al Dios *Myiodes*: Hércules, sacrificando en el mismo lugar donde mas tarde Roma le dedicó un templo, invocó á un Dios *Myiagrus (espanta-moscas)*. A la verdad, añádese que las moscas no entraban en aquel templo (2); pero, aparte de los secretos, como ciertas fumigaciones que pueden alejar á esos insectos, su desaparicion es natural en edificios oscuros y profundos, como lo eran todos los santuarios. Para saber si el prodigio ha dado orígen al sobrenombre del Dios, ó si el sobrenombre ha hecho que se invente el prodigio, veamos en qué país debió comenzar su culto.

En Siria y en Fenicia se adoraba al Dios Belzebuth (Baal-Zebud) (3), *Dios ó Señor de las moscas*. Dupuis relaciona á este dios con

---

(1) Diod. Sic. lib. III, cap. 20.

(2) Solino, cap. 1.—Plinio, *Hist. nat*, lib. X, cap. 28; lib. XXIX, cap. 6.

(3) El nombre de Baal-Zebud tiene conexion con el de *Balzab*, dios de la muerte, nombre que los antiguos irlandeses daban al sol de los signos inferiores, que es el mismo que Serapis y Pluton. (G. Higgins, *The celtic druids*, pág. 119). Hoy es difícil poner en duda el comun orígen de las antiguas divinidades de Irlanda y Fenicia: Baal-Zebud era, pues, en Fenicia

9

Pluton, ó con Hércules *serpentario*, cuya constelación se eleva en octubre, *cuando desaparecen las moscas*. Pero semejante coincidencia no pudo ser consagrada por la religion, sino en un pais donde la presencia de las moscas fuese un verdadero azote, periódicamente repetido por el curso de las estaciones.

Los habitantes de Cirene ofrecian sacrificios al dios *Achorus* para que les librase de las moscas. Esto nos acerca al punto que queremos descubrir. La version etiópica de la Biblia y el texto hebreo dan el nombre de *tsaltsalya* á un insecto llamado tambien *zimb*: tal es el nombre de la *mosca*, azote de los pastores de la Abisinia que, desde el equinoccio de primavera hasta el de otoño, infesta las tierras grasas y fértiles de aquellas regiones, y no desaparecen sino á la entrada de los arenales.

Sospecho que la civilizacion del Africa antigua fué anterior á la aparicion del *tsaltsalya*, y que este azote, al igual de otros muchos, vino como enviado por el genio del mal á turbar los goces que hacia disfrutar á los hombres su reunion en sociedad.

Esto es algo mas que una simple conjetura: un escritor que ha recopilado muchas tradiciones antiguas sin discutirlas, pero tambien probablemente sin desfigurarlas, Eliano, refiere que, cerca del rio Astaboras (1), apareció repentinamente una espantosa nube de moscas. Los habitantes fueron arrojados por este azote de su pais, mansion fértil y agradable.

La mesa del monte Meroe era el parage de donde huian los pastores, léjos del temible *tsaltsalya*, esperando la vuelta del equinoccio de otoño, término deseado de su dominacion de seis meses. Por ellos debió ser adorado el vencedor de las *moscas*, el sol de dicho equinoccio, figurado despues por Serapis, Pluton y el Serpentario. La fama del poder de aquella divinidad, y la viva impresion que causaba en los pueblos que observaban siquiera una vez la plaga

---

el sol del equinoccio de otoño; el dios cuyo advenimiento ponia fin á la plaga de las moscas.

(1) Ælian. *De nat. animal.* lib. XVII, cap. 40.—Verdad es que Eliano habla de la India; pero los antiguos han dado este nombre á la Etiopía, y la situacion del rio Astaboras no deja duda acerca del pais de que quiso hablar el autor.

de que triunfaba, extendieron sin dificultad su culto, desde los paises donde fué adorada por cambiar la faz de la tierra y el destino de los hombres, á la Cirenaica, la Siria y la Fenicia. Roma y Grecia pudieron recibir de cualquiera de estos pueblos la misma superstición; pero debemos advertir que en Grecia tenia relacion con tradiciones africanas. Los árcades de Herea unian al culto del semidios Myiagro al culto de Minerva; y la Minerva que adoraban era originaria de Africa. Verdad es que la suponian nacida en la Arcadia; pero á la orilla de una fuente *Tritónide*, de la cual contaban los mismos prodigios (1) que ilustraban en la Libia al rio ó lago Triton, lugar del nacimiento de la Minerva mas antigua que se conoce. Una colonia arcadia, establecida en medio de las colinas donde Roma debia ser fundada un dia, llevó allí el culto de Hércules. Si Numa debió á los tirrenos los conocimientos que le impulsaron á consagrar en Roma al Dios-Sol de Meroe, bajo el nombre de *Jano* (2), probablemente fueron los compañeros de Evandro los que, mucho tiempo antes, levantaron á orillas del Tiber el altar del libertador anual de las riberas del Astapo y del Astaboras.

Cuando el culto de esta divinidad local se hubo propagado á unos pueblos entre los cuales debia ser extranjera para siempre, el prodigio que le atribuian nació naturalmente de la significacion de su nombre, cuyo orígen ignoraban. Invenciones análogas han sido numerosas en todos tiempos, tanto mas, cuanto que eran reanudadas por la vista de emblemas apropiados al nombre de la divinidad; emblemas á los que daba una explicacion plausible el supuesto prodigio.

2.° El vulgo, á cuya adoracion eran presentados los prodigios, creia y no reflexionaba; el hombre instruido se sometia por costumbre á la creencia establecida: el sacerdote no hablaba de ella mas que para hacerla respetar, á no ser que los odios de partido, mas poderosos que el interés sacerdotal, le arrancasen alguna revélacion indiscreta.

(1) Pausanias, *Arcad.* cap. 26.—Los beocios de Alalcomenes enseñaban en su pais un rio *Triton*, en cuyas orillas colocaban tambien el nacimiento de Minerva. (Pausanias, *Bæot.* cap. 33).
(2) Lenglet, *Introduccion á la historia*, pág. 19.

Pero las discusiones de este género siempre han sido raras: en las edades de la alta magia y de los prodigios, el hombre, aunque inclinado á levantar el velo de lo maravilloso y á mostrar la verdad, debió detenerse muchas veces, acordándose de que existen errores temibles, ya que no merecedores de respeto.

Los mineros que perecian asfixiados, habian sido muertos por el *demonio de la mina*: los espíritus infernales que guardan los tesoros ocultos en las profundidades de la tierra, inmolaban al hombre codicioso que, á fin de apoderarse de ellos, osaba penetrar hasta su asilo. En estas tradiciones, tan antiguas y tan difundidas, reconocemos los efectos de las *mofetas*, de los gases deletéreos que se desprenden en los subterráneos, y particularmente en las minas. Preservando al hombre de su accion mortífera, la ciencia ha adquirido el derecho de revelar su naturaleza y de disipar las fantasmas creadas por la ignorancia y el espanto. Pero, ¿lo habria intentado con éxito, si no hubiese podido hacer mas que indicar las causas del mal, y no remediarlo? ¿Habríalo intentado sin riesgo, cuando los príncipes que confiaban sus tesoros á la tierra veian en esos terrores supersticiosos la garantia mas segura de la inviolabilidad de su depósito, ó cuando los trabajadores echaban la culpa al *demonio de la mina*, no solo de sus peligros reales, sino tambien de las torpezas, de las faltas y de los delitos que se cometian en esas mansiones subterráneas (1)?

Tambien corresponde á la ciencia la mision de prevenir ó curar los errores universales, verdaderas epidemias de tal naturaleza, que muchas veces se vé á toda la muchedumbre engañada sin que haya un engañador.

Pero en este caso y mas que nunca, la prudencia puede cortar el vuelo á la verdad. Cuando se creia (2) que, en dos comarcas de Italia, el parto de las mujeres iba casi siempre acompañado de la

(1) J. Tollius, *Epist. itiner.* pag. 96 y 97.
(2) Fromann, *Tractatus de fasciñatione*, pág. 622, 623 y 626. «*Frater lombardorum vel salermitarum.*» Ravelais alude probablemente á esta absurda creencia en los prodigios que preceden al nacimiento de Pantagruel (lib. II, cap. 2): prodigios que siempre he considerado como una de esas extravagantes ficciones, que le servian de pasaporte, para dar á luz otras tantas verdades atrevidas.

emision de unos monstruos, designados con el nombre de *hermanos de los lombardos* ó de *salermitanos*, tan habitual se creia que era su produccion; cuando se llegaba hasta suponer que esos monstruos eran animales *nobles*, como águilas y buitres, en las familias nobles, y en las familias plebeyas animales *viles*, como lagartos y sapos; cuando esta creencia daba lugar á frecuentes acusaciones de hechicería y á condenas atroces, ¿se habria expuesto un sabio á participar de la suerte de las víctimas que hubiese querido salvar, si combatiendo la extravagancia general, hubiera demostrado su orígen en algunos fenómenos mal observados ó peor referidos, y descubierto en las supercherías inspiradas por la locura, el interés y el espiritu de venganza?

«Las cerdas en celo atacan hasta á los hombres,» ha dicho Aristóteles (1). A principios del siglo XVII, un clérigo francés, que se vió expuesto por un funesto acaso á una agresion semejante, fué acusado de sortilegio por su propio hermano; llevado ante los tribunales entre los gritos de toda una ciudad llena de horror; compelido por los dolores del tormento á confesar un crímen imaginario, y por último, entregado á un espantoso suplicio (2). Si un hombre instruido hubiese recordado entonces lo que habia escrito Aristóteles veinte siglos antes, ¿habria hecho cesar el escándalo; habria impedido un absurdo proceso criminal y evitado una terrible abominacion? O por el contrario, siendo el único ilustrado en medio de una poblacion ciega, ¿no se habria comprometido él mismo, como fautor del crímen y cómplice del sortilegio? Puede creerse esto último, al ver que la ilusion alcanzaba á un hombre tan instruido como lo era para su tiempo el célebre D'Aubigné.

Para explicar mas de un cuento de hechicería, mas de una fábula mitólogica, bastaria observar las aberraciones de la naturaleza en los animales domesticados ó retenidos por el hombre en esclavitud y aislamiento (3). Esta discusion que hoy no permite la decencia,

(1) Aristot. *Historia animal.* lib. VI, cap. 18.
(2) D'Aubigné, *Les aventures du baron de Fœneste*, lib. IV, cap. 2.
(3) Bodin (*Demonomanie* pág. 308) dice que se consideró como un demonio el perro de un convento, que levantaba los hábitos á las religiosas para abusar de ellas. Hánse visto gamos y corsos domesticados atreverse á las mujeres, etc., etc.

en otras épocas han tenido que abandonarla por prudencia los hombres bastante instruidos para emprenderla.

Pero en vano habria levantado su voz el intérprete de la ciencia para señalar un fenómeno ya conocido en lo que el entusiasmo veia un prodigio, si los hombres que estaban en posesion de hacerse creer tenian algun interés en persuadir que el prodigio era verdad. Arrostrando las iras de los sacerdotes, que le amenazaban en nombre de la divinidad cuyos derechos despreciaba, Erisicton entra con su hacha en el bosque consagrado á Céres. Al poco tiempo es atacado de *hambre canina*, enfermedad de que se han observado algunos ejemplos, así en los tiempos antiguos como en nuestros dias: un hambre insaciable devora sus entrañas, y en vano se esfuerza para satisfacerla: pronto desaparecen sus riquezas agotadas; fáltanle todos los recursos; sucumbe, y muere de inanicion: los sacerdotes triunfan, y un mito consagrado por ellos repetirá para siempre, que el impío Erisicton ha perecido miserablemente, víctima sacrificada á la venganza de Céres, de la divinidad cuyos dones alimentan al género humano (1).

Tal era la ventaja que sabían sacar los sacerdotes de los hechos poco ordinarios que la casualidad ponia en sus manos; ventaja harto grande para que nunca consintiesen que un solo fenómeno de este género se escapase á su investigacion. Los pontífices romanos no habian inventado la práctica de consignar en registros los prodigios que aparecian cada año; sino que la habian tomado, como todos los conocimientos mágicos, de los sacerdotes etruscos, cuyos libros sagrados cita Lido frecuentemente (2), y es mas que probable que esa práctica existiera en todos los templos antiguos.

Sea cualquiera el intento con que al principio fuera establecida, debia producir á la larga una instruccion harto extensa; pues es difícil recopilar una série no interrumpida de conocimientos físicos, sin compararlos entre sí, hasta involuntariamente; sin advertir qué fenómenos son con mas ó menos frecuencia consecuentes unos con

_____

(1) La supersticion moderna no es inferior á la antigua. Fromann, (*Tractat. de fascinatione*, pág. 613), cita ejemplos de bulimia, que no se ha dejado de considerar como efectos de la posesion del diablo.

(2) J. Lydus, De *ostentis*.

otros; sin adquirir, en una palabra, conocimientos reales y de una verdadera importancia sobre la marcha de la naturaleza.

Seria interesante, por ejemplo, investigar lo que habia de razonado y científico en el juicio que el sacerdote ó el augur emitia sobre las consecuencias de un prodigio, y en las ceremonias expiatorias que para prevenirlas prescribia. Sin duda, muchas veces no pensaba mas que en distraer ó tranquilizar la imaginacion espantada: con frecuencia, la ignorancia y el miedo obedecian ciegamente á una supersticion rutinaria, estúpida ó feroz. Pero, como enseñó Demócrito, el estado de las entrañas de los animales inmolados podia suministrar á los colonos desembarcados en una tierra desconocida indicios probables acerca de las cualidades del suelo y del clima: la inspeccion del hígado de las víctimas, que despues sirvió de base á tantas predicciones, no tenia otro objeto en su principio: si se encontraba en todos un carácter enfermizo, se deducia de aquí la poca salubridad de las aguas y de los pastos: los romanos se regian aun por este indicio para fundar ciudades, y para escoger la posicion de los campamentos (1).

Tales ejemplos prueban, que algunas de las prácticas religiosas de los antiguos, al menos en su orígen, emanaron de una ciencia positiva, fundada en largas observaciones, de las cuales aun podríamos encontrar vestigios instructivos.

¿Y qué debérémos pensar de las operaciones mágicas, mucho mas útiles que los prodigios para los sacerdotes, puesto-que lejos de presentarse inopinadamente, dependian de la voluntad del hombre, en cuanto al momento preciso, á la extension y á la naturaleza de los resultados? La discusion á que acabamos de entregarnos responde á esta cuestion. Los prodigios narrados por los antiguos se explican naturalmente, y sus relatos no pueden ser argüidos de mentira: ¿por qué habrán de ser mas sospechosos al tratarse de obras mágicas, que admiten explicaciones no menos satisfactorias? Solamente así podrá convenirse con nosotros en que los sacerdotes han poseido y guardado secretos los conocimientos necesarios para

___
(1) Vitrub. *De archit.* lib. I. cap. 4,—Cicer. De *divin.* lib. I, cap. 57; lib. II, cap. 13.

operar esas maravillas. Recordemós aquí la regla que debe decidir nuestra creencia; la medida de las probabilidades favorables ó contrarias: ¿es verosímil que, en todos los paises, unos hombres cuya veracidad acabamos de justificar sobre puntos en que se les atacaba con fuerza, hayan contado tantas maravillas absurdas, sin que tuviesen mas fundamento que la ignorancia y la impostura! ¿No es mas verosimil que sus parraciones se hallen fundadas en la verdad, y que las maravillas hayan sido operadas por medio de procedimientos debidos á las ciencias ocultas, encerradas en los antiguos templos? ¿Y la verosimilitud, no raya en certidumbre, al pensar que la observacion asídua y la comparacion de todos los prodigios, de todos los hechos extraordinarios, bastaban para dotar á los sacerdotes de una parte notable de los conocimientos teóricos de que debió componerse la mágia?

CAPITULO V.

Magia. Antigüedad y universalidad de la creencia en la magia.—Sus obras fueron atribuidas lo mismo al bueno que al mal principio.—Antiguamente no se creyó que fuesen la perturbacion del órden natural.—No se ponia en duda su realidad, ni aun cuando eran producidas por los sectarios de una religion enemiga.

El único poder que no reconoce ninguna cosa inmutable, el tiempo, se burla de las creencias como de las verdades: pasa; y siguiendo sobre sus huellas los vestigios de las opiniones destruidas, causa admiracion el ver palabras que un dia fueron sinónimas, diferir mas ahora en las ideas que revelan, de lo que nunca coincidieron en el sentido que expresaban.

La magia ha gobernado al mundo por mucho tiempo. Arte sublime al principio, apareció como una participacion de la divinidad en el poder: admirada todavía en los primeros tiempos de nuestra Era por filósofos religiosos, como «la ciencia que descubre sin velo las »obras de la naturaleza (1), y que conduce á contemplar las potencias »celestes (2),» bastaron ciento cincuenta años para que el número, y sobre todo la bajeza de los charlatanes que hicieron de ella un oficio, entregasen su nombre al desprecio de los hombres ilustrados; de tal modo que el biógrafo de Apolonio de Tiana, Filostrates se apresurase á declarar, que el héroe de su libro no era mago (3).

(1 Phil. Jud. lib. *De specialibus legibus.*
(2) *Idem,* lib. *Quod omnis probus liber.*
(3) Philostrat. *Vit. Apollon.* lib. I, cap. 1 y 2.

Durante las tinieblas de la Edad media, recobrando importancia la magia, llegó á ser un objeto de horror y espanto; hasta que de un siglo á esta parte, el progreso de las luces la ha convertido en objeto de irrision.

Los griegos impusieron á la ciencia que les habian enseñado los *Magos* el nombre de *magia* (1), y atribuyeron su invencion al fundador de la religion de los *Magos*. Pero, segun Amiano Marcelino (2), Zoroastro no hizo mas que añadir mucho al arte mágica de los Caldeos. En los combates sostenidos contra Nino por Zoroastro, rey de la Bactriana, Arnobio asegura que se emplearon los secretos mágicos, no menos que las armas ordinarias. Segun las tradiciones conservadas por sus sectarios, el profeta del *Ariema* fuè objeto desde la cuna de las persecuciones de los magos, y la tierra estaba cubierta de ellos antes de su nacimiento (3). San Epifanio (4) refiere que, cuando Nemrod fundó á Bactria, llevó á ella las ciencias mágicas y astronómicas, cuya invencion se atribuyó despues á Zoroastro. Casiano habla de un tratado de magia (5) que existia en el siglo V, y que se atribuia á Cam, hijo de Noé. El padre de la Iglesia que acabamos de citar hace ascender al tiempo de Jarad, cuarto descendiente de Set, hijo de Adan, el principio de los encantamientos y de la magia.

La magia desempeña un gran papel en las tradiciones hebraicas. Los antiguos habitantes de la tierra de Canaan habian incurrido en la indignacion divina, porque usaban de encantamientos (6). A la magia recurrieron para defenderse, y tambien los amalecitas, combatiendo á los hebreos á su salida de Egipto (7), y Balaan sitiado en su ciudad por los etiopes, y mas tarde por Moisés (8). Los sacerdotes

---

(1) Los *Mobeds*, sacerdotes de los guebros ó pársis, se llaman todavia en lengua pelvi *Magoi*.(*Zend-Avesta*, tomo II, pág. 506.—V. mas adelante, cap. 9).
(2) Amian. Marcel. lib. XXVI, cap. 6.
(3) *Vida de Zoroastro.*—*Zend-Avesta.* tomo I, segunda parte, pág. 10, 18. etc.
(4) S. Epifan. *Advers. hæres.* lib. I, cap. 1.
(5) Casiano, *Conferen.* lib. I, cap. 21.
(6) *Sapient.* cap. 12. vers. 4.
(7) *De vitâ et morte Mosis*, etc. pág. 35.
(8) Ibid. pág. 18—21.

de Egipto eran considerados, hasta en el Indostan (1), como los mágicos mas hábiles del universo.

Segun Trogo Pompeyo, Justino refiere que José, llevado como esclavo á Egipto, aprendió allí las artes mágicas que le pusieron en estado de explicar los prodigios y de prever con mucha anticipacion la horrible carestía que, á no ser por su mediacion, habria despoblado aquel hermoso reino (2). En una época mucho mas cercana de nosotros, los hombres que atribuian á la mágia los milagros operados por el divino fundador del cristianismo, le acusaban de haber robado sus secretos maravillosos á los santuarios egipcios (3).

La mágia siempre ha tenido una gran importancia en el Indostan. Horts afirma que la copilacion de los *Vedas* contiene muchos escritos mágicos (4), y hace notar que las leyes de Manú, en el código publicado por Sir Jones, indican (c. IX y XI) diferentes fórmulas mágicas, cuyo uso está permitido ó prohibido á un Brama. Tambien existe en el Indostan, desde un tiempo no menos antiguo, una creencia que se encuentra en la China; la de que, con la práctica de ciertas austeridades, los *penitentes* adquieren un poder temible y verdaderamente mágico sobre los elementos, sobre los hombres y hasta sobre los dioses. Acaso la mitad de las innumerables leyendas de que se compone la mitología india, se refiere á *penitentes* que dictan leyes y aun imponen castigos á las divinidades supremas.

Si del Oriente dirigimos la vista al Occidente y al Norte, encontraremos á la mágia igualmente poderosa, igualmente antigua: con este nombre hablan tambien los escritores griegos y romanos de las ciencias ocultas que poseian los sacerdotes de la Gran Bretaña (5)

---

(1) *Las mil y una noches*, noche DVII.

(2) Justin. lib. XXXVI, cap. 2.

(3) »Magus est: *clandestinis artibus* omnia illa perfecit: Ægyptiorum ex adytis, angelorum potentium nomina et *remotas* furatus est *disciplinas.*» Arnob. *Disput. adv. gentes*, lib. I.

(4) Greg. Conrado Horts publicó, en 4820 y 4824, la *Biblioteca mágica* (2 vol). No he podido consultar el original aleman: lo que cito aquí y en el capítulo 9 está sacado de una noticia que el sabio P. A. Stapfer ha tenido la complacencia de comunicarme.

(5) Plin. *Hist. nat.* lib. XXX, cap. 4.

y de las Galias (1). Tan luego como Odin hubo fundado en Escandinavia el imperio de su religion, fué reputado allí por el inventor de la mágia. ¡Cuántos predecesores habia tenido! Sus *voelur* ó *volvur*, profetisas muy hábiles en la mágia, pertenecian á la antigua religion que Odin vino á destruir ó reformar (2): las primeras narraciones de Saxo Grammaticus se remontan á tiempos muy anteriores á Odin, y en pocas de ellas dejan de ostentar los magos su poder.

En el punto á que hoy han llegado la erudicion y la crítica filosóficas, es supérfluo discutir si los pueblos del Norte pudieron recibir sus ciencias ocultas de los griegos y de los romanos. La negativa es evidente (3): menos absurdo seria tal vez remontarse hasta unos hombres de quienes los romanos y los griegos no fueron mas que pobres discípulos: á los sabios del Egipto, del Asia y del Indostan... ¿Qué época podria señalarse á las comunicaciones de los sacerdotes del Gánges con los druidas de las Galias ó con los escaldas de la Escandinavia? Quien diga el orígen de las ciencias humanas y de la supersticion, ese habrá dicho tambien el orígen de la mágia.

Pero, sea cualquiera la época en que se estudie la historia de la mágia, sorprende al ver que su nombre tan pronto designa la ciencia ocultada al vulgo y por la que los sabios mandaban á la naturaleza en nombre del principio de todo bien, como el arte de operar maravillas invocando á los genios maléficos. Esta distincion de poderes iguales ó desiguales, pero contrarios, y que á veces producen obras semejantes, se encuentra en la historia de Zoroastro y en la mitología india, lo mismo que en las narraciones de Moisés; y se reproducirá por do quiera que los hombres dotados de los mismos recursos mágicos tengan intereses opuestos. ¿Cuáles fueron en todos tiem-

---

(1) Plin. *Hist. nat.* lib. XVI, cap. 14; lib XXIV, cap. 11; lib. XXV, cap. 9; lib. XXIX, cap. 3.

(2) Munter, De la mas antigua religion del Norte, antes de los tiempos de Odin... Disertacion extractada por Mr. Depping, Memoria de la Sociedad de anticuarios de Francia, tomo II, pág. 230 y 231.

(3) Tiedemann ha puesto esta verdad fuera de duda. Véase su *Disertacion* premiada en 1787 por la Academia de Gottingue. «De quæstione quæ fuerit artium magicarum origo; quomodo illæ, ab Asiæ populis ad Græcos atque Romanos, atque ab his ad cæteras gentes sint propagatæ; quibusque rationibus adducti fuerint ii qui, ad nostra usque tempora, eæsdem vel defenderent, vel oppugnarent?» (Marpurg, in 4.°, pág. 94 y 95.)

pos los malos génios? Los dioses y los sacerdotes de una religion rival: el mismo hecho se llamó prestigio en una parte y milagro en otra: segun las opiniones y las localidades, fué atribuido á la intervencion de las potencias celestes, ó á la mediacion de los demonios infernales.

Sin embargo, á esta oposicion directa sobre el orígen de las maravillas adoradas ó vistas con horror por la supersticion, iba unido un acuerdo unánime acerca de su realidad. El asentimiento unánime del género humano, se dice, es un prueba irrefragable de la verdad (1): ¿y cuándo se ha pronunciado este asentimiento con mas fuerza que en favor de la mágia, sea cualquiera el nombre que se la dé ó el título con que se la decore? Las naciones civilizadas hace miles de años, como las hordas mas bárbaras (excepto algunas verdaderamente salvages), todas proclaman, quieren y temen el poder otorgado á algunos hombres, de lanzarse por sus obras fuera del órden comun de la naturaleza.

Digo fuera del órden comun, porque importa observar, que la opinion de los antiguos sobre los milagros, la opinion mas generalmente admitida, difiere mucho de la que al parecer se han formado los pueblos modernos del Occidente, y segun la cual, tratar de explicar un milagro equivale á negarlo. Ante nuestra vista resucitaria un taumaturgo á un hombre decapitado... ¿Por qué no? Eliano refiere que Esculapio juntó la cabeza de una mujer á su cadáver, y que le devolvió la vida, y la salud (2). Los kurdos *Ali-ulaies*, que adoran á Alí, yerno de Mahoma, como una encarnacion del Dios todopoderoso, le atribuyen un milagro semejante; y mas tarde, se asegura que un noble mágico poseia tambien el secreto de operarlo (3)... Admitido entre el número de los espectadores, un filósofo sospechará desde luego alguna superchería; pensará hasta qué punto puede llegar la destreza de los escamotadores. Pues qué, uno de estos, hace pocos años, ¿no dió en público, y no sin producir una

---

(1) *Consensus omnium populorum*, etc.
(2) Ælian. *De nat. animal*. lib. IX, cap. 33.
(1) Fromann, *Tract. de fascin*. etc. pág. 635 y 636. El filósofo que, con la máscara de la locura, ha vengado tantas veces á la razon, Rabelais, no debia olvidar esta impostura. Así es que nos presenta á *Panurgo* curando perfectamente á uno de sus compañeros de armas, á quién le han cortado la cabeza en un combate. (*Pantagruel*), lib. II, cap. 30).

ilusion penosa, el espectáculo de decapitar á un hombre tendido en su teatro (1)? Este prestigiador presentaba á los curiosos la cabeza cortada, les invitaba á tocarla, á abrirle la boca, que volvia á cerrarse por sí misma, á contemplar la seccion ensangrentada del cuello en lo alto del tronco: en seguida corria una cortina, y casi al momento reaparecia el hombre vivo.

Pues pasemos mas adelante: supongamos que el taumaturgo está á cubierto de la sospecha de charlatanería: «Yo creia que eso era »imposible, dirá el incrédulo: me engañaba, si no es que mis sen- »tidos son presa de una ilusion invencible. Comprobemos bien el »hecho; porque esta es una adquisicion preciosa para la ciencia. Mas, »para que yo vea en eso un milagro, seria necesario antes demos- »trarme que el hecho no ha podido existir sino habiendo Dios tras- »tornado las leyes dadas por él mismo á la naturaleza. Hasta ahora »solo me habeis probado mi error y vuestra habilidad.»

Deduciendo así de la existencia de una cosa su posibilidad, para ser penetrados de una gratitud religiosa, los antiguos no necesitaban que la maravilla que les sorprendia pareciese trastornar el órden de la naturaleza: todo socorro inesperado en un apuro urgente lo consideraban como un beneficio de la divinidad: todo cuanto suponia un valor, una prudencia, una instruccion superior al comun de los hombres, se atribuia por ellos á una participacion íntima de la esencia divina, ó por lo menos, á una inspiracion sobrehumana de que era el primero en gloriarse el ser superior á quien ilustraban estos dones. En la antigua Grecia, los actos maravillosos valian á los grandes hombres el título de *héroes*, sinónimo del de *semi-dioses*, y el que se les dispensasen honores divinos. Para probar que Moisés era inspirado por Dios mismo, Josefo alega su sabiduría y su santidad, no menós que sus acciones maravillosas (2). Si Daniel era superior á todos los príncipes ó sátrapas de la corte de Dario, nos dice su libro, era porque el espíritu de Dios se extendia sobre él mas *abundantemente* que sobre aquellos (3).

(1) En Nancy, el año 129.
(2) Josefo. *Adv, Appion*. lib. II. cap. 6.
(3) Daniel, cap. 6, v. 3. «Daniel *superabat omnes principes et satrapas, quia spiritus* Dei amplior *erat in illo*.»

Atendiendo á esta creencia, en otros tiempos universalmente admitida, no criticaríamos tanto en Homero y en los poetas antiguos la continua intervencion de las divinidades: la narracion del poeta expresa con verdad el sentimiento del héroe, cuando salvado de un peligro, ó coronado por una señalada victoria, atribuye estas ventajas al dios que se ha dignado servirle de guia y protector.

Atendiendo á esta creencia, no pondríamos en duda las intenciones piadosas de Filon y de Flavio Josefo: cuando estos autores simplifican, cuando explican las obras de Moisés, prueban su realidad, sin menoscabar su parte maravillosa.

Atendiendo, en fin, á esta creencia que se concilia tan bien con nuestra hipótesis sobre el orígen de la civilizacion (1), el hombre de una religion no tiene la necesidad de argüir de trapacería los milagros que otras sectas invocan en apoyo de sus revelaciones; no se expone á una recriminacion peligrosa; no oye retorcer contra su creencia el argumento destinado á debilitar los testimonios humanos en que se funda la fé en aquellos milagros de que uno mismo no ha sido testigo presencial. Basta admitir, como lo hicieron los judíos y los primeros defensores del cristianismo, grados diferentes en la escala de los milagros, y probar de este modo, que la divinidad á quien se adora sobrepuja, en la grandeza de las obras de sus servidores, á los dioses de otras religiones, y á los génios inferiores ó maléficos, y particularmente á la mas alta ciencia á que puedan llegar los hombres privados de su auxilio. Los sacerdotes, los magos de las religiones mas opuestas reconocian sin dificultad los milagros hechos por sus adversarios. Zoroastro entra repetidas veces en lid con los encantadores, enemigos de su doctrina: no niega sus obras maravillosas; las sobrepuja: afirma que son hechura de los *dews*, emanaciones del *principio del mal*, y lo prueba venciéndolos en nombre del *principio del bien* (2). Moisés, profeta del verdadero Dios, no se habria rebajado á luchar con los sacerdotes egipcios, si estos no fueran mas que diestros prestigiadores: lucha con ellos en milagros, seguro de establecer, por la superioridad de los suyos, la

---
(1) *De la civilizacion*, lib. I, cap. 7.
(2) Anquetil, *Vida de Zoroastro. Zend-Avesta*, tomo I, parte 2.ª

superioridad del Dios en cuyo nombre habla delante del rey de Egipto. Su triunfo fué completo: segun una tradicion hebráica, conservada en Oriente, adivinó el secreto de los procedimientos empleados por sus rivales (1), sin que estos pudiesen penetrar el suyo.

(1) D'Herbelot, *Biblioteca oriental*, art. *Moussa*.

CÁPITULO VI.

Lucha de habilidad entre los taumaturgos: el vencedor era reconocido como depositario de la ciencia del Dios mas poderoso.—Esta ciencia tenia por base la física experimental.—Pruebas sacadas: 1.º de la conducta de los taumaturgos: 2.º de lo que han dicho ellos mismos acerca de la magia. Los *genios* invocados por los magos, unas veces designan los agentes físicos ó químicos que servian para las operaciones de la ciencia oculta, y otras los hombres que cultivaban esta ciencia. 3.º la magia de los caldeos comprendia todas las ciencias ocultas.

Siempre que el interés de la dominacion ó el de la gloria dividió á los colegios sacerdotales, debió suceder que se renovasen combates análogos á aquellos en que triunfó Zoroastro; y su efecto necesario era el de dar á la ciencia oculta mayor esplendor y energía. Si la muchedumbre, juguete de la credulidad y esclava del miedo, adoraba voluntariamente como prodigios ó milagros los fenómenos naturales ó los prestigios groseros, no con tanta facilidad era secundado el taumaturgo cuando tenia hombres ilustrados por rivales y jueces á un mismo tiempo. La maravilla era entonces apreciada cónforme á reglas severas de discusion. Ante todo se exigia que fuese duradera y que no engañase á la vista con una apariencia fugitiva. El *milagro* debia constituir, no rasgos de habilidad al alcance de los chartalanes vulgares (1), sino maravillas de un órden mas elevado, como lo seria la metamórfosis de una vara en ser-

(1) Todavia hoy, el *dalai-lama* castiga á los sacerdotes de su religion, que engañan al pueblo tragando cuchillos ó vomitando llamas. (Timkowski, *Viaje á Pekin*, tomo I, pág. 460).

piente: el *prodigio* debia salirse del órden comun por un carácter insólito, por la forma terrible de las langostas ó por el grosor enorme del granizo que á los hombres enviaba la cólera celeste: menester era, sobre todo, que el *prodigio* hubiese sido predicho por el taumaturgo, y que aconteciese en el momento prefijado por su voz profética (1).

El taumaturgo victorioso en las luchas de habilidad que se regian por estas leyes, fácilmente se hacia reconocer como discípulo é intérprete del Dios poderoso por excelencia, del Dios elevado sobre los otros dioses. En efecto, la creencia piadosa que atribuia á una inspiracion de la divinidad todo cuanto habia de excelente en las cualidades y en las obras de un hombre, debió aplicarse especialmente al conocimiento y á la práctica de las ciencias ocultas. Los resultados de virtudes como la prudencia, la templanza ó el valor, se escalonan por grados, y entre sus extremos mas apartados admiten una comparacion bastante fácil para excluir comunmente la necesidad de suponerles un orígen extraordinario: pero no sucedia lo mismo con los resultados científicos, siempre rodeados de aparato maravilloso, y cuyo enlace y relaciones con los productos de las artes puramente humanas se procuraba disfrazar con el mayor cuidado.

Si se meditan sin prevencion, estas consideraciones, absolverán, en mi sentir, á los escritores de Grecia y Roma del cargo de haber admitido con demasiada facilidad en sus narraciones supuestos milagros, dignos de su desprecio. No solamente creian y debian referir aquellos con que se honraba su religion, y los que otras religiones habian consagrado; sino que conociendo ó sospechando al menos el enlace de los milagros con una ciencia misteriosa emanada de los dioses, preservaban del olvido, con su exactitud, la historia de esta ciencia.

El charlatanismo, el *escamoteo*, si me es permitido emplear esta palabra, seguramente han desempeñado un papel en las obras de los taumaturgos, como tendrémos ocasion de probarlo. Pero los rasgos de habilidad, á veces muy sorprendentes, que emplean los *pres-*

(1) Rabbi Meiraldabic. *Semit. fidei*, lib. I.... Gaulm. II. *De vita et morte Mosis*, nota, pág. 208 y 209.

tigiadores modernos en nuestros teatros y en las plazas públicas, tienen á menudo por principio hechos químicos y físicos, que pertenecen á la historia del iman, del fosforo, del galvanismo, de la electricidad: para el grosero charlatan, el secreto de esos prestigios consiste en una série de *recetas*, de las cuales no se sabe mas que la práctica; pero los conocimientos de que esas recetas se derivan no dejan de formar para nosotros una verdadera ciencia.

Y esto es lo que encontramos en los antiguos templos, desde el punto en que algunas luces históricas nos permiten penetrar en ellos. No es posible entregarse á investigaciones seguidas sobre el orígen de las ciencias, sin apercibirse de que un vasto ramo de los conocimientos antiguos solo pudo florecer en el fondo de los santuarios, y que ese ramo componia una parte importante de los misterios religiosos. Todos los milagros que no pertenecian á la destreza ó á la impostura eran fruto de la ciencia oculta: eran, en una palabra, verdaderos experimentos de física. Las fórmulas, por medio de cuya ejecucion se aseguraba el éxito, debieron formar parte de la enseñanza sacerdotal. ¿Quién habia concebido y redactado originariamente esas fórmulas científicas? Sabios, poseedores de un cuerpo de doctrina, que sus discípulos han designado con los nombres de mágia, de filosofía teúrgica y de ciencias transcendentales.

¿Por qué Mahoma rehusó hacer milagros, confesando que Dios le habia negado el don de hacerlos? Porque no conocia la ciencia oculta de los taumaturgos. ¿Por qué, casi en nuestros dias, Swedenborg, rodeado de expectadores asaz ilustrados, recurrió á un subterfugio semejante, y dijo que sus revelaciones eran suficiente milagro, y que los que no creian en su palabra tampoco á los milagros cederian (1)? Porque sabia que el tiempo de ciertos milagros era pasado. Somos demasiado ilustrados, suele decirse, para creer en ellos. Lo cual quiere decir, en otros términos: lo que formaba una ciencia secreta, reservada únicamente á algunos seres privilegiados, ha entrado en el vasto dominio de las ciencias accesibles á todos los espíritus.

(1) Swedenborg, *Vera christ. relat.* pág. 846.—850... *De cœlo et inferno præfatio...* Abrégé des ouvrages de Swedenborg (por Daillant-Latouche), in 8.°, 1788, pág. 37, 38, 293 y 294.

Sigamos nuestro aserto en todas sus consecuencias: hay cuatro que no podemos menos de admitir, y que por lo tanto, debemos justificar con hechos.

1.° Hay algunas artes, vulgares desde hace mucho tiempo, cuyos procedimientos han permanecido tan secretos, que debieron pasar por divinas ó mágicas.

Sobre el monte Larisio, en la Laconia, se celebraba la fiesta de Baco, *al comenzar la primavera*; y en esta ocasion se demostraba el poder y la beneficencia del dios, presentando racimos maduros (1). Esto quiere decir, que los sacerdotes de Baco no desconocian el uso de los *invernáculos*.

Unos hombres industriosos habian llevado á las islas de Chipre y de Rodas el arte de fundir y trabajar el hierro. Una alegoría ingeniosa los representa, bajo el nombre de *Telquines*, como hijos del sol, padre del fuego, y de Minerva, madre de las artes: la ignorancia y el terror que inspiraba el hierro de que aparecieron armados los primeros, los transformaron en magos, temibles hasta en sus miradas.

Expertos en el trabajo de los metales, los Fineses figuran asimismo en las poesías escandinavas, como enanos hechiceros, que habitan las profundidades de las montañas. Dos enanos de la montaña de Kallova, muy hábiles en forjar el hierro y en fabricar armas, no consintieron en comunicar los secretos de su arte, sino bajo condiciones muy duras, al herrero *Wailand*, tan famoso en las leyendas del Norte por la perfeccion de las armas que suministraba á los guerreros (2).

La superioridad de las armas ofensivas y defensivas tenia demasiada importancia á los ojos de unos hombres que solo sabian pelear, para que no acudiesen á solicitarlas de un arte sobrenatural. Las armas *encantadas*, los broqueles, las corazas, los cascos sobre los cuales se embotan los mejor templados filos, y todos los montantes se rompen; las espadas que hienden y atraviesan toda clase de armaduras, no pertenecen solamente á los romanceros de Europa y

(1) Pausanias, *Laconic.* cap. 22.
(2) Depping. *Memorias de la Sociedad de anticuarios de Francia*, tom. V, pág. 223.

Asia: en los cuentos de Virgilio y de Homero nacen bajo el martillo de Vulcano; y en los *Sagas*, bajo las manos de los hechiceros, ó de los hombres que han conseguido sorprender sus secretos.

2.° Las obras de magia estaban necesariamente circunscritas á los límites de la ciencia: fuera de estos límites, solo la ignorancia podia implorar sus auxilios... El biógrafo de Apolonio de Tiana se burla, en efecto, de los insensatos que pedian á la magia el triunfo de los combates del circo, y el éxito de sus empresas amorosas ó de sus especulaciones comerciales (1).

3.° En las luchas de habilidad que se promovian por intereses opuestos entre los depositarios de la ciencia, era de temer que ojos profanos descubriesen los límites de los medios de que la magia disponia: para precaverse contra este peligro, ¿debia de existir entre los taumaturgos un pacto tácito formal, cuyas cláusulas tenian interés en respetar hasta los adversarios mas encarnizados? Indudablemente, sí.

En la mitología griega, no era permitido á un dios deshacer lo que otro dios habia hecho. La misma prohibicion se encuentra en la mayor parte de esos cuentos de hadas que nuestros mayores recogieron de tradiciones mas antiguas. La historia heróica del Norte, en una época muy anterior al primer Odin, nos presenta una maga (2) cruelmente condenada á muerte por toda su casta, por haber enseñado á un príncipe á quien amaba el método de abatir la mano de un mago que queria hacerle perecer. En una coleccion de narraciones maravillosas, cuyo orígen indio no se puede disputar (3), se ve

---

(1) Filostrat. *Vita Apollon.* lib. VII, cap 16.

(2) Saxo Grammaticus, *Hist. dan.* lib. I.

(3) El orígen indio de las *Mil y una noches*, sostenido por Hammer y Langlés, ha sido negado por M. Silvestre de Sacy, que atribuye la composicion de esta coleccion á un musulman sirio y no le concede mas de cuatro siglos de antigüedad. (*Memoria leida en la Academia de inscripciones y bellas letras,* el 31 de julio de 1829). Es posible que un compilador haya esparcido un repertorio de estas narraciones en Arabia y Siria, cuatro cientos años hace; y no puede dudarse que fuese un musulman, atendiendo al cuidado que tuvo de colocar en ellas musulmanes por do quiera, sin distincion de tiempos ni paises. Pero ese escritor, ¿es el primer autor de los cuentos? No: 1.° Porque muchos de los que recopiló se encuentran en colecciones indias y persas mas antiguas que la época en

á una maga y un genio, muy opuestos en sus inclinaciones, y sin embargo, ligados por un pacto solemne, que les prohibe molestarse uno á otro, ó hacerse personalmente ningun mal. Contravienen á esto, y empiezan por oponerse recíprocamente prestigios tales como los que se encuentran en todos los relatos de este género. No queriendo ceder ninguno de ellos, acaban por combatirse á todo trance, y se arrojan materias inflamadas que matan ó hieren á muchos espectadores, y por último dan la muerte á los dos combatientes (1).

No sucederá otra cosa distinta, si sustituimos los supuestos séres sobrenaturales por hombres como nosotros. Si á estos les importa conservar un secreto, únicamente cegados por el furor se arriesgarán á descubrirlo, empleando armas vedadas entre ellos hasta entonces, y presentándose ante el vulgo heridos por los mismos tiros milagrosos que su prudencia reservaba para espantarle ó castigarle.

4.° Por último, en esas mismas luchas, el triunfo de un taumaturgo podia no parecer tan decisivo á sus adversarios como á sus parciales, sobre todo cuando él mismo habia indicado la maravilla que ejecutaria, y cuando desafiaba á su antagonista á imitarle: á su vez podia este recobrar la superioridad, escogiendo una prueba en que su capacidad le asegurase la victoria... Este argumento ha sido

que se cree que escribió. 2.° Porque el judaismo y el cristianismo son muy conocidos en Siria y en Arabia, y los adeptos de estas dos religiones, particularmente los cristianos, debian representar algun papel en unos cuentos inventados hace cuatro cientos años; es decir, unos dos siglos despues de la última de las *guerras santas*, en que las enseñas de la cruz hicieron retroceder mas de una vez el estandarte del islamismo: y sin embargo, no se ve figurar en ellos mas que magos y genios contra los discípulos de Mahoma. 3.° Porque se encuentra allí la tradicion de la existencia en Asia de pigmeos, de hombres que tienen la cabeza mas baja que los hombros, y de hombres con cabeza de perro; tradiciones que los autores griegos mas antiguos habian encontrado en Oriente (véase mas arriba pág. 50), pero que despues fueron dadas al olvido como fábulas ridículas. 4.° y últimamente, porque el orígen indio de los cuentos primitivos se descubre en la historia del brahma *Pad-Manaba*, protegido por el dios *Vishnú* (Noche XIV.ª). Un musulman no habria podido inventar una fábula tan contraria á su creencia religiosa. Si el coleccionador sirio la copió sin desfigurarla, fué sin duda porque el fondo era demasiado conocido y popular para que pensase en alterarlo.

(1) *Las mil y una noches*, noches IV y V.

opuesto seguramente muchas veces en el espectáculo de los milagros; y aun diremos que la Historia llega á ser inexplicable si se rechaza la opinion que le sirve de base.

Nada es mas apropósito para confirmar nuestras ideas que una ojeada sobre la manera como, en general, operaban los magos. Mas que un auxilio y un beneficio continuo de la divinidad, su arte parece el producto de una ciencia penosamente adquirida y difícilmente conservada. Para operar *mágicamente*, para *conjurar* los genios y los dioses, y obligarlos á obrar, eran menester preparativos muy largos, sobre cuya naturaleza y accion se echaba un velo misterioso. Era preciso recoger en secreto plantas y minerales, combinarlos de diferentes maneras, someterlos á la accion del fuego, y no dar apenas un paso sin repetir ciertas fórmulas ó sin abrir ciertos libros, que si se olvidaban ó se perdian ocasionaban la privacion de todo poder mágico. Tal era el procedimiento de la mayoría de los taumaturgos, verdaderos estudiantes de física experimental, obligados á buscar continuamente en sus libros sagrados las prescripciones que, por falta de una teoría razonada, no habian podido apropiarse grabándolas en su entendimiento.

Aun quedan restos de la existencia de esos libros en un pueblo que ha caido en la mas repugnante barbarie, pero cuyas tradiciones se remontan á una civilizacion muy antigua, y probablemente asaz avanzada (1). Los Baskires creen que los *libros negros*, cuyo texto fué originariamente escrito en el infierno, da al hombre que los posée un imperio absoluto sobre los demonios y sobre la naturaleza. Este hombre los trasmite por herencia, juntamente con el poder que los mismos le confieren, á aquel de sus discípulos á quién juzga mas digno de sucederle... (2). Buenas obras de física y química aplicadas á las artes pueden reemplazar para nosotros con ventaja los libros mágicos de los baskires; pero no hace tanto tiempo que ciertos personages, medianamente interesados en que nuestra especie sea mas crédula que ilustrada, habrian pretendido sostener

---

(1) Los baskires ó baskirs, como los lapones, los burates, los ostiakes y los samoyedos hacen uso, desde tiempo inmemorial, de nombres de familia hereditarios.

(2) *Annalen der Erd-Vælker-und-Staaten-Kunde.*

que semejantes obras, no podian haber sido producidas sino por el principio del mal.

Prescindiendo de esto, pasemos á consultar á los mismos taumaturgos sobre la naturaleza de su arte.

Apolonio rechaza de sí la idea de ser contado en el número de los magos (3): no son, dice, mas que *artesanos* de milagros. Si les salen mal sus tentativas, reconocen que se han descuidado de emplear tal sustancia ó de quemar tal otra. ¡Charlatanes torpes, que dejan al descubierto el trabajo y los procedimientos mecánicos! Su ciencia (la de Apolonio) es un don de Dios, una recompensa de su piedad, de su templanza, de sus austeridades; y para hacer milagros, no necesita preparativos ni sacrificios.—Esta pretensión, que nos recuerda las de los *penitentes* indios, revela solamente á un taumaturgo mas hábil que aquellos á quienes desprecia, y mas seguro de su faena. Lo que dice de los taumaturgos vulgares prueba que estos no eran mas que simples *jornaleros* en el arte de los experimentos físicos.

Queremon, sacerdote y escritor sagrado, enseñaba el arte de evocar los dioses aun á pesar suyo, de suerte que no podian alejarse sin haber ejecutado el prodigio que se les pedia. Porfirio, refutando á Queremon, afirma que los dioses han enseñado las fórmulas y los caractéres con que se les puede evocar (1)... Aquí no vemos mas que el ataque de una escuela de ciencias ocultas contra otra escuela: esto no es mas que una disputa de palabras. Los seres que obedecian á los *conjuros* no eran los dioses que habian dictado las fórmulas de que los conjuros emanaban: Jamblico nos da á conocer los unos y las otras.

Queriendo explicar cómo el hombre tiene imperio sobre los *genios*, distingue á estos en dos clases: unos *divinos*, de los cuales no se obtiene nada sino por medio de las oraciones y de la práctica de las virtudes, que son los dioses de Porfirio; y otros, que corresponden á los dioses obedientes de Queremon, y que el teurgista define del modo siguiente: «Espíritus faltos de razon, de discerni-»miento y de inteligencia, dotados (á la verdad, cada uno para un

---

(3) Filostrat. *Vit Apollon.* lib. I, cap. 2.
(2) Euseb. *Præp. evang.* lib. V, cap. 8, 9, 10 y 11.

»solo objeto) de una potencia de accion superior á la que el hombre
»posee; obligados á ejercer la propiedad que les pertenece cuando el
»hombre se lo manda; porque su razon y su discernimiento, que le
»dan á conocer el estado en que cada cosa existe, le elevan sobre
»estós genios, y los someten á su poder (1)...»

Asistamos ahora á un curso de química ó de física experimental, y oiremos decir al profesor: «Existen sustancias por medio de las cuales se operan prodigios impracticables para el hombre reducido á sus facultades personales, como por ejemplo, hacer brotar centellas del hielo, ó producir hielo bajo una atmósfera ardiente: pero cada una de esas sustancias posée una propiedad única que ejercen sin objeto y sin discernimiento. Agentes ciegos, llegan á ser instrumentos de maravillosas en las manos del hombre que, por el raciocinio y la ciencia, sabe hacerse dueño de ellos, y aplicar juiciosamente sus propiedades y su energía...» El profesor ha pintado con exactitud las sustancias que ponen en accion la física y la química; y dice de ellas lo mismo que Jamblico ha dicho de los genios de segundo órden.

El profesor continúa: «Si un ignorante ensaya un experimento, sin observar los procedimientos que es necesario seguir, le saldrá mal la operacion... Todo experimento será frustrado, si se omite emplear, conforme al procedimiento indicado por la ciencia, una sola de las sustancias cuyo uso está prescrito.» Sustituyamos á las palabras *ignorante, experimento, procedimiento, sustancias,* las de *profanos, obras religiosas, ritos, divinidades,* ó *genios,* y resultará que el profesor ha traducido sin pensar los pasages de Jamblico sobre la marcha que, segun él, se debe seguir para hacer milagros (2).

(1) Iamblichus, *De mysteriis,* cap. 31. *Invocationes et opera hominum adversus spiritus...* «Est etiam aliud *genus* spirituum... *indiscretum et incon-*
»*sideratum,* quod *unam* número *potentiam* est sortitum... unde *unum uni*
»*tantum* operi addictum est... Jussa et imperia violenta diriguntur ad spi-
»ritus *nec utentes propria ratione, nec judicii* discretionisque principium
»*possidentes.* Cum enim cogitatio nostra habeat ratiocinandi naturam atque
»discernendi qua res ratione se habet... spiritibus imperare solet, *non*
»*utentibus ratione* et ad *unam tantum actionem* determinatis... imperat,
»quia natura nostra intellectualis præstantior est quam *intellectu carens,*
»et si illud in mundo latiorem habeat actionem.»

(2) «Quando *profani* tractant sacra contra *ritus,* frustratur eventus.»

Los genios subordinados al poder mágico, unos deben ser evocados en lengua egipcia, otros en lengua persa (1). ¿No vale mas decir, que las fórmulas mágicas consistian en *recetas* de física que cada templo conservaba redactadas en su idioma sagrado. Los sacerdotes egipcios operaban un milagro por un procedimiento ignorado de los sacerdotes persas; y estos, por un procedimiento distinto, ejecutaban la misma maravilla, ó le oponian alguna otra no menos brillante.

Los espíritus severos á quienes repugna la idea de ver transformar en seres sobrenaturales los agentes físicos, pueden tranquilizarse viendo divinizadas las mas sencillas operaciones de la industria. Entre los romanos, discípulos de los etruscos que, debiendo á la religion su civilizacion originaria, dedicaban á la religion toda su existencia, ¿qué cosa eran los dioses llamados por el *flamin* á la fiesta que se celebraba en honor de la tierra y de la diosa de la agricultura? Sus nombres lo dicen: la labor de barbecho; la segunda labor; la tercera; la siembra; la cuarta labor que enterraba las semillas; el rastreo; la cava; la segunda escarda; la siega; el transporte de las garveras; el acto de entrojar; la salida de los granos para el molino ó para venderlos (2)... El sacerdote enumeraba las operaciones de la agricultura, la supersticion las divinizaba.

La misma supersticion transformó en seres sobrenaturales á los hombres cuya habilidad producia obras superiores á la capacidad del vulgo. El arte de labrar los metales fué divinizado con el nombre de *Vulcano*. Los primeros trabajadores de hierro conocidos entre los griegos, los *Telquines* (3), considerados al principio como magos,

---

(Iamblich. *De mysteriis*, cap. 30)... «Uno prætermisso *numine sine ritu*, communis ipsa *religio* finem non habet.» (*Ibid.* cap. 33.)

(1) Orígen. *Contr Cels.* lib. I.

(2) Servio, *In Virgil. Georgic.* lib. I, vers. 24 y sig. Y Varron, *De re rust.* lib. I, cap. 4.°... Nombres de las divinidades: *Vervactor... Reparator... Imporcitor... Insitor.. Obarator... Occator... Sarritor... Subruncinator... Messor.. Convector... Conditor... Promitor.*—La mejora ó abono de las tierras era tambien divinizada con el nombre de *Sterquilinius*, ó *Stercilinius.*

(3) Suidas, verbo *Telchines.* Véase el artículo de los *Telquines* en los *Diccionarios de la Fábula* de Noël y de Champré y Millin.—Unos hombres dedicados al culto de la naturaleza, de la tierra divinizada (Cibeles, *Magna Mater*, etc.), difundieron en diferentes puntos el arte de trabajar los me-

pasaron luego por semi-dioses, genios y demonios maléficos. Las *Fifes* (hadas ó genios) eran citadas en Escocia como sobresalientes en las artes (1), y probablemente se debe á una creencia semejante la expresion proverbial de los franceses *trabajar como las hadas*..

«Los *gnomos*, dicen los cabalistas, gentes de pequeña estatura, »guardadores de los tesoros, de las minas y de las pedrerías... son »ingeniosos y amigos del hombre... y dan á los hijos de los sabios »todo el dinero que pueden pedirles, etc. (2).» En varios paises de Europa, la credulidad poblaba de genios las minas, y se los representaba en figura de hombres morenos, pequeños, pero robustos, siempre dispuestos á castigar la indiscrecion de los profanos que se atrevian á espiar sus trabajos. Todo cuanto se ha dicho de estos genios podia decirse de los mineros mismos, en un tiempo en que su arte, oculto ó los ojos del vulgo, estaba destinado exclusivamente á acrecentar las riquezas y á sostener el poder de la clase ilustrada.

El velo siempre claro de la alegoría se rompe en las narraciones orientales: los operarios que explotan las minas de acero son llamados allí los *genios* de esas minas. Esos genios se muestran tan sensibles á un festin espléndido que les hace servir un príncipe, que acuden á su ayuda en una ocasion en que su vida solo puede ser salvada merced al agradecimiento de aquellos (3).

Algunas veces puede señalarse la gradacion que ha seguido semejante metamórfosis. Agamedes (4), en Homero, es una mujer benéfica, instruida en las propiedades de todos los medicamentos que nacen de la tierra: Orfeo era un sábio intérprete de los dioses (5), que atraia hácia sí nada menos que los animales feroces y los hom-

---

tales y fueron conocidos de cada pueblo con distintos nombres: telquines, curetes, dactilos, ideanos, coribantes, etc.; pero todos pertenecian á un mismo cuerpo sacerdotal, y se transmitian sus conocimientos de generacion en generacion. Por esto, los escritores antiguos, tan pronto los confunden, como dicen que los unos fueron antecesores de los otros Diod. Sic., Pausanias, Estrabon.

(1) *Revista enciclopédica*, tomo XXXI, pág. 714.
(2) *El conde de Gabalis, ó Diálogos sobre las ciencias secretas. Segundo diálogo*, pág. 48 y 49.
(3) *Mil y una noches*, Noche CCCCLXXXIX.
(4) Homero, *Odis.* lib. IV, vers. 226. *Iliada.* lib. XI. vers. 737—739.
(5) Horacio, *De art. poet.* vers. 390—393.

bres salvages, á quienes civilizaba con el encanto de sus versos y la armonía del lenguage: los historiadores que sirvieron de guia á Diodoro, pintaban como puramente naturales los conocimientos de Circe y de Medea (1); conocimientos relativos sobre todo á la eficacia de los venenos y de los remedios: la mitología ha conservado á las dos hijas de Aetes la reputacion de terribles magas: los poetas posteriores á Homero hablan de Orfeo como de un mago muy hábil (2); y Teócrito hace de Agamedes la rival de Medea y de Circe en las artes mágicas (3).

Los sacerdotes, que ocupaban en Egipto el primer rango despues del soberano pontífice, y que lucharon con Moisés, son llamados magos en las traducciones del Exodo, y las operaciones de su arte calificadas de *encantamientos* (4). Un arqueólogo, que ha hecho un estudio profundo de la lengua y de la historia de los hebreos, Mr. Drummond, cree que esas traducciones no son exactas: en su sentir, el texto solo habla de *operaciones secretas* y no *mágicas*: el título de los sacerdotes, *chartoni*, derivado de una palabra que significa *grabar* geroglíficos, no expresa mas que la inteligencia que poseian de todos los geroglíficos sin excepcion (5).

¿Quiénes eran los *profetas* que Pitágoras consultó en Sidon, y de los cuales recibió instrucciones sagradas? Eran los descendientes, los herederos de la ciencia de Moco el *fisiólogo*, de un sabio versado en el conocimiento de los fenómenos de la naturaleza (6). Si Justino no vacila en admitir como reales la mayor parte de los milagros que se atribuyen á Apolonio de Tiana, tampoco ve en ellos mas que las pruebas incontestables de la alta ciencia del taumaturgo (7).

Por último, el sabio Moisés Maimonides (8) nos revela que la *primera* parte de la magia de los caldeos era el conocimiento de los

---

(1) Diod. Sic. lib. II, cap. 4, 6.
(2) Euripid. *Iphigen. in Aulid,* vers. 11 y 12. *Cyclop.* vers. 642.
(3) Teocrit. *Idyll.* II. vers. 15 y 16.
(4) Exodo, cap. 7, vers 22; cap. 8, vers 7.
(5) W. Drummond, *Memoir on the antiquity of the zodiacs of Esneh and Denderah.* (8.°, London, 1823), pág. 19—21.
(6) Φυσιολόγος;... Iamblich. *De vita Pythag.* cap. 3.
(7) S. Justino. *Quæst. et resp. ad orthodox...* Quæst. 24.
(8) Moisés Maimonides, *More nevochim,* lib. III, cap. 37.

metales, de las plantas y de los animales. La *segunda* indicaba el tiempo en que podian ser producidas las obras mágicas; es decir, los momentos en que la estacion, la temperatura del aire, el estado de la atmósfera secundaban el éxito de las operaciones físicas y químicas, ó permitian al hombre instruido y observador predecir un fenómeno natural, siempre imprevisto para el vulgo... El misterio de la magia se desvanece: introducidos en el santuario de las ciencias ocultas, no vemos nada mas que una escuela donde se enseñaban los diversos ramos de las ciencias naturales; y podemos admitir en el sentido literal todo lo que nos cuentan la Mitología y la Historia respecto á hombres y mujeres, á quienes hábiles instructores habian puesto en posesion de los secretos de la magia, y que frecuentemente se mostraban superiores á sus maestros. Bastaba que, despues de haber sufrido las pruebas prescritas para asegurarse de su discrecion, el discípulo se dedicase con celo al estudio de la ciencia oculta, y que su perseverancia y su capacidad le permitiesen traspasar los límites de aquella; ventaja que enseguida guardaba para sí, ó no la comunicaba parcialmente sino á las personas de su particular benevolencia.

CAPITULO VII.

Errores mezclados á los conocimientos positivos. Estos errores nacian, ya de imposturas voluntarias, ya del misterio en que se encerraba la ciencia sagrada.—Imposturas, promesas exageradas de los taumaturgos: charlatanismo y escamoteo: rasgos de destreza mas ó menos groseros: empleo de la *suerte* y facilidad de dirigir su resultado.—Oráculos: para asegurar su éxito: al equívoco y á la impostura, se agregaron medios naturales, como el prestigio de la *ventriloquía*, los vértigos, etc., y por último, algunas observaciones exactas, aunque muy sencillas.

Si los taumaturgos hubiesen cultivado la ciencia por el noble placer de instruirse y de difundir entre sus semejantes el esplendor y la utilidad de las luces, no buscaríamos otra cosa en sus obras que los vestigios de doctrinas incompletas sin duda, pero no obstante, puras y exentas de toda vil mezcla. Mas no sucede así: el objeto de la magia era conquistar una veneracion y una docilidad ilimitadas; y todo cuanto ayudase á conseguirlo pareció legítimo, así los auxilios de la destreza y las astucias de la impostura, como el empleo de los conocimientos mas sublimes.

Era preciso conservar el cetro despues de haberlo conquistado: era preciso mostrar por do quiera un poder sobrenatural, y ocultar la mano del hombre, aun cuando hubiera sido glorioso para él divulgar el imperio que su génio podia ejercer sobre la naturaleza. Un secreto religioso envolvió los principios de la ciencia: una lengua particular, expresiones figuradas, alegorías y emblemas velaron los mas pequeños detalles. La esperanza de adivinar esos enigmas sagrados hizo nacer, entre los *profanos*, mil conjeturas extravagantes; y léjos de desvanecerlas, el taumaturgo ayudó á que se generalizasen, como que eran otras tantas garantías de la impenetrabilidad de su secreto. Pero las opiniones absurdas que de aquí se derivaron, no fueron, como luego veremos, el único mal que la conservacion de ese secreto causó entonces al espíritu humano.

Discutiremos sucesivamente esos dos funestos errores; pues sus consecuencias forman parte de la historia de la magia y de la civilizacion.

Lo presente obra tal vez con menos energía que el porvenir sobre el espíritu humano. El uno, positivo y limitado, circunscribe la credulidad á lo que ofrece de real: lo vago del otro la entrega á las cabilaciones indefinidas del temor, de la esperanza y de la imaginacion. Por lo tanto, el taumaturgo podrá prometer; podrá hacer creer en maravillas que él mismo no tendrá la esperanza de realizar.

No hay nada mas absurdo que los detalles del rejuvenecimiento de Eson por medio de los encantos de Medea; pero, antes que los griegos, los árabes y los hebreos habian creido en ese extraño milagro: segun las tradiciones rabínicas, estando Moisés á punto de morir, pedia que su cuerpo fuese dividido en pedazos, para luego ser resucitado por un ángel benéfico (1).

No señalando límites al poder de los taumaturgos, la credulidad debió, por esto mismo, obligarles muchas veces á recurrir á la destreza, para rehusar sin comprometerse un milagro imposible. Un ciliciano acudió al templo de Esculapio, esperando por medio de ricos presentes, de pomposos sacrificios, de promesas magníficas y de fervientes ruegos, alcanzar de Dios que le devolviese un ojo que habia perdido. Instruido por medios usados en todos los templos, y ahora mismo por todas las instituciones de *policía*, Apolonio de Tiana declaró que aquel hombre no obtendria lo que deseaba, y se indignó de su demanda, porque la pérdida del ojo era el justo castigo de un adulterio incestuoso (2).

Aun en el caso de que la maravilla solicitada no exceda de los recursos de la ciencia, importa ocupar la atencion del espectador,

(1) Gaulmyn, *De vita et morte Mosis*, nota, lib. II, pág. 822.
(2) Filostr. *Vit, Apollon.* lib. I, cap. 7.

ocultarle las operaciones mecánicas de los taumaturgos, ó el embarazo en que se hallan cuando el resultado apetecido se hace esperar demasiado tiempo. Este arte, tan familiar, á los prestigiadores modernos, no era menos conocido de los de la antigüedad.

Lo que los primeros obtienen por medio de chanzonetas mas ó menos ingeniosas, lo conseguian los otros empleando ceremonias propias para inspirar respeto y terror. La *tercera* parte de la magia de los caldeos consistia toda ella en este género de charlatanería: enseñaba los gestos, las posturas, las palabras inteligibles ó ininteligibles que debian acompañar á las operaciones del taumaturgo (1). Los sacerdotes de Baal, en su lucha desigual contra el profeta Elías, se hacian en los brazos cortaduras mas visibles que profundas (2); y el teurgista de Grecia y de Roma amenazaban á los genios demasiado lentos en obedecerle con evocarlos por *un nombre terrible para ellos* (3): de un modo ó de otro se trataba de ganar tiempo, y de distraer la atencion; mientras que los espectadores, penetrados de compasion ó de temor, fijaban la vista con menos desconfianza en las prácticas secretas, propias para consumar una maravilla que debia operarse demasiado lentamente.

Pero ya hemos hecho observar que no habia necesidad de combatir semejantes obstáculos, sino cuando se suscitaban luchas de habilidad entre los taumaturgos: fuera de estos casos, la credulidad se adelantaba al milagro. ¡Cuántas veces, por ejemplo, no se nos habla de manchas de sangre maravillosamente conservadas durante siglos para dar testimonio de un crímen ó de un castigo célebre! Introducidos unos viajeros, en 1815, en la sala donde fué muerto á puñaladas *David Rizzio*, refieren que se les hizo reparar en el suelo unas gotas de sangre que, segun les dijeron, *se tenia cuidado* de repintar de nuevo todos los años (4). En Blois, tambien cada año y en la época de la féria, el conserge del castillo vierte sangre en la cámara donde fué asesinado el duque de Guisa, y la enseña á los

---

(1.) Moses Maimoñides, *More nevochim*, lib. III, cap. 37.
(2) *Rey*. llb. III, cap. 18, vers. 28.
(3) Lucano, *Farsal*. lib. VI, vers. 745, Stat. *Theb.*, lib. IV, vers. 156.
(4) *Viaje inédito á Inglaterra* en 1845 y 1846... *Biblioteca universal, Literatura*, tomo VII, pág. 383.

curiosos como si fuese la sangre de aquel mártir de la Liga. Hé aquí, poco mas ó menos, la historia de todas las manchas de sangre; salvo que se diga ó no (1).

Un rayo derriba la cabeza de una estátua y la arroja al fondo del Tíber: las augures indican el parage donde se encontrará, y su prediccion es confirmada por el suceso (2)... Sin duda habian tomado medidas infalibles para estar seguros del hecho; las mismas medidas que, en otros tiempos y paises, han hecho encontrar en el fondo de los rios, en las grutas, en los bosques tantos objetos milagrosos (3).....

En Temesa, cada año debia ser sacrificada una vírgen á los manes de Libas. Queriendo poner término á esta bárbarie, el atleta Eutimo se atreve á desafiar á combate al espectro de Libas, el cual se le presenta negro, horrible y vestido con una piel de lobo. El intrépido atleta triunfa, y el espectro, de rabia, se arroja al mar (4). Me inclino á creer que un sacerdote, disfrazado de lobo, á la manera que lo hacian ciertos embaucadores de la Edad media, fué quien representó el papel del espectro, y que no quiso sobrevivir á su derrota; esto es tanto mas probable, cuanto que el vencedor desapareció poco despues, sin que nunca se haya sabido el género de su muerte. Sobre este punto, los colegas del *espectro* estaban probablemente mejor informados que el público.

Sinan–Raschid–Eddin (5), jefe de los *Batenitas*, ó ismaelitas de

(1) Todos los viajeros y los curiósos que han visitado la Alhambra de Granada habrán visto las manchas de sangre, que todavía se enseñan, en el pavimento de mármol de la sala donde cuenta la tradicion que fueron degollados los nobles *Avencerrajes*: la tradicion acaso no tiene otro fundamento que el de la historia novelesca de Perez de Hita; pero las manchas pueden atribuirse á alguna de las causas naturales que indica el Autor en el cap. IV, pág. 57 y 58: de advertir es que la mencionada sala está impregnada de humedad. (*N. del T.*)

(2) Cic. *De divinat.* lib. I, párrafo 10.

(3) En Patras se adoraba una estátua de Vénus, que unos pescadores sacaron del mar, al retirar sus redes. (Pausán. *Achaic*, cap. 21.) Otros pescadores de Metimna sacaron á tierra una cabeza esculpida en madera de olivo: el oráculo prescribió á los metimneses que adorasen aquella cabeza con el nombre de Baco Cefalenio. (Pausán. *Phocic*, cap. 19.)

(4) Pausánias, *Eliac.* lib. II, cap. 6.

(5) *Minas del Oriente*, tomo IV; pág. 377... Fragmento traducido de los

Siria, escondió en un hoyo á uno de sus adeptos, dejándole fuera la cabeza, la cual, rodeada de un disco de bronce que figuraba una vasija, y de sangre recientemente vertida, parecia acabada de cortar. Hecho esto, convoca á sus discípulos, descubre la cabeza, y conjura al *muerto* á que le responda lo que ha visto desde que dejó de vivir. El dócil interlocutor, siguiendo las instrucciones que habia recibido, hace una pintura brillante de las delicias celestiales; declara que prefiere mil veces continuar gozándolas, que volver á la vida; y como único medio de alcanzarlas, recomienda la mas ciega obediencia á las órdenes de Sinan. Esta escena redobla el entusiasmo, la adhesion y el fanatismo de los sectarios... pero, apenas estos se marchan, Sinan mata á su cómplice, y asegura el secreto de su milagro.

Mas, ¿para qué detallar supercherías tan visibles, que la mas hábil casi no merece el nombre de *escamoteo*?

El arte de imponerse á nuestros sentidos, á pesar de nuestra atencion y de nuestra incredulidad; el arte del *escamotador* no es ajeno al asunto de que trato, si ha podido servir al interés, á la ambicion, á la codicia ó á la política de los hombres que sacan provecho de la credulidad de sus semejantes.

¿Ha podido servir á esos objetos? Sí, y en todos tiempos, pues ha existido antiquísimamente como ahora, con los refinamientos mas apropiados para imponer sorpresa y admiracion. Así es como siempre ha florecido en el Indostan; y á otros muchos rasgos caracteristicos que certifican el orígen indio de los gitanos (*gypsies, zingary*) se puede añadir su perfeccion conocida en todo género de actos de destreza.

Igualmente ha podido servir en todos los paises, pues las maravillas con que sorprende ese arte á los hombres poco ilustrados han figurado por doquiera entre las obras de los supuestos posesores de una ciencia sobrenatural. Los hechos que discutiremos nos ofrecerán bastantes pruebas de ello en los pueblos civilizados; pero limitémonos por ahora á citar los magos que, en el seno de una horda semisalvaje, reunen

---

autores originales .por Hammer... *Sinan*.., muerto en 1192.. *Batenitas, internos, interiores, escondidos*, así llamados por alusión á sus doctrinas secretas y á sus dogmas misteriosos. (*Antologia árabe*, pág. 275):

las funciones de sacerdotes, magistrados y médicos. Los magos ó sabios deben su influencia sobre todo al aparato de sus prestigios: los hay que se meten un enorme cuchillo en el tragadero, de donde sale la sangre á borbotones, como si se hubiesen hecho una verdadera herida (1)... ¡Qué confianza y qué respeto no inspirará, entre los indígenas de América, el mortal privilegiado cuyo poder no deja subsistente la menor huella de una lesion tan espantosa! En Europa, los titiriteros darán el mismo espectáculo para divertirnos; y ciertos personajes que no quieren pasar por titiriteros ejecutarán alguna cosa semejante con otra intencion. En Italia unos *penitentes* parece que se azotan cruelmente con disciplinas de hierro, y no se hacen el menor daño: así al menos lo afirma como testigo ocular un clérigo, un religioso (2).

En el siglo XV, cuando los husitas eran excomulgados solemnemente, los cirios encendidos en las iglesias de Bohemia se apagaban todos espontáneamente, en el momento preciso de concluir el sacerdote de pronunciar la fórmula de la excomunion: este acontecimiento llenaba de terror á los concurrentes, pues todos veian en él un milagro efectuado por el poder divino (3).

Para mostrar cómo pudo la política sacerdotal, de un modo todavia mas directo, dar cabida en el número de sus recursos á un arte fútil en apariencia, citaremos algunos ejemplos. En la prueba judiciaria del *agua fria*, en que todo dependia del modo de agarrotar al hombre sometido á ella, los lazos con que se le ataba podian sumergirle ó hacerle sobrenadar, segun la relacion de su peso específico al peso del agua.—El collar de hierro de San Sané, en Bretaña, servia para probar la verdad de los juramentos, y extrangulaba infaliblemente al hombre culpable de perjurio (4): seguramente, el clérigo que ataba el collar era dueño de ejecutar el milagro segun como queria.—*El Iodhan-Moran*, collar que á principios de nuestra era llevaba el gran juez de Islandia, no era menos

(1) *Nuevos anales de Viajes*, tomo XXXV, pág. 263.
(2) El P. Labat, *Viaje á España y á Italia*, tomo VII, pág. 31 y 32.
(3) Joachimi Camerarii... *De eclesiis fratrum in Bohemia et Moravia*, pág. 71.
(4) Cambry, *Viaje al departamento de Finisterre*, tomo I, pág. 173.

temible, si hemos de dar crédito á las tradiciones conservadas en aquel país: puesto al cuello de un testigo falso ó refractario, se lo apretaba hasta privarle de la respiracion; y era imposible volver á abrirlo hasta tanto de haber obtenido la confesion de la verdad (1). Vereis en medio de la plaza pública los platillos de una balanza perder su equilibrio, y bajar ó subir alternativamente, obedeciendo las órdenes de un prestigiador. Pues bien, esta suerte que os recrea, en el Indostan sirve para poner la vida de un acusado en manos de los sacerdotes que dirigen la prueba judiciaria de la balanza. Si es culpable, dicen ellos, su crímen se manifestará aumentando visiblemente el peso ya conocido de su cuerpo. Para esto, despues de algunos preparativos religiosos, se le pesa con cuidado; despues se le ata sobre la cabeza su acta de acusacion, y se le vuelve á pesar. Si es mas ligero que antes, se le declara inocente; pero si pesa mas, ó si la balanza se rompe, queda justificado el crímen. Si permanece en equilibrio, hay que comenzar de nuevo la prueba: entonces, dice el libro sagrado, «habrá *ciertamente* una diferencia de peso (2).» Cuando se promete un milagro de una manera tan positiva, se tiene de antemano seguridad en los medios de ejecutarlo.

Busquemos un ejemplo de otro género en un pueblo al que nadie supondría capaz de tal refinamiento de destreza. Entre los Sulimas, cerca del nacimiento del Dialiba (Africa), un viajero inglés, el primer hombre blanco que ha penetrado en aquel país, vió á unos soldados escogidos, armados de fusiles, tirar contra un jefe que les oponia sus talismanes: todos los fusiles daban fogonazo, por muy bien cebados que estuviesen: inmediatamente y sin ninguna preparacion, los soldados tiraban hacia otro lado, y todas las armas hacian fuego. Estos hombres tenian sin duda la habilidad de abrir y cerrar el oido del fusil á su gusto (3); y no era posible notar cuando ni como ejecutaban este escamoteo, cuyo objeto era el de persuadir

---

(1) G. Higgins, *The celtic druids. Introduccion*, pág. LXIX.—El *Iodhan-Moran* debia ahogar tambien al juez que daba una sentencia injusta; pero es dudoso que se haya efectuado jamás este milagro.

(2) *Recherches asiatiques*, tomo I, pág. 172.

(3) Laing, *Viaje al Timani, al Kuranko, al Sulimana*, etc., traduccion francesa, págs. 211, 212, 234.

al pueblo, que no hay nada que temer de las armas del enemigo, llevando encima talismanes consagrados por los sacerdotes.

Desde mucho mas tiempo que pudiera creerse han existido en Europa hombres, á quienes habria bastado audacia ó un interés dominante para presentarse á sus admiradores como dotados de un poder sobrenatural (1). Supongamos que esos hombres hubiesen tenido lo único que les ha faltado; y lejos de limitarse á divertir á algunos espectadores ociosos, su arte, conservada en manos mas respetadas y dirigida hacia un objeto menos fútil, habria impuesto adoracion á los mismos en quienes promovia la burla, bastando para explicar milagros tan numerosos como imponentes.

No se crea forzada esta suposicion. En nuestros dias hemos visto á *Comus* (y por cierto á él sólo), evitando toda posibilidad de connivencia, anunciar en secreto á una persona la carta que pensaba otra persona. Todavía existen testigos del hecho; y además, *Comus* repitió muchas veces la suerte en Inglaterra, en presencia de espectadores que, haciendo fuertes apuestas contra el éxito de la misma, no podia sospecharse, que contribuyeran á él con su complacencia. El perspicaz Bacon afirma que vió ejecutar esa misma suerte, en un tiempo en que semejante prueba de habilidad exponia á su autor á ser conducido á los quemaderos destinados para los magos: «el juglar (2) dice al oido á uno de los espectadores, que tal persona pensará tal carta...» El filósofo añade, que trató entonces de explicar el hecho por medio de una connivencia, sin embargo de que, segun él mismo confiesa, no tenia ningun derecho á sospechar tal cosa.

Si unos hombres tan hábiles quieren señalarse como fautores de milagros en medio de una poblacion poco instruida, ¿encontrarán algo imposible? Si se les encarga, por ejemplo, de dirigir un *sorteo*,

(1) Fromann, que confiesa que muchos escamotadores, (*calculatores, aut saccularii*) han sido tenidos por mágicos (*Tract. de fascin.* págs. 771 y sig.), no por esto deja de citar, como obras de hechicería, las conocidas suertes de romper un vaso, cortar una cadena de oro, una servilleta ó un pañuelo en muchos pedazos, y hacer reaparecer en seguida enteros esos diferentes objetos. (*Ibid.* pág. 583).

(2) «He did first whisper the man in the eare, that such a man should think such a card.» (Bacon, *Sylva silvarum*, century X, 946).

¿podrá dudarse que la suerte'no se convierta en interprete de su voluntad? En este caso, calcúlese la extension del poder puesto de ese modo entre sus manos. ¿Qué papel no ha representado siempre la *suerte*, así en los grandes como en los pequeños acontecimientos, aun allí donde no podia suponerse una superchería? ¿Cuántas veces los hombres, desconfiando de su prudencia, ó no pudiendo poner de acuerdo sus diversas opiniones, no se han entregado á la decision de la *suerte*?—En los primeros dias del cristianismo, la Iglesia hubo de recurrir *á la suerte* para decidir si habia de ser José ó Matías quién sucediera en el apostolado al traidor Judás Iscariote; y Orígenes alaba á los apóstoles por este acto de humildad, con el que, dice, sometian al poder celestial una eleccion que podian haber hecho ellos mismos (1). A los ojos de unos hombres que eran incapaces de influir con la destreza en el acto de sacar una suerte, el resultado no puede menos de parecer debido únicamente á la voluntad de Dios.

Esta idea ha parecido bastante plausible para que hombres, por otra parte ilustrados, la llevasen hasta el extremo. Orígenes no teme aventurar el propósito de que los ángeles en el cielo *echan suertes* (2) para decidir qué nacion ó que provincia tomará cada uno de ellos á su cuidado, ó de qué persona será el guardia. Un ministro protestante que, hace un siglo, sostenia la doctrina de que *la suerte es una cosa sagrada*, llegó á decir que «los juegos mas insignificantes, aquellos en que hay menos que ganar ó perder, son por esta misma causa los mas profanos (3).»

De otro modo ha sido considerada esta cuestion por un escritor que dedicó su alta elocuencia á introducir en la política y en la filosofía el espíritu y las doctrinas de los templos. Platon (4) quiere que, en su República, los matrimonios de los ciudadanos sean decididos por una especie de *suerte*; pero al mismo tiempo, que los jefes del Estado deban cuidar de dirigir la suerte, por medio de *algun ar-*

(1) Act. apost. cap. I, vers 24 y sig.— Orígen. Homil. 23, *in lib. Jes. Nave.*

(2) Orígen. Homil. 23, *in lib. Jes. Nave.*

(3) Dejoncourt, L*ettres (quatre) sur les jeux de hasard* (la Haye, 1743), pág. 19.

(4) Plato, in *Timœo*... et *Republic* lib. V.

tificio, de manera que esta no decida nada que no sea conforme á sus miras, y que, sin embargo, el artificio sea tan bien disimulado, que las personas que se crean mal apareadas no puedan quejarse sino del azar ó de la fortuna.

Se puede aplicar la una ó la otra opinion á los acontecimientos en que la suerte ha debido manifestar la voluntad divina y revelar sus decretos, y en los que el mismo medio de decision ha sido empleado unas veces por la fé, y otras por la política.

Un crímen secreto enciende contra Israel la ira del Señor; Israel es entregado por el Señor á la espada de sus enemigos. Para descubrir al culpable, se echan *suertes* entre las doce tribus; entre las familias de la tribu designada; entre los individuos de la familia en quien ha caido *la suerte*. Esta cae por último sobre Achan, y Achan confiesa el crímen, cuya pena va á sufrir (1). Este resultado hace que nadie ose poner en duda la infalible inspiracion de Josué, al mismo tiempo que realza el valor de los judíos, mostrándoles y separando de ellos al hombre sacrílego, causa única de su vergonzosa derrota.

Saul es llamado, tambien por medio de *la suerte*, á reinar sobre los hebreos (2); y de ese modo queda santificada la eleccion que Samuel habia hecho de un jóven oscuro (3), para reinar sobre los israelitas.

Por medio de un voto solemne (4) obliga Saul á su ejército á un ayuno absoluto, hasta tanto que haya cortado la retirada á los filisteos. Consultado por el gran sacerdote sobre el éxito de este designio, el Señor no le responde. Saul quiere, que se echen *suertes* para saber quién ha quebrantado el voto, y la suerte cae entre él y su hijo Jonatás: insiste, la suerte designa á Jonatás, y Saul no titubea en mandarlo al suplicio. Pero el pueblo entero se opone á esta consecuencia atroz de un voto absurdo, cuya ejecucion no reclaman los sacerdotes, y desanimado Saul, renuncia á una prosecucion temeraria.

(1) *Josué*, cap. 7, vers. 14-23.
(2) *Regum*, lib. I, cap. 10, vers. 20 y 21.
(3) *Reg*. lib. I, cap. 10, vers. 1.
(4) *Reg*. lib. I, cap. 14, vers. 24-46.-Teodoreto y S. J. Crisóstomo condenan el voto de Saul como contrario á la prudencia y á la razon.

Nabucodonosor mezcla sus flechas contra Ammon y contra Jerusalem: la flecha sale contra Jerusalem, y el terrible conquistador no tarda en ejecutar el decreto del Destino (1). Los árabes, en tiempo de Mahoma, usaban el mismo género de adivinacion, que fué proscrito por el profeta como un pecado abominable (2). Las hordas tártaras que guiaba Gengis á la conquista del Asia tambien se valian de él para conocer de antemano el resultado de una batalla: los magos escribian en dos flechas los nombres de los ejércitos enemigos; y sin que pareciese que ellos las tocaban, las flechas se movian, se acercaban y se combatian, hasta que, por último, la una se colocaba sobre la otra: esta designaba el ejército que debia sucumbir (3). Los escamotadores que hacen bailar las cartas desde alguna distancia, por medio de un cabello ó de una seda imperceptible, fácilmente harian el milagro tártaro.

Los cristianos mismos tampoco se han abstenido de esta práctica supersticiosa. Para saber si debe ó no atacar á los comanos, si dará la batalla ó si marchará á socorrer una ciudad sitiada, Alejo Comneno coloca dos tablillas sobre el altar: en ambos casos, la primera que se presenta á su vista, despues de una noche pasada en oracion, le parece ser la que expresa la voluntad del cielo (4). Los senadores de Venecia, en el reinado del dux Dominico Michieli (5), no podian ponerse de acuerdo acerca de la ciudad que convenia atacar primero; por lo que recurrieron á *la suerte*, y su decision fué acatada.

Aunque la suerte se empleara en Venecia con mas frecuencia que en otras partes para modificar las elecciones ó desempatar los sufragios, puede dudarse que se le concediera seriamente la misma influencia tratándose de un plan de campaña, y esto en un Senado famoso por su política y lleno entónces de hábiles guerreros. ¿No sería mas bien un medio hábil de arrastrar á un pueblo valiente, pero

---

(1) Ezequiel, cap. 21, vers. 19-22.
(2) Coran, surata V, vers. 99.
(3) Petis de la Croix, *Hist. de Gengis-Kan.*
(4) Ana Comneno, *Historia de Alejo Comneno*, lib. X, cap. 2; lib. XV, cap. 5.
(5) D. Michieli, 35° dux. Hadrian Barland. *De ducib. venet.*

todavía poco sumiso á sus jefes, hacia una expedicion cuyos peligros y fatigas oscurecian tal vez la gloria y la necesidad de emprenderla!

En el miserable estado en que languidecia el imperio griego, ni el honor ó el interés nacional, ni la religion podian inspirar alguna energía á una poblacion degradada: solo la supersticion podia hacerlo; y á ella hubo de recurrir Alejo, príncipe muy superior á su siglo y mas aun á su nacion.

Y aun cuando *la suerte* fuera mil veces, en la antiguedad, el *oráculo* consultado con una avidez y escuchado con un respeto igualmente ciegos, pensamos asimismo que el rey de Babilonia, previamente seguro de sus operaciones, no buscó en esa ceremonia supersticiosa nada mas que el secreto de alcanzar el triunfo, mostrándolo como infalible, como garantizado por la voluntad de los dioses, al entusiasmo de sus soldados.

En todos tiempos y paises, la política ha empleado el resorte de conducir á los hombres por medio de su credulidad, fingiendo participar de ella, sin mas diferencia que la de variar las formas, á fin de acomodarse á los hábitos y á la medida de la inteligencia de los hombres á quienes debia poner en movimiento.

Habiendo tomado las armas el jefe de una tribu brasileña por instigacion de los holandeses, que le habian prometido un poderoso socorro, tuvo algunos motivos para creer que sus aliados querian dejarle combatir solo al enemigo comun, y recoger luego el fruto de sus esfuerzos. ¿Qué hizo? En presencia de un enviado de los holandeses, consultó repetidas veces á la Divinidad: de la *choza del sacrificio* salieron voces que predecian la derrota y la fuga, si se daba el combate antes que llegara el socorro prometido; anunciaban que este aun tardaría en llegar, y ordenaban que, entretanto, se retrocediese ante el enemigo. El jefe, de acuerdo con sus guerreros, protesta que obedecerá y se retirará hasta el territorio de los holandeses, medio seguro de poner un término á sus demoras. El enviado holandés, Baro, creyó firmemente que el oráculo habia sido pronunciado por el diablo (1). Nosotros lo atribuiremos, con mas ve-

(1) *Viaje de Roulox Baro al pais de los Tapayos* en 1647.

rosimilitud, á unos sacerdotes ocultos en la *choza del sacrificio*. El artificio era grosero, mas no así la política.

Despues que el augur Nevio se hubo atrevido á combatir en nombre de la religion las alteraciones que Tarquino el Antiguo queria introducir en la constitucion romana, se le provocó á dar una prueba de su ciencia, declarando si era posible ejecutar un designio concebido en secreto por el monarca. Nevio respondió afirmativamente: el designio era cortar una piedra con una navaja, y cuéntase que el milagro fué ejecutado en presencia de todo el pueblo (1). El oráculo de Délfos indicó precisamente lo que, en el momento de ser interrogado, hacia en Sardes Creso, encerrado en el fondo de su palacio. Debemos suponer que Tarquino, viéndose apurado para abandonar sin rebajarse un proyecto que, aunque grande, reconocia como peligroso, él mismo suscitó la oposicion del augur, y juntos concertaron el milagro que debia dar el triunfo al segundo, á fin de conservar el honor, no cediendo sino á una órden de los dioses. Sabemos que las embajadas religiosas del rey de Lidia tenian por pretexto consultar sobre sus proyectos á las divinidades fatídicas, y por objeto real atraer los pueblos á formar alianza con él, y determinarles á ello, sobre todo, por medio de las brillantes promesas que debia hacerle el mas celebre de los oráculos.

Aquellas promesas salieron fallidas, y el equivoco por cuyo medio salvó el dios de Delfos su reputacion de infalibilidad se presenta á la memoria tan naturalmente, y despierta el recuerdo de tantos acontecimientos semejantes, que para explicar casi todo lo maravilloso de los oráculos, bastaria tener presente el uso que constantemente hacian de términos ambiguos, la connivencia que frecuentemente llamaban en su apoyo, las invenciones mecánicas cuyo prestigio aprovechaban, y las casualidades (2) de que se prevalieron

(1) Dionis. Halicarn. lib. III, cap. 24.
(2) Lavater habia prometido al metafísico Bonnet, que una adivina, residente en Morat, anunciaria cuatro veces al dia lo que el mismo Bonnet haria en Ginebra. Las dos primeras predicciones resultaron exactas; pero las siguientes fueron absurdas. (Dumont, *Tratado de las pruebas judiciarias, de J. Bentham,* tomo II, págs. 233 y 234.) En otros tiempos, habria bastado con las dos primeras pruebas, para dejar sentado que su acierto fortuito provenia de una ciencia sobrenatural.

muchas veces, merced á la candidez de los consultantes, y por último, tantos oráculos que no han salido verídicos, sino solo porque la credulidad queria absolutamente que lo fuesen... Pero conocida es la exelente *Historia de los oráculos*, sacada de Van Dale por Fontenelle (1). Poco podemos añadir nosotros acerca de un error casi universal sobre la tierra, y que si acaso desaparece bajo una forma, diríase que no es sino para reproducirse bajo otra forma distinta. Es que la experiencia y la razon son harto débiles para combatir el ardor del hombre á quien domina la pasion de conocer el porvenir.

Por esto, solo de paso recordaremos, que Apolo no concedia el don de adivinacion á sus favorecidos, sino con la condicion de no interrogarle *sobre lo que no es permitido saber* (2); precaucion prudente para evitar preguntas demasiado difíciles: tambien recordaremos, que la sibila escribia los oraculos en hojas sueltas (3), las cuales eran dispersadas por el viento; artificio que, haciendo fácilmente que el oráculo fuese oscuro é incompleto, dejaba siempre una puerta abierta al equívoco, luego que sobrevenia el acontecimiento: tampoco haremos mas que citar una estatua colosal de Siva (4), detrás de la cual habia unas gradas que conducian á un asiento cómodo, situado bajo el bonete del dios; asiento donde se arrellanaba sin duda el sacerdote encargado de pronunciar los oráculos en su nombre: pero nos detendremos mas en algunas consideraciones generales.

I.

Los que pronunciaban los oráculos eran hombres; hombres débiles, apasionados, esclavos del interés, de la ambicion, del orgullo y de la política. Esto es sabido, mil hechos lo recuerdan, y sin embargo,

---

(1) Puede verse tambien á Clavier, *Memoria sobre los oráculos*, en 8°, 1848.-Luciano (*Alejandro ó el falso profeta, Obras*, tomo III, págs. 18-23 y 42-46) da una idea de los artificios empleados en su tiempo por los sacerdotes de los oráculos: es de notar el secreto de abrir las cartas, que tan familiar se ha hecho entre los gobiernos modernos.

(2) Servio, *In Virgil.* Egloga VIII, verso 30.

(3) Virgilio, *Eneida*, lib. VI, versos 442-450.

(4) María Graham, *Residencia en las Indias*, pág. 96.

esos hombres no dejaban de aparecer respetables, aun á los ojos de aquellos que se aprovechaban de su falaz intervencion. Esta consideracion basta para transformar en historia un número considerable de relatos mitológicos.—Un jefe, un rey oye que le amenazan en nombre del cielo con perder pronto el trono y la vida: el matador á quien debe temer es su hijo, su yerno, ó el hijo de su hija única. Por una contradiccion, que á fuerza de repetirse apenas se la nota, el príncipe asustado obra á un tiempo como convencido de la infabilidad de la prediccion, y como seguro de poder prevenir sus efectos. Condena á su hija, ó se condena él mismo al celibato, y muere sin posteridad: ó bien, ocupado continuamente en combatir un peligro imaginario, agresor injusto ó padre desconocido, se expone á ser muerto por aquel cuyos dias ha proscripto de antemano. Sus riquezas y su poder pasaran á manos de los hombres que han dictado la prediccion y se han preparado con tiempo á recoger el fruto: en esto, lo único maravilloso que hay es el exceso de la credulidad humana; y esta maravilla corresponde á todos los tiempos y á todos los hombres.

La venganza de Menelao solo llevó ante los muros de Troya aquellos de los griegos que se habian comprometido á seguirle por un juramento sagrado; y entre estos no se cuentan muchos que fueron á su pesar, muchos que mas de una vez quisieron abandonar una empresa mortífera, y cuyo éxito parecia retardarse mas cada dia. Uno de estos parece haber sido Calcas, profeta á quien hacia temible la confianza que le dispensaba todo el ejército. Seguro de su ascendiente, Calcas multiplica las predicciones desanimadoras: desde el principio de la expedicion anuncia que apenas bastaran diez años para llevar ó cabo la empresa: pone al jefe supremo de los griegos en la alternativa de sacrificar su propia hija, ó de renunciar á la conquista proyectada: mas tarde exige contra él, en nombre del cielo, que se separe de una esclava amada: las *fatalidades* que protegen á la ciudad de Príamo parecen multiplicarse á su placer: no basta haber obligado á ir al sitio de Troya á Aquiles, seguro de perecer en él; es preciso que tambien vaya el hijo de Aquiles, despues de muerto su padre; es preciso que vuelva Filóctetes, alejado por una ofensa imperdonable, y cuyo resentimiento ha debido agriar, léjos de debilitar, el tiempo; es preciso, por último, penetrar en la ciudad sitiada y robar la imágen misteriosa de la divinidad que la protege... Juzgados así unos oráculos fabulosos en apariencia, ¿no forman una parte importante de la historia dé los pueblos sobre quienes ejercian un imperio tan terrible?

Si es posible predecirlo con certidumbre, el porvenir está irrevocablemente fijado; y en este caso, el hombre que lo anuncia se parece al cuadrante que revela impasible la marcha diurna del sol. Pero la credulidad es tan inconsecuente como apasionada: el profeta, segun sus predicciones sean placenteras ó aflictivas, es un dios ó un demonio; se le adora ó se le maldice; se le recompensa ó se le castiga. Cuando infunde miedo, sobre todo, se le acusa de impostura, de odio, de corrupcion; se le insulta y amenaza; se le da tormento y se le lleva al suplicio, ó bien se abrazan sus rodillas suplicándole que retracte sus palabras, como si el don de conocer el porvenir supusiese además el poder de hacerlo cambiar; pero siempre y en todo caso se da crédito á sus revelaciones. Compárese el alcance de esos sentimientos contradictorios con la extension y la influencia que han poseido los oráculos, y se comprenderá que los profetas no siempre han sabido conocer toda la magnitud de sus fuerzas; que se han quedado muy cortos en el uso del poder que podian alcanzar; y se reconocerá la marcha natural de las pasiones humanas en cosas que, sin esto, parecen obra de la mentira, del delirio ó de la imaginacion.

II.

Lo hemos dicho: lo que hoy pertenece al dominio de las diversiones, en otros tiempos engrandecia el dominio de los taumaturgos: los ventrílocuos, que ahora nos hacen reir, desempeñaban un papel mas serio en otras épocas. Esa voz interior, extraña al parecer al hombre cuyos lábios no se ven moverse, y que á menudo parece salir de la tierra ó de un objeto apartado, fué considerada, como la voz de las potencias sobrenaturales. El historiador Josefo (1) supone

---

(1) F. Josefo, *Ant. jud.* lib. VI, cap. 15.

que la agorera de *Endor* era ventrilocua, y que de este modo pudo hacer que oyese Saul las respuestas de la sombra de Samuel. Los seres dotados como ella de un *espíritu de Pithon*, de hechicería, expresaban sus oráculos con una voz sorda y flébil, que parecia salir de la tierra: de esta particularidad tomó Isaías una comparacion notable (1). El nombre de *Engastrimitas*, dado por los griegos á las Pítias, á las mujeres que practicaban el arte de adivinar (2), indica que estas usaban el mismo artificio.

Pitágoras dirigió la palabra al rio Neso, el cual le respondió con voz clara: *Salud Pitágoras* (3). Por mandato del jefe de los gimnosofistas del alto Egipto, un árbol habló delante de Apolonio: *la voz que se oyó era distinta, pero débil y semejante á la voz de una mujer* (4): en ambos casos era la voz de un ventrílocuo, colocado convenientemente; y estos ejemplos nos revelan probablemente el secreto de los oráculos que pronunciaban las encinas de Dodona. Así es como en la China, un adivino, un mágico, asombrando á sus oyentes por medio del engastrimismo, les persuade que le habla una divinidad. Este artificio no era ignorado de los esclavos negros: en San Tomás, á principios del siglo pasado, uno de estos infelices fué quemado como hechicero, por haber hecho hablar á una figura de barro, y á un baston que llevaba uno de los habitantes (5). En nuestros dias, algunos plantadores crédulos han consultado mas de una vez á *un buen hechicero*, es decir, á un negro ventrílocuo, que para mantener la confianza que en él se tenia, estaba siempre dispuesto á entregar á los tormentos y á la muerte á este ó el otro negro, como culpable del crímen real ó imaginario cuyo autor deseaban conocer los amos (6).

(1) «Et erit quasi Pythonis vox tua, et humo eloquium tuum mussitabit.» (Isaias, cap. 29, vers. 5.)
(2) D. M. K. *Pytonissæ Martis*. Esta inscripcion encontrada en la aldea de Columbieres, diócesis de Uzés (*Viaje literario de D. Martenne y de D. Durand*, primera parte, Paris 1717, pág. 313), nos indica que en la Galia tenia Marte *pitonisas* ó sacerdotisas *ventrílocuas*.
(3) Jamblico, *Vita Pythagor*. cap. 28.
(4) Filostr. *Vita Apollon*. lib. VI, cap. 5.
(5) En 1701.—Labat, *Noveau voyage aux iles françaises de l'Amérique*, tomo II, págs. 64 y 65.
(6) Este hecho fué referido al autor por un testigo fidedigno.

III.

El crédito de los oráculos era mantenido por una credulidad ciega, ó mejor dicho, afanosa, y por supercherías hábiles ó audaces. Pero llegó un dia en que los lecciones de la filosofía penetraron en las clases ilustradas, y desde entonces la verdad cedió al espíritu de exámen. Casi al mismo tiempo se levantaba una religion nueva, sostenida por numerosos entusiastas y dirigida en sus progresos por hombres inteligentes. Dirigiendo una mirada escrutadora á las maravillas del politeismo, esta religion llegó á hacer difíciles y casi impracticables las maniobras de que se habian servido hasta entonces los pretensos intérpretes del porvenir. Tales fueron las verdaderas causas de la cesacion progresiva de los oráculos mas famosos. Los politeistas intentaron establecer otros nuevos en lugar de aquellos que el descrédito reducia al silencio; pero estos otros, desde su orígen, eran vigilados muy de cerca, para que alcanzasen una confianza extensa y duradera. Los oráculos debieron desaparecer antes que los milagros, cuya ejecucion dependia de conocimientos científicos, y que, mientras el empleo de esos conocimientos permaneció envuelto en misterios, subyugaron la imaginacion de los creyentes, y hasta la de los incrédulos, incapaces aun de discutir su orígen.

Nos equivocaríamos, sin embargo, al suponer que todo fuese impostura y superchería en los oráculos. Los que los pronunciaban eran presa frecuentemente de un verdadero delirio. Tiedemann cree con mucha verosimilitud, que si las mujeres sagradas, entre los germanos, profetizaban escuchando el estruendo de los torrentes y contemplando fijamente los torbellinos formados en la corriente rápida de los rios (1), era porque en esta posicion llegaban mas pronto á ser poseidas de vértigos. Algo semejante á esto se observa en el estado de catalepsia en que hacen caer los magnetizadores á sus magnetizados, débiles de organizacion y mas aun de espíritu, perturbando su imaginacion, y fijando su atencion prolongada en una série de gestos raros y uniformes.

(1) Plutarco, *In Cæsar*. cap. 21.—S. Clem. Alej. *Strom*. lib. I.

Conocida es la acción que la música ejerce sobre nosotros, acción propia para disponer al hombre entusiasta á creer que los dioses van á ponerle su palabra en la boca. En los pueblos de la antigüedad, el hombre llamado á revelar el porvenir recurria á los acentos de la música para sostener la exaltación profética de su espíritu (1). Entre los Billhs del Indostan, los profetas ó *barvas* exaltan su espíritu por medio de cantos sagrados y de música instrumental: entonces caen en una especie de frenesí, hacen gestos extravagantes y pronuncian oráculos. Estos *barvas* reciben discípulos y, despues de algunas ceremonias preparatorias, los someten á la prueba de la música: los que esta no conmueve hasta el frenesí, hasta el éxtasis, quedan al punto desechados como incapaces de recibir la inspiracion divina (2).

Sin la exaltacion del espíritu no es posible la creencia en los oráculos; y para lanzar á los oyentes en esta especie de delirio, es necesario sentirlo uno mismo. Por esto, en los templos de Grecia y de Asia, no solamente las flautas, los címbalos y los tímpanos, sino otros medios aun mas poderosos ejercian su influencia en los intérpretes del cielo.

Si la divinidad queria revelarse en sueños, «los séres mas jóve- »nes y sencillos eran los mas adecuados para esta clase de adivina- »cion; y se les disponia á ello por medio de invocaciones mágicas y »de fumigaciones de perfumes particulares» (3). Porfiro confiesa que estos procedimientos influian en la imaginacion: Jamblico asegura que hacian á uno mas digno del acceso de la divinidad, lo cual es decir lo mismo con diferentes palabras.

Los sacerdotes del oráculo de los branquides, en Dídima, antes de profetizar, respiraban mucho tiempo el vapor que exhalaba una fuente sagrada (4). El oráculo de los colofonios, en Claros, era pronunciado por un sacerdote, que se preparaba bebiendo el agua de un pozuelo que habia dentro de la gruta de Apolo... Pero este bre-

---

(1) Eliseo... *Reg.* lib. IV, cap. 3, vers. 15.
(2) *Nuevos anales de viajes*, tomo XXVII, pág. 333 y 334.
(3) Jamblico, *De mysteriis* cap. 29.
(4) Jamblico, *De mysteriis*, cap. 25.

vaje acorta sus dias (1). Sabido es el modo extraño como la Pitia se exponia al vapor que exhalaba el antro de Délfos (2). Píndaro y Plutarco aseguran, que el desprendimiento del vapor sagrado iba acompañado de un olor suave, que penetraba hasta en la celdilla donde los consultantes aguardaban la respuesta del oráculo (3); ya sea que se agregase así la eficacia de los perfumes á la de otros agentes físicos, ó bien que se tratase de disminuir el olor fétido del gas que salia del antro. Llegó un dia en que la Pitia cesó de responder. El tiempo habia hecho desvanecerse el vapor fétido que exhalaba el antro sagrado: así es como los contemporáneos de Ciceron explicaban el silencio del oráculo. Sin embargo, Ciceron rechaza con desprecio esta explicacion (4), la cual era absurda *teológicamente* hablando, pero muy admisible en física. Tres siglos despues, Porfiro (5) profesaba sin rodeos la doctrina de que las exhalaciones de la tierra y el agua de ciertas fuentes tenjan la propiedad de inspirar furores divinos, en medio de los cuales se dejaban oir los oráculos.

Embriagada por los gases que ascendian de bajo la trípode sagrada, la sacerdotisa de Délfos caía en un estado nervioso, convulsivo, extático, contra el cual luchaba sin poder sustraerse á su dominio: fuera de sí, y sugeta al imperio de una imaginacion de antemano exaltada, proferia algunas palabras, algunas frases misteriosas, en las que luego los sacerdotes se encargaban de encontrar la revelacion del porvenir: todo esto era tan natural como la laxitud enfermiza, y tarde ó temprano mortal, que sucedia á este desorden excesivo del alma y de los sentidos.

Como se vé, seria en vano que quisiésemos entresacar de la historia de los milagros y prodigios, y presentar por separado, lo que pertenece á la historia de las ciencias antiguas: esto no siempre es posible. Cuando los niños tenian turbado el espiritu por la accion de

---

(1) «*Bibentium breviore vita...*» Plin. *Hist. nat.* lib. II, cap. 105.—Jamblico, *De myst.* cap. 25.
(2) S. Juan Crisóst. *Homil.* 29, super cap. 12, Epist. I, ad Corinth.
(3) Píndaro, *Olimp.* VII, verso 59.—Plutarco, *De oracul. defect.*
(4) Cicer. *De divinat.* lib. II.
(5) Euseb. *Præp. evangel.*

perfumes particulares, y el sacerdote de Claros por el brevaje que destruia su salud; cuando la sacerdotisa de los Branquides y la de Delfos se exponian á la aspiracion de olores gaseosos, cuya energía podia ser redoblada por algunos medios físicos; cuando las profetisas de la Germania se sentaban inmóviles al márgen de los torrentes; cuando los *barvas*, habituados por su educacion religiosa á sentir el poder de la música, se abandonaban á él violentamente, nada mas natural que los sueños delirantes, la embriaguez, los vértigos, la exaltacion frenética de unos y de otros. La inspiracion subsiguiente, ó por mejor decir, los oráculos que se le atribuyen no son mas que imposturas sacerdotales; pero la ciencia presidió á la investigacion de las causas de los vértigos y del frenesí, y á la indicacion de las ventajas que los taumaturgos debian obtener de ellos.

Para dictar oráculos, han bastado tambien observaciones sencillas, que solo exigen una reflexion comun, y que apenas es dado colocar en el terreno de la ciencia. Consultando las entrañas de las víctimas, el sacerdote, instruido por el hábito, adquiria nociones bastante probables para aventurar una prediccion sobre las cualidades del suelo y el clima de un país. La ciencia de los arúspices y de los augures debió asimismo apoyarse en observaciones pertenecientes á la física, á la meteorología ó á la historia natural.

En la Livonia y en la Estonia, una opinion religiosa anterior al establecimiento del cristianismo (1) prohibe á los labradores destruir con fuego los grillos que encuentren en sus habitaciones, en el concepto de que los que queden vivos destrozaran su ropa. Cuando se quiere construir una casa, debe observarse qué especie de hormigas es la primera que se presenta en el sitio que se ha escogido; y se edificará, si la que se presenta es la hormiga grande leonada ó la negra; pero, si es la hormiga pequeña roja, debe buscarse otro lúgar: esta última especie es la que hace mas daño en las provisiones acumuladas por el hombre, mientras que las otras dos destruyen á aquella y ponen término á sus estragos. Asimismo los grillos devoran á otros insectos, y sobre todo á las hormigas; por esto han sido algunas veces considerados en el campo como animales sagrados;

---

(1) Debray, *Sobre las preocupaciones y las ideas supersticiosas de los livonios, letonios y estonios... Nuevos anales de viajes*, tomo XVIII, pág. 114.

no siendo difícil predecir al hombre que los destruye, que verá roida su ropa por los insectos, que en otro caso habrian sido presa de aquellos animales.

Nevio anunció desde su infancia el talento que tendria con el tiempo para la profesion de augur: buscando en una viña el mejor racimo, para ofrecerlo á los dioses, consultó á los pájaros, con no menos inteligencia que buen éxito (1); pues, en efecto, los pájaros debian dirigirse con preferencia al paraje donde las ubas eran mas maduras y abundantes. Hoy veríamos en este rasgo la prueba de una inteligencia poco comun en un niño, como se cita el medio ingenioso de que se valió Gassendi para probar á sus compañeros de escuela, parándose debajo de un árbol, que eran las nubes y no la luna las que huian sobre sus cabezas, impelidas por un fuerte viento: pero en el tiempo de los oráculos, aquel fué el primer paso en la carrera del futuro profeta.

El taumaturgo no se proponia mas que un fin, y para alcanzarlo se valia indiferentemente de todo: charlatanería, rasgos de destreza, estilo figurado, prodigios naturales, observaciones, razonamientos, verdadera ciencia.

Pero de todos los medios que empleaba, el mas poderoso quizás, ó al menos, el que duplicaba la eficacia de todos los otros, fué el secreto religioso en que supo envolver su uso con asentimiento general. Encerrar las cosas santas en una oscuridad misteriosa, era, como los mismos sabios decian (2), hacer venerable á la divinidad; era imitar su naturaleza inaccesible á los sentidos del hombre.

(1) Dionis. Halic. lib. III, cáp. 21-56.
(2) *Mystica sacrorum occultatio majestatem numini conciliat, imitans ejus naturam effugientem sensus nostros.*» Strabon, lib. X.

CAPÍTULO VIII.

Garantías del misterio que envolvía las ciencias ocultas.—Geroglíficos, idioma y escritura sagrados, desconocidos de los profanos.—Lenguaje enigmático de las evocaciones.—Revelaciones graduadas, parciales, y que solo un corto número de sacerdotes obtenía en su plenitud.—Religion del juramento.—Mentira sobre la naturaleza de los procedimientos y la extension de las obras mágicas.

Consecuencias del misterio: 1.º en las manos del taumaturgo se degrada la ciencia, reducida á una práctica sin teoría, y cuyas fórmulas mismas acaban por no ser comprendidas; 2.º la ignorancia en que se está de los límites que circunscriben su poder, el deseo de adivinar sus secretos y el hábito de atribuir la eficacia de estos á los procedimientos que la ciencia emplea ostensiblemente, hacen germinar entre la muchedumbre los errores mas groseros.

¿Debe causar admiracion el que, en los escritos de los antiguos, apenas despunten de vez en cuanto algunas imperfectas nociones acerca de sus ciencias ocultas, ni que algunas de estas ciencias se hayan perdido por completo? Cuantos han leido la historia saben, que no solo estos conocimientos delicados, sino todas las riquezas intelectuales, permanecian en otros tiempos mas ó menos inaccesibles, encerrados estrechamente bajo la guardia del genio del misterio.

¡Y cuántas causas concurrieron á mantener el poder de ese genio tenebroso! La influencia subsistente de la *forma fija* de civilizacion; los hábitos de las iniciaciones, á que se asimilaron, por consecuencia, las escuelas filosóficas; el precio de una posesion exclusiva; el temor demasiado justo de atraerse el ódio de los hombres que tenian en esta posesion un celoso orgullo; y por último y sobre todo, la necesidad de retener en la oscuridad al género humano para dominarlo, y la voluntad de conservar para siempre lo que constituia el patrimonio de la clase ilustrada, la garantía de sus honores y de su poder; tales eran las causas del misterio.

Esta última consideracion no se ocultó á un hombre que sabia realzar con una filosofía sana y profunda el mérito de su vasta erudicion. Michælis (1) ha hecho notar que una lengua universal, creada por los sabios para su solo uso, los pondria en posesion exclusiva de la ciencia: «El pueblo quedaria entregado á sus doctas imposturas: esto es lo que sucedió en Egipto, en un tiempo en que todos los descubrimientos se escondian en la sombra de los geroglíficos.» Si los descubrimientos relativos á la electricidad no fueran expuestos mas que en una lengua sábia, ¿qué seria mas fácil á los posesores de esta lengua, que formar una conjuracion para transformar los fenómenos en milagros, y establecer sobre los falsos milagros una tiranía sagrada? «La ocasion es tentadora, y la facilidad de burlar aumenta el número de los burladores.»

Dando un paso mas, Michælis habria observado que su hipótesis era la historia de la antigüedad; que casi todas las religiones poseian una lengua ó una escritura sagrada, tan poco inteligibles para el vulgo como los geroglíficos. Los pontífices romanos se servian en sus ritos de nombres propios y de palabras, cuyo uso no pertenecia mas que á ellos: un corto número conocemos, y estos se refieren solo á las ceremonias: los que tenian relacion con la ciencia sagrada fueron ocultados harto cuidadosamente para que llegasen hasta nosotros. Hé aquí un resúmen de lo que nos dice Lido (2) respecto al pueblo de quien los romanos tomaron todo su sistema religioso. Los etruscos, dice, fueron instruidos en la adivinacion por los lidios, antes de la llegada á Italia del arcadio Evandro. Entonces existia una *forma de escritura* diferente de la que se ha empleado despues, y generalmente muy poco conocida: á no ser por ella, ningun secreto habria permanecido oculto á los profanos. Tarcon el antiguo (3) (anterior ó contemporáneo de Eneas) habia escrito un libro

---

(1) Michælis, De l¹ influence des opinions sur la langue, etc., pág. 164-166.

(2) Lido. De *ostentis*, cap. 3.

(3) Focio dice que Tarcon fué el maestro de los etruscos en las ciencias mágicas. *Biblioth.*

sobre los misterios y los ritos religiosos de la adivinacion. En él se representaba á sí mismo interrogando á *Tages* (el hijo milagroso, nacido de un surco de la tierra), precisamente como Arjuna interroga al dios *Krishna* en el *Baghavat-Ghita*. Las cuestiones de Tarcon eran expresadas en lengua vulgar; pero su libro no presentaba las respuestas de *Tages* sino escritas en *caractéres antiguos y sagrados*, de modo que Lido (ó el autor á quien copia) no pudo adivinar su sentido mas que por las cuestiones mismas, que aquellas debieron resolver, y por los pasajes de Plinio, de Apuleyo, etc., que tienen alguna relacion con esto. Lido insiste sobre la necesidad de no exponer claramente la ciencia sagrada, y de envolverla en fábulas y parábolas para ocultarla á los profanos: en este sentido no mas escribió sobre los prodigios. ¡Singular disposicion de ánimo! Para encontrarla en un escritor del siglo IV, menester era que fuese muy antigua y general, y por decirlo así, que hubiera llegado á hacerse inseparable de todos los medios de acercarse al conocimiento de la ciencia sagrada.

Sobre este particular, no debe creerse que los sacerdotes egipcios descansasen completamente en la impenetrabilidad de los gerogríficos. Cuando Apuleyo obtuvo de ellos el primer grado de iniciacion, un sacerdote fué á buscar los libros destinados á su instrucción en la parte mas recóndita del santuario. No era bastante que las imágenes de diversas especies de animales viniesen á ser para ellos una escritura estenográfica: parte de aquellos libros estaban escritos en caractéres desconocidos, y otra parte lo estaba con numerosos acentos de formas caprichosas y variadas, agrupados sobre las letras (cuyo valor cambiaban sin duda), impidiendo así su lectura á la curiosidad de los profanos (1).

En el mismo Egipto, y tambien probablemente en los templos de otros países, el lenguaje en que estaban concebidas las invocaciones era un segundo velo que encubria los misterios. Queremos (2) en-

(1) «De *opertis adyti profert quosdam libros* litteris ignorabilibus prae-
»*notatos*, partim figuris cujusque modi animalium *concepti sermonis com-*
»*pendiosa verba suggerentes;* partim nodosis, et in modum rofae tortuosis
»capreolatimque condensis apicibus, a curiosa profanorum lectione munitos.» Apul. *Metamorph.;* lib. XI.

(2) Porfir. citado por Euseb. *Praep. evang.* lib. V, cap. 8 y 9.

señaba á invocar los genios mandándoles en nombre de *aquel que está sentado sobre el loto...* que *es conducido en una nave...* que *parece otro en cada uno de los signos del zodíaco.* Estos rasgos designan de un modo inequívoco á Osiris-Dios-Sol. Emanadas de una religión astronómica, las fórmulas sagradas trasladaban el lenguaje de la astronomía á las operaciones mágicas. La magia y la hechicería de los modernos, como demostraremos en su lugar, fueron compuestas en gran parte de retazos de la ciencia oculta, encerrada antiguamente en los templos: en ellas se encuentra esa confusion de lenguaje, tanto mas sorprendente, cuanto que nada podia hacerla nacer en unas épocas distantes del reinado de las religiones astronómicas; lo cual nos autoriza á sostener que se remonta á un tiempo en que sus expresiones eran comprendidas; en que su orígen era conocido y reverenciado. Una hechicera de Córdoba (1) invocaba á una estrella, conjurándola en nombre del *ángel-lobo:* aunque sea sabido que el lobo era en Egipto el emblema del sol y del año, este ejemplo particular probaria poco, si fuese el único. Pero examínese el fragmento publicado por J. Wierius bajo el título de *Pseudo-Monarchia Dœmonum* (2), y sera difícil desconocer en él los restos desfigurados de un calendario celeste. En la supuesta enumeracion de los genios que obedecerán á las invocaciones de los teurgistas, se encuentra uno semejante á Jano por el doble rostro y por el emblema del fin y el principio del año. Cuatro *reyes* presiden á los cuatro puntos cardinales. El *hombre,* el *toro,* el *leon,* todos tres alados, y el cocodrilo, que en los planisferios egipcios reemplaza al *escorpion,* recuerdan los antiguos *signos* de los solsticios y de los equinoccios. Algunos de los genios habitan en *signos* celestes, uno de ellos en el *signo de Sagitario.* Se encuentra en medio de ellos el *dragon,* el *mónstruo marino,* la *liebre,* el *cuervo,* el *perro,* la *vírgen* y el *caballo,* nombres todos que figuran en las constelaciones. Al-

---

(1) Llorente, *Hist. de la Inquis.* cap. 38, tomo III, pág. 465.

(2) J. Wierius, *De præstigiis dæmonum et incantationibus ac beneficiis* (Basilea, 1583).—Los mágicos dan á este fragmento pomposos títulos: le llaman algunas veces *Liber empto-Salomonis;* pero probablemente no es sino el extracto de un libro mas extenso, que antiguamente llevaria este nombre, y cuya autoridad se invoca en él.

gunos genios, pintados con mas precision, tienen rasgos semejantes á los que las esferas pérsica é indica y el calendario egipcio atribuyen á los génios de los astros, de lós meses, de los *decanos* y los dias (1).

Ahora bién: no siendo temeridad pensar que el uso de las alegorías y de los términos astronómicos fué desde su orígen introducido por la religión en las fórmulas de la ciencia oculta, se comprende que en lo sucesivo debió, no sólo complicar el estudio de esta, sino ademas oscurecerlo, estableciendo el espíritu, involuntariamente, una conexion errónea entre los objetos representados por las alegorías y los resultados totalmente extraños á la ciencia religiosa de que aquellos se derivaban.

Empleando, como algunas veces ha sucedido, otro lenguaje distinto del de la astrología, el velo del misterio no habria sido menos difícil de penetrar, ni menos propio para inducir en error á los profanos que tratasen de penetrar su oscuridad. Un ejemplo moderno, ejemplo fútil en apariencia, nos lo hará comprender.

Populeam virgam mater regina tenebat.

Si digo que es necesario retener en la memoria este verso latino para hacer una suerte de cartas bastante complicada, las personas familiarizadas con este género de distraccion adivinarán desde luego que las vocales, por su valor numérico convencional, marcan los números de las cartas ó los puntos que hay que poner ó quitar sucesivamente; se concebirá que el mismo medio pudiera servir para designar las porciones de las sustancias que deberian combinarse en un experimento químico; se recordará que cinco ó seis versos, compuestos de palabras bárbaras y sin ningun sentido, se han empleado durante algunos siglos para indicar, de un modo análogo, las diversas formas que puede darse al silogismo en la argumentacion. Pero trasladémonos á aquellos tiempos en que la inteligencia del hombre no habia sido despertada por ninguna experiencia de este género; y tendremos que el verso tomado de una lengua extranjera

(1) *Sphærarum persicæ, indicæ et barbaricæ ortus,* ex libro Aben Esræ, Judeorum doctissimi...—*Monomœriarum ascendentes cum significationibus et decanis suis ægyptiacis.* (J. Scaligeri, *Notæ in Manilium,* págs. 371-384 y 487-504).

será una fórmula mágica, como aquellas que repetian sin comprenderlas los griegos y los romanos: los curiosos no sospecharán que su eficacia consiste en la posicion respectiva de las vocales; la buscarán en el sentido de las palabras, si es que llegan á conocerlo; y la ignorancia establecerá una relacion misteriosa entre el arte de adivinar el pensamiento y una *vara de álamo que tenia una mujer reina y madre.*

No bastaban tantos obstáculos para tranquilizar la celosa inquietud de los poseedores de la ciencia sagrada.

De las expresiones de varios escritores se deduce con verosimilitud, que, en ciertas iniciaciones, se revelaba á los adeptos todos los secretos de la naturaleza. Pero estas revelaciones no eran seguramente simultáneas, sino lentas y graduadas, como podemos juzgar por el ejemplo de Apuleyo, el cual solo llegó al último grado, al cabo de mucho tiempo y de muchas iniciaciones sucesivas: sin embargo, se felicitaba de haber obtenido, siendo todavía jóven, un honor, una perfeccion en el saber, que no se concedia comunmente mas que á la ancianidad (1).

Cualquiera que fuese la extension de las revelaciones hechas á los iniciados, ¿formaban parte de ellas las causas *eficientes* de los milagros? Nos inclinamos á creer que, poco despues de la institucion de las iniciaciones, el conocimiento de esas causas fué reservado á los sacerdotes, y solamente á algunos de ellos, que, bajo nombres distintos, formaban en varias religiones una clase aparte. Drummond (2) piensa que los sacerdotes egipcios que lucharon contra Moisés, los *Chartomi*, poseian ellos solos, con exclusion de los sacerdotes inferiores, la inteligencia de todos los geroglíficos. Si en Roma fueron quemados, *como capaces de perjudicar á la religion* (3), los libros de Numa, encontrados unos cinco siglos despues de la muerte de este príncipe, ¿no fué porque la casualidad, en lugar de ponerlos en manos de los pontífices, los entregó antes á las miradas de los profanos, y porque exponian de un modo demasiado inteli-

(1) Apuleyo, *Metamorph.* lib. XI, ad finem.
(2) S. W. Drummond. *Memoir on the antiquity of the zodiacs of Esneh and Dendera*, pág. 19-21.
(3) Valer. Max. lib. I, cap. 1, párrafo 12.

gible algunas prácticas de la ciencia oculta que Numa habia cultivado con tan buen éxito? Dos de aquellos libros, si hemos de creer la tradicion, trataban de la filosofía (1): este nombre, como es sabido, designó con frecuencia en la antigüedad el arte de hacer milagros. Además, *examinando las Memorias*, que habia dejado Numa, fué como su sucesor descubrió uno de los secretos de ese arte, cuyo ensayo, intentado imprudentemente, le costó la vida (2).

A estas diversas precauciones se agregaba la religion de un terrible juramento: una indiscrecion era infaliblemente castigada con la muerte. La religion no permitia olvidar el largo y terrible suplicio de Prometeo, culpable de haber entregado á los mortales la posesion del fuego celestial. La tradicion, basada probablemente en el género de muerte de alguno de los sacerdotes órficos que tomaron el nombre de su fundador, referia tambien que los dioses lanzaron sus rayos contra Orfeo, para castigarle por haber enseñado á los hombres, en los misterios, lo que antes nunca habian sabido (3). Hasta la caida del paganismo, la revelacion de los secretos de la iniciacion fué el crímen mas horrible de que pudiera ser acusado un hombre, aun para la muchedumbre, á quien ese espíritu de misterio encadenaba en la ignorancia y en la inferioridad; pero que veia siempre á sus dioses dispuestos á perder á una nacion entera, si se dejaba con vida al revelador perjuro.

El misterio tenia una postrer garantía: la mentira, medio familiar, en todos tiempos (4) y aun en nuestros dias, al comercio y á la industria, cuando temen perder demasiado pronto el beneficio de una posesion exclusiva. Con mucha mas razon, el arte mágico conoció la ventaja de mentir sobre la naturaleza y la extension de su poder. Una vez descubierto y vulgarizado aquel conjunto de conocimientos preciosos, de puerilidades y charlatanería, no habria podido imponer admiracion ni obediencia.

En el momento de un eclipse previsto por ella, Aglaonice persua-

(1) Tito Liv. lib. XL, cap. 29.—Plin. *Hist. Nat.* lib. XIII, cap. 13.
(2) Véase mas adelante, cap. XXIV de esta obra.
(3) Pausanias, *Bœotic.* cap. 30.—Dos epígramas de la Antología suponen tambien que Orfeo murió herido del rayo.
(4) Los indios mismos, que vendian á los demás pueblos el *cinamomo*,

dió á los tesalios que podia oscurecer la luna con sus encantos mágicos, y obligarla á descender á la tierra (1). Se atribuian á la raiz de la planta *baaras* ó *cynospastos* virtudes maravillosas; é importaba, por consiguiente, á los taumaturgos alejar de ella cualquiera mano que no fuese la suya: por esto aseguraban que no se podia cogerla sin riesgo de perder la vida, á no ser tomando precauciones singulares, cuyos detalles nos da Josefo con toda la seriedad de la conviccion (2). Segun una tradicion hebráica conservada en Oriente, Moisés descubrió que los magos de Egipto introducian azogue en varitas y en cuerdas, que, arrojadas al suelo y caldeadas por el sol, no tardaban en retorcerse y hacer ciertos movimientos parecidos á los de las serpientes (3). Este procedimiento no produciria ciertamente la ilusion mágica que se le atribuye; pues los que observasen con atencion, no confundirian una vara ó una cuerda con una serpiente; pero la tradicion citada nos enseña que, en vez de revelar el verdadero secreto de los sacerdotes egipcios, se satisfacia la curiosidad del vulgo por medio de una explicacion absurda.

Tal fué en general la política de los taumaturgos: persuadir que conseguian su objeto por ciertos procedimientos ostensibles, pero, en realidad, de todo punto indiferentes é inútiles; dar la apariencia de un encantamiento ó de una obra sobrenatural á operaciones tan sencillas muchas veces, que cualquiera las habria comprendido é imitado sin trabajo, si se hubiesen presentado á la vista, despojadas del imponente velo del prestigio; recargar, en fin, de accesorios fútiles y engañosos la expresion de los hechos reales, y esto *para ocultar los descubrimientos de los sabios á una muchedumbre indig-*

---

afirmaban que nadie sabia la procedencia de este aroma: no se le recogia sino apoderándose de los nidos de ciertas aves, construidos con las ramas del cinamomo. (Eliano. *De nat. animal.* lib. II, cap. 34.—Lib. XVII, cap. 21.—Mérat y Delens, *Dicc. universal de materia médica*, Paris, 1830, t. II, pág. 290.)

(1) Plutar. *De oracul. defectu.*—Cristóbal Colon se vió en la necesidad de acudir á una farsa semejante para obtener víveres de los salvajes de América.

(2) Flav. Josefo, *De bello judaico*, lib. VII, cap. 23.—Eliano, *De nat. anim.* lib. XIV, cap. 27.

(3) D'Herbelot, Bibl. oriental, art. *Moussa (Moisés)*.

na de conocerlos (1). Estas palabras son de Roger Bacon, y prueban que aun existia la misma política en la Edad media; pero su orígen se remonta al primer dia en que los hombres instruidos quisieron asegurar á sus conocimientos un carácter sobrenatural y un valor incomunicable, á fin de aparecer ellos mismos superiores á la humanidad, y dominar sobre los demás mortales.

¿Cuáles fueron los efectos que, sobre el espíritu humano en general, y ante todo, sobre la ciencia misma y sobre los hombres que la cultivaban, ejercieron esos hábitos recelosos, tan contrarios á la filosofía liberal (2), que considera hoy como un noble deber la difusion de las luces?

«Los antiguos, dice Buffon, convertian todas las ciencias en ob-»jeto de utilidad... Todo lo que no se consideraba interesante para »la sociedad ó para las artes era abandonado. En todo se referian al »hombre moral, y no creian que fuesen dignos de su ocupacion las »cosas que no tenian un uso determinado (3).» Esta disposicion general debió particularmente aplicarse al estudio de las ciencias ocultas: no se investigaba nada mas que los medios de ejecutar maravillas; y todo lo que no debia conducir á esto, parecia poco digno de atencion. De semejante método no pueden resultar mas que conocimientos parciales, interrumpidos por vastos é importantes vacíos; y no una ciencia cuyas partes, encadenadas todas entre sí, se atraen mutuamente, de manera que la conexion del conjunto preserve á los detalles de caer nunca en el olvido. Cada secreto, cada conocimiento podia perderse aisladamente, y la costumbre del misterio hacia que este peligro fuese cada dia mas probable.

Los que duden de nuestro aserto pueden verlo comprobado en hechos modernos; pues la manera empírica como la ciencia era estu-

---

(1) *Quæ philosophi adinvenerant in operibus artis et naturæ, ut secreta «occultarent ab indignis.»* (Rog. Bacon, *De secret. oper. art. et nat.* cap. 1.)

(2) Hace poco mas de doscientos años se publicó un libro para sostener que se deben escribir en latin, y no en lengua vulgar, las *obras de los sabios;* «porque, dice el autor, se han ocasionado grandes males comuni-»cando al pueblo los secretos de las ciencias.» (Belot, *Apologie de la langue latine,* etc. 1637.)

(3) *Discurso sobre el modo de tratar la Historia natural.* (Obras de Buffon.)

diada, cultivada y conservada en los templos, se nos representa en la marcha seguida por los químicos antes del renacimiento de la química, verdadera. Buscaban y á veces encontraban fenómenos asombrosos; pero sin seguir una teoría, sin reflexionar acerca de los medios que empleaban; de tal modo, que no siempre conseguian obtener dos veces los mismos productos, y sobre todo, lo hacian con el deseo de ocultar profundamente sus procedimientos, y de asegurar para sí la posesion exclusiva de los mismos. ¿Hay nada, hoy, menos estimado que sus trabajos? ¿Hay nada menos conocido que los descubrimientos obtenidos por ellos? Es curioso poder citar en este género un ejemplo, que data de hace poco mas de un siglo. Un príncipe, San Severo, que se ocupaba en Nápoles con algun éxito en trabajos químicos, poseia entre otros el secreto de penetrar el mármol pintándolo, de manera que cada hoja desprendida de un gran trozo, por medio de la sierra, presentaba, repetido el dibujo figurado en la superficie exterior (1). En 1761, expuso cráneos humanos á la accion de diferentes reactivos, y en seguida los sometió al calor de un fuego de cristalería; pero dandose una cuenta de su modo de proceder tan poco exacta, que, por confesion propia, no esperaba conseguir una segunda vez el mismo resultado. Del producto que obtuvo se exhalaba un vapor, ó mejor dicho, un gas, que encendido por medio de la aproximacion de una llama, ardió muchos meses seguidos, sin que la materia pareciese disminuir de peso; pues el oxígeno combinado por efecto de la combustion, reemplazaba con exceso las partes perdidas por la evaporacion. San Severo creyó haber encontrado el secreto imposible de las lámparas inextinguibles: pero no quiso divulgar su procedimiento, por temor de que la bóveda en donde estaban enterrados los príncipes de su familia perdiese el privilegio único de que pensaba dotarla, alumbrándola con una lámpara inextinguible (2). Obrando como un sabio de nuestros dias, San Severo habria unido á su nombre el importante descubrimiento de la existencia del fósforo en los huesos; porque no es fácil poner

---

(1) Grosley, *Observaciones sobre la Italia*, t. III, pág. 251.
(2) Pueden verse las *cuatro cartas* que escribió sobre este asunto, y que fueron traducidas al inglés por Ch. Hervey. *Letters from Italy, Germany*, etc... tomo III, págs. 408-436.

en duda, que un desprendimiento muy lento de fósforo gasificado fué el principio del fenómeno que habia obtenido. Pero operó como un taumaturgo, y su nombre y sus trabajos han sido olvidados; mientras que la ciencia cita honoríficamente á Gahn y á Schoell, que ocho años despues, (en 1769), demostraron la existencia del fósforo en los huesos, y publicaron el procedimiento necesario para extraerlo.

La comparacion establecida entre las tentativas de los químicos empíricos y los taumaturgos tal vez carece de exactitud en un punto esencial: los primeros eran libres de elegir los objetos de sus investigaciones; pero es dudoso que existiese la misma libertad en los templos: esto es al menos lo que se puede deducir de un pasage oscuro, pero muy curioso, de Damascio (1). El templo de Apolo en Hierápolis (Frigia) estaba situado cerca de una caverna llena de manantiales calientes, y de la cual se exhalaba un vapor letífero, que se extendia á lo léjos: solamente los iniciados podian penetrar en ella impunemente. Uno de estos, Asclepiodotes, logró producir por medio de la combinacion de diversas sustancias un gas parecido al de la caverna sagrada, «menospreciando y violando así, con su temeridad, los preceptos y las leyes de los sacerdotes y de los filósofos.» Al repetir las palabras de Damascio, no podemos menos de exclamar otra vez: ¡Cuán poderoso y reverenciado era el voto de secreto que hacian los sacerdotes, y los filosófos instruidos por sus lecciones! ¡En el siglo VI del cristianismo, todavia emplea Damascio el tono de reprobacion, al recordar que hubo quien imitase por medios científicos un fenómeno natural, que el politeismo habia consagrado como un prodigio!

De este modo, restringida en su accion la doctrina de los taumaturgos; concentrada en pocas manos; conservada en libros escritos en jeroglíficos, en caractéres que nadie podia leer mas que los adeptos, y en una lengua sagrada, en un estilo figurado que duplicaba la dificultad de comprenderlos; hasta confiada con frecuencia únicamente á la memoria de los sacerdotes, que se transmitian sus preceptos de viva voz, y de generacion en generacion; siendo tanto

(1) *Damasc.* apud Phot. *Biblioth.* cod. 242.

mas inaccesible, por último, cuanto que la física y la química, destinadas casi exclusivamente á su servicio, no eran cultivadas en modo alguno fuera de los templos, y que revelar sus secretos habria sido hacer traicion á uno de los más importantes misterios religiosos; la doctrina de los taumaturgos, repetimos, se redujo así poco á poco á una coleccion de procedimientos, que en cuanto no fuesen habitualmente practicados, corrian el riesgo de perderse; porque no existia una ciencia que los uniese y conservase recíprocamente. Debia por lo mismo extinguirse, al menos, en cuanto á muchos puntos, no dejando en pos de sí mas que restos incoherentes, prácticas mal comprendidas, pronto mal ejecutadas, y por último, la mayor parte de ellas olvidadas definitivamente.

Tal es, y no vacilamos en decirlo, tal es el perjuicio mas grave que el velo arrojado por las religiones sobre los conocimientos físicos ha ocasionado al espíritu humano. Los trabajos de siglos acumulados, las tradiciones científicas que alcanzaban á la mas remota antigüedad, se perdieron en el seno de un secreto inviolablemente observado: los depositarios de la ciencia, reducidos por último á la posesion de unas fórmulas que habian dejado de comprender, se convirtieron, por los errores y la supersticion, casi en iguales del vulgo, despues de tanto haberse afanado por mantenerle en la ignorancia.

Dejemos ahora la casta ilustrada, que por sus propias faltas cesará progresivamente de merecer tan bello título, y coloquémonos en medio de esa muchedumbre de hombres crédulos, unicamente sabedores de que, en la oscuridad de los santuarios, se conservaba y funcionaba sin cesar el arte sublime de hacer milagros.

Entre la mayoría de los hombres, la ignorancia, la supersticion, el amor á lo maravilloso extienden su eficacia hasta lo infinito, no habiendo nada que no se pueda esperar ó temer de esa causa poderosa. Pero el deseo y la esperanza de penetrar sus misterios germinan en algunos espíritus ardientes, á impulsos de la curiosidad, de la codicia y del orgullo. El primero de estos dos errores sirve demasiado bien al interés de los dominadores, para que no lo fomenten con sus promesas exajeradas, no siendo extraños al nacimiento del segundo. Haciendo como hemos visto, que transcendiesen al exterior algunas luces engañosas, algunas indicaciones erróneas, algunas explicaciones falsas, ¿cuál era su esperanza, sino la de extraviar por falsos derroteros á los profanos que, por medio de tenaces investigaciones, ó de acasos felices, podian llegar á descubrir algunos de los secretos sagrados?

Preguntemos aun á la experiencia sobre la exactitud de estas ideas.

Decir que la química y la astronomía son las prudentísimas hijas de unas madres muy locas, y que deben su nacimiento á la alquimia y á la astrología, es juzgar mal 'la marcha del espíritu humano. El niño ve brillar las estrellas en los cielos, sin imaginar que tengan la menor influencia en los acontecimientos de la tierra. Admira el color y el brillo de un pedazo de oro ó de plata, y si no se le induce en error, no supone que el arte pueda fabricar un metal, ni mas ni menos que la madera ó la piedra (1). Pero cuando la muchedumbre, que no conocia mas oro que él acarreado por los rios, vió extraer ese metal de unos cuerpos donde nada indicaba á la vista su presencia, creyó que algunos séres superiores, valiéndose de procedimientos cuyo secreto se reservaban, transmutaban las sustancias y *hacian el oro*. La avaricia codició la posesion de un arte tan maravillosa; multiplicáronse las tentativas, las investigaciones, que fueron ejercidas sobre todos los metales, sobre todos los minerales, sobre todos los cuerpos de la naturaleza; y se inventó la alquimia, porque se ignoraba la docimasia.—Observando el curso de los astros, el sacerdote anunciaba la vuelta de las estaciones y ciertos fenómenos meteorológicos (2); arreglaba de un modo razonado los trabajos del campo, y predecia con bastante exactitud su resultado. Los hombres groseros á quienes se dirigia no conocieron límites al poder de

(1) Los rápidos progresos hechos por la química y la industria en estos últimos tiempos, están llamados á retener á los sabios en sus afirmaciones demasiado absolutas. Cuando escribió Mr. Salverte, aun no se habia inventado la piedra artificial: hoy se imitan, ó mejor dicho, se hacen perfectamente toda clase de mármoles y jaspes, que solo difieren de los naturales en la belleza y gusto de sus vetas y colores, cuya aplicacion depende de la voluntad del artífice. *N. del T.*

(2) Los dos calendarios de Ptolomeo, arreglados, el uno á los meses egipcios, y el otro á los meses romanos, y el calendario romado sacado de Ovidio, Columela y Plinio, indican dia por dia el estado del cielo, y predicen el de la atmósfera.

la creencia; y no dudaron que los diversos aspectos del cielo podían igualmente revelar el porvenir del mundo moral y el porvenir del mundo físico. El sacerdote no pensó en desengañarles: desde los primeros tiempos conocidos, la astrología figura entre las ciencias sagradas, y todavía conserva en una parte del Asia el imperio que por mucho tiempo ejerció sobre toda la tierra.

Una causa que ya hemos señalado concurrió al progreso ó al nacimiento del error: tal es la interpretacion equívoca de los emblemas y alegorías. El empleo de unos y otras en la astronomía asciende á la mas remota antigüedad. Las *Dinastías* egipcias, citadas por Manethon, ¿no parecen ser del dominio de la Historia? Los epítetos que siguen á sus nombres, tales como *Amigo de sus amigos... Hombre notable por la fuerza de sus miembros... El que aumenta el poder de su padre...* ¿no son calificativos que convienen á los hombres? En esos supuestos reyes nos muestra Dupuis los treinta y seis *decanos* que dividen el Zodiaco de diez en diez grados; y en los títulos que se les dan, la indicacion de fenómenos astronómicos que corresponden á cada *decano* (1). Bajo los nombres de esfera *barbárica*, esfera *pérsica*, y esfera *índica*, recopiló y concordó Aben-Ezra tres calendarios antiguos (2). El primero, que se cree pertenece al Egipto, enuncia simplemente el orto y el ocaso de las constelaciones en cada decano. El segundo añade á esta indicacion algunas figuras alegóricas. El tercero solo presenta semejantes figuras, y algunas veces les atribuye sentimientos que no puede reproducir el pincel; tales como la intencion de herir á su padre, ó la de volver á su casa. El fondo de los tres calendarios es el mismo: si se examina el último solo, ¿no despertará en el ánimo ideas distintas de las de la astronomía? Es, pues, infinitamente probable, que semejantes alegorías, distribuidas en ciertas divisiones del tiempo, hayan parecido contener predicciones apropiadas á cada una de esas divisiones, y la probabilidad se trocará en certidumbre, cuando se haya recorrido un calendario egipcio (3), y se vea que en una co-

(1) Dupuis, *Orígen de todos los cultos*, tomo XII, in 8.°, pág. 116—126.
(2) J. Scaligeri *Notæ in M. Manilium*, pág. 371—384.
(3) *Monomœriarum ascendentes*, etc. J. Scaligeri *Not. in M. Manilium*, pág. 487—504.

lumna corresponde á cada grado del Zodiaco un emblema, destinado, como lo anuncia su título, á indicar el nacimiento correspondiente de los astros; y en otra columna está la indicacion del carácter futuro ó del destino del niño que nazca bajo la influencia de cada grado, indicacion siempre conforme con la naturaleza del emblema. Si este representa un *hombre majando en un mortero*, el niño será laborioso; si representa un *águila*, tendrá tendencias á elevarse.

Este calendario es evidentemente obra de dos autores. Uno de ellos dispuso, con arreglo á observaciones anteriores, una série de emblemas astronómicos; el otro, engañado ó engañador, quiso adivinar el sentido de un libro que no comprendia, ó extraviar en el error á los que intentasen adivinarlo.

No conocemos bastante la filosofía *interior* de la escuela de Pitágoras, para decidir si este sabio profesaba en el sentido recto ó en el figurado la extraña doctrina que se le atribuye sobre las propiedades de los números. Pero no vacilamos en pensar que la doctrina misma fué al principio el velo alegórico, y mas tarde, la envoltura supersticiosa de una ciencia real; ciencia de la que todavia existen vestigios en el Indostan, de donde tomó Pitágoras sus dogmas, y que comprendia probablemente, junto con las bases de grandes cálculos astronómicos, los principios y los teoremas de una aritmética transcendental.

El descubrimiento moderno de un fragmento de esta ciencia viene en apoyo de nuestra conjetura.

A fines del siglo XVII, los astrónomos franceses supieron con sorpresa, que existia en Siam un método de calcular los eclipses por medio de una série de adiciones, hechas con números al parecer arbitrarios. La clave de este método hace mucho tiempo que se perdió para los mismos que se servian de ella, tal vez no la poseyeron jamás, habiendo ejercido su ingenio el inventor en construir un instrumento, cuyo efecto fuese infalible, pero sin querer revelar su principio de accion (1). Como quiera que sea, supongamos que semejantes *sabios* operan á la vista del pueblo, en el Asia antigua, en el

(1) Las grandes *Tablas de logaritmos*, publicadas en Paris por el *Bureau du cadastre*, habian sido calculadas por un método semejante á este, que consistia en una serie de adiciones y sustracciones, ejecutadas con núme-

Egipto y hasta en la Grecia civilizada: con ayuda de algunos números, combinados según los principios de una ciencia desconocida, se ve á esos sabios predecir fenómenos que la naturaleza no deja de realizar en el dia y punto determinados. El hombre ignorante, obligado á atribuir á esos números la propiedad que poseen efectivamente de producir predicciones exactas, no podrá menos de suponer en ellos otras cualidades que no le parecen mas maravillosas; les pedirá, lo mismo que á los astros cuyo curso miden, la revelacion del porvenir, y consultará los *números babilónicos* (1), para saber el destino de su vida y el modo y el momento en que habrá de terminar.

No carece de interés el ver la doctrina de las propiedades misteriosas de los números, así como las alegorías astronómicas, penetrar en la enseñanza de la mágia. Los mágicos, segun nos dicen, contaban, entre los espíritus de las tinieblas, *setenta y dos príncipes* (*seis* multiplicado por *doce*) y 7.405,926 demonios de un rango inferior (2). Este último número, tan caprichoso en apariencia, es tambien el producto de *seis* multiplicado por 1.234,321: ¿hay necesidad de hacer observar que 1.234,321 presenta, lo mismo á la derecha que á la izquierda, los cuatro números que constituyen la *Tétrada* misteriosa de Pitágoras y Platon?

El instrumento del cálculo debió naturalmente participar de las propiedades maravillosas de los números, y la *rabdomancia* ó adivinacion por medio de varitas debió estar en auge donde quiera que unos listones de madera diferentemente marcados han servido de *máquinas aritméticas*. Con esos listones de madera se ejecutan hoy todavía cálculos bastante complicados entre los kivanos, que tambien tienen mucha inclinacion á creer en la *rabdomancia* (3).

---

ros arbitrarios en apariencia, por hombres que no tenian necesidad de conocer los elementos ni la marcha del cálculo propio á determinar estos números, y que, sin embargo, conseguian resultados tan precisos, que despues de la determinacion de cien logaritmos, el error posible solo afectaba á la octava cifra decimal.

(1) . . . *neu* Babylonios
   Tentaris números . . .
   Horat. *Od.* lib. I, oda, XI. versos 2 y 3.
(2) J. Wierius, *De præstigiis*, etc.
(3) M Mouraviev, *Viaje á la Turcomania y á Kiva.*

La *rabdomancia* era practicada entre los alanos y los scitas (1), antecesores de casi todos los habitantes actuales de la Tartaria; y tambien lo era entre los caldeos, de quienes parece la aprendieron los hebreos (2). ¿Será poco razonable suponer que el método de calcular por medio de varitas, método que no pueden explicar los que hoy lo emplean, se remonte á una gran antigüedad en Asia, lo mismo que la supersticion que, segun nos parece, le debe su orígen?

Casi en todas partes veremos á la ignorancia establecer así un error al lado de lo que parece una maravilla. La medicina muchas veces ha disipado el dolor en un miembro, ó bien ha impedido que se repita, por medio de la aplicacion de un remedio local; pero el médico pertenecia á la casta sagrada, y por lo tanto, la eficacia del remedio provenia toda ella de la mano que lo daba, la única que podia encerrar una virtud secreta. En consecuencia, la credulidad suplicó al charlatanismo que pusiera en esos cuerpos benéficos, no solo el don de curar el mal presente, sino tambien el de preservar de los males futuros; y así es como del buen éxito de los tópicos nació el poder sobrenatural de los amuletos. En esto desempeñó tambien un papel la astronomía, pues en muchos talismanes se encuentran figuras tomadas de ella: los mas célebres de todos, los *Abrajas*, que participaban del poder del *jefe de los buenos génios*, expresaban simplemente el número de los dias del año.

La confianza en los amuletos sobrevivió á las antiguas religiones; habiendo contribuido á sostenerla, aun en el seno del cristianismo, una piedad poco ilustrada. El papa Urbano V, dice Tiedemann (3), envió al emperador Constantino tres *agnus Dei*, con versos (4), en los cuales se hallaban expuestas las virtudes verdaderamente mágicas. En presencia de tal ejemplo, ¿cómo se podia censurar que los ignorantes creyeran en los talismanes de los magos?

¿Por qué los escandinavos atribuian á los versos un poder mági-

(1) Herod. lib. IV, cap 67.—Am. Marcel. lib. XXXI, cap. 2. Los antiguos germanos tambien la practicaban. Tác. *German*. cap. 10.
(2) *Oseas*, cap. 4, vers. 12.
(3) Tiedemann, *De quæstione*, etc. pág. 103.
(4) Fromann cita estos versos en las páginas 947 y 948.

co (1)? ¿Por qué los griegos y los romanos atribuyeron á los cánticos, á los versos, el poder de destruir á los reptiles dañinos, y de arrancar la luna de la bóveda celeste (2)? Las fórmulas mágicas, lo mismo que los principios de la política y de la moral, y las recitaciones históricas y religiosas, fueron expresadas originariamente en verso, y los versos se cantaban siempre. No participaron de esta opinion los teurgistas que recibieron sus fórmulas de los sacerdotes egipcios, ó que las tomaron de los discípulos de Zoroastro y de los sábios del Indostan: ignoraban si estos se habian expresado en verso, y estaban seguros de que aquellos otros no lo habian hecho; pues la religion en Egipto proscribia la poesía, como el lenguaje de la mentira (3). Los hechiceros modernos no han supuesto que el poder residiese en los versos, sino en las figuras raras, en los carácteres extraños, y en ciertas palabras de una pronunciacion bárbara.

La mayor parte de las fórmulas mágicas vinieron á ser inútiles en manos de unos hombres que jamás habian entendido, ó que ya no entendian los geroglíficos, ni la lengua, ni los carácteres sagrados; pero aun cuando habian dejado de ser comprendidas, subsistió, sin embargo, el recuerdo de su poder. Recitadas misteriosamente, aunque ya no se diese ningun sentido á sus términos; grabadas en piedra ó trazadas en pergamino, se les atribuyó una eficacia tanto mayor, cuánto menos se sospechaba cuáles habian sido en otro tiempo la causa y la medida de su eficacia real.

Así nacen y se propagan los errores. «Cada letra, dicen los na-»turales de la India, está gobernada por un ángel, emanacion de las »virtudes de la omnipotencia de Dios: los ángeles, representados por »las letras de que se componen las oraciones, son los que operan los »prodigios (4)...» Con ayuda de semejante doctrina, ¡cuán fácilmente ha podido la impostura saquear á los hombres crédulos, vendiéndoles talismanes formados, ya de letras que expresaran una oracion ó un voto, ya de carácteres raros, extrañamente agrupados, su-

(1) C. V. de Bonstetten, *La Escandinavia y los Alpes*, pág. 42—53.
(2) Virg. *Eglog.* VIII, v. 69—71.
(3) Diod. Crisost. *Orat... de Ilio non capto.*
(4) *Las Mil y una noches* (Noche XIV). *Hist. del brama Pad Manaba.*

poniéndoles tanta mas eficacia, cuanto mas complicado fuese su conjunto y mas extraordinario su aspecto!

Habiendo un misionero escrito un diccionario de la lengua de los indígenas de la Luisiana (1), recurria muchas veces á él para responder á las preguntas que aquellos le dirigian: los indígenas creyeron que aquel papel era un *espíritu*, que comunicaba su ciencia al misionero. Los *nadoesis* saben contar, pero ignoran el uso de los números: abriendo un libro delante de ellos, Carver (2) les decia exactamente cuántas hojas habia desde la primera hasta aquella que les mostraba; de lo cual dedujeron igualmente, que el libro era un *espíritu* que dictaba en secreto las respuestas del viajero. Clapperton encontró en Kano (Africa) un personaje, que le atribuia el poder de transformar los hombres en bestias y la tierra en oro, solamente leyendo en un libro (3). Los caractéres rúnicos han sido contados en el número de los instrumentos de mágia, desde que se perdió para el vulgo el sentido de este género de escritura. Del mismo modo seria juzgada una fórmula algebráica por el hombre supersticioso que la viese dar, en el acto, una solucion infalible á cuestiones aparentemente diversas, y en las cuales no descubriria el punto comun á todas que ha sabido encontrar la ciencia (4).

La extravagancia ha dado pasos mas sorprendentes. Se ha visto en un emblema, no la representacion, sino la causa eficiente de un fenómeno ó de un prodígio: en las provincias situadas al Este del mar Báltico, que la fuerza de las armas y los ardides de la política han reunido al imperio de Rusia, se cree firmemente que, si una mujer embarazada pone leña en la chimenea, *en sentido opuesto á la direccion de las ramas*, su hijo se presentará *en un sentido inverso* en el momento del parto (5). Tambien los hombres crédulos han

---

(1) El P. Hennepin, *Descripcion de la Luisiana*, pág. 249 y 250.

(2) Carver, *Viaje á la América septentrional* (trad. francesa, en 8.°, Paris, 1784), pág. 80 y 81.

(3) *Viajes y descubrimientos en Africa*, etc. tomo III, pág. 37.

(4) La notacion de la música, en los pueblos que no tienen idea de ella, pareceria sin duda una cosa sobrenatural, cuando un hombre repitiese exactamente alguno de sus cantos, recogido por ese medio, y sin haberlo oido nunca.

(5) Debray, *Sobre las preocupaciones y las ideas supersticiosas de los libonios*, etc. *Nuevos anales de viajes*, tomo XVIII, pág. 127.

imaginado que imitando, cuanto pudiesen, las posturas figuradas en los geroglíficos, operarian los prodigios que se obtenian en tiempos desconocidos por el procedimiento cuya expresion se hallaba contenida ó disfrazada en dichos geroglíficos. De esto se encuentran muchos ejemplos en la copilacion de Gaffarel (1).

A otros errores y fantasías del mismo género se puede atribuir, en nuestro concepto, el orígen de las mil prácticas y opiniones populares que se hallan esparcidas por todas partes, y tan extrañas y absurdas, que no es posible penetrar su significacion ni señalarles un motivo ó pretexto plausible; últimos efectos de una causa que influye todavía en la existencia de los hombres, siendo como es desde hace siglos profundamente ignorada.

(1) Gaffarel, *Curiosidades inauditas*, etc. cap. 7, párrafos 1 y 2.

CÁPITULO IX.

A pesar de la rivalidad de las religiones, el espíritu de la forma *fija* de civilizacion conserva el misterio en las escuelas filosóficas; pero á la larga es desterrado por la influencia de la civilizacion *perfectible*.—1.º Comunicacion habitual de los griegos con los sucesores de los magos, dispersados por el Asia despues de la muerte de Smerdis; primera revelacion de la magia.—2.º El empobrecimiento del Egipto, despues de la conquista de los romanos hace afluir á Roma, sacerdotes de grados inferiores, que trafican allí con los secretos de los templos.—3.º Los politeistas que se convierten al cristianismo, traen á su seno los conocimientos mágicos que poseian.

En esta última época subsisten los restos de la ciencia sagrada, 1.º en las escuelas de los filósofos teurgistas; 2.º en poder de los sacerdotes errantes, y sobre todo de los sacerdotes egipcios.—Se puede verosímilmente asignar por sucesores, á los primeros las *sociedades secretas* de Europa, y á los segundos los hechiceros modernos.

El misterio que envolvia la ciencia sagrada ha sufrido el poder de los tiempos, lo mismo que la forma fija de la civilizacion, de la cual era una de las principales bases: la estátua del silencio, durante tantos siglos asentada delante de la puerta de los santuarios y de las escuelas filosóficas, ha caido de su pedestal.

¿Cuándo se operó esta revolucion? ¿Acaso, cuando se combatieron las religiones rivales; cuando el sabeismo y la adoracion de Siva, de Visnú y de Brama retrocedieron ante el inflexible Zoroastro y sus sucesores, y ante el culto del fuego? No: perseguidos como magos, los sacerdotes indios y caldeos llevaron al destierro sus artes sagradas y su inviolable silencio.

La invasion de los hebreos dispersó los sacerdotes de los pueblos de Canaan: evidentemente va dirigida contra ellos la órden por la cual Moisés manda dar la muerte á todo el que pronuncie oráculos ó ejecute milagros en nombre de un dios extranjero. Pero la total conquista de la Palestina se llevó á cabo lentamente; y el hebreo, establecido un medio de las tribus indígenas, infiel á su ley, consultó mas de una vez á los sacerdotes y adivinos. Temidos y hasta reverenciados, estos legaron únicamente á sus adeptos los secretos que todavía eran un manantial de riqueza y consideracion, dado que no fuesen ya un medio de poder. Creo reconocer á sus últimos sucesores en aquellos hombres perseguidos por Saul con tanto celo, que, cuando él mismo cayó en la falta de que queria preservar á su pueblo, solo con trabajo pudo encontrar una mujer que poseyese el arte de evocar las sombras de los muertos.

El feroz Cambises, apaleando á Apis, ultrajó al dios supremo de Egipto, cuya imágen era este buey sagrado; envió sus sacerdotes y adoradores al suplicio; saqueó los templos... Pero pasó dejando un execrable recuerdo, sin que sus grandes violencias quebrantasen lo mas mínimo el secreto religioso de los santuarios.

El espíritu de la forma fija dominaba sobre los teatros de estos diversos acontecimientos; y no permitia que una nueva luz brillase á los ojos de los pueblos, ni los pueblos mismos soñaban en desearlo.

Pero hacia muchos siglos que una causa, cuya actividad, ni siquiera su existencia, no se sospechaba, habia comenzado entre los habitantes de la tierra una revolucion, que treinta y cinco ó cuarenta siglos todavía no han consumado enteramente. El navegante fenicio habia llevado, sin saberlo, el gérmen de la civilizacion perfectible á las colonias que fundaba en playas lejanas. Demasiado débil y ocupado en los intereses mercantiles para que tratase de subyugar por la fuerza, y harto poco instruido para fundar la civilizacion en la religion y en la ciencia sagrada, limitóse á infiltrar sus costumbres en las de las tribus entre quienes se establecia. El hombre aprendió entonces por primera vez, que el modo de ser que habia recibido de sus padres podia cambiarse, mejorado por un efecto de su libre eleccion, y no por efecto de una obediencia ciega á séres superiores. La primera consecuencia del deseo de un perfeccionamiento reflexivo es la curiosidad: se concibió el precio del saber; no se retrocedió ante la idea de ir á beberlo en fuentes lejanas; los largos viajes ya no asustaron á los sabios, instados por la necesidad de instruirse...

y sin embargo, todavía ellos no rompieron el sello del misterio. Las instrucciones que obtuvieron en la India, en la Caldea y en Egipto, se limitaron, en cuanto nos es posible juzgar, á nociones particulares, desnudas de teoría. En efecto, Tales pudo predecir un eclipse, pero no mas que uno, y solo á fuerza de génio encontró Pitágoras la demostracion del teorema que se le habia revelado, la igualdad del cuadrado de la hipotenusa á la suma de los cuadrados de los otros dos lados del triángulo rectángulo. Además, los filósofos se consideraron como iniciados, y el orgullo de la posesion exclusiva los dominó como á sus maestros: los discípulos de Pitágoras recibian sus revelaciones, no en proporcion de su capacidad, sino segun la elevacion de su grado en una enseñanza, que tenia, como las iniciaciones, su duracion prefijada, su lenguaje y sus pruebas. Así es que no cesó de reinar en las escuelas filosóficas la misma discrecion que en los templos, sino lentamente y por el influjo de la civilizacion perfectible.

En los mismos paises donde esta civilizacion prodigaba sus beneficios, donde el cultivo de las ciencias y del arte de escribir abrian el camino á una gloria brillante, permanecian impenetrables los santuarios y el arte maravillosa traida por los profesores originarios de la Tracia ó del Egipto: los sacerdotes conservaban en torno suyo esta oscuridad, sabiendo que el poder y la veneracion que podian obtener eran proporcionados á la densidad de aquella.

Demóstenes es el primer autor que consignó en Grecia la existencia de las hechiceras (1)... Luego ya entonces la ciencia oculta habia dejado de estar concentrada en los templos; algunos fragmentos de ella habian caido en manos profanas; y hombres oscuros, extraños á los sagrados misterios, osaban profesar el arte de hacer milagros. Para señalar una causa á este hecho, hay que remontarse á mas de treinta y cinco lustros antes, y recordar uno de los acontecimientos mas notables de la historia antigua; la matanza de los magos, despues de la caida de Smerdis.

La casta sacerdotal era muy potente y numerosa para que pudiese sucumbir toda entera: se dispersó, sin duda, por todas partes,

---

(1) Demósten. *In Aristogit.* I... Tiedemann, *De quæstione*, etc. pág. 46.

y cuando Darío, por sus miras políticas, deseó reunirla, puede creerse que no todos los magos se apresurarian de igual modo á convertirse en sostenedores del trono de su principal asesino. ¿Entre quiénes debieron encontrarse los mas de aquellos fugitivos y los sucesores de su ódio y de sus secretos? Entre hombres nacidos en una civilizacion perfectible; entre los griegos diseminados por todo el vasto imperio de Persia; convertidos en jefes y soldados de las tropas auxiliares de Darío, en gobernadores de sus provincias, en agentes activos del comercio de sus puertos; en medio de la Grecia asiática que, bajo el yugo del gran rey, conservaba, junto con el culto y el idioma de la Grecia europea, el espíritu de la civilizacion perfectible (1). Los acontecimientos subsiguientes, la guerra de de Ciro el Jóven contra Artajerjes, y sobre todo, el ascendiente adquirido por el rey de Persia sobre la Grecia, de la que llegó á ser árbitro durante y despues de la guerra del Peloponeso, multiplicaron las comunicaciones íntimas de los griegos con el interior del imperio. Habian admirado los prodigios ejecutados por los magos; del nombre de estos sacerdotes habian dado el de *magia* al arte de operar maravillas, y este nombre pronto llegó á ser bastante célebre para que Eurípides lo impusiese á la inspiracion celestial de que Orfeo estaba animado. Próximo de ese modo á los magos proscritos y á sus descendientes, el griego, curioso y ávido de saber, aprovechó sin duda las frecuentes ocasiones de instruirse que se le presentaban (2), y de vuelta en su patria, convirtió en un oficio lucrativo el empleo de los secretos que habia sustraido al resentimiento y á la miseria (3).

(1) Un indicio muy poderoso apoyaria nuestro aserto, si el poema que se atribuye á Focílides fuese efectivamente de este autor. «Abstente *de los libros mágicos,*» dice el verso 138. Nacido en Mileto, en la Grecia asiática, 637 años antes de nuestra Era (segun Suidas), Focílides debió escribir sus preceptos morales en edad madura, y por consiguiente, cuando hacia veinticinco ó treinta años que los magos fugitivos estaban en contacto con los griegos de Asia.

(2) Las comunicaciones de los magos con los filósofos de la Grecia no tardaron en ser harto frecuentes; puesto que Platon, en uno de sus diálogos (in *Axiocho*), introdujo al mago Gobrias, revelando á Sócrates secretos religiosos.

(3) Un sabio ya citado M. G. C. Horst, en su *Biblioteca mágica*, dice, que

Las conquistas de Alejandro establecieron á los griegos en todos los puntos del Asia, donde cada templo tenia sus misterios particulares: los numerosos sacerdotes de Frigia y de Siria abrieron sus templos á los vencedores, y procuraron al punto afiliárselos por medio de las iniciaciones.

El segundo idilio de Teócrito contiene la pintura de un conjuro, de un encantamiento ejecutado por una mujer ordinaria; lo que indica que el uso de la magia habia penetrado ya bastante en las costumbres de la Grecia. El idilio concluye con la amenaza de un envenenamiento que debe ser operado por la magia (1): de este modo, á la idea simple sucede una idea supersticiosa; y la expresion propia de los templos, á la expresion del hecho, la única que habrian empleado los griegos antes de su comunicacion con pueblos regidos por los depositarios de las ciencias ocultas: un crímen atroz no es ya la obra de un hombre, sino el resultado de la intervencion de los séres sobrenaturales. Así es como el mismo Teócrito transforma en maga á Agamedes, mujer célebre por sus conocimientos medicales.

La religion del Egipto que Cambises atacó en vano, y que no perturbó Alejandro, fué conservada y honrada por los Ptolomeos; y los romanos, señores del Egipto, la dejaron reinar en paz sobre sus nuevos súbditos. Pero las guerras exteriores y las guerras intestinas habian arruinado al pueblo, y empobrecido los templos. La antigua religion del país languidecia, como el país mismo, encorvada bajo el peso de una influencia extranjera. El sacerdocio no era ya el primer cuerpo en el Estado: habia perdido mucho en majestad, en poder, en riquezas, para que conservase intacta su numerosa gerarquía. Precisados por la miseria, los sacerdotes de órden inferior acudieron en gran número á la capital del mundo, y ricos en prestigios y en oráculos, impusieron tributos á la supersticion y á la credulidad. La clase

---

la Italia y la Grecia recibieron de Asia y de los sectarios de los *dos principios* (esto es, de los adoradores de Ormusd, adversario de Ariman) las doctrinas mágicas que se mezclaron paulatinamente con la mitología antigua, fundada, en uno y otro país, en la adoracion de la naturaleza divinizada. Como se deja ver, esta opinion se refiere al tiempo en que las doctrinas mágicas penetraron en los templos, época muy anterior al tiempo en que las artes mágicas cesaron de estar concentradas en ellos.

(1) Teócrito, *Idilio* II, v. 160.

ilustrada menospreció á aquellos mendigos sagrados, no menos que á los que llegaban de la Siria y de la Frigia; eran demasiado grandes los intereses que la tenian ocupada, y se alimentaba de una filosofía por demás independiente, para que unos taumaturgos subalternos representasen algun papel entre los contemporáneos de Ciceron y de César.

Es indudable que la muchedumbre les siguió todavía, cuando por algunas monedas ostentaban sus prestigios en las plazas públicas, y se captaban su atencion por medio de oráculos, de curaciones y apariciones maravillosas (1); mas no por esto la disposicion general de los ánimos dejaba de apresurar la degradacion de la ciencia sagrada. Los prodigios que esta ofrecia en otro tiempo á la veneracion pública encontraban ya muchos incrédulos: un milagro negado ó discutido está muy cerca de aparecer bajo el aspecto de lo que pueda tener de realidad. Los sacerdotes conocian que su tarea, fácil bajo el dominio de una civilizacion de forma fija, iba siéndolo muy poco bajo una civilizacion perfectible: solo con mucho trabajo combatian á esta última, cuya influencia era demasiado pródiga de luces. Los oráculos enmudecian, los prodigios eran cada vez mas raros, la oscuridad de los santuarios disminuia con la merma de la supersticion, cuando el triunfo del cristianismo vino á dar un nuevo impulso á los espíritus y á las creencias.

Por un lado, vénse los templos destruidos, los sacerdotes dispersos, entregados á la ignominia y á la indigencia, reducidos algunos para vivir á traficar con las ciencias sagradas; por otro, la persuasion, el entusiasmo, alguna vez el interés y la ambicion, y la persecucion, en fin, arrastran bajo las banderas de la religion nueva numerosos tránsfugas, prontos á enriquecerla con los secretos mágicos de las diversas creencias que abandonan. La destruccion de los operarios enviados por Juliano para reedificar el templo de Jerusalem, probó que tambien los cristianos conocian los procedimientos de que los antiguos taumaturgos habian hecho uso con un éxito tan ruidoso. La antigua religion recibió entonces un golpe mortal; puesto que

(1) Orígen. *Contr. Celsum*, lib. I; Plutar. *Cur nunc Pythia non edit oracula carmine*

sus adversarios podian igualmente combatirla con sus propios medios, ó revelar á la luz del dia la debilidad de sus prestigios.

Mientras el politeismo subsistió, detestado, pero aun no proscrito por la autoridad suprema; mientras que sus templos en pié, ó sus ruinas recientes recordaron un culto al que iban anexas tantas remembranzas, el cuidado mas urgente de sus adversarios fué el de mostrar la falsedad de sus milagros, no menos que la absurdidad de sus dogmas. Pero poco á poco la yedra y el musgo cubrieron los escombros, entre los cuales el celo perseverante no reunia ya á los adoradores; el hábito, el curso de las cosas, la necesidad empujaron por la nueva ruta pueblos enteros; y se dejó de combatir lo que se habia dejado de temer; se dejó de armar contra la credulidad á la razon, cuyos progresos podian extenderse un dia mas allá del término prescrito á sus esfuerzos.

Los restos de las ciencias sagradas quedaron entre las manos de dos clases bien diferentes de hombres.

1.° A los sacerdotes de un órden superior, á los discípulos ilustrados de los sabios de Babilonia, de Etruria, de Persia, de Egipto y del Indostan, se habian reunido los sucesores de aquellos filósofos teurgistas que, desde el siglo segundo, habian tratado de realzar el politeismo, transformando sus leyendas en alegorías morales y sus prestigios en obras divinas, operadas, á la voz del hombre virtuoso, por las potencias celestiales. Todos ellos, profesando menos el antiguo politeismo que el culto de una Divinidad única, adorada bajo mil nombres distintos en las diversas religiones, abrieron escuelas de filosofía, donde los cristianos, amantes de las luces, se creyeron facultados para acudir á buscarlas: allí formaban el fondo de la doctrina una teosofía platónica y una moral austera y exaltada; pero tambien se reverenciaba la memoria de los hombres que, gracias á su piedad, habian obtenido el don de las obras maravillosas. El justo temor de oir discutir, negar ó envilecer sus milagros por adversarios demasiado poderosos, habia reanimado en dichas escuelas el antiguo espíritu de misterio; y mas que nunca se consideraba como un deber religioso el callar sobre todo aquello que aun se poseia de las antiguas enseñanzas. Sinesio reprende amargamente á uno de sus amigos, por haber revelado á oyentes no iniciados una parte de la doctrina secreta de los filósofos (1). La obra entera de Lido sobre los prodigios, y el pasaje de Damascio que hemos citado, prueban hasta qué punto estos dos últimos se hallaban todavía estrechamente ligados por sus promesas de silencio. Los iniciados de Menfis, los discípulos de los sacerdotes etruscos no habrian hecho uso de un lenguaje mas reservado.

Por lo que respecta á los dogmas filosóficos, seria posible seguir en Grecia, y luego en Roma, despues de la toma de Constantinopla, las huellas de la influencia subsistente en estas escuelas. Esto es menos fácil en lo que concierne á la ciencia oculta: seguramente la poseyeron los fundadores de las escuelas; pero su transmision es apenas probable: ¡cuántos accidentes no podian sepultarla en el misterio, de donde no se la dejaba salir sino con tan grandes precauciones! Sin embargo, algunos hechos esparcen un rayo de luz sobre este interesante problema.

La doctrina de los teurgistas que transformaba en séres sobrenaturales, en *génios*, las sustancias de que se servia la ciencia experimental, y los hombres que hacian uso de ellas, renace íntegra en la doctrina cabalística de los modernos. Tambien esta, para producir obras maravillosas, hace intervenir á los génios, y los somete al poder del sabio que ella ilumina con sus luces. Los génios de la tierra, del agua, del aire y del fuego se hallan difundidos en los cuatro *elementos*, en que la física entonces admitida colocaba los principios de todos los cuerpos. ¿No hemos reconocido en los *gnomos* á los operarios que explotaban las minas? Los detalles brillantes y romanescos con que una imaginacion viva ha decorado el fondo de los principios de los cabalistas, no impide que se reconozca la identidad de las dos doctrinas.

Sabido es el poder sublime atribuido á la sílaba OM, que designa la *Trimurti* india, compuesta de Siva, Visnú y Brahma: pronunciándola, se eleva el hombre piadoso á la *intuicion intelectual* de las tres divinidades reunidas. Ese nombre divino y su energía misteriosa se recuerdan en dos libros de mágia, publicados en Alemania á principios del siglo XVI (2). ¿Y no es ese un postrer anillo de la cade-

(1) Synes. *Epist.* 143.
(2) Se citan en la *Biblioteca mágica* de Horst.

na que, á pesar de la lejanía inmensa de las comarcas y de las edades, á pesar de la diferencia de los idiomas y religiones, enlaza con las doctrinas transcendentales del Indostan los restos conservados por los adeptos modernos?

Algunas de las invenciones que hicieron brotar tantos milagros en la antigüedad, se han refugiado en los escritos de los hombres que la Edad media admiraba ó perseguia como versados en las ciencias ocultas (1). Es cosa cierta que, en esta época de tinieblas, los sábios solian transmitirse el depósito de sus conocimientos por la mediacion de las sociedades secretas, que han subsistido casi hasta nuestros dias con el nombre de *Roscroá*, ó con otros no menos enigmáticos. Uno de los mas brillantes génios de que puede honrarse la Europa y el género humano, Leibnitz, penetró en Nuremberg en una de estas sociedades, y, segun confesion de su panegirista (2), encontró allí una instruccion, que tal vez habria buscado en vano en otra parte.

Esas reuniones misteriosas, ¿eran acaso los restos de las antiguas iniciaciones científicas? Todo induce á creerlo: no solo las pruebas y los exámenes que era necesario sufrir antes de entrar en ellas, sino tambien y sobre todo la naturaleza de los secretos que poseian y el modo como parecian haberlos conservado. En efecto, algunas veces, en los escritos de los autores de los siglos XII y XIII, se encuentran íntegros los conocimientos taumatúrgicos y sus aplicaciones. Mas á menudo, solo subsiste el recuerdo de los prodigios que esos conocimientos operaban, junto con el olvido en que han caido los medios que debieron emplearse para ello. Así es, al menos, como nos inclinamos á interpretar á esos mismos autores, cuando anuncian como posibles para su arte obras tan maravillosas, que seria preciso concederles la gloria de haber encontrado antes que Buffon el espejo ustorio de Arquímedes, de haber inventado el telégrafo, etc., etc., si al lado de sus promesas indicasen los procedimientos propios para realizarlas.

(1) Alberto el Grande, el abad Triteme, el franciscano Bartholemí, Roberto Fludd, Roger Bacon, etc.—Véase á F. A. Pouchet, *Historia de las ciencias naturales en la Edad media*, Paris, 1853, pág. 250.

(2) Fontenelle, *Elogio de Leibnitz*. (*Éloges des académiciéns*, t. I, pág. 464 y 465.)

Sin embargo, su silencio no es una prueba decisiva de su ignorancia: amantes del misterio y envanecidos con la posesion exclusiva, no eran sábios mas que para sí mismos y para un corto número de adeptos: ó callaban, ó no se expresaban mas que por medio de alegorías (1). Pero este silencio, este amor al misterio, es un rasgo de semejanza que nos recuerda las escuelas de los teurgistas, en cuyo seno depositó sus secretos el expirante politeismo. Lo que parece asignar mas aun el mismo orígen á los conocimientos de los miembros de las sociedades secretas es el horror, la aversion, el espíritu de persecucion que inspiraba su ciencia; sentimientos tanto mas enérgicos, cuanto mas extensa se consideraba su ciencia. Un recuerdo confuso los designaba como herederos de los sacerdotes politeistas, de los ministros de aquellos dioses destronados, convertidos ya en génios del mal y de las tinieblas.

Despues de haber llevado sus conquistas mas allá de adonde habian extendido su imperio los romanos, y de haber sometido hasta á los vencedores de estos, el cristianismo, fuerte con mas de seis siglos de existencia, parecia no tener que temer sino las disensiones, sin cesar renacientes, entre sus propios hijos, cuando apareció un hombre en un punto casi ignorado del globo, el cual, extraño á los recursos de las ciencias ocultas, tuvo el valor de prescindir de ellas, haciendo creer en una revelacion. Mahoma fundó su religion, declarando que el Dios que anunciaba le habia rehusado el don de hacer milagros. Sus feroces sectarios trastornaron la civilizacion en la Siria, en Egipto, en Persia, rápidamente conquistados: en la Persia, sobre todo, su fanatismo persiguió con una rabia implacable á los magos, depositarios de las ciencias religiosas. Cuatrocientos años despues, todavía en nombre del islamismo, y animados del entusiasmo destructor que este no podia menos de inspirar á unas hordas salvajes, los turcomanos inundan el Asia, desde las faldas del monte Cáucaso hasta las riberas del mar Rojo, desde el golfo Pérsico hasta el Ponto Euxino: parece

---

(1) En el siglo XVI, Leopoldo de Austria, hijo del duque Alberto II, dió un cuadro de los *Paranatelones de los Decanos* (impreso en Venecia en 1520 Véase á Dupuis, *Origen de todos los cultos*, tomo XII, pág. 127 y 128). Es un extracto de la *Sphera persica*. Pero Leopoldo, en lugar de transcribir las indicaciones positivas, no tomó mas que las figuras emblemáticas.

que la barbarie debe reinar para siempre con ellos... Causas semejantes producen efectos semejantes; y en estas dos épocas, las ciencias ocultas se esparcen á consecuencia de la dispersion de sus posesores. Desde el siglo VIII, los árabes, tranquilos en el seno de sus conquistas, se dedicaron apasionadamente al estudio de la mágia, y le pidieron el arte de hacer el oro y de descubrir los tesoros escondidos: deseo natural en una poblacion enervada por el lujo, y á la que el despotismo no dejaba conocer otras propiedades seguras que las que se podian llevar huyendo. En el siglo XI, cuando los musulmanes civilizados temieron á su turno el fanatismo de sus nuevos hermanos, las relaciones de los europeos con los árabes y los moros habian adquirido una gran actividad; y se observa que, entonces, el comercio de estos infestó de supersticiones mágicas (1) las ciencias que habian traido al Occidente. Los estudiantes acudian de varias comarcas de Europa á frecuentar las escuelas de ciencias ocultas abiertas en Toledo (2), Sevilla y Córdoba (3). La escuela de Toledo era la mas célebre: la enseñanza se perpetuó en ella desde el siglo XII hasta fines del XV (4). Las sociedades ocultas de Europa tomaron una parte activa en estas comunicaciones; y por los adeptos de que se componian hemos conocido la mayor parte de las invenciones físicas y químicas de los árabes.

2.° Los secretos del politeismo fueron recogidos en parte por la clase menos elevada de la sociedad: el envilecimiento de la religion destruida dió por sucesores á los taumaturgos, que por tanto tiempo habian dominado pueblos y reyes, los mas ignorantes de los hombres.

El vulgo puede ser desengañado de un prestigio, y de los impostores que osaban prevalerse de él; pero en tanto que su razon no se desarrolla por una instruccion sana, no mueren sus prevenciones supersticiosas, las cuales no abandonan un objeto, sino para apode-

(1) Tiedemann, *De quæstione*, etc. pag. 97.
(2) «Complures ex diversis regionibus scholares apud Toletum student in arte necromantica.» Así so expresa César de Heisterbach, escritor de fines del siglo XII ó principios del XIII. *Illustr. mirac. et hist. mir.* lib. V, cap. 4. pág. 207 (edicion de 1605).
(3) Fromann, *Tract. de fascin.* pág. 173 y 174.
(4) *Comentario* de Leduchat sobre *Rabelais*, lib. III, cap. 23, nota 9.

rarse de otro... Esto es lo que entrevieron los ministros subalternos del politeismo, los hombres cuya ciencia se limitaba casi á meras palabras, y cuyos secretos consistian en el arte de persuadir que los que poseian eran muchos y muy temibles. Olvidando sus dioses despreciados, hablaron de demonios, de génios, de *sortilegios*, cuya accion terrible ó benéfica dirigian ellos á su albedrío.

A mediados del siglo VI, los francos y los visigodos dictaron leyes severas contra la mágia, es decir, contra la última clase de los mágicos; pues los secretos de la alta teurgia eran guardados con harto esmero para que se difundiesen entre los bárbaros, hasta el punto de alarmarlos. Semejantes leyes prueban que esta clase era ya pudiente y numerosa en todas partes sobre el espíritu de la muchedumbre.

En efecto, desde principios del siglo V, San Agustin habla del *sábado* y de las asambleas de hechiceras: antes de esta época no se citaban mas que magas aisladas, como aquellas cuyos prestigios cuentan Apuleyo y Luciano. Esto es notable: la idea de *sábado*, de reuniones, implica la de una sociedad organizada que reconoce en su seno grados y jefes, la idea de una iniciacion, en fin. Descendida hasta la hez de la sociedad, lleva su distintivo innoble; pero al cabo es una iniciacion. No contentos con vender milagros, los mágicos subalternos comunicaban el don de hacerlos; imitaban las pruebas, los juramentos, las revelaciones y los espectáculos de las iniciaciones antiguas.

Se ha creido poder asignar por orígen á las asambleas del sábado, ó mas bien, á las tradiciones que á ellas se refieren, las reuniones nocturnas de los drúidas, sus danzas religiosas á la luz de las antorchas, las procesiones de las druidisas revestidas de blancas túnicas; solemnidades que no se celebraban mas que en campos apartados ó en desiertos, desde que el cristianismo indujo á los reyes á perseguir la antigua religion del país (1). Esto no tiene nada de improbable; pero se puede creer que en eso, como en la formacion de las

(1) M. Brodel opina, que las grutas inmensas que se encuentran en los Alpes, fueron habitadas en otro tiempo por los *Faidhs*, ó adeptos religiosos de las ciencias ocultas: de aquí, segun él, nació la creencia de que aquellas grutas han sido y son todavia la *mansion de las hadas*.

modernas sociedades secretas, se han fundido conjuntamente los restos de diversas instituciones, tomadas de diferentes edades y paises, y difícilmente se reconocerá lo que ha pertenecido en su orígen á cada una de ellas.

Pero sea lo que quiera que se deba pensar, ¿estamos en el derecho de dar por sucesores á los hechiceros de los siglos v y vi, los hechiceros que han sido entregados á todos los tribunales de Europa hasta el siglo xviii?

Ya hemos intentado establecer una filiacion análoga entre las sociedades secretas formadas por los sabios de la Edad media y las escuelas de los filósofos teurgistas. Pero en este caso, las alteraciones producidas por el tiempo versaban sobre las formas y el secreto de la recepcion: los conocimientos que se queria conservar subsistieron tanto tiempo, al menos, como se pudo comprender su enunciacion. En el de que ahora tratamos, por el contrario, el objeto de la iniciacion y su historia caen igualmente en olvido: para remontarnos á su orígen, no tenemos mas que algunas huellas informes de las prácticas y de las ficciones que se ponian en uso, y que pudieron conservar desde luego la astucia y la codicia, ganosas de encontrar bobos, y por otra parte la credulidad ignorante y la curiosidad aguijadas por el hastío de una vida sin goces y sin porvenir.

Diversas consideraciones indican que semejante coincidencia no es nada forzada. Tiedemann supone que muchas palabras bárbaras, empleadas en las operaciones de hechicería, no son mas que vocablos latinos ó griegos, mal leidos y peor pronunciados por personas ignorantes [1]; palabras que, en su orígen, formaron parte sin duda de fórmulas de operaciones ó de invocaciones. No hay nada mas probable: así es que las tres palabras ininteligibles en griego, *Kongx*, *Om*, *Panx*, que pronunciaba el gran sacerdote á la clausura de los misterios de Eleusis, son, segun dice el capitan Wilford, las palabras sanscritas *canscha*, *om*, *panscha*, que pronunciaban diariamente los brahmas, al terminar sus ceremonias religiosas [2].

En las invocaciones de los hechiceros modernos, ¿no hemos reparado tambien una mezcla de ideas astrológicas, cuya invencion no se

[1] · Tiedemann, *Le quæstione*, etc. pág. 102 y 103.
[2] *The monthly repertory*, tomo XXIII, pág. 8.

les puede atribuir, puesto que seguramente no las comprendian, y que debieron recibirlas de predecesores mas instruidos?

Para transportarse al *sábado*, ó mas bien para soñar que se transportaban á él, los hechiceros se frotaban el cuerpo con cierto ungüento: el secreto de componerlo, secreto que tantas veces les fué funesto, es quizá el único que conservaban. Un sueño súbito, profundo, largo, comatoso; visiones tristes y lúgubres, acompañadas de movimientos voluptuosos, hé aquí lo que producia la uncion mágica, cuyo efecto combinaba así los dos móviles mas poderosos sobre el alma humana: el placer y el terror. La eleccion de las sustancias enérgicas de que el ungüento se componia, el descubrimiento de su virtud y del modo de emplearlas, no pueden ser atribuidos á los hechiceros modernos, que siempre se han encontrado en la clase mas pobre y mas ignorante: no es dudoso que estos conocimientos descienden de un orígen mas elevado. La mágia antigua empleaba unciones misteriosas: Luciano y Apuleyo (1) describen las que practicaban Panfilia y la esposa de Hiparco; y estos dos escritores no hicieron mas que copiar las *Fábulas milesianas*, ya célebres, tanto por su antigüedad, como por su atractivo.

La uncion mágica, segun luego explanaremos (2), no producia efecto en los tiempos modernos, sino por los sueños que originaba. Pero en la iniciacion primitiva y en las asambleas reales, siendo compuesta de ingredientes menos soporíficos, debió servir para disponer á los adeptos á los misterios que iban á celebrar, de suerte que llevasen ya de antemano esa embriaguez moral, ese frenesí de creencia, tan necesario para crear y mantener la supersticion y el fanatismo.

¿Podremos encontrar algunos vestigios de la iniciacion primitiva?

En las confesiones arrancadas por el tormento á los supuestos hechiceros, acerca de lo que pasaba en el sábado, se ve reproducirse cierto número de ideas uniformes, aunque revestidas de variedad de detalles con toda la incoherencia de un delirio estúpido. Segun Tiedemann (3), esto consistia en que se atormentaba á los desdichados,

(1) Luciano, L*ucius sive asinus.*-Apul. *Metamorph.* lib. IV.
(2) Mas adelante, cap. 18.
(3) Tiedemann, De *quæstione*, etc. pág. 437 y 138.

hasta que hubiesen confesado todo aquello de que se les acusaba, y en que las acusaciones eran siempre idénticas, conforme á las ideas admitidas entre los jueces. ¡Pero los magistrados no habian inventado seguramente aquellas ideas raras, y sin embargo, seguidas y enlazadas entre sí! ¿Quién las habia originariamente impreso en su espíritu, sino la leyenda ó narracion, fundada en hechos reales, ó en recuerdos conservados por una larga tradicion? El fondo comun de todas las declaraciones, que se componia de estas ideas, pintaba probablemente algunas ceremonias practicadas tiempo atrás en las iniciaciones subalternas, si bien con las alteraciones que no habian podido menos de introducir la ignorancia y el transcurso de los años.

Natural es creer que estas iniciaciones tuviesen relacion con los últimos restos de los cultos destruidos, como parece probable por diferentes indicios. Si, hace ciento cincuenta años, como en tiempo de los antiguos drúidas, se atribuian virtudes mágicas al muérdago de la encina (1); si los observadores asíduos encuentran todos los dias, en el fondo de los campos, leyendas, supersticiones y usos que emanan de las antiguas religiones, ¿cuánta no debió ser la influencia de esas religiones sobre los hábitos y las creencias de la muchedumbre en una época menos distante de la de su esplendor? Las sacerdotisas del politeismo y las druidisas, retiradas lejos de las ciudades, conservaron por mucho tiempo la confianza y la consideracion de los pueblos. Gregorio de Tours habla de la existencia de *pythias* en las Galias; y en **798**, las adivinas eran proscritas, con el nombre de *Striæ*, por las Capitulares de Carlomagno.

Mucho mas tarde, una multitud de hombres y mujeres del campo se reunian de noche en lugares desiertos, para celebrar con festines, carreras y danzas el culto de *Diana*, ó de la dama *Abunda*, tambien llamada *Hera*, del nombre griego de Juno (2). Segun parece, el sacerdote que presidia la asamblea iba vestido con una piel de macho cabrío, llevaba una máscara cornuda y barbuda, y de este modo figuraba á Pan, la divinidad de Mendes, que los griegos recibieron de Egipto. Como en algunas ceremonias secretas del politeis-

(1) Frommann, *Tract. de fascin.* pág. 697.
(2) Véase á Dulaure, *Histoire de Paris*, primera edicion, tomo V página 259 y siguientes.... Carpentier, *Glossar.* verbis *Diana* y *Holda*.

mo, probablemente otros sacerdotes llevaban tambien disfraces de animales. Los nombres de *Diana*, de *Hera* y la reminiscencia de *Pan* nos recuerdan la religion derribada por el cristianismo: pero, ¿no encontramos tambien los mismos detalles que se repiten en todas las declaraciones de los hechiceros; las danzas, las carreras, los festines; el cabron á quien adoran; los diversos animales que una imaginacion exaltada transformó en demonios, y que supuso servian de montura á los principales personajes que acudian á la ceremonia? Máximo de Turin, en el siglo v, señalaba un resto de paganismo en tales reuniones. Juan de Salisbury habla de esto, setecientos años despues. En el siglo xiv se hace mencion de lo mismo; pero es dudoso que ya entonces se efectuasen realmente las reuniones: la novela de la Rosa dice, que las personas que creian acudir y reunirse *con la tercera parte de la poblacion*, padecian *una ilusion*..... Desde aquel tiempo, las reuniones y las ceremonias del sábado habian caido en desuso, y no existian mas que en los ensueños de los hechiceros.

Despues de haber procurado reanudar la cadena histórica que une á los miserables que una ignorancia estúpida conducia á la muerte como brujos, con los últimos depositarios de los antiguos conocimientos ocultos, seria caso de distinguir entre estos á los creadores de la mágia subalterna, es decir, de la *hechicería*. Algunos hombres salidos de los diversos templos, y poseedores de varios secretos, concurrieron sin duda á darle extension: pero sospechamos que la hechicería fué fundada por aquellos sacerdotes egipcios de órden inferior que, desde el principio del imperio romano, anduvieron errantes por todas partes, públicamente despreciados, consultados en secreto, y que naturalmente debieron buscar prosélitos en la clase mas ignorante de la sociedad. La aparicion y la adoracion de un *cabrío* formaban parte esencial de las ceremonias del sábado: el *gato* desempeñaba tambien un gran papel, por su desgracia, puesto que muchas veces ha participado del horror que inspiraban los hechiceros: sabido es cuán antiguo era en Egipto el culto del cabron y del gato. Sabido es tambien cuánta importancia tenia la *llave* en la hechicería, y las curas que ha operado la *llave* de San Juan, la *llave* de San Huberto, etc.: la *Crux ansata*, que tan amenudo se ve reproducida en los monumentos egipcios, era una *llave* (1); las ideas religiosas que la ponian en la mano de las principales divinidades de Egipto, nos descubren que la *llave* era el geroglífico del poder soberano.

La *Pseudomonarchia dæmonum* nos parece tener igualmente un orígen egipcio; hecho importante, pues la mayor parte de los nombres que este escrito contiene se hallan reproducidos, con pocas alteraciones, en los *libritos* de hechicería que se encuentran entre las gentes del campo. Los *genios* de la *Pseudomonarchia* son, entre otros, una *vírgen-pez*, figura propia de los planisferios egipcios (2), y un viejo venerable, montado en un *cocodrilo*, y llevando en la mano un *gavilan*. Este se muestra bajo la forma de un *camello* que habla muy bien la lengua egipcia (sabido es que el *camello*, en la astronomía de los árabes, reemplaza la constelacion de Hércules arrodillado) (3); aquel, que unas veces parece un *lobo*, otras un *hombre*, que muestra, como *Anubis*, una quijada de *perro*, es *Amun* ó *Amon*, cuyo nombre descubre su orígen; *Amon,* dios universal, dios oculto, á quien el sacerdote egipcio suplicaba que se manifestase á sus adoradores (4).

Hemos debido extendernos en esta discusion: si hay verosimilitud en las inducciones que hemos sacado de ella, estas inducciones nos autorizan á citar algunas veces en nuestras investigaciones ciertos prestigios modernos, como tomados de los conocimientos antiguos, ó como propios para explicar por analogía los milagros de los antiguos; y al mismo tiempo nos muestran, prolongándose hasta nuestros dias, los errores nacidos entre la clase ignorante, á causa del misterio en que se envolvia la ciencia, y el perjuicio que este misterio ha originado al espíritu humano, comprimiendo los progresos de la ciencia, y haciéndole perecer silenciosamente entre las manos de la clase instruida.

(1) *Enciclop. metód. Antigüedades*, art. *Llave*.
(2) En la segunda banda del artesonado del pórtico de Denderah, (dice M. Jollois, en la *Descripcion del Egipto*), se nota una mujer cuyo cuerpo termina en cola de pescado. Acerca de este emblema, que se encuentra en las mitologías indica, japonesa, caldea, fenicia, y hasta en la griega, véase al final del tomo, el párrafo 12 de la nota A, *De los dragones y serpientes monstruosas.*
(3) J. Scaligeri *Notæ in M. Manilium*, pág. 484.
(4) Segun Hecateo de Abdera, citado por Plutarco. (Plut. De *Isid. et Osirid.*)

CAPITULO X.

Enumeracion de las maravillas que el taumaturgo tenia posibilidad de operar por la práctica en las ciencias ocultas.

Está á punto de abrirse el santuario; el teatro donde se reunen tantos prodigios para probar el valor de los iniciados, subyugar su razon, exaltar su entusiasmo y recompensar su constancia. Sometido durante muchos dias á preparaciones variadas, cuyo objeto se le oculta, y cuya misma naturaleza se le esconde bajo las formas religiosas, el aspirante ha entrado en una carrera de milagros, cuya salida no conoce, y de la cual ignora si le será permitido salir triunfante.

Inmóvil al principio y encadenado, por decirlo así, en el seno de unas tinieblas tan profundas como las del infierno, si por momentos algun vivo relámpago viene á hender la noche que le rodea, es solo para descubrirle su horror. A la luz de esos fuegos terroríficos, entrevé, sin poder discernirlos, espectros y figuras monstruosas; oye cerca de sí el silbido de las serpientes, el aullido de las bestias feroces, el estruendo de las rocas que se derrumban, y el eco que repite y prolonga á lo lejos estos ruidos espantosos. En un intervalo de calma, tal es todavía su emocion, que un murmullo agradable, un sonido ligero le hacen estremecer... La escena se ilumina, y el aspirante ve cambiarse repentinamente en torno suyo el aspecto de los lugares y su decoracion: la tierra tiembla bajo sus plantas, y ora se eleva en forma de montaña, ora se abisma en un precipicio profundo; él mismo es quien es levantado ó arrastrado con rapidez, sin que nada le revele el poder á que obedece: las pinturas y los mármoles parecen animarse bajo sus ojos; el bronce vierte lágrimas; muévense y andan los pesados colosos, y las estátuas dejan oir un armonioso canto. Adelanta, y terribles mónstruos, centauros, harpías, gorgonas, hidras de cien cabezas le rodean, le amenazan; imágenes privadas de cuerpo se burlan igualmente de su miedo y de su valor. Fantasmas que presentan la perfecta semejanza de hombres, mucho tiempo há sumidos en la tumba, de hombres que fueron objeto de su admiracion ó de su cariño, revolotean á su vista, parecen pretender sus abrazos, y al quererlos tocar, se desvanecen. Ruge el trueno, el rayo estalla, el agua se inflama y rueda en torrentes de fuego. Un cuerpo seco y sólido fermenta, se funde y se transforma en olas de sangre espumosa. Seres infortunados se esfuerzan allí en vano para llenar una urna poco profunda, y el líquido que vierten sin cesar en ella no se eleva jamás sobre su nivel. En otra parte, los amigos de la Divinidad prueban sus derechos á este título arrostrando el agua hirviendo, el hierro candente, el bronce fundido, las hogueras inflamadas: mandan como señores á los animales salvajes y feroces; ordenan, y las enormes serpientes vienen á tenderse á sus piés; cogen con sus manos los áspides y las cerastas, y los desgarran, sin que estos reptiles osen vengarse mordiéndoles. Entretanto, el aspirante ha oido cerca de sí una voz humana, la cual le llama, responde á sus preguntas, le intima órdenes, pronuncia oráculos: y todo cuanto le rodea es inanimado; y cuanto mas se acerca al lugar de donde parecen salir las palabras, menos distingue la causa que las produce, menos percibe la voz por cuyo medio llegan á su oido.—En el fondo de un estrecho subterráneo, inaccesible al dia, brilla súbitamente una luz tan viva como la del sol, y le descubre hasta en una lontananza inmensa jardines encantados, un palacio cuyo esplendor y magnificencia le fuerzan á reconocer en él la inmortal morada de los dioses. Allí las divinidades se le aparecen: las mas augustas señales revelan su presencia: sus ojos lo ven, sus oidos lo oyen... Su razon turbada, su reflexion perdida, su pensamiento absorto por tantas maravillas le abandonan: ébrio, fuera de sí, adora las pruebas gloriosas de un poder sobrehumano, y la presencia indubitable de la Divinidad.

Por muy sorprendentes que sean estas maravillas, no parecerán nada al iniciado, comparadas con los conocimientos que le están reservados, si su nacimiento, su valor, su celo y su génio le llaman á ocupar un dia un puesto en las mas altas filas del sacerdocio. El mismo sabrá ejecutar entonces todo lo que le ha llenado de asombro, y aun le será revelado el secreto de maravillas mas importantes.

¡Ministro de una divinidad, ya benéfica, ya vengadora, pero siempre omnipotente, los hombres y los elementos te obedecerán! Tú asombrarás á la muchedumbre, absteniéndote de tomar alimento, y la penetrarás de gratitud haciendo sana la bebida impura que le sea forzoso aceptar por exceso de sed: turbarás el espíritu de los hombres; los sumirás en una estupidez animal ó en una rabia feroz; les librarás del dolor; exaltarás su audacia y su docilidad hasta el fanatismo; colmarás con visiones sus mas ardientes deseos; y dueño de su imaginacion, muchas veces obrarás sobre sus sentidos y dominarás su voluntad, sin la mediacion de instrumentos materiales. Arbitro de sus querellas, tú no tendrás necesidad, como ellos, de interrogar testigos ni de computar las declaraciones: te bastará una simple prueba para distinguir al inocente y al hombre verídico del criminal y del perjuro, que ante tí caerán heridos de una muerte dolorosa é inevitable. Los hombres te implorarán en sus enfermedades, y á tu voz el socorro del cielo disipará sus dolencias; la muerte misma te abandonará su presa ya cogida. ¡Infeliz del que te ofenda!... Tú herirás de lepra, de ceguera, de muerte á los culpables; prohibirás á la tierra darles sus frutos; envenenarás el aire que respiran; la atmósfera, los vapores te darán armas contra tus enemigos. El mas terrible de los elementos, el fuego será tu esclavo: á tu voz nacerá espontáneamente, deslumbrará los ojos mas incrédulos, y el agua no podrá apagarlo: estallará terrible como el rayo contra tus víctimas, y desgarrando el seno de la tierra, la forzará á tragárselas, y le mandará que los devore. Hasta el cielo reconocerá tu poder: tú predirás al deseo y al temor las variaciones de la atmósfera y las convulsiones de la tierra: tú desviarás el rayo, te burlarás de sus fuegos, y temblorosos los hombres creerán en tí el poder de lanzarlo sobre sus cabezas... Tales son los dones de la divinidad que nos inspira; tales los medios de conviccion con que debemos encadenar al pié de los altares á todos los hombres, cualquiera que sea su rango fuera del templo; pues todos han sido creados para creer, adorar y obedecer.

Las ciencias ocultas han sabido cumplir todas esas promesas inmensas: mil veces la mirada atenta ha visto esos milagros, cuando el entusiasmo impedia remontarse á sus causas. Y tambien nosotros, á quienes la investigacion es permitida y prescrita, tambien nosotros creemos en esos milagros, y los admiraremos en la variedad de los conocimientos necesarios para producirlos: no es decir que perdamos de vista la destreza, la charlatanería, la impostura, que en tanto grado se mezclaban á ellas en la sombra del misterio, puesto que hemos indicado esa aleacion vergonzosa; pero, desprendido de las impurezas que lo manchan, el metal precioso descubre todo su brillo y todo su valor.

CAPITULO XI.

Maravillas ejecutadas por medio de la mecánica.—Suelos movibles; autómatas; ensayos en el arte de elevarse en el aire.

En los prestigios de que se componian las pruebas y los espectáculos de las iniciaciones, no es posible desconocer á primera vista los secretos de una mecánica y de una acústica ingeniosamente aplicadas; las sabias ilusiones de la óptica, de la perspectiva y de la fantasmagoría; varias invenciones pertenecientes á la hidrostática y á la química; el hábil empleo de observaciones prácticas sobre las costumbres y las sensaciones de los animales; y por último, el uso de ciertos secretos, prácticados en todos tiempos, y siempre con sorpresa vueltos á encontrar, que preservan de la accion del fuego nuestros delicados órganos, nuestra carne tan fácilmente vulnerable.

En los escritos de los antiguos no se encuentra la indicacion positiva de que todos estos conocimientos se poseyesen teóricamente; pero los efectos hablan, y nos obligan á admitir la existencia de las causas. Lo repetimos, es mas acertado convenir en ellas, que argüir de falsedad gratuitamente contra tantas narraciones, cuya parte maravillosa y cuya imposibilidad han desaparecido ante el progreso de las ciencias. Nosotros poseemos los medios de hacer lo que los antiguos dicen haber hecho; y es de inferir que conocian otros medios equivalentes. Yo preguntaré á los qué rechacen esta consecuencia: La historia de las ciencias de la antigüedad, esa historia voluntariamente rodeada de tantas tinieblas, ¿ha llegado á nosotros tan detallada y completa, que podamos con certidumbre definir su extension y fijar sus límites?

No seré yo quien lo emprenda, al menos, por lo concerniente á la mecánica. «La ciencia de construir máquinas maravillosas, cuyos efectos parece que trastornan todo el órden de la naturaleza,» la mecánica, definida así por Casiodoro (1), llegó entre los antiguos á un grado de perfeccion que no han podido alcanzar por mucho tiempo los modernos... ¿Y lo sobrepujan hoy mismo? Con todos los medios de accion que los progresos de las ciencias y los descubrimientos modernos han puesto á la disposicion de lo mecánicos, ¿cuántas dificultades no ha ofrecido la simple operacion de colocar sobre un zócalo uno de esos monolitos que, hace cuarenta siglos, elevaban los egipcios con profusion delante de sus edificios sagrados (2)? Además, ¿no bastará citar las invenciones de Arquímedes, para creer en los milagros que la mecánica podia operar en los templos? Pero adviértase, con todo, que este grande hombre, seducido por la doctrina de Platon, atribuia un valor mediano á las mas brillantes aplicaciones de la ciencia, y solo estimaba la teoría pura y las investigaciones especulativas. Y no es solo esto, sino que se cree, aunque tal vez sin razon (3), fundándose en el testimonio de Plutarco, que Arquímedes no dejó nada escrito sobre la construccion de aquellas máquinas que tanta gloria le valieron. Solo el taumaturgo conocia todo el valor

(1) Casiod. *Variar.* lib. I cap. 45.
(2) El Autor se refiere al famoso obelisco egipcio de Paris.
(3) Plutar. *In Marcel.* párrafos 18 y 22.—Casiodoro (*Variar.* lib. I, capítulo 45), en la eneuumeracion de las obras que Boecio habia traducido del griego al latin, indica positivamente un *Tratado de mecánica de Arquímedes*: «mechanicum *etiam* Archimedem *Latialem Siculis reddidisti*» El epíteto dado á cada autor por Casiodoro, expresa, el título del asunto de la obra traducida: «*Pythagoras* musicus; *Plato* theologus; *Aristoteles* logicus.» Además poseemos el *Tratado de música* de Boecio. El sentido de la palabra *mechanicus* no admite duda, por otra parte, en la continuacion de la carta donde Casiodoro dá de la mecánica la definicion que hemos citado. Si recordamos que, tratándose de hechos, Plutarco no es una autoridad infalible, nos inclinaremos á conceder algun peso á la observacion de Casiodoro, contemporáneo y amigo de Boecio: al menos, será de apetecer que en las bibliotecas ricas en manuscritos se hagan investigaciones para descubrir esa traduccion de un tratado, cuyo original, si ha existido, parece haber desaparecido hace mucho tiempo.

de los secretos que la práctica de la ciencia podia sumistrarle; y el injusto desden de los filósofos le ayudaba á tener encerrados en una oscuridad impenetrable los medios de su poder.

En los misterios infames, denunciados á la severidad de los magistrados romanos, el año 186, antes de nuestra Era, y que sin duda eran una derivacion de iniciaciones mas antiguas, *ciertas máquinas levantaban y hacian desaparecer* á los infelices que, se decia, eran arrebatados por los dioses (1). Véase cómo, en otros casos, el aspirante á la iniciacion se sentia elevar súbitamente... Causará admiracion que el artificio, descubierto esta vez, continuase siendo adorado en otros misterios, si la credulidad humana no nos ofreciese á cada paso el espectáulo de tan palpables contradicciones.

Para descender á la gruta de Trofonio, los que iban á consultar el oráculo se colocaban en una abertura muy estrecha, que no permitia el paso á un hombre de un grosor mediano. Sin embargo, en cuanto penetraban las rodillas, todo el cuerpo pasaba á dentro con rapidez. Se comprende que habia dos mecanismos: uno que tiraba del hombre, y otro que ensanchaba súbitamente la entrada de la gruta (2).

Los sabios de la India condujeron á Apolonio hácia el templo de su dios, cantando himnos y formando una marcha sagrada: la tierra que golpeaban cadenciosamente con sus bastones, se movia como un mar agitado, levantándolos casi á la altura *de dos pasos*, y bajándose luego hasta recobrar su nivel (3). Ese cuidado de golpear con los bastones descubre la necesidad de avisar al operario que, colocado bajo un teatro movible y cubierto de tierra, lo levantaba por medio de un mecanismo bastante fácil de concebir.

Si hemos de creer á Apolonio (4), solamente los sabios de la India podian ejecutar este milagro. Sin embargo, es probable que un secreto análogo existia en otros templos. Algunos viajeros ingleses (5) han visitado los restos del templo de Céres en Eleusis. El

(1) Tit. Liv. lib. XXIX, cap. 13.
(2) Clavier, *Memoria sobre los oráculos antiguos*, pág. 149 y 150.
(3) Filostr. *De vita Apoll.* lib. III, cap. 5
(4) Id. *Ibid.* lib. VI, cap. 6.
(5) *The unedited antiquities of Attica, by the Society of dilettanti;* fol. London, 1817.—*Monthly Repertory*, tomo XXIII, pág. 8—11.

pavimiento del santuario es áspero y no pulimentado, y además mucho mas bajo que el del pórtico vecino. Por lo tanto, al nivel de este último existia un pavimento de madera, que ocultaba debajo del santuario un subterráneo destinado al juego de algunas máquinas. En el suelo de un vestíbulo interior se advierten dos ranuras ó carriles de bastante profundidad: no siendo posible que hubiesen penetrado hasta aquel lugar las ruedas de ningun carruaje, los mencionados viajeros piensan, en consecuencia, que aquellas ranuras recibian unas poleas, que en los misterios servian para levantar un cuerpo pesado; *tal vez*, dicen, *un suelo movible*. Confirma esta conjetura el que mas allá se ven otras ranuras, donde podian moverse los contrapesos que levantaban el suelo: tambien se ven los sitios de las clavijas que lo mantenian inmóvil á la altura deseada; como son ocho agujeros abiertos en sillares de mármol, á gran altura sobre el terreno, cuatro á la derecha y cuatro á la izquierda, y aptos para recibir clavijas de una dimension extraordinaria.

Las sillas que sujetan á una persona en el momento mismo de sentarse en ellas, de modo que le sea imposible levantarse, no son como se ha creido, invencion del siglo XVIII. Vulcano, dicen los mitólogos, regaló á Juno un trono, en el cual, apenas se sentó la diosa, quedó encadenada (1).

Vulcano habia decorado el Olimpo con unas trípodes que, sin motor aparente, se volvian á sus puestos en la sala del banquete de los dioses (2): Apolonio vió y admiró unas trípodes semejantes, en casa de los sabios de la India (3). La construccion de los autómatas dista mucho de ser una invencion moderna; y no temeríamos repetir, bajo la fé de Macrobio (4), que en Actium y en el templo de Hierápolis las estátuas se movian por sí mismas.

Como una prueba de la habilidad de los antiguos, debemos citar tambien la paloma de madera, fabricada por el filósofo Architas de tal modo, que volaba y se sostenia en el aire algun tiempo (5).

(1) Pausanias, *Attic.* cap. 20
(2) Homero, *Iliada*, lib. XVIII, vers. 375—378.
(3) Filostr. *De vita Apoll.* lib. VI cap. 6.
(4) Macrob. *Saturnal.* lib. I, cap. 23.
(5) A. Gelio *Noct. attic.* lib. X, cap. 13.

El recuerdo de esta obra maestra nos trae á la memoria naturalmente el deseo concebido por el hombre, en todos tiempos, de llegar á ser el rival de las aves en el aire, como lo es en las aguas, por el arte de nadar y el de dirigir los buques, de los habitantes de los rios y mares. No citaremos á Dédalo y á Icaro: «Perseguido por Minos, por haber revelado á Teseo los caminos y salidas del Laberinto, Dédalo huyó por mar con su hijo (1):» sus *alas* fueron las velas que, el primero entre los griegos, adaptó á los barcos, en tanto que las naves de su perseguidor no vogaban sino á fuerza de remos. Esto es tanto mas verosímil, cuanto que él habia podido conocer en Egipto el uso de las velas, como trajo de este pais la idea de la construccion del Laberinto. Pero si volvemos nuestras miradas hácia el Oriente, (lo que habremos de hacer mas de una vez), encontraremos un ejemplo, bastante sospechoso, es verdad (2), el cual refiere de una estátua de Apolo, que llevada en ceremonia por los sacerdotes del dios, se elevaba en el aire, volviendo á caer justamente en el punto de donde habia partido, como en nuestros jardines públicos lo haria un aeróstato sujeto por una cuerda.

Otras narraciones, cuyo orígen es seguramente muy antiguo, tambien nos suministran dos hechos bastante singulares para que nos sea permitido pasarlos en silencio. En una parte se nos habla de un carro volante, que un hombre dirije á su gusto en el aire, y se nos presenta como una obra maestra del arte, no de la mágia (3). En otra se nos dice que, debajo de un *globo*, hay atada una *lanchilla*, en la cual se coloca un hombre; y que el *globo*, lanzándose á los aires, transporta rápidamente al viajero á donde quiere ir (4)... ¿Qué debe pensarse de estos relatos? Nada, si no es que este género de ensayos de mecánica se remonta probablemente á una época mas antigua que la de Architas, y que el Tarentino, discípulo de Pitágoras, que á su vez lo era de los sabios de Oriente, acaso no excitó la admiracion de la Italia sino por los secretos recogidos en los templos de Ménfis y de Babilonia.

(1) Heráclito, De *Politiis*, verb. *Icarus*.
(2) Tratado *De la Diosa de Siria*.
(3) *Los Mil y un Dias*, Dias CX—CXV.
(4) *Las Mil y una noches*, Noche DLVI.

CAPITULO XII.

Acústica: imitacion del ruido del trueno.—Órganos.—Cofres resonantes, andróides ó cabezas parlantes.—Estátua de Memnon.

Se dirá que la impostura debia descubrirse por sí misma. El ruido de las poleas, el roce de las cuerdas, el crugir de las ruedas, el estruendo de las máquinas, por muy preocupado que estuviese el aspirante, debian llegar á su oido y revelarle la débil mano del hombre donde se pretendia hacerle admirar la obra de los génios todopoderosos. Este peligro fué conocido y evitado: lejos de procurar amortecer el ruido de las máquinas, los que las hacian funcionar procuraron aumentarlo, seguros de aumentar tambien el terror y la docilidad.

Cuando hablaban en nombre de los dioses, los taumaturgos supieron hacer oir el estruendo espantoso que acompaña al rayo, considerado por el vulgo como el arma de los dioses vengadores.

El laberinto de Egipto encerraba diferentes palacios de tal modo construidos, que no se abrian sus puertas sin que retumbase dentro el ruido terrible del trueno (1).

Dario, hijo de Histaspes, sube al trono: sus nuevos súbditos caen prosternados ante él, y le adoran como al elegido de los dioses, y como á un dios: en aquel instante ruge el trueno y se vé estallar el rayo (2).

(1) Plin. *Hist. nat.* lib. XXXVI. cap. 13.
(2) Tzetzes, *Chiliad.*

El arte de halagar los oidos tenia para el taumaturgo casi tanta importancia como el de aterrorizarlos. Pausánias, que refiere sériamente tantas leyendas fabulosas, moteja sin embargo á Píndaro de haber inventado las *vírgenes de oro dotadas de una voz arrobadora*, que, segun el poeta tebano, adornaban los artesonados del templo de Délfos (1). Menos incrédulos que él, nosotros colocamos detrás de las estátuas de las vírgenes ó de los bajos relieves dorados, de donde parecian partir los cantos melodiosos, un instrumento músico, cuyos sonidos imitaban los de la voz humana. Un simple juego de órganos bastaba para esto; y los órganos hidráulicos eran bien conocidos de los ántiguos: un pasaje de San Agustin parece indicar tambien que no eran ignorados los órganos de fuelle.

La historia de una piedra maravillosa, que dicen se encontraba en el Pactolo, nos revela una invencion mucho menos comun. Colocada á la entrada de un tesoro, esta piedra ahuyentaba los ladrones, que se espantaban al oir los ruidosos acentos de una trompeta (2). Hoy se fabrican unas cajas fuertes que producen el mismo sonido cuando se las abre furtivamente (3). El autor frigio de una de esas obras maestras de mecánica tal vez no habia ocultado su secreto, como pudiera creerse, bajo el velo de una relacion maravillosa: para que sus palabras expresen exactamente su pensamiento, ¿no basta que el cuerpo sonoro que empleaba fuese una piedra sacada de las riberas ó de los montes vecinos al Pactolo? En cuanto á la propiedad de sonar, tambien la encontramos en la piedra sonora que se conservaba en Megara (4); en el granito rojo de Egipto; en la piedra que se emplea en la China para fabricar instrumentos de música; en la piedra verde y brillante de que está formada una estátua que se encontró en las ruinas de *Palenqui-viejo* (5); y por último, en el basalto que se encuentra en el Brasil, del que se extraen masas considerables, que dan un sonido muy claro cuando se las golpea (6).

(1) Pausan. *Phocic.* cap. 5.
(2) *Tratado de los rios y de las montañas*, atribuido á Plutarco, párrafo 7.
(3) Luis XV, tenia una: en Viena ofrecieron otra á Napoleon en 1809.
(4) Pausanias, *Attic.* cap. 42
(5) *Revista enciclopédica*, t. XXXI, pag. 850.
(6) Mawe, *Viaje al interior del Brasil*, tomo. I, cap. 5, pág. 158.

Lo demás pertenece á la ignorancia y á la aficion á maravillas.

Hánse oido palabras distintamente proferidas por un niño en el acto de nacer, por animales, por árboles, por estátuas, ó. bien han resonado.expontáneamente en el recinto de un templo: así lo refieren con frecuencia los historiadores antiguos. Para explicar una parte de estos relatos, basta el prestigio del engastrimitismo; pero no basta para explicarlos todos: es, por lo tanto, mas sencillo considerar como efectos del arte esas voces, cuyo orígen no se percibia, y atribuir el milagro á la invencion de los *andróides*, invencion que en nuestros dias aun, y á pesar de hallarse descrita en libros de gran circulacion (1), no deja de excitar, con los nombres de *mujer invisible* ó de *cabeza parlante*, la admiracion del vulgo y la de gentes que no creen formar parte del vulgo.

Se dirigen preguntas en voz baja á una muñeca, á una cabeza de carton ó de metal, á una caja de vidrio, y muy luego se oyen respuestas que al parecer proceden del objeto inanimado: la acústica enseña los procedimientos que se debe poner en uso para que una persona colocada en un lugar bastante apartado oiga y sea oida tan inteligiblemente como si ocupase el lugar donde aparece el *andróide*, al que hace hablar. Esta invencion no es moderna. Mas de doscientos años ha que J. B. Porta explicó sus principios, en su *Mágia natural* (2); pero en tiempos mas antiguos, esos principios se guardaban secretos, y solo se presentaba á la admiracion de los hombres la maravilla que aquellos operaban.

Hácia fines del siglo xiv, excitaba en Inglaterra el asombro de los curiosos una *cabeza* parlante de barro cocido. La que hizo Alberto el Grande (en el siglo xiii) tambien era de barro. Gerberto, que ocupó la Santa Sede con el nombre de Silvestre II, desde 999 á 1003, habia fabricado una de bronce (3). Esta obra maestra fué causa de que se le acusase de mágia, acusacion fundada, si se hubiese dado el mismo sentido que nosotros damos á las palabras obra mágica; pues aquello era el resultado de una ciencia oculta al conocimiento del comun de los hombres.

(1) *Enciclopedia*, art. *Andróide*.
(2) J. B. Porta, *De magia naturali* Pancirol. *Rerum recens invent*. tit. 10
(3) Elias Schedius, *De Diis germanis*, pág. 572 y 573.

Aquellos sabios no habian descubierto, y si solo habian recibido de predecesores mucho mas antiguos un secreto, que excedia y espantaba á la débil inteligencia de sus contemporáneos.

Odin, que introdujo entre los escandinavos una religion y secretos mágicos recojidos en el Asia, poseia una *cabeza parlante*. Decíase que era la cabeza del sabio *Mimer*, engastada en oro por Odin despues de la muerte de aquel héroe: Odin la consultaba, y las respuestas que recibia eran reverenciadas como oráculos de una inteligencia superior.

Antes que el legislador del Norte, otros habian procurado hacer mas ávida y mas dócil la credulidad, suponiendo que las cabezas parlantes de que se servian habian sido animadas por la inteligencia de hombres vivientes.

No citaremos en este sentido el niño que el espectro de Policrito devoró enteramente, exceptuando la cabeza, la cual enunció profecías que no dejaron de realizarse (1): este mito pertenece probablemente á la alegoría. Pero en Lesbos habia una *cabeza parlante*, que predijo al gran Ciro, aunque en términos equívocos, la muerte sangrienta que debia terminar su expedicion contra los escitas: esta cabeza era la de Orfeo, famosa entre los persas, y no menos entre los griegos, desde el tiempo de la guerra de Troya: tal era la celebridad de sus oráculos, que tuvo celos de ella el mismo Apolo (2).

Segun varios rabinos, los *Theraphim* eran cabezas de muerto embalsamadas, bajo cuya lengua se colocaba una hoja de oro (3), como fué cubierta de oro la cabeza de Mimer. Aplicados contra una pared, contestaban á las preguntas que se les dirigian. Otros rabinos dicen que los *Theraphim* eran simulacros, figuras, que despues de haber recibido la influencia de astros poderosos, conversaban con los hombres y les daban avisos saludables (4). De las expresiones de Mai-

(1) Phlego, *De mirabilibus*; Noel, *Diccionario de la Fábula*, art. *Policrito*.
(2) Filostrat. *Vita Apoll.* lib. IV, cap. 4 Filostrat. *Heroic*. in *Philoctetes*.
(3) Frommann, *Tract. de fasc.* pág. 682 y 683.
(4) R. Maimonides, *More Nevochim*, parte III, cap. 30. «Et ædificave- »runt palatia et posuerunt in eis imagines, etc.» Elias Schedius, *De diis germanis*, pág. 568 y 569.

monides sobre este asunto se puede inferir, que se construian edificios expresos para colocar en ellos las imágenes parlantes; lo que se comprende bien, no menos que el cuidado que se tenia en otros casos de aplicarlas contra la pared: siempre se necesita una disposicion local apta para producir el milagro acústico.

Este milagro no era ignorado en el país fecundo en maravillas, donde los hebreos adquirieron muchos de sus conocimientos. Los sacerdotes (Mercurio Trismegisto nos lo dice), los sacerdotes poseian allí *el arte de hacer dioses* (1), de fabricar estátuas dotadas de inteligencia, que predecian el porvenir é interpretaban los sueños. Aparte de esto, confiesa que ciertos teurgistas, dados á una doctrina menos pura, tambien sabian *hacer dioses*, ó sean estátuas que los demonios animaban, y que cedian poco en virtudes sobrenaturales á las obras sagradas de los verdaderos sacerdotes. En otros términos, el mismo secreto físico era puesto en accion por dos sectas rivales.

Los antiguos poseian, como nosotros, el arte de construir los *andróides* (2), y este arte ha llegado desde sus santuarios á nuestros laboratorios de física, por la mediacion de los tenebrosos sabios de la Edad media: tal es la conclusion que sacamos de lo que precede, pareciéndonos mas admirable que la suposicion de imposturas y supercherías groseras é incesantemente renovadas (3).

La maravilla que, en Egipto tambien, repetia diariamente la estátua de Memnon, cuando saludaba con su voz armoniosa la salida del sol, ¿era una aplicacion de la ciencia, igual ó superior á las que hemos enumerado?

El secreto de este milagro, ¿consistia en un arte ingeniosamente

(1) «*Artem qua deos efficerent.*» Mercurii Trismegisti *Pymander*. Asclepius, pág. 145, 146—165 (in 12.°, Basileæ, 1532).

(2) Creemos que basta esta explicacion; y para completarla, no citarémos las *cabezas parlantes*, presentadas por el abate Mical á la Academia de ciencias de Paris, en 1783, las cuales pronunciaban palabras y frases, pero no producian una imitacion bien perfecta de la voz humana.

(3) Léjos de exagerar los conocimientos acústicos de los antiguos, no vamos tan allá como Fontenelle, que sospecha (*Historia de los oráculos*, 1.ª parte, cap. 13) que los antiguos sacerdotes conocieron el uso del portavoz. El P. Kircher piensa que Alejandro se servia de un portavoz para hacerse oir á un mismo tiempo en todo su ejército: esto me parece poco probable.

oculta, ó solo en un fenómeno que no pensaban en profundizar los espectadores ávidos de maravillas? Todas las conjeturas que se han aventurado sobre este asunto, paréceme que se hallan reducidas á esa alternativa (1).

La segunda suposicion nos ofrecería un ejemplo mas de la habilidad con que los sacerdotes sabian convertir en milagros los hechos aptos para admirar al vulgo.

La primera ha sido adoptada por diferentes autores contemporáneos; y creo es la que los sacerdotes querian hacer prevalecer.

Juvenal llama *mágicos* los sonidos que salian de la estátua (2); y nosotros hemos asentado que, entre los antiguos, la mágia era la ciencia de operar maravillas por procedimientos científicos desconocidos de la mayoría de los hombres. Un escoliasta del satírico latino es todavía mas explícito; y comentando este pasage, habla del sabio mecanismo de la construccion de la estátua (3); lo cual es decir claramente que la voz resultaba del juego de una máquina. Cuando este escritor reducia así la maravilla de la estátua de Memnon á una obra maestra de mecánica, indudablemente hablaba conforme á una tradicion admitida. Sin embargo, esta tradicion en nada obstaba á los sentimientos de admiracion y de piedad que la voz sagrada despertaba en el ánimo de sus oyentes (4). Se reconocia en ella un *milagro*, segun el sentido primitivo de esta palabra; una cosa admirable, cuya invencion se complacían en atribuir á la inspiracion de los dioses, pero que no tenia nada de sobrenatural. A la larga, esta nocion se oscureció en el ánimo de la muchedumbre; y entonces, y tal vez sin que los sacerdotes tratasen de engañar á los adoradores, la maravilla del arte se transformó en un prodigio religioso, renovado cada dia.

(1) El interés que ofrece esta discusion me obliga á exponerla con algun detenimiento, sin que pretenda terminarla. Véase la nota B, *De la estátua de Memnon*, al fin del tomo.

(2) «*Dimidio* magicæ *resonant ubi Memnone* chordæ»

(3) Citado por J. Phil. Casselius, *Disertacion sobre las piedras vocales ó parlantes*, pág. 8. Langlés, *Disertacion sobre la estátua vocal de Memnon. Viaje de Norden*, tomo II, pág. 237.

(4) Véanse las inscripciones grabadas en el coloso: M. Letronne las reunió y explicó en la obra titulada: *La estátua de Memnon* (en 4.° Paris, 1833) pág. 113—240.

CAPITULO XIII.

Optica.—Efectos semejantes á los del diorama.—Fantasmagoria.—Apariciones de los dioses y de las sombras de los muertos.—Cámara oscura.—Mágicos que cambian de aspecto y de figura.—Prestigio increible.

Todos nuestros sentidos son tributarios del imperio de lo maravilloso, y la vista mas que el oido. Por poco que se prolonguen, los sonidos agradables perderán una parte de sus encantos, el ruido estrepitoso ensordecerá, las voces maravillosas llegarán á inspirar sospechas. Pero, aunque las ilusiones ofrecidas á la vista se sucedan sin interrupcion, no dejarán de ocupar al hombre, ansioso de nuevos espectáculos: su variedad y sus contrastes no darán tregua á la reflexion ni acceso á la monotonía.

Por muchos prodigios que la óptica debiese procrear en las representaciones pomposas ó terribles de los misterios y de las iniciaciones, y en los milagros de los taumaturgos, nunca faltaban recursos científicos para operarlos. Los antiguos sabian fabricar espejos que representaban imágenes multiplicadas, imágenes inversas y lo que es mas notable, que colocados en una posicion particular, perdian la propiedad de reflejar los objetos. Poco importa saber si esta última propiedad consistia solamente en un acto de destreza, ó si tenia algo de análogo con el fenómeno de la luz polarizada, que llegando al cuerpo reflector bajo cierto ángulo, es absorbida y no produce imágen alguna: de cualquier modo que fuese, su empleo era á propósito para crear numerosas maravillas. Aulo Gelió, (1) citando á Varron, nos comunica estos hechos, al mismo tiempo que hace el estudio de fenómenos tan curiosos como poco dignos de la atencion de un sabio. Cualquiera que fuese el principio de que emanase una opinion tan poco razonable, pero comun á toda la clase ilustrada entre los antiguos, y que no se desdeñó de participar el mismo Arquímedes, se comprende cuan útil debió ser al taumaturgo: sus secretos milagrosos no habian merecido por mucho tiempo esté nombre, como si los hombres que reformaban la ciencia bajo el influjo luminoso de la civilizacion perfectible se hubiesen ocupado en investigar la combinacion práctica de los fenómenos, en lugar de limitarse al estudio de la teoría.

Los jardines deliciosos, los palacios magníficos, que del seno de una profunda oscuridad aparecian súbitamente, iluminados hasta perderse de vista por una luz mágica y, como si dijésemos, por un sol que les fuese propio (2), constituyen una invencion justamente admirada, como el *diorama*, que hoy puede reproducirlos á nuestra vista. El artificio principal consiste en el modo de hacer reflejar la luz en los objetos, manteniendo al espectador en la oscuridad. Esto no era difícil cuando el iniciado, conducido de subterráneo en subterráneo, y ora levantado en el aire, ora bajando con rapidez, podia creerse perdido en las profundidades de la tierra, aunque el lugar oscuro que le encerrase tocase al nivel del suelo. ¿Y cómo los taumaturgos no habian de conocer semejante invencion, buscando como buscaban todos los medios de multiplicar las maravillas? Sin esfuerzo alguno del arte, la observacion bastaba para revelársela. Si á una larga galería, que solo recibe la luz por un estremo, sigue una bóveda formada por árboles frondosos, el paisaje visto mas allá de esta bóveda se acerca y se despliega como el cuadro del diorama á la vista de las personas colocadas en el fondo de la galería.

(1) Aulo-Gel. *Noct. Attic.* lib. XVI, cap. 18. Hé aquí el final del pasage latino: *Ut speculum in loco certo positum nihil imaginet; aliorsum translatum, faciat imagines.* Repitiendo el compilador lo que no habia profundizado, pudo creer que el fenómeno dependia del *sitio*, y no de la *posicion* del espejo.

(2) . . . . . *Solumque suum, sua lumina norunt.*
Virgil. *Eneida*, lib. VI, v. 641.

La ilusion era susceptible de aumehtarse aun por la union de los medios mecánicos á los efectos de la pintura y de la perspectiva. En 1826 se expuso en Paris un diorama que representaba las ruinas de un claustro (1), donde una puerta se abria y se cerraba como por efecto del viento. Estando abierta, se descubria al otro lado una inmensa campiña con árboles, que proyectaban sobre los escombros del claustro sombras mas ó menos negras, segun que las nubes rápidamente movidas en el cielo, que se veia á través de las ruinas, figuraban permitir al sol un esplendor mas ó menos vivo. Trasladad este artificio, poco aprobado por los amigos severos de las bellas artes; al fondo de un santuario y ante los ojos de hombres creyentes y ya desvanecidos por el poder de los prestigios: ¿podrá quedar á estos hombres la menor duda sobre la realidad de unas apariencias que así representan la verdad y la movilidad de la naturaleza?

Las apariciones son la mas célebre, aunque tambien la mas comun de las maravillas procreadas por la óptica.

En una antigüedad muy remota, bajo el imperio de civilizaciones estacionarias, todo hombre que veia un dios debia morir, ó al menos perder el uso de la vista. Este singular temor, cuya causa indicaremos mas adelante, habia cedido á la fuerza del tiempo y á la necesidad que sentian las almas ardientes de entrar en comunicacion directa con los objetos de su adoracion. Lejos de ser temidas, las apariciones de los dioses llegaron á ser un signo de su favor, y dieron un lustre respetable á los lugares donde recibian los homenajes de los mortales. El templo de *Enguinum*, en Sicilia, no era tan reverenciado por su antigüedad, como porque algunas veces se veia favorecido por la aparicion de las *Diosas madres* (2). Esculapio tenia un templo en Tarsos, donde se manifestaba frecuentemente á sus adoradores (3). Ciceron habla de las frecuentes apariciones de los dioses (4). Varron, citado por San Agustin (5), dice que Numa y Pi-

---

(1) El claustro de S. Vandrille, cerca de Ruan... setiembre de 1826.
(2) Plutarco, *in Vita Marcell.*
(3) Filostrat. *Vita Apoll.* lib. I, cap. 5.
(4) Cicer. *De nat. Deor.* lib. II.
(5) S. Agustin, *De civitate Dei*, lib. VII, cap. 30.

tágoras veian en el agua las imágenes de los dioses, y que este género de adivinacion habia sido importado de Persia á Italia, como tambien el arte de hacer aparecer los muertos. En efecto, estas dos artes debieron constituir una sola, y las encontramos en el Asia mucho antes de la época de Numa ó de Pitágoras. La Pitonisa de Endor evoca delante de Saul la sombra de Samuel: ve, segun ella dice, un dios que *se eleva* del seno de la tierra. Esta expresion, repetida mas de una vez en el texto, da en mi sentir la interpretacion del pasaje donde Plinio habla de una silla colocada en el templo antiguo de Hércules, en Tiro: «De esta silla, hecha de una piedra *sagrada*, *se elevaban* fácilmente los dioses (1):» lo cual quiere decir que de allí parecian salir con preferencia las apariciones milagrosas.

En un pueblo situado lejos del Asia, pero que debió sus tradiciones y sus creencias á una colonia salida de las orillas del Ponto Euxino, se conoció tambien el arte de interrogar á los muertos. En el *Hervorar-Saga*, un poeta escandinavo reviste con los colores de la mas alta poesía la evocacion de un guerrero muerto en los combates; la prolongada resistencia que opone á la demanda que se le dirige, y las predicciones siniestras con que castiga la violencia que se le ha hecho sufrir.

Un arte que la Persia habia transmitido á la Italia no podia ser desconocida en Grecia; y en efecto, allí la encontramos en una época muy antigua. «Inconsolable por la muerte de Eurídice, Orfeo marchó á Aornos, donde antiguamente habia un santuario, en el que eran evocados los muertos (*Nekyomantion*). Creyó que la sombra de Eurídice le seguia; y volviéndose, al ver que se habia engañado, se dió la muerte (2).» Esta explicacion histórica del mito de Orfeo nos revela una particularidad curiosa; la existencia en aquellos tiempos remotos de lugares consagrados especialmente á la evocacion de los muertos y á la aparicion de las sombras.

(1) Plin. *Hist. Nat.*, lib. XXVII. cap. 10. «Eusebes, *ex eo lapide... facta sedes, ex quâ dii facile surgebant.*»

(El mejor manuscrito de Plinio no dice *dii*, sino *pii*; de suerte que habia de traducirse: «Una piedra que servia para hacer una silla de la cual solo se alzaban fácilmente los hombres piadosos.»)

(2) Pausanias. *Bœotic.* cap. 30.

Algunas veces las sombras eran mudas; pero con mas frecuencia el *engastrimitismo* pudo atribuirles discursos y oráculos. Esta congetura difícil de contradecir presenta bajo un nuevo aspecto el libro undécimo de la Odisea. Allí cuenta Homero realmente la admision de Ulises, pero de él solo (1), en un *Nekyomantion*, donde el jefe de Itaca conversa con los amigos que le habia arrebatado la muerte. Una multitud innumerable de apariciones y un espantoso ruido interrumpen estos diálogos maravillosos: Ulises se aleja temiendo que Proserpina irritada no haga aparecer la cabeza de la Gorgona del seno de los infiernos (2): tales eran los medios que se ponian en accion para alejar á los espectadores, cuando su curiosidad llegaba á ser embarazosa, ó se prolongaba mas tiempo del que permitian los recursos del espectáculo.

Allí es donde Homero introduce á Aquiles exaltando la vida como el mayor de los bienes, y prefiriendo la condicion del mas mísero de los vivientes á su celebridad imperecedera (3). Se ha criticado calorosamente que la sombra de Aquiles desmienta el carácter establecido del mas intrépido de los guerreros, pero si la invencion poética es censurable, yo admiro en ella la fidelidad de la narracion. Ha existido una época (la cual era reciente aun en Grecia por el tiempo de la guerra de Troya), en que la casta sacerdotal, que hasta entonces habia recibido en absoluto la adoracion de los hombres, se indignó de ver que los guerreros, sin mas títulos que su valor, su fuerza y sus combates, se hiciesen reconocer por *semidioses* y héroes, como hijos de alguna divinidad, y que de este modo usurpasen una admiracion y un poder enteramente reservados á los profesores de las artes mágicas. ¿Qué doctrina debian proclamar estos profesores en sus revelaciones religiosas? La mas á propósito para helar el entusiasmo guerrero. Y en Grecia, ¿podia darse nada mas hábil que escoger por intérprete de esta doctrina pusilánime la grande alma de Aquiles? «Un perro vivo vale mas que un leon muerto.» hé aquí lo que enseñaba aun á los árabes belicosos un libro lo menos dos siglos posterior á los viajes de Ulises.

(1) *Odis.* lib. XI, v. 528
(2) Id. lib. XI, v. 631-634.
(3) Id. lib. XI, v. 486-490.

El pleito del incensario y la espada parecia haber terminado sin apelacion, cuando Virgilio se decidió á marchar siguiendo las huellas de Homero; y el poeta se habria deshonrado gratuitamente, haciendo hablar á un héroe contra el desprecio de la muerte. El libro sexto de la Eneida es un magnífico cuadro de las escenas principales del drama de las iniciaciones, más bien que la descripcion de un *Nequiomancio*.

El arte de las evocaciones decayó en Grecia desde los tiempos históricos. La última aparicion que lo recuerda es la de Cleonice á Pausanias, su asesino. El remordimiento y el amor condujeron á este príncipe á un *Nekyomantion*. Allí los *psicagogos* hicieron hablar en su presencia á la sombra de Cleonice: Pausanias recibió de ella una respuesta ambigua, que lo mismo podia prometerle el perdon del cielo que anunciarle una muerte violenta, como próximo y justo castigo de sus crímenes (1).

Habiendo perdido á su hijo único, Elisio de Terina se presentó en un *Psychomantion* para evocar su sombra querida. Sin duda no habia habido tiempo de preparar una aparicion semejante; y el afligido padre hubo de contentarse con un oráculo, el cual declaraba que la muerte es el mayor de los bienes (2).

No debe inferirse de este hecho que el arte hubiese perecido en Italia; pues subsistia en Roma en tiempo de Ciceron: este autor menciona repetidas veces los experimentos de *Psicomancia* á que se dedicaba Apio, su contemporáneo (3). Dos siglos despues, Caracalla evocó las sombras de Cómodo y de Severo (4).

Sin embargo, las consecuencias terribles que habian debido producir tales apariciones, pudieron desviar desde muy temprano al vulgo de frecuentar los *Nekyomantions*. Los que las solicitaban no siempre eran hombres curiosos ó inquietos y ávidos de conocer el porvenir. Mas amenudo fueron seres amantes y, como Orfeo, como Elisio, privados por la muerte del objeto de sus mas caras afecciones. Tal fué la fiel esposa de Protesilao, importunando á los dioses por

---

(1) Pausanias, *Laconic.* cap. 17.—Plutar. *De sera numinum vindicta.*
(2) Cicer. *Tuscul. quæst.* lib. I, cap. 42.—Plutar. *De consolatione.*
(3) Cicer. *De divinat.* lib. I, cap. 58.—*Tuscul. quæst.* lib. I, cap. 46 y 48.
(4) Xiphilin, *in Caracalla.*—Dion, lib. LXXVII.

volver á ver un momento á su esposo muerto, en las riberas troyanas; la cual, apenas percibió su sombra, no vaciló un momento en seguirla, arrojándose á las llamas. Estas apariciones ejercian grande influencia sobre las imaginaciones exaltadas y sobre los corazones afligidos, y en aquella crisis dolorosa, el ser capaz de un sentimiento profundo se lanzaba á la muerte como al mayor de los bienes, si estaba persuadido de que la muerte le habia de reunir á la mejor mitad de sí mismo: y nada mas propio para suplir semejante persuasion y precipitar su influencia que la aparicion; pues devolviendo el bien perdido para arrebatarlo al instante, parecia indicar al mismo tiempo el camino abierto para ir á reunírsele de nuevo. Sin embargo, el desuso hizo caer en olvido, pero no destruyó el secreto de las apariciones. San Justino, en el siglo II, habla de la evocacion de los muertos como de un hecho que nadie pone en duda (1). En el siglo III, Lactancio, presenta de un modo mas positivo aun á los Magos siempre dispuestos á hacer aparecer los muertos para confundir á los incrédulos (2). En el siglo IX, un padre inconsolable por la pérdida de su hijo, el Emperador Basilio el Macedonio, recurrió á las oraciones de un hombre ya célebre por el don de hacer maravillas (3), y vió la imágen de aquel hijo querido correr hacia él, magníficamente vestida y montada en un soberbio caballo, echarse en sus brazos y desaparecer. Para explicar este rasgo histórico, ¿acudiremos todavía á la suposicion grosera de un caballero apostado para representar el papel del jóven príncipe? Engañado por la semejanza el padre, ¿no lo habria detenido y encadenado en sus brazos? La existencia de este hombre, revelada por una semejanza tan notable, y por consiguiente, la falsedad de la aparicion, ¿no habrian sido al punto descubiertas y denunciadas por los enemigos del taumaturgo (4)?

(1) S Justino, *Apologet.* lib. II.
(2) Lactanc. *Div. institut.* lib. VII, cap. 13.
(3) Teodoro Santabaren, abad-arzobispo de los Euchaitas.—Glicas, *Anal.* parte IV, pág 296. Leo Grammat. In *Vita Basilii imp.* párrafo 20.
(4) La semejanza de una mujer llamada *Oliva* con la reina María Antonieta dió márgen á la intriga conocida con el nombre de *Proceso del collar*, en 1785. Pero *Oliva* no tardó en ser presa y juzgada. El sustituto del hijo del emperador griego habria sido igualmente preso por los rivales de Santabaren; pues la envidia, sobre todo en la corte, no es menos hábil que la mas activa policía.

Poniendo este hecho en parangon con otras tradiciones anteriores, y sobre todo con la antigua existencia de los *Nekyomantions*, es mas sencillo confesar que en nuestros dias ha sido *descubierta de nuevo y no inventada* (1) la fantasmagoría, como tambien reconocer que se hacia uso de prestigios en las apariciones de los dioses y en las evocaciones de los muertos (2), por cuyo medio ciertas sombras, dotadas de una semejanza extraordinaria con los seres ó las imágenes que debian recordar, se desvanecian repentinamente en medio de los abrazos que intentaban detenerlas.

Pudiéramos copiar la descripcion que da el P. Kircher (3) de los instrumentos que debieron servir para la fantasmagoría en los tiempos antiguos; pero es mas curioso presentar sus efectos, tales como los ha descrito un discípulo de los filósofos teurgistas: «En una manifestacion que no debe ser revelada... aparece, en la pared del templo, una masa de luz, que se manifiesta al principio muy lejana: luego se trasforma como condensándose en un rostro evidentemente divino y sobrenatural, de severo aspecto, pero mezclado de dulzura y muy agradable á la vista. Segun las enseñanzas de una religion misteriosa, los alejandrinos le honran como á Osiris y Adonis (4).» Si yo hubiese de describir una fantasmagoría moderna, ¿me explicaria de otra manera?

Damascio nos enseña que se hacia uso de esta aparicion para desviar á los jefes de la ciudad de entregarse á disensiones perniciosas. El milagro tenia, pues, un objeto político, lo cual puede reconocerse en muchos de los que nos cuenta la antiguedad, y suponerse para el mayor número de ellos.

En otros casos ha podido hacerse uso de la cámara oscura para reproducir cuadros movibles y animados. Y aquí se presenta con

---

(2) En los *Souvenirs d' un homme de cour*, tomo I, pág. 324—329, se refiere una aparicion fantasmagórica, que debe datar de mediados del siglo XVIII; la cual consistia en dar apariencias de vida y de movimiento á figuras de tapicería.

(3) Pitágoras enseñaba, que las sombras de los muertos no mueven los ojos (Plut. *De los plazos de la justicia divina*): la observacion es justa; pues séria difícil comunicar ese movimiento á una aparicion fantasmagórica.

(4) Kircher, *OEdipus*, tomo II, pag. 323.

(5) *Damascius* apud Photium, *Biblioth.* cod. 242.

mas fuerza la observación hecha hablando del diorama: esta simple relacion basta para indicar su empleo. Si en la ventana de un cuarto que se cierra exactamente se hace una pequeña abertura, se vé pintarse con precision en el techo los hombres, los animales, los carruages que pasan por de fuera, con tal que estén suficientemente iluminados: los colores, por poca vivacidad que tengan, brillan y se reconocen perfectamente: hasta las imágenes pueden, como yo lo he observado, conservar una semejanza notable en los detalles y en el conjunto, cuando sus dimensiones relativamente á los objetos que reproducen no están en mas proporcion que de uno á doce ó quince.

Es cosa probada que, entre los antiguos, esas apariciones eran resultados de medios científicos, por el arte que poseian los taumaturgos de restablecer á su posicion natural las figuras que un lente convexo ó un espejo cóncavo hacian aparecer en sentido inverso.

Buffon admite como posible la existencia del espejo de acero ó de hierro bruñido que se establecio en el puerto de Alejandría para descubrir de léjos la venida de los buques. Si como puede presumirse, los conocimientos que sirvieron para construir el espejo de Alejandría existian en los templos mucho antes de caer bajo el dominio de la industria, ¿cuántos milagros no pudieron en caso necesario llenar de admiracion á los pueblos, y asombrar aun á los mismos filósofos?

«Si este espejo, dice Buffon, ha existido realmente, como parece, no puede negarse á los antiguos la gloria de la invencion del telescopio (1).» Séanos permitido añadir á esta respetable autoridad otra de muy diferente género: en esas antiguas narraciones orientales cuya parte maravillosa, segun nuestra opinion, pertenece mas bien á tradiciones desfiguradas que á estravíos de una imaginacion sin freno, se vé figurar un tubo de marfil largo de un pié y poco mas de una pulgada de grueso, provisto de un cristal en cada extremo, aplicando un ojo á ese tubo, se vé lo que se desea ver (2).

(1) Buffon, *Historia natural de los animales.* Introduccion, sexta memoria, art. 2.
(2) *Mil y una Noches,* noche CDVI.

Sustituyamos á ese prodigio el de percibir un objeto que la distancia oculta á la simple vista, y el instrumento mágico se convierte, si no en un telescopio, al menos en un anteojo.

¿Debemos considerar como referente á los prestigios de la dióptrica una facultad extraordinaria de que hablan los escritores de tiempos y paises muy diferentes, hasta el punto de que pueda creerse que no se han copiado unos á otros?

Júpiter enamorado, revistiéndose de la apariencia de Diana ó de Anfitrion; Proteo y Vertumno cambiando á su capricho de forma y de aspecto, son fábulas que se perdonan á una mitología risueña: su misma enormidad hace que se las olvide por absurdas.

Cuando un biógrafo refiere que su héroe, presentándose bajo una figura prestada, engañó á sus mismos amigos, causa risa el exceso de credulidad á que ha podido conducir el entusiasmo: con la misma incredulidad serán recibidas dos ó tres relaciones de aventuras del mismo género. Pero no hablamos aquí de un hecho aislado, sino de un arte extendida por casi todas las partes del mundo. La Mágia, dice Jamblico, no tiene por objeto crear seres, sino hacer aparecer imágenes semejantes á ellos, que luego se disipan sin dejar la menor huella (1). En las conquistas de Gengis-Kan se halló comprendida una ciudad que era el depósito de todo el comercio de la China: los habitantes, dice su historiador (2), se dedicaban á un arte, que consiste en hacer aparecer lo que no es y desaparecer lo que es. «Llamábase *Magos* (ó mágicos), dice Suidas, á los hombres que sabian rodearse de apariciones fantásticas (3).» Su traductor añade por via de explicacion, que con sus prestigios ofuscaban la vista de los hombres, hasta el punto de aparecer enteramente distintos de como eran realmente.

Un historiador que, aparte de los autores griegos y latinos que nosotros no poseemos y que él pudo conocer, consultó las tradiciones importadas de Asia al norte de Europa con la religion de Odin,

―――――
(1) *Hist. de Gengis-Kan*, pag. 471 y 472.
(2) «Ejusmodi namque magicæ finis est, non facere simpliciter, sed usque ad apparentian imaginamenta porrigere, quorum mox nec vola, quod dicitur, compareat, nec vestigium.» (Iamblich. *De myst.*)
(3) Suidas, verbo *Magos*.

Saxo Grammaticus, emplea el mismo lenguaje que Suidas. Hablando de las ilusiones producidas por los filósofos mágicos, dice: «Siendo muy expertos en el arte de fascinar la vista, sabian dárse y dar á otros la apariencia de diversos objetos, y ocultar su aspecto verdadero bajo formas atractivas (1).»

Juan de Salisbury, que incontestablemente bebió en fuentes hoy desconocidas de nosotros, refiere que Mercurio, el mas hábil de los mágicos, habia encontrado el secreto de fascinar la vista de los hombres, hasta el punto de hacer á las personas invisibles, ó por mejor decir, que aparecieran bajo la forma de seres de una especie diferente (2).

Simon el Mago podia tambien hacer que otro hombre se le pareciese, de tal modo que todas las miradas se engañasen: este hecho increible lo refiere como testigo ocular el autor de las *Recognitiones*, atribuidas al papa S. Clemente (3).

Pomponio Mela atribuye á las druidisas de la isla de Sena el arte de transformarse cuando querian en animales (4); y Solino (5) cree poder explicar los prestigios que operaba Circe, atribuyéndolos á apariencias engañosas.

Eustato entra en detalles mas importantes. Proteo, en Homero, se *transforma* en un fuego voraz: esto, dice el comentador (6), no debe tomarse en sentido literal, sino en el de *aparicion*: así es como Proteo se transforma en dragon, leon ó jabalí; es decir, *aparece*, no se transforma. Proteo era un *fautor de prodigios (tera-turgos)* muy sabio, muy sutil y diestro, versado en los secretos de la filosofía egipcia. Despues de haber citado á Mercurio y otros seres que tambien pertenecen á la Mitología, y que por una metamórfosis aparente pasaban, como Proteo, de una forma á otra, continua Eustato:

«En la *misma arte* ha sido admirado Cratistenes, *el cual hacia aparecer fuegos* que simulaban salir de él y gozar de un movimien-

(1) Saxo Grammat. *Hist. Dan.* lib. I, cap. 9.
(2) Juan Salisb. *Polycr.* lib. I, cap. 9.
(3) *Recognit.* lib. X. *Epitome de rebus gestis B Petri.*
(4) Pompon. Mela, lib. III, cap. 6.
(5) Solin. cap. 8.
(6) Eustat. in *Homer, Odis.* lib. IV, vers. 447 y 448.

to que les era propio; y ponia en práctica otras *apariciones* para obligar á los hombres á confesarle sus pensamientos. Lo mismo fueron Xenofonte, Scymnos, Philípido, Heráclito y Ninfodoro, que burlaban á los hombres inspirándoles terror.»

Ateneo (1) habla en los mismps términos de Cratistenes y de Xenofonte, *que hacía aparecer el fuego*, y de Ninfodoro, todos tres hábiles en fascinar á los hombres con prestigios y en espantarles con *apariciones*.

¿Qué eran estas apariciones? El sentido de la palabra no admite equivocacion, puesto que el comentador se propone probar, que deben ser consideradas como apariciones las supuestas metamórfosis de Proteo: preciso era, pues, que los prestigiadores pareciesen revestirse ellos mismos de las formas con que espantaban á los espectadores.

Obsérvese que, al asegurar que poseian este talento, ni Eustato, ni Ateneo consideran á Cratistenes ó Xenofonte como hombres dotados de un poder sobrenatural: tanto el uno, como el otro, y el mismo Proteo no son mas que hábiles *fautores de prestigios*.

En otros tiempos y en otro hemisferio encontramos un prestigio semejante. José Acosta, que residió mucho tiempo en el Perú, en la segunda mitad del siglo diez y seis, asegura que en aquella época existian aun hechiceros, que sabian *tomar la forma que querian*. Refiere que, en Méjico, el jefe de una ciudad, mandado llamar por el predecesor de Motezuma, se trasformó, á los ojos de los hombres enviados sucesivamente para prenderle, en aguila, en tigre y en una serpiente inmensa. Por último cedió, y se dejó conducir ante el emperador, que inmediatamente le hizo dar la muerte (2). En este momento no estaba ya en su casa; no estaba en su teatro; no tenia los prestigios que debia emplear para salvar su vida.

En un escrito publicado en 1702, el obispo de Chiapa (Guatemala) atribuia el mismo poder á los *Naguales*, sacerdotes nacionales, que se esforzaban por atraer á la religion de sus mayores los niños que el gobierno hacia educar en la práctica del cristianismo. Despues de

---

(1) Ateneo, *Deipnosoph*. lib. I, cap. 14.
(2) Joseph Acosta, *Historia natural de las Indias*, etc. fólios 251 y 258.

algunas ceremonias, en el momento mismo en que el niño á quien instruia iba á abrazarle, el Nagual tomaba repentinamente un aspecto terrible, y bajo la forma de un leon ó de un tigre, aparecia enlazado al jóven neófito (1).

Obsérvese que estos milagros, (2) como los prestigios del encantador mejicano, se efectuaban en un parage elegido y designado préviamente. Unos y otros no prueban mas que un poder puramente local: indican la existencia de una máquina, sin dejar adivinar sus resortes.

El fuego de que, á imitacion de Proteo, se rodeaban Cratistenes y Xenofonte, y acaso tambien los demas prestigiadores, ¿no serviria para ocultar alguna otra operacion? Sabido es que los antiguos creyeron muchas veces percibir en las emanaciones de un cuerpo inflamado objetos de determinada forma. El vapor del azufre ardiendo, la luz de una lámpara alimentada por una grasa particular, servian á Anaxilao de Larisa para ejecutar algunos prestigios, que parecian pertenecer mas bien que á la mágia, á verdaderas *recreaciones físicas* (3). Un prestigiador moderno (4), haciendo la revelacion de sus secretos, indica la posibilidad de producir una aparicion en el humo. Los teurgistas hacian aparecer en el aire las imágenes de los dioses entre vapores desprendidos por medio del fuego (5): Porfiro recomienda este secreto; Jamblico reprueba su uso; pero confiesa su existencia, y conviene en que es digno de la atencion de un con-

(1) *Coleccion de viages y de memorias, publicadas por la Sociedad de geografía*: tomo II. pág. 182.

(2) Sabido es que el autor emplea siempre esta palabra en su sentido general, histórico y filológico, en nada opuesto á la definicion canónica. Milagro por *maravilla*; hecho *maravilloso*: *miraculum*, hecho difícil, insólito, admirable, superior á lo que puede hacer y esperar el que lo admira. «*Opus arduum et insolitum supra spem et facultatem consistens admirantis.*» Conforme á esta definicion, la Iglesia Católica admite milagros verdaderos y falsos, y condena y castiga los segundos, como lo prueban, entre otras, las disposiciones del Concilio de Trento (Decr. 2.° Ses. XXV) contra la admision de nuevos milagros sin el debido exámen y aprobacion NOTA DEL TRADUCTOR.

(3) Plin. Hist. nat. lib. XXVIII. cap II; XXXII, cap 52; lib. XXXV, cap. 15.—Anaxilao compuso un libro, citado por San Ireneo y San Epifanio, con el título de Παίγνια, Juegos, Niñerías.

(4) Robertson, *Memorias,* etc. tomo I, pág. 354.

(5) Iamblich. De *mysteriis*, cap. 29.

templador de la verdad. El teurgista Máximo, sin duda, usó de un secreto análogo, cuando en medio del humo del incienso que quemaba ante la estátua de Ecate, se vió á esta reir de una manera tan marcada, que todos los espectadores se sobrecogieron de espanto (1).

Semejantes ilusiones, suponiendo que alguna vez hayan tenido parte de realidad, pudieron ser ejecutadas por el *prestigiador* que previamente se rodeaba de llamas. Pero no haremos ningun parangon sobre cosas tan dudosas: no intentaremos explicar lo que apenas podemos considerar como creible. Hemos debido únicamente llamar la atencion hácia unas narraciones que colocan el mismo milagro en lugares tan diferentes, y que prueban, al menos, que los taumaturgos, empleando la ciencia ó la superchería, consiguieron progresar en el arte de fascinar los ojos, hasta el punto de que se concibiese de su poder una idea exagerada, ó por mejor decir, insensata.

(1) Eunap. in *Maximo*.

CAPITULO XIV.

Hidrostática.—Fuente maravillosa de Andros; tumba de Belo; estátuas que vierten lágrimas; lámparas perpétuas.—Química: Líquidos que cambian de color; sangre solidificada que se líquida; líquidos inflamables.—La destilacion y los líquidos alcohólicos eran conocidos antiguamente aun fuera de los templos.

Para convertir en maravillas los juegos de la ciencia oculta, bastaban los medios mas sencillos y mas fáciles de descubrir. En la isla de Andros causaba admiracion una fuente, que manaba vino siete dias y agua el resto del año (1). Bastan algunos conocimientos elementales en Hidrostática para explicar ese milagro, y el que durante todo un dia hizo manar aceite de una fuente en Roma, cuando volvió Augusto de la guerra de Sicilia (2); como tambien la maravilla que se renovaba todos los años en una ciudad de la Elida, al celebrarse las fiestas de Baco: en presencia de los extranjeros atraidos por el espectáculo, se cerraban tres urnas vacías, y al abrirlas, se las encontraba llenas de vino (3). Empleando la máquina cono-

(1) Plinio, *Hist. nat.*, lib. II, cap. 103.
(2) Pablo Orosio, que refiere este prodigio, pretende ver en él un emblema profético del nacimiento de Cristo bajo el imperio de Augusto. Somos de parecer que el hecho, en su orígen, no fué presentado como una maravilla: la credulidad se dejó fascinar mas tarde por las expresiones figuradas de que habian hecho uso los contemporáneos, para celebrar una *largueza* análoga á las *fuentes de vino* que, no hace aun mucho tiempo, se veian correr en nuestras plazas, los dias de *regocijo público*.
(3) Ateneo D*eipnosoph.* lib. I, cap. 30.—Pausan. *Eliac.* lib. II, cap. 26.

cida con el nombre de *Fuente de Heron* (aunque probablemente no fué inventada y sí solo descrita por este matemático), se habria logrado un milagro mas notable; el de que, á la vista del espectador, el agua vertida en el depósito hubiese brotado convertida en vino.

Se cree con mucha verosimilitud, que la representacion del infierno de los griegos formaba parte de la celebracion de los misterios, y que debia presentarse á la vista de los iniciados el suplicio maravilloso de las Danaides: un hecho histórico nos indica de qué modo se conseguia esto. Jerges hizo abrir el monumento de Belo: allí reposaba el cuerpo de este príncipe, en un ataud de vidrio, casi lleno de aceite. Una inscripcion colocada á su lado decia: «Infeliz de aquel que, habiendo abierto esta tumba, no llene el ataud!» Jerges mandó al punto que se echase aceite en él; pero por mas cantidad que se vertió, no pudo llenarse el ataud. Este prodigio fué para Jerges el presagio de los desastres que terminaron su vida (1). Por medio de un tubo, que la posicion del cadáver ó algun otro obstáculo menos notable ocultaba á la vista, el ataud se comunicaba con un depósito que mantenia el aceite á una altura constante, y cuyo excedente, hallando salida á esta altura, impedia que el aceite traspasase el límite, y que el ataud pudiese llenarse nunca.

La supersticion ha convertido algunas veces en sudor real y milagroso las gotas de agua de que se cubren los mármoles y los techos, cuando la atmósfera saturada de vapor acuoso abandona una parte de este, que el contacto de los cuerpos densos hace pasar al estado líquido: semejante metamórfosis produciria poco efecto en nuestros dias y en nuestros climas húmedos, donde el supuesto prodigio se renovase con frecuencia. Pero los historiadores se unen á los poetas para asegurar, que las estátuas de los héroes, las imágenes de los dioses han vertido visiblemente lágrimas, presagios ciertos de las calamidades que iban á caer sobre sus conciudadanos ó sobre sus adoradores... La firme voluntad del Czar Pedro el Grande hizo cesar en Petersburgo un prodigio del mismo género. Una imájen de la santa Vírgen, pintada sobre madera, lloraba abundantemente, para demostrar, segun decian, el horror que le inspiraban las reformas

(1) Ctesias in *Persicis*. Eliano, *Variar. Hist.* lib. XIII, cap. 3.

emprendidas por el Czar. Pedro descubrió y enseñó él mismo al pueblo el mecanismo del prestigio: entre los dos tableros de que se componia el cuadro, habia oculto un depósito lleno de aceite, que la llama de los cirios encendidos en gran número al rededor de la imájen calentaba y hacia filtrar por unos agujeritos abiertos en el ángulo de los ojos (1). Por medio de artificios análogos se explica la maravilla de todas las estátuas que han vertido lágrimas, como tambien un hecho que refiere Gregorio de Tours. En un monasterio de Poitiers vió este historiador el aceite de una lámpara encendida delante de un fragmento de la Vera Cruz elevarse al parecer milagrosamente sobre sus bordes, y en el espacio de una hora, derramarse en cantidad casi igual á su contenido. La rapidez de la ascension crecia en proporcion á la incredulidad que al pronto mostraban los espectadores (2).

Los eruditos del siglo XVI han hablado tanto de lámparas *perpétuas*, y los adeptos han buscado con tanto ardor su secreto, que puede suponerse que alguna tradicion motivaba su credulidad y sostenia la perseverancia de sus tentativas. Sin embargo, para realizar esta maravilla, eran necesarias dos condiciones imposibles en apariencia: suministrar á la combustion un alimento inagotable; y á este alimento un vehículo que no pudiera ser destruido por la combustion. Recordemos el milagro de la tumba de Belo: en un punto difícil de percibir, coloquemos un tubo que ponga en comunicacion la lámpara con un depósito desconocido de los profanos, y bastante grande para que el consumo de uno ó muchos dias altere poco su nivel, y la primera parte del problema se encuentra resuelta: la segunda desaparece ante la invencion, muy vulgar hoy dia, de las lámparas sin mecha (3); invencion cuyo efecto depende de la misma causa que los dos últimos milagros que hemos citado: la dilatacion del aceite por

(1) Lévêque, *Histoire de Russie* (2.ª edic.) tomo. V, pág. 161 y 162.
(2) Greg. Turon. *Miracul.* lib. I. cap 5.
(3) Sirven de lamparillas nocturnas, y es necesario tener cuidado de impiar fuertemente el tubo para evitar que se apaguen. Este inconveniente no seria de temer en el experimento propuesto, en el que la lámpara arderia sin interrupcion; pues la obstruccion del tubo consiste en que el aceite, en parte descompuesto, se adhiere á sus paredes, al apagarse la lámpara por la mañana.

el calor. El cuidado de llenar regularmente el depósito oculto nada tendria de embarazoso; y en cuanto al de cambiar en caso de accidente el tubo, en cuyo orificio se inflama el aceite dilatado, no habia de ser difícil al taumaturgo sustraer algunos momentos para este objeto á la atencion de los observadores.

El empleo del calor para dilatar el aceite ó cualquier otro líquido pertenece á una ciencia diferente de la Hidrostática; por lo que nos hallamos naturalmente en el caso de investigar cuál fué la extension, ó por mejor decir, qué es lo que podemos averiguar acerca de las maravillas efectuadas por los antiguos por medio de la Química.

Se citan casos en que la amargura de las aguas ha sido correjida, poniendo sal en ellas; y se sabe tambien lo que Eliséo hizo con un manjar en el que por equivocacion se habia mezclado una cantidad de coloquíntida (1), cuyo mal sabor destruyó, mezclándole harina. La sal llamada *natron*, es decir, el carbonato de sosa, sirve para precipitar las sales terrosas, como el hidroclorato de cal: la sal comun bastaria tambien para mejorar las aguas turbias y corrompidas. En cuanto á la coloquíntida, el comentador Calmet reconoce que, segun los médicos, el almidon, la harina y especialmente la de cebada, son muy eficaces para hacer desaparecer su gusto insoportable.

Mayor importancia puede atribuirse á lo que hizo Moisés, cuando en el desierto de Mara, uniendo la ciencia á la observacion, endulzó la amargura de las aguas destinadas á saciar la sed de los israelitas Mandó, dice Josefo (2), sacar el agua de los pozos, asegurando que la que vendria despues seria dulce: sabia que esta última no tendria tiempo de saturarse de las sales contenidas en la arena. Segun el relato de la Biblia (3), echó

(1) Los religiosos del convento de *Tor*, en Palestina, enseñan á los viajeros doce fuentes, cuyas aguas son calientes y amargas, asegurando que son las fuentes de *Elim*, cuyas aguas fueron dulcificadas por Moisés. (Thévenot, *Viaje á Levante*, etc., París, 1665, págs 317 y 318.)

(2) Fl. Josefo, *Ant. jud*, lib. III, cap. 1.

(3) *Exod.*, cap. 15, vers 25.—Los comentadores de la Biblia, en este pasage, recordando lo que dice el *Eclesiástico*, XXXVIII, 5, reconocen que «esta virtud quizá era *natural* á aquel leño.»

luego en ella un pedazo de madera amarga ; y dice Filon que enseñó esta madera á los judíos , y les mandó echarla en el agua para hacerla potable (1); ya fuese, añade el escritor hebreo, que esta madera recibiese entonces del cielo semejante virtud, ó bien *que le fuese propia ó hubiese sido hasta entonçes ignorada*. Mientras que semejantes secretos no llegan á vulgarizarse, déjase comprender cuánta gratitud y admiracion inspirará su empleo en las comarcas donde la naturaleza ha negado casi enteramente un agua potable á las necesidades del hombre. La propiedad de precipitar el cieno y las bases de sales terrosas, que no podia menos de contener el agua recojida de ese modo, pertenece, en efecto, á diferentes maderas amargas, y particularmente á la adelfa (rhododaphne), árbol al que la mayor parte de los sabios hebreos atribuyen el fenómeno (2); y es grato fijarse en la observacion de un hecho natural que bastó para librar de la muerte á un pueblo numeroso, notable, además, en los anales del mundo, tanto por su civilizacion primitiva, cuyas señales subsisten aun entre sus postreros descendientes, cuanto por aquella religion nueva, que, salida de su seno, ha recorrido un tercio de la tierra habitada , dejando en todas partes las huellas de su poderoso influjo sobre la civilizacion de otros pueblos y el destino de los hombres.

Pasando á otras nociones mas elevadas, recordaremos el ejemplo de Asclepiodoto, que reprodujo químicamente el gas deletéreo que exhalaba una gruta sagrada (3): este ejemplo prueba que no era ignorada en los templos una ciencia tan fecunda en maravillas ; y además, otros hechos lo confirman. El jefe de una de las sectas que, en los primeros siglos de la Iglesia, se esforzaban por amalgamar al Cristianismo los dogmas y los ritos de iniciaciones particulares, Marcos, llenaba de vino blanco tres copas de un vidrio trasparente, y durante sus oraciones, el licor se transformaba en una de las copas, haciéndose semejante á la sangre , tomaba en la otra un color de púrpura, y en la tercera el azul celeste (4).

(1) Philo Jud. (*De vita Mosis*).
(2) *Nerium Oleander*. L.—Puede verse la *Disertacion* de M. Virey; *Journal de pharmacie*, 1815, págs. 365-372 Merat y Delens, *Diccion. de materia médica*, París, 1832. T, IV, pag. 598.
(3) Véase mas arriba, cap. VIII, pág. 126 de esta obra.
(4) San Epifan. *Contra hæres*. lib. I, tomo III. *Contra Marcosios, hær.* 24.

Mas tarde, en una iglesia de Egipto, «se veia un pozo, cuya agua se enrojecia como sangre cuantas veces la echaban en una lámpara (1).» A estas maravillas, que parecen probablemente tomadas de los misterios de algun templo antiguo, añadirémos otra maravilla contemporánea. « El profesor Beyruss habia prometido, en la corte del duque de Brunswick, que su casaca se volveria roja durante una comida; lo que aconteció en efecto con asombro del príncipe y de sus convidados (2).» Mr. Vogel, que refiere este hecho, no nos indica el secreto de que usó Beyruss; pero hace observar que, poniendo agua de cal en el jugo de remolacha, se obtiene un líquido incoloro; que un pedazo de paño mojado en este líquido y secado prontamente, se vuelve rojo en algunas horas solo por el contacto del aire; y que este efecto puede acelerarse en una sala donde se vierta en abundancia vino de champagne ú otras bebidas cargadas de ácido carbónico. Varios experimentos han probado recientemente, que la lana teñida de color de violeta por medio de la archilla, ó de azul por el ácido sulfo-indigótico, se descolora completamente en un baño de ácido hidro-sulfúrico, y recobra en seguida el color azul ó el violeta por la simple exposicion al aire libre (3): una ú otra explicacion puede aplicarse al hecho moderno, é indica la posibilidad de renovar los milagros antiguos: tambien nos muestra de qué modo en un santuario del politeismo, entre las emanaciones del incienso y de las antorchas encendidas, habria podido verse cambiar el color blanco del velo que cubria las cosas sagradas en un color de sangre, presajio de terribles desastres.

Terribles desastres se anunciaban tambien cuando se veia hervir la sangre en los altares, en las urnas, en los mármoles de los templos;.. y además de esto, muchas veces y en épocas y países diferentes se ha repetido el mismo prodigio de un modo periódico y constante, sin mas objeto que el de mantener la credulidad del vulgo y

Sainte-Croix atribuyó por inadvertencia este milagro á los *pepucios* (hereges frigios de Pepusa.) *Investigaciones sobre los misterios del paganismo*, tomo II, págs. 190 y 191.

(1) Macrizy, citado por Quatremère, *Memorias sobre el Egipto*, tomo I, pág 449.

(2) *Journal de pharmacie*, tomo IV, (febrero 1818), págs. 57 y 58.

(3) *Academia de ciencias*, sesion del 2 de Enero de 1837.

ciertas prácticas tradicionales. Semejantes prestigios pueden operarse enrojeciendo el éter sulfúrico por medio de la ancusa ó lengua de buey (*onosma* de Linneo), y saturando la tintura con esperma de ballena : esta preparacion se solidifica á diez grados sobre cero, y se derrite y hierve á los veinte grados. Para elevarla á esta temperatura, basta retener algun tiempo en la mano el frasco en que está contenida. Con un procedimiento de Física tan sencillo se comprende cuán fácil es hacer sudar sangre á las mismas piedras, cuanto mas á cualquier objeto reverenciado por la supersticion.

De lo que acabamos de decir podria inferirse que los taumaturgos conocian los licores alcohólicos y el arte de la destilacion, necesaria para obtenerlos; y que por este medio les era fácil producir el espectáculo de los líquidos inflamados con que asombraban á sus admiradores. Nada es menos aventurado que esta suposicion: en un libro sagrado de los Indios (1), libro antiguo, en el que se encuentran recopiladas las doctrinas de los siglos mas remotos, se menciona la produccion del aguardiente con el nombre de *kea-sum*. El secreto de esta produccion no quedó oculto en los templos. El arte de la destilacion se practica en el Indostan desde tiempo inmemorial (2): existe en Nepol y en el Butan (3); existe en el Tibet, donde se extrae el *arra*, del *chong* ó vino de arroz, por un procedimiento que los indígenas no han aprendido seguramente de los europeos (4). ¿Pueden haber recibido de estos el arte de la destilacion los *Nagales* (5), pueblo libre de las montañas de Asam, los habitantes de las provincias situadas entre el Ava, Siam y el Pegú, donde se extrae el *toddy* del jugo de la palmera nipa, ó los insulares de Sumatra, á quienes en 1603 vió un viajero (6) hacer uso de alambiques de barro, para extraer un licor tan fuerte como nuestro aguardiente, de una mezcla de arroz y de jugo de cañas dulces?

(1) *Oupnekhat.* Brahmen 24. Journal asiatique, tomo II, pág. 270.
(2) *Recherches asiatiques*, tomo I, pág. 335-345.
(3) Turner, *Embajada al Tibet*, etc., t. I, pág. 50.
(4) Cadet-Gaooicourt, art. Destilacion, en el Diccionario de ciencias médicas.
(5) *Nuevos anales de viajes*, tomo XXXIII, pág. 234.
(6) Franc. Martin, *Descripcion del primer viaje á las Indias orientales por los franceses*, (Paris, 1609). pág. 56, 70, 74 y 166.

No: antes al contrario, es probable que el arte y sus productos pasasen, cinco siglos antes de nuestra era, del alta Asia al Asia griega y á la Grecia. Existe un indicio de esta comunicacion, si admitimos las ingeniosas observaciones con que Schulz (1) se ha esforzado en demostrar que *el licor de Escitia, Scythicus latex* de Demócrito, no era otra cosa que el alcool, cuyo nombre polaco *gorzalka* (2) recuerda el de *chrysulcos* (χρυσουλκός) que le daban los antiguos. No es esto decir que deba considerarse el licor de Escitia como el aguardiente extraido del vino, que no fué conocido en Polonia hasta el siglo XVI, sino que alguna de las clases de aguardiente de que acabamos de hablar pudo ir á Escitia por el comercio del Tibet ó del Indostan. Los escitas podian tambien obtenerlo de los productos de su territorio. Mucho tiempo hace que la Siberia se halla distante de la edad de las invenciones: allí se cogen anualmente los tallos del *ceñiglo* (3), no solo para aprovechar la florescencia azucarada que los cubre á medida que se secan, sino tambien y principalmente para hacerlos fermentar en el agua, y obtener de ellos una gran cantidad de alcool.

Aristóteles asegura que el arte consigue extraer un *aceite* de la sal comun (4). No es posible dudar que se trate en este caso de la destilacion del ácido hidroclórico, al que se daria el nombre de aceite, como por mucho tiempo se ha conocido el ácido sulfúrico bajo el nombre de *aceite de vitriolo*. Por último, el arte de destilar, aplicado al cinabrio, para extraer el mercurio, fué descrito por Plinio y Dioscorides (5), y no hay motivo alguno para creer que este fuese un descubrimiento reciente: por lo tanto, una vez conocido este arte, ¿no era natural que los físicos de los templos procurasen aplicarlo á los licores fermentados?

Recordando que el vino de Falerno se inflamaba por el solo contacto de la llama (6); que los vinos griegos y romanos podian em-

---

(1) Cadet-Gassicourt, art. *Destilacion*, en el *Diccionario de ciencias médicas*.
(2) En slavo, *gorilka* ú *horilka*... En slavo y en polaco, *gore* significa un ardor, una *cosa que abrasa*: la terminacion *lka* indica un diminutivo.
(3) *Heracleum spondylium*; pata de gallo.
(4) Aristót. *Problem*. XXIII, 13.
(5) Dioscorid. lib. V. cap. CX.—Plinio, *Hist. nat.* lib. XXXIII, cap. 8.
(6) Plin. *Hist. nat.* lib. XIV, cap. 6.

briagar, aunque fuesen debilitados con dos partes de agua; que estos vinos se conservaban y se les bonificaba teniéndolos en el piso superior de las casas, en bodegas que se impregnaban de todo el calor del sol, es natural sospechar que se les mezclaba una dósis mas ó menos fuerte de alcool, asi como tambien que el arte habia salido de los templos y entrado en los usos comunes de la vida. Pero esta suposicion se concertaria mal con lo que sabemos acerca del arte de la vinificacion entre los antiguos. Fieles á la marcha que nos hemos prescrito, nos limitaremos á preguntar si, puesto que salian de los templos de la India otros *arcanos* de un órden mas elevado para enriquecer los templos del Asia menor, de la Etruria y de la Grecia, no habría podido seguir las mismas vias y caer igualmente en manos de los sacerdotes de estas comarcas el arte de obtener por medio de la destilacion los licores espirituosos, que habia llegado á ser comun, y por decirlo así, doméstico, en toda el Asia oriental. El argumento general tiene aquí aplicacion en toda su fuerza: ese arte era ciertamente conocido en los templos, donde se operaban maravillas que solo es posible explicar por medio de él.

CAPITULO XV.

Secretos para preservarse de la accion del fuego, empleados para ejecutar maravillas en las iniciaciones y en las ceremonias del culto: servian tambien para arrostrar impunemente la prueba del fuego: fueron conocidos en Asia y en Italia, y puestos en uso en el Bajo imperio, y hasta nuestros dias· en Europa.—Procedimiento para hacer la madera incombustible.

Tambien nació en los templos, de donde tardó mucho tiempo en salir, y aun no se nos ha revelado enteramente, el conocimiento de esas sustancias enérgicas, que aplicadas al exterior del cuerpo organizado, dan al hombre el privilegio de arrostrar las llamas, el agua hirviendo, el hierro candente y los metales derretidos. La aproximacion del fuego es por sí sola tan terrible, y su contacto es tan doloroso, que la maravilla de sustraerse á sus efectos debió reproducirse bajo mas de una forma para secundar los designios del taumaturgo.

1.° El aspirante á la iniciacion hacia el experimento probablemente sin saberlo. Sería absurdo creer que todas las pruebas que se hacian en los misterios eran cosa de ilusion y de *escamoteo*, y la prueba del fuego menos que ninguna otra.

Los tártaros observaron por mucho tiempo la costumbre de hacer pasar entre dos piras encendidas á todo extranjero que se acercase á su horda, fuese un embajador, un rey, ó un simple viajero, para purgarle de las influencias malignas que pudiera traer consigo (1).

(1) Abel Rémusat, *Memoria sobre las relaciones políticas de los reyes de Francia con los emperadores del Mogol... Journal asiatique*, tom. I, pág. 135.

Y de tal modo podia estrecharse el espacio comprendido entre las dos piras, que la purificacion se convirtiese en una prueba, en un tormento, en un suplicio mortal. Esto mismo constituia una de las ceremonias de las iniciaciones, en la que el sacerdote encontraba el poder de destruir por el fuego á los imprudentes que se ponian á su discrecion despues de haberle ofendido, ó de haber excitado su desconfianza sobre su buena fé ó sus intenciones secretas.

En las iniciaciones mas antiguas, el fuego desempeñaba un papel importante: díganlo las pruebas espantosas de este género que sufrió Zoroastro antes de comenzar su mision profética (1).

Entre las preparaciones á la iniciacion, se contaba la de uno ó varios baños compuestos por los sacerdotes. ¿Será difícil suponer que esos baños comunicaban al aspirante una *incombustibilidad* momentánea? Sometiéndole luego á la prueba del fuego, se obtenia la seguridad de su *fé*, si se le habia persuadido que su confianza en la divinidad le libraria de todo mal; ó de su *intrepidez*, si no le dominaba esta persuasion. Una vez que saliese triunfante de la prueba, se podia contar con su entusiasmo ó con su valor; habia la seguridad de que, en caso necesario, arrostraria peligros semejantes, sabiendo que saldria triunfante de ellos, bien por el secreto preservavador, cuando era digno de conocerlo; bien por la confianza religiosa, sin la cual se creia perdida toda la eficacia de este secreto.

2.º No era solo en el espectáculo de las iniciaciones donde se infundia en los espíritus una admiracion santa, mostrando á los favoritos del cielo revestidos de esta maravillosa invulnerabilidad: era tanta la seguridad del éxito, que el milagro se hizo público muchas veces.

Los titiriteros modernos fingen tragar estopas encendidas sin que esto les incomode y sin que hagamos ya caso. El sirio Euno, que renovó en Sicilia la sublevacion de los esclavos (2), y Barcochebas, que fué el jefe de los judíos en su última revuelta contra Adriano (3),

---

(1) *Vida de Zoroastro, Zend-Avesta*, tomo I, 2.ª parte, pág. 21.
(.) Floro, lib. III, cap. 19. Para explicar de qué manera operaba Euno esta maravilla, el historiador indica un procedimiento casi impracticable: de donde inferimos que Euno, como otros muchos, recurria á falsas explicaciones para ocultar mejor su secreto.
(3) S. Jerónimo, *Apologetic. II, adv. Rufin.*

ambos aparentaban vomitar llamas hablando; y aun cuando esta habilidad habia sido vista en los espectáculos públicos, tres siglos antes de nuestra era (1), todavia pareció un milagro, é hizo creer en la realidad de la inspiracion que pretendia el uno haber recibido de la diosa de Siria, y el otro del todopoderoso Dios de Israel.

Las sacerdotisas de Diana *Parasia*, en Capadocia, se atraian la veneracion andando con los piés desnudos sobre carbones encendidos.(2). Los *Hirpi*, miembros de un corto número de familias establecidas en el territorio de los Faliscos (3), repetian todos los años el mismo milagro en el templo de Apolo, sobre el monte Soracto: su *incombustibilidad* hereditaria les valia el privilegio de estar exentos del servicio militar y de otras cargas públicas. Varron (4) la atribuia á la eficacia de una droga con que se untaban las plantas de los piés.

Asimismo, para penetrar en un santuario, el héroe de un cuento oriental (5) atraviesa un agua que hierve sin ayuda del fuego (una fuente de agua termal y gaseosa), y anda sobre hojas de acero enrojecidas y ardientes... Para arrostrar estas dos pruebas impunemente, se habia frotado el cuerpo con una pomada.

3.° Del mismo secreto se hizo un uso mas popular y mas idóneo para aumentar el poder sacerdotal.

En todos los paises, el hombre inhábil para disipar el error ó confundir la mentira, ha pedido audazmente al cielo un milagro que descubriese el crímen y proclamase la inocencia; dejando así al arbitrio de los intérpretes del cielo, de un experimento de física, de una casualidad ciega ó de una superchería vergonzosa, el decidir sobre la vida y el honor de sus semejantes. La prueba del fuego es la mas antigua y la mas generalizada de todas, como que ha dado la vuelta á la tierra. En el Indostan, su antigüedad se remonta al reinado de los dioses. *Sitah*, esposa de *Ram*, (VI.ª encarnacion de

(1) En Macedonia, en las bodas de Carano, segun dice Ateneo, figuraban mujeres desnudas que vomitaban llamas. (Athen. *Deipn.* lib. IV, c. I.)
(2) Estrabon, lib. XII.
(3) Plin. *Hist. nat.* lib. VII, cap. 2.—Solino, cap. 8.
(4) «*Ut solent Hirpini, qui*, ambulaturi per ignem, medicamento plantas lingunt...» Varro apud Servium *in Virgil. Eneid.* lib. XI, ver. 787 y 788.
(5) *Los Mil y un dias*, Dia CCCCXCI.

25

Wishnú) se sometió á esa prueba, y subió sobre un hierro ardiendo para purgarse de las sospechas injuriosas de su marido. «Y como el pie de Sit.h, dicen los historiadores, se hallaba envuelto en la inocencia, el calor voraz fué para ella un lecho de rosas (1).»

Esta prueba se practica de muchos modos entre los indios. Un testigo fidedigno vió en la India someter á ella dos acusados: el uno llevó sin quemarse una bola de hierro candente; el otro sucumbió á la prueba del aceite hirviendo (2); pero es de advertir que el acusador de este último era un Brama, y que todas las *ordalías* indias se ejecutan bajo la influencia de la religion y de los sacerdotes.

Por lo demás, no es muy difícil penetrar el misterio de su buen éxito. El mismo testigo tuvo noticia de una preparacion cuyo secreto poseen los *Pandis* indios, y con la que basta frotarse las manos para poder tocar un hierro ardiendo sin quemarse; y es muy fácil á los *Pandis* prestar un buen servicio al acusado que protegen, puesto que, antes de ser sometido á la prueba, deben colocar y atar en sus manos varias sustancias, y particularmente catorce hojas de árboles (3).

El viajero mahometano que en el siglo IX visitó el Indostán, vió practicar la prueba del fuego del modo que la describe el observador inglés. Tambien estaba allí en uso la prueba del agua hirviendo; y un hombre que fué sometido á ella delante de él, sacó del agua su mano sana y salva.

Hostigado para que confundiese á sus calumniadores, Zoroastro consintió en que vertiesen sobre su cuerpo bronce derretido, y no recibió daño alguno (4). ¿Habria empleado un preparativo análogo al que usaban los *Pandis* en la India? Su biógrafo no lo dice; pero antes de someterle á esta terrible prueba, sus adversarios le frotaron con diferentes drogas (5). ¿No debió hacerse esto evidentemente pa-

---

(1) Forster, *Viaje de Bengala á San Petersburgo*, tomo I, pág. 267 y 268.
(2) *Recherches asiatiques*, tomo I, pág. 478-483.
(3) *Recherches asiátiques*, tomo I, pág. 482.
(4) *Antiguas relaciones de las Indias y la China*, trad. al francés por Rénaudot, págs. 37 y 38.
(5) *Vida de Zoroastro, Zend-Avesta*, tomo I, 2.ª parte, págs. 32 y 33.

ra destruir el efecto de los linimentos saludables con que sospechaban que habria sabido preservarse?

La prueba del fuego y el secreto de exponerse á ella impunemente fueron conocidos en Grecia desde muy antiguo. «Estamos prontos á manejar el hierro ardiendo y á pasar por entre las llamas para probar nuestra inocencia,» exclaman, en Sófocles, los Tebanos, acusados de haber favorecido el rapto del cuerpo de Polynice (1).

A la caida del politeismo sobrevivieron, tanto la prueba, como el secreto. Pachymero (2) asegura haber visto á muchos acusados probar su inocencia, tomando en sus manos el hierro ardiendo sin sufrir lesion alguna. En Didymoteca (3), una mujer recibió de su marido la órden de purgarse, sufriendo la misma prueba, de sospechas muy violentas que habia concebido contra ella. Las sospechas eran fundadas: así lo confesó la mujer al obispo de la ciudad, y por su consejo tomó el hierro ardiendo; lo llevó dando tres vueltas al rededor de una silla; y despues, por mandato de su marido, lo dejó sobre la silla, que prendió fuego al instante. El esposo no dudó ya de la fidelidad de su mujer... Cantacuzeno refiere el hecho como un milagro, y nosotros como una prueba de la sábia indulgencia y de la instruccion del obispo.

El año 1065, los frailes angevinos presentaron como testigo en un proceso á un viejo, que sufrió la prueba del agua hirviendo en medio de la iglesia principal de Angers: metido en una caldera, donde, segun los frailes, se habia hecho calentar el agua mas de lo ordinario, confirmó su testimonio y salió sin haber sufrido ningun daño. A principios del mismo siglo, para atraer al cristianismo á Suenon II, rey de Dinamarca, y á sus súbditos, el diácono Poppon metió la mano y el brazo desnudo hasta el codo en un guante de hierro encendido hasta el rojo-blanco, y lo llevó en medio de los daneses hasta los piés del príncipe, sin recibir la menor lesion (4). Harold, que se decia hijo de Magnus, rey de Noruega (5), y queria suceder-

---

(1) Sófocles, *Antigona*, 274.
(2) Pachym. lib. I, cap. 12.
(3) Hácia el año 1340 de nuestra era. *Cantacuz*. lib. III, cap. 27.
(4) Saxo Grammaticus, *Hist. dan*. lib. X.
(5) Muerto en 1047. Saxo Grammat. *Hist. dan*. lib. XIII.

le, fué intimado á justificar su nacimiento con la prueba del fuego; y habiéndose sometido á ella, anduvo impunemente sobre hierros encendidos.

Doscientos años despues, Alberto el Grande (1) indicaba dos procedimientos propios para dar al cuerpo del hombre una *incombustibilidad* pasajera. Un escritor del siglo xvi (2) supone que basta lavarse las manos con orines ó legía, y templarlas luego en agua fresca, para poder en seguida dejar correr por ellas plomo dertetido, sin sufrir incomodidad; y afirma, lo cual es dudoso, haber hecho él mismo el experimento.

Los charlatanes que meten sus manos en plomo derretido en nuestra presencia pueden fascinarnos, sustituyendo al plomo una composicion del mismo color, que se funde á una temperatura muy baja: tal es el *metal fusible de Darcet*. Creo que la ciencia, si necesario fuese, compondria un metal fusible que tuviese la semejanza exterior del cobre ó del bronce. Tambien enseña los medios de dar las apariencias de la ebullicion á un líquido medianamente calentado. Pero las pruebas judiciarias ó religiosas no siempre han sido dirigidas por hombres dispuestos á favorecer la superchería, la que por otra parte no se concibe fácilmente en la prueba del hierro ardiendo. Y sin embargo, el secreto de arrostrar esta prueba se halla tan extendido como su uso. Narraciones que mas de una vez hemos citado nos presentan en Oriente á un hombre de la clase inferior, que mete su mano en el fuego y toma el hierro encendido sin quemarse (3). El mismo secreto se encuentra en dos partes de Africa: entre los cafres y entre los pueblos de Loango, los viajeros portugueses han visto acusados justificarse manejando el hierro ardiendo. Entre los Yolofes (4), si un hombre niega el crímen que se le imputa, se le aplica á la lengua un hierro candente, y es declarado culpable ó inocente, segun se muestra ó no sensible á la accion del fuego;

---

(1) Albert. *De mirabilibus mundi.*
(2) E. Taboureau, *De los falsos hechiceros.*
(3) *Cuentos inéditos de las Mil y una Noches*. Paris, 1828, tomo III, páginas 436 y 437.
(4) G. Mollien, *Viaje al interior del Africa, del Senegal y de la Gambia*, tomo I, pág. 105.

siendo de' advertir que no todos los presuntos reos son condenados.

¿Cómo, pues, no conocen todavía perfectamente este secreto los sabios européos, aunque tengamos comunicaciones íntimas con el Indostan, donde ciertamente existe, y aunque en nuestros dias, ciertos hombres *incombustibles* hayan sometido sus experimentos al exámen de los mas ilustrados que posee la Francia, con tanta mas seguridad, cuanto que se exponian á la curiosidad pública?

La incertidumbre sobre este punto no puede durar mucho tiempo. En tanto que varios sabios atribuian á una disposicion particular de la organizacion, y sobre todo á una larga costumbre, la posibilidad de arrostrar la accion del fuego, el doctor Sementini ha buscado la solucion del problema en la interposicion de un cuerpo extraño entre la piel y el cuerpo incandescente, y ha reconocido que una disolucion saturada de alumbre preserva de la accion del fuego las partes que se hallan fuertemente impregnadas de ella, sobre todo cuando, despues de haber hecho uso de la misma, se frota la piel con jabon. Por medio de este preservativo ha repetido él mismo con éxito los experimentos de los hombres incombustibles (1).

Este procedimiento, cuya eficacia han confirmado algunos experimentos recientes, era probablemente el que practicaban los pueblos antiguos, dado que tambien lo empleaban para sustraer á la accion de la llama las sustancias inanimadas. Independientemente del arte de hilar y tejer el amianto, arte en la que adelantaron bastante para poder asombrar con aparentes milagros al vulgo ignorante, sabian que la madera barnizada con alumbre tarda mucho tiempo en inflamarse. Tal era la torre de madera levantada en el Pireo por Arquelao, y que Sila intentó quemar inútilmente: el historiador Quadrigarius dice positivamente, que Arquelao cuidó de cubrirla toda con un barniz de alumbre (2). La torre de madera de *larix*, que César no pudo quemar (3), estaba seguramente preservada contra las llamas por una precaucion análoga. Lo mismo acontecia, sin duda,

---

(1) *Ensayo sobre la fisiología humana*, por G. Grimaud y V. C. Durocher, Paris, 1826, pág. 76.
(2) A. Claud. Quadrigar. *Anal.* lib. XIX, apud Gell. lib. XV, cap. I.
(3) Vitrub. *De architect.* lib. II, cap. 9.

con la *madera que el fuego no podia quemar*, de que se hacia uso en el Turquestan para construir las casas (1). No conocemos madera alguna incombustible: la opinion admitida en la alta Asia, en la Grecia y en las Galias, que atribuia al *larix* ó á cualquiera otra especie de árbol esta cualidad maravillosa, servia, por consiguiente, para ocultar bajo las apariencias de un prodigio imaginario un secreto real, á fin de reservarse su posesion exclusiva.

(1) *Historia de Gengis-Kan*, pág. 444.

CAPITULO XVI.

Secretos para obrar sobre los sentidos de los animales.—Ejemplos modernos y antiguos.—Poder de la armonia; poder de los buenos tratamientos; serpientes y cocodrilos domesticados; reptiles cuyo veneno se destruye ó se agota.—*Psilas* antiguos: la facultad que tenian de arrostrar la mordedura de las serpientes, se halla fuera de doda por experimentos modernos, frecuentemente repetidos en Egipto: está facultad depende de emanaciones olorosas que afectan los sentidos de los reptiles, y que no perciben los del hombre.

Los reptiles venenosos, los animales feroces, casi tan terribles como el fuego y á veces mas difíciles de evitar, ¿perderán su poder dañino cuando se lo mande el hombre dotado de una ciencia sobrenatural?

Las narraciones de los antiguos sobre este punto han promovido siempre la incredulidad de los modernos. La historia de Orfeo pasó por una alegoría graciosa; y solo se consideró como escamotadores á los hombres que en el espectáculo de las iniciaciones manejaban impunemente las serpientes, y á las Furias que jugaban con los tigres y las panteras.

No se niega, sin embargo, que existan medios *ocultos* para dominar á los animales que su independencia natural sustrae á nuestro imperio. El olor de la yerba *gatera* y el del *maro*, especialmente en los paises cálidos, ejercen sobre el olfato de los gatos una accion tan enérgica, que parecerá maravillosa al hombre que por primera vez observe sus efectos: fácilmente se puede sacar partido de ese olor, para atraer á los animales á quienes afecta. Si hemos de creer á los observadores antiguos, el elefante es aficionado á los olores suaves, como el de las flores y los perfumes (1), y las cabras del Cáucaso, vivamente halagadas por el perfume del cinamomo, se apresuran á seguir la mano que se lo presenta (2). Hoy mismo, en Lóndres, algunos hombres poseen el arte de hacer salir á las ratas de sus agujeros y de hacerlas entrar en una ratonera: el *encanto* consiste en untarse la mano con aceite de comino ó de anís, y en frotar con él algunas pajas que se introducen en la ratonera (3). En el siglo último, se vió á un hombre que andaba cubierto de un enjambre de abejas, las que esparcidas por sus manos y su rostro parecian haber olvidado que tenian alas y aguijones. Probablemente su secreto era análogo al que acabamos de indicar.

La exposicion á las fieras era un suplicio usado en el imperio romano, y debian estar extendidos en él los secretos propios para adormecer la ferocidad de los animales. Marico, que en tiempo de Viteljo intentó sublevar á los galos para que recobrasen su independencia, se hacia pasar por un dios. Cojido en un combate, fué arrojado á las fieras, de las que no recibió daño alguno; lo cual parecia confirmar su pretension, hasta que Vitelio le hizo degollar (4). El egipcio Serapion predijo á Caracalla una muerte próxima; y habiendo soltado contra él un leon hambriento, presentó su mano al animal, que se retiró sin ofenderle: otro suplicio puso fin á su vida (5). Estas y otras narraciones, en que se nos habla de personas que salieron ilesas en medio de las fieras, despues de haberse vertido sobre su cuerpo aromas y aceites perfumados, tienen probablemente por base algun hecho real; y el uso de los olores penetrantes ha podido salvar algunas veces á los infelices condenados á saciar el hambre de los animales carnívoros.

(1) Eliano. *De nat. animal.* lib. I, cap. 38; lib. XIII, cap. 8.
(2) Filostrates, *Vit. Apollon.* lib. III, cap. 1.
(3) *Bibliothèque universelle. Sciences,* tomo IV, pág. 263.
(4) Tácito, *Histor.* lib. II, cap. 61.
(5) Xipbilin, in *Anton. Caracal.*

De un hecho referido con algunos detalles por Ateneo parece inferirse que, en Egipto, el jugo de limon, tomado interiormente, bastaba para operar esta maravilla. El experimento que cita es tanto mas notable, cuanto que fué repetido, permitiendo á uno de los infelices que de tal modo se habian librado de la muerte hacer uso de la misma precaucion, facultad que se prohibió al otro. El primero fué respetado por las bestias feroces: el segundo pereció al momento despedazado (1). Es muy dudoso que el limon haya tenido nunca esta eficacia; pero podia servir para disimular otros ingredientes mas enérgicos.

Segun Eliano, una friccion de grasa de elefante es un preservativo infalible (2): el hedor tan penetrante como fétido, que exhala el cadáver de este gran cuadrúpedo, hace que esto parezca menos increible. Un secreto análogo motivaba la seguridad del juglar que, dice Tertuliano (3), se veia exponer en público unas bestias feroces, desafiando y evitando sus mordeduras con una habilidad maravillosa. Firmo, que vistió por un momento la púrpura imperial en Alejandría, nadaba impunemente entre los cocodrilos: supónese que debia esta ventaja al olor de la grasa de cocodrilo con que se frotaba el cuerpo (4). El conocimiento vulgarizado de un secreto análogo es probablemente lo que hizo caer en desuso una ordalia que se acostumbraba en el Indostan: el acusado debia, en presencia de los bramas, atravesar nadando un rio habitado por el *mudela* (cocodrilo), y no era absuelto, sino cuando evitaba las mordeduras del anfibio (5). Los sacerdotes mejicanos se frotaban el cuerpo con una pomada, á la que atribuian virtudes mágicas (6), y vagaban de noche por lugares desiertos, sin temer á los animales feroces, que huian al olor de aquella untura. Para hacerse seguir sin peligro de animales temibles, existe todavía un medio practicado comunmente por los hombres que se dedican á extraviar los perros para venderlos á los ana-

---

(1) Ateneo, lib. III, cap. 5.
(2) Eliano, *De nat. anim*, lib. I, cap. 37.
(3) Tertul. *Apologetic.* cap. 16.
(4) Vopisc. *in Firmo.*
(5) Paulino de Saint-Barthélemi, *Viage*, etc. tomo I, pag. 428.
(6) Véase mas adelante, capítulo 18.

tómicos, y algunas veces por los cazadores que quieren atraer los lobos á una trampa. Consiste en afectar los sentidos del macho con las emanaciones que la hembra exhala en la época del celo. Este medio ha sido indicado detalladamente por el escritor mas original y mas filósofo del siglo XVI (1). Galeno habia hecho mencion de él (2); pero ya era conocido mucho tiempo antes de este célebre médico. En el templo de Júpiter, en Olimpia, se enseñaba un caballo de bronce, á cuyo aspecto los potros sentian los mas violentos deseos. Eliano observa juiciosamente, que el arte mas perfecto no podria imitar bastante bien á la naturaleza para producir una ilusion tan fuerte; y afirma en consecuencia, como Plinio y Pausanias (3), que, al fundir la estátua, un mago habia vertido en el metal el *hipomanes*, lo cual nos revela el secreto del prodigio: siempre que se queria operarlo, se untaba convenientemente el bronce con *hipomanes* líquido, ó con una droga que exhalase su olor (4).

Un artificio semejante atraia los toros hácia la vaca de bronce, obra maestra de Miron: como no es probable que estos animales fuesen sensibles á la belleza de la escultura, una imágen menos perfecta, pero dispuesta de igual modo, habria producido un efecto idéntico.

El mismo secreto indica, tal vez, el orígen del encanto que se dice atraia en pos de un mortal favorecido por los dioses los leones y los tigres, privados de su ferocidad. Mas generalmente se atribuye esta maravilla al poder de la música. Platon asegura, que el canto y la melodía amansan á los animales salvajes, y domestican á los reptiles (5). Pero nos inclinamos á creer que, en esta ocasion, el fi-

(1) Rabelais, *Hist. de Gargantua y de Pantagruel*, lib. I, cap. 22.
(2) Galeno, lib. I. *Aforismo* 22.
(3) Pausanias, *Eliac.* lib. I, cap. 27.—Plinio, *Hist. nat.* lib. XXVIII, cap. 2.—Eliano, *De nat. ánim.* lib. XIV, cap. 18.
(4) «El hipomanes es una planta que se cria en Arcadia: por ella los jóvenes potros y las yeguas ligeras se entregan á furiosos deseos.» (Teocrito *Idil.* II, versos 48 y 49.) Junio Filargiro (in *Georgic.* lib. III, verso 280) limita los efectos de esta planta á las yeguas que la comen. Sin embargo, tal vez el olor que exhalaba este vegetal era el principio de sus propiedades, y se podia hacer uso de ella para ejecutar la maravilla que discutimos.
(5) Platon, *De Rep.* lib. II.

lósofo se dejó dominar una vez mas por la vivacidad poco filosófica de su imaginacion; pues no hizo mas que repetir una opinion admitida y que se decia fundada en observaciones. El encanto de la música consolaba de su cautividad á los elefantes, que habian caido en poder del hombre; y una vez domesticados, hastaba para enseñarles á ejecutar movimientos mesurados y cadenciosos (1). En la Libia, las yeguas salvajes eran tan sensibles á la música, que esta llegó á ser un medio de domarlas (2). Algunos peces no escapaban al influjo de su poder, de modo que esto hacia mas fácil su captura (3)... Los modernos, menos dispuestos á la credulidad, se ven sin embargo, obligados á reconocer la accion que la música ejerce sobre las tortugas y las arañas: su influencia sobre los elefantes ha sido comprobada recientemente á nuestra vista. Un viajero vió con sorpresa á los pesados hipopótamos, regocijarse al ruido mesurado de una marcha guerrera y seguir nadando á los tambores á lo largo de un rio (3). Los grandes lagartos y los iguanas son susceptibles de sensaciones aun mas marcadas: un canto, un silbido suave y cadencioso han bastado mas de una vez para detenerlos bajo la mano del cazador (4).

Los gatos, á quienes fatigan ó asustan los sonidos muy ruidosos, se afectan agradablemente por la música, si se proporciona la dulzura de las modulaciones á la susceptibilidad de sus órganos. Los perros, por el contrario, parece que no reciben de ella mas que impresiones dolorosas. Los sonidos altos y penetrantes les arrancan aullidos prolongados. En un templo se guardaba una lira, que se decia ser la misma de Orfeo: compróla un aficionado, en la creencia de que tocándola veria, como el primer posesor del instrumento, acudir en torno suyo los animales encantados por la melodía. Hizo el ensayo en un parage retirado, y no tardó en perecer, devorado por

---

(1) Eliano, *De nat. anim.* lib. XII, cap. 44, y lib. II. cap. 2.
(2) Eliano, *De nat. anim.* lib. XII, cap. 44.
(3) Id.—*Ibid.* lib. VI, cap. 31 y 32.
(4) *Viages y descubrimientos en Africa*, por Oudney, Denham y Clapperton, tomo II, pag. 47.
(5) Lacépede, *Historia natural de los cuadrúpedos ovíparos*, art. *Iguana.*
—Fournier Pescay, *Diccionario de las ciencias médicas*, art. *Música.*

los perros salvajes (1). No fué su presunción, como pretende Luciano, lo que le costó la vida: fué su imprudencia, y el olvido de un efecto físico, que nos recuerda una experiencia diaria, y que pondría en peligro los días de un tocador de organillo, si, fuera del alcance de todo socorro, hiciese resonar su chillón instrumento en medio de una manada de alanos poco mansos.

La influencia de los sonidos modulados sobre los animales debió ser estudiada antiguamente mas que lo es en el dia; los experimentos debieron ser mas variados, y los resultados mas extensos. Recordemos que, en los templos, se buscaban y ensayaban todos los medios de operar maravillas. ¿Y qué maravilla mas seductora, ni mas digna de figurar en la celebración de los misterios de que Orfeo había sido uno de los primeros maestros, que la que realizaba el milagro del mismo Orfeo?

Nosotros ignoramos hasta qué punto puede llegar el desarrollo inteligente de los animales, por cuanto, en nuestras relaciones con ellos, no empleamos mas que el terror, la violencia y los suplicios, y rara vez ó nunca procuramos conocer lo que puede obtenerse por medio de la dulzura, de las caricias y de las sensaciones agradables (2). Parece que seguimos en la práctica la rara opinión de Descartes; pues tratamos á los animales como si fuesen máquinas. Pueblos menos ilustrados que nosotros los tratan como á seres sensibles y no menos susceptibles que los hombres de ser conducidos por medio de los buenos tratamientos, sabiendo sacar partido de sus inclinaciones y gustos. Lo que esos pueblos obtienen hace que sea creíble cuanto refieren los autores antiguos, acerca de animales salvajes, convertidos en domésticos y hasta afectuosos. Los cinocéfalos y los toros perdían, los unos su afición á la independencia vagamunda, los otros su natural feroz y espantadizo: hasta los leones y las águilas deponían su fiereza, trocándola en una adhesión sumisa al hombre cuyos cuidados recibían (3). En los templos se

(1) Luciano, «*Contra un ignorante que compraba muchos libros.*» *Obras completas de Luciano*, tomo IV, pag. 274—276.

(2) Véase G. Colin, *Tratado de Fisiología comparada de los animales domésticos;* París, 1854, tomo I, pag. 158.

(3) Eliano, *De nat. anim.* lib. II, cap. 40; lib. V, cap 39; lib. VI, cap. 10; lib. XII, cap. 23.

enseñaba á las cabras y á los cuervos á dictar oráculos: *los animales sabios*, que suelen ser expuestos á la curiosidad pública, nos indican cuánto partido podia sacar la charlatanería de estos singulares intérpretes de las voluntades del cielo.

Quizá vacilaria yo antes de negar la existencia, atestiguada por tantas tradiciones, de los tigres domesticados que figuraban en las fiestas de Baco, y que mantenidos en los templos del dios, aguardaban tendidos y abriendo su espantosa boca, que les vertiesen largos tragos de un vino (1), en el que la prudencia mezclaba probablemente algunas drogas narcotizantes.

El empleo de las *palomas viajeras* no tuvo orígen en la Europa civilizada: tal es su antigüedad en Oriente, que los escritores nacionales afirman haber estado en uso en la Pentápolis de Palestina. Dos meses bastaban á los árabes para completar una educacion, en la que no tenian parte alguna los malos tratamientos; y las palomas eran tan bien adiestradas, que, segun la direccion en que se las soltaba, llevaban mensajes á tres puntos diferentes (2). Este arte no fué ignorada de los griegos. Una paloma fué volando desde Pisa á la isla de Egina, para anunciar al padre de Taurostenes la victoria que este atleta habia alcanzado el mismo dia en los juegos Olímpicos. El hecho, aunque poco ordinario, pareció harto sencillo á los amigos de lo maravilloso; pero sustituyeron el mensajero alado por una fantasma ó aparicion (3). La historia antigua refiere mas de una victoria, cuya noticia llegó casi al momento, y probablemente por medio de un procedimiento análogo, á parages distantes de aquel donde se habia dado la batalla: conservando secreto el medio de comunicacion, la rapidez pareció un milagro debido á la intervencion de algun agente sobrenatural.

(1) «Expectantque cibos, fusoque horrenda supinant ora mero.» (Stat. *Theb.* lib. VII, vers. 575 y 576.)

(2) *La paloma mensagera* (trad. del árabe por Silvestre de Sacy, en 8.°; París, 1805), pag. 36, 52—74.

(3) Eliano. *Var. Hist.* lib. IX, cap. 2.—Pausanias, *Eliac.* lib. II, cap. 9. —En los últimos dias de la República romana, Hirtio se valió del mismo medio para hacer llegar avisos á Décimo Bruto sitiado en Módena. (Frontin *Stratag.* lib. III, cap. 13.) La costumbre que tienen las golondrinas de volver á sus antiguos nidos se ha utilizado para un uso semejante: Plinio cita dos ejemplos. (*Hist. nat.* lib X, cap. 25.)

Propóngase á un europeo domesticar un cocodrilo, y si acomete la empresa, el hambre, la privacion de sueño debilitaran al animal hasta el punto de hacerlo, si no dócil, al menos incapaz de resistencia. Laing (1) vió en casa del rey de los Sulimas un cocodrilo domesticado, y tan dócil como pudiera serlo un perro; pero, con todo, este animal estaba cautivo, encerrado en un estanque, en lo interior del palacio: ¿no habria recobrado, con la libertad, su ferocidad natural? El cheik de Suakem, habiendo cogido un cocodrilo pequeño, consiguió domesticarlo, y lo guardaba en un estanque cerca de la mar. El animal se hizo muy grande, sin dejar de ser dócil, y el príncipe montaba en él y se hacia pasear en un espacio de mas de trescientos pasos (2). En la isla de Sumatra, en la embocadura del rio Bojang, se estableció, el año 1823, un enorme cocodrilo, el cual expulsó de allí á otros, y devoraba á todos los que se acercaban por aquellos parages. Los habitantes le tributaban un culto divino, y le daban alimentos respetuosamente. «Pasad, decian al misionero inglés, que refiere este hecho, y que parecia temer acercarse al terrible anfibio: pasad, nuestro dios es clemente.» En efecto, el animal miró tranquilamente la barca del europeo, sin dar señales de temor, de cólera, ni mostrar deseos de atacarle (3).

Este rasgo nos recuerda los cocodrilos sagrados que adoraba el pueblo de un *noma* de Egipto. ¿Será esto verdad? decimos. ¿Es posible? ¿No se arriesgaban diariamente los sacerdotes mismos á ser presa de su divinidad, de un animal feroz y estúpido, temible en la tierra, y mas temible aun en el agua? Tranquilizado por una larga experiencia respecto á las agresiones del hombre y las inquietudes del hambre, el cocodrilo debia perder sus instintos maléficos; y probablemente no habia exageracion en lo que decia del cocodrilo sagrado un discípulo de los sacerdotes egipcios: «El *Sukh-os* es justo, pues jamás hace daño á ningun animal (4).»

(1) Laing, *Viaje al Timanni, al Kuranko y al Sulimana*, pág. 353.
(2) Vincent le Blanc. *Viaje...* t.ª parte, cap. 9, tomo I, pág. 39.
(3) John Anderson, *Mision á la costa oriental de Sumatra, en el año* 1823. —*Nuevos Anales de viajes*, tomo XXX, pág. 260.—El cocodrilo del Gánges se domestica tambien fácilmente. *Viaje á las Indias Orientales*, por el Padre Paulin de Saint Barthelemí, tomo III, pág. 281 y 282, nota.
(4) *Damasc. Isidori vit.* ap. Photium, *Bibl.* cod. 242.-*Sukh-os*: este nom-

La agilidad de los movimientos de la serpiente, la fuerza enorme de algunos de estos reptiles, la dificultad de distinguir á primera vista aquellos cuya mordedura no es venenosa, son circunstancias que bastan para explicar el miedo y el horror que estos animales inspiran, y la idea de un poder sobrenatural atribuido al talento de arrostrarlos y reducirlos á la impotencia. Por esto; el biógrafo de Pitágoras, atento á enaltecer á su héroe, nos hace admirar al filósofo ejerciendo sobre los animales un poder igual al de Orfeo, y cogiendo impunemente sierpes muy peligrosas para cualquiera otro que no fuese él (1). Los juglares que daban en público un espectáculo semejante, se aprovechaban del terror que les era fácil inspirar, para saquear la bolsa de los curiosos: este género singular de estafa se repitió lo suficiente para atraer contra sus autores la animadversion de las leyes (2).

Se cuenta, sin embargo, un gran número de especies de serpientes, cuya mordedura no inocula ningun veneno, y cuyo carácter familiar permite fácilmente domesticarlas. Tales eran, sin duda, las serpientes monstruosas, pero incapaces de hacer daño, que se admiraban en muchos templos antiguos (3); y la serpiente de quince piés de largo que habia domado Ayax, hijo de Oileo (4), y que le seguia como un perro fiel; y el enorme reptil que cogieron vivo los soldados de Ptolomeo Auletes (5), y que no tardó en ser tan manso

---

bre, segun M. Geoffroy Saint-Hilaire, designa una variedad de la especie del cocodrilo Los egipcios detestaban al cocodrilo *Temsah*, animal voraz que les hacia sufrir daños frecuentes; y amaban al *Sukh*, especie mas pequeña, que rara vez era temible á los hombres, y que apareciendo en las tierras antes que todos los demás cocodrilos, en la época de la crecida del Nilo, anunciaba y parecia traer la inundacion benéfica, de la cual era el símbolo sagrado. En las orillas del Gánges, los indios distinguian tambien dos especies de cocodrilos; la una feroz y carnívora, la otra de todo punto inocente. (Eliano, *De nat. animal.* lib XII, cap. 41).

(1) Iambl. in *Vita Pythag.* cap. 14, y cap. 18.
(2) «In circulatores qui serpentes circumferunt et proponunt, si cui ob eorum metum, damnum datum est, pro modo admissi actio dabitur.» *Digest*, lib. XLVII, tit. 11, párrafo 11.
(3) Eliano, *De nat. animal.* lib. XIII, cap. 39; XV... 321; XVI, 39.
(4) Filostrat. *in Heroic.*
(5) Tzetzes. *Chiliad.* III, n°. 143.

como un animal doméstico. Hánse visto mil veces en Europa culebras domesticadas, perfectamente dóciles y cariñosas. En Timanni se enseñó al viajero Laing (1) una serpiente, que, á las órdenes de un músico, acudia, se enrollaba, se encorvaba, saltaba, tan obediente y diestra como los animales mejor instruidos. Entre los negros de la Guyana holandesa, se encuentran mujeres que hacen el oficio de adivinas; y una de las pruebas de su talento sobrenatural consiste en hacer bajar de un árbol y domeñar, con solo hablarle, á la serpiente *papa* ó *ammodita*, reptil de grandes dimensiones, pero que jamás hace daño (2).

El áspid mismo, tan justamente temido, se domestica sin dificultad: la leche azucarada que se le da todos los dias, en el Indostan, basta para hacer este milagro. El reptil viene regularmente á la hora acostumbrada á tomar el alimento que le aguarda, y nunca hace daño á nadie (3). ¿Qué puede ser sino un artificio análogo el de que se valian los sacerdotes egipcios, para hacer salir del altar de Isis los áspides inofensivos; y el medio con que tantas veces, en Grecia y en Italia, venian las serpientes sagradas á devorar los presentes colocados en los altares de los dioses, y á dar así á los pueblos un presagio seguro de felicidad y de victoria?

Pocos cuentos hay mas comunes que los de *genios* revestidos con forma de serpientes, y destinados á guardar tesoros subterráneos: esta creencia, todavía popular en Bretaña, en el distrito de Lesneven (4), es general en el Indostan, donde, al menos, puede no carecer siempre de fundamento. Hé aquí lo que refiere Forbes, observador inglés, á quien se cita generalmente con confianza. En una aldea del Indostan, una cueva, situada bajo una torre, encerraba, segun decian, un tesoro guardado por un *genio* en forma de serpiente. Guiado por el artífice mismo que habia construido la cueva, Forbes entró en ella; y á una profundidad considerable, encontró una enorme serpiente, que compara, por su grueso, á un cable de

---

(1) Laing. *Viaje al Timanni*, etc., pág. 241 y 242.
(2) Stedmann, *Viaje á Surinam*, tom III, pags. 64 y 65.
(3) Paulin de Saint-Barthélemi, *Viaje á las Indias Orientales*, tomo I, pág. 477.
(4) Cambry, *Viaje al departamento de Finisterre*, tom 2, pág. 25.

navío. El reptil, desenrollándose lentamente, levanta la cabeza hácia la abertura hecha en la parte superior... Arrojan una gran cantidad de heno inflamado, la serpiente muere asfixiada, y Forbes encuentra su cadáver, pero no el tesoro; pues su dueño seguramente se lo habia llevado (1)... El lector observará, como nosotros, que la construccion de la cueva no era antigua: la serpiente debia ser ya muy grande cuando la metieron allí; por consiguiente era domesticada y bastante dócil, pues que se dejó encerrar; y conocia bien á su amo, dado que este pudo llevarse sus riquezas, sin tener nada que temer de la centinela que allí velaba, y á la que habria debido salvar la vida restituyéndole la libertad.

Las serpientes mas peligrosas, excepto aquellas que son temibles por su fuerza, dejan de ser dañinas con solo arrancarles los colmillos, destinados por la naturaleza para inocular en las heridas que hacen el veneno de que están provistos. A veces basta hacerles morder con repeticion un pedazo de paño ó fieltro, y agotar así los depósitos del licor venenoso, para que, durante uno ó algunos dias, no ofrezcan sus ataques el menor peligro. Uno ú otro de estos secretos es puesto en práctica, lo mismo en las grandes ciudades de Europa, que en el interior salvaje de Africa (2), por los charlatanes que arrostran y se burlan de la mordedura de reptiles venenosos en presencia de la muchedumbre horrorizada. Uno ú otro secreto explica la mansedumbre de la serpiente que vieron, hace cien años, en el Alto Egipto, dos viajeros franceses (3), y que la supersticion consideraba, ora como un ángel ó un genio benéfico, ora como el demonio que ahogó en otro tiempo á los seis primeros esposos de la esposa del jóven Tobías.

Los titiriteros indios, dice un viajero (4), se dejan morder por las serpientes, y cuando la fuerza del veneno hace que se hinchen

---

(1) Forbes, *Oriental Memoirs. The Monthly repertory*, tom. XXI, páginas 367—369.

(2) *Viajes y descubrimientos en Africa*, etc., por Oudney, Denham y Clapperton, tom. III, pág. 39 y 40.

(3) *Viaje del* sieur *Paul Lucas* en 1699, tom. I, pág. 72, 78, etc.—Id. en 1745, tom. II, págs. 348, 354.—*Viaje hecho á Egipto por el* sieur *Granger* págs. 88—92.

(4) Terry, *East Ind. secc. 9.*

extraordinariamente, se curan al instante con aceites y polvos que venden á los espectadores en el acto. Seguramente, la hinchazon es solo aparente; pues el arte de curar un envenenamiento tan avanzado en sus progresos es demasiado maravilloso para que se pueda creer en él: basta á los embaucadores precaverse contra el peligro de las mordeduras que arrostran, obligando antes al reptil á agotar los depósitos donde se encierra su veneno. Y no se puede dudar que se valen de este secreto, pues Kaempfer (1) lo vió usar en el mismo pais por los titiriteros que, hasta cierto punto, adiestran y someten á su obediencia á la serpiente *Naga*, cuyo veneno es tan temido con fundamento.

Pero se ha considerado siempre como fábula el aserto de que la mordedura venenosa de un reptil fuese inocente para ciertos hombres y mortal para todos los demás, interpretándose en sentido alegórico los numerosos pasages en que se habla del *poder de hechizar* á las serpientes. Los hombres que, en la China, no menos osados que los Psilas antiguos, se exponen á mordeduras realmente peligrosas, son considerados como hábiles charlatanes. En vano los escritores latinos y griegos aseguran que el don de *hechizar* á los reptiles venenosos era hereditario, desde tiempo inmemorial, en ciertas familias; que en las riberas del Helesponto, estas familias eran bastante numerosas para formar una tribu; que en Africa participaban de este don los *Psilas*; que los *Marsos* en Italia, en Chipre los *Ophiogenes*, lo poseian, merced á su origen, procedente segun unos de la maga Circe, y segun otros de una vírgen de Frigia unida al dragon sagrado (2). Hasta se olvida que, á principios del siglo XVI, en Italia, ciertos hombres, que suponian descender de la familia de San Pablo, arrostraban como los Marsos las mordeduras de las serpientes (3)... Para rechazar un hecho, que parecia demasiado maravilloso, se invocaba el testimonio de Galeno, que dice, que en su

---

(1) Kaempfer, *Amœn. exot.* pág. 565 y sig.—Lacepede, *Hist. nat. de los reptiles*, art. Serpent á lunettes ou Nàga.

(2) Plin *Hist. Nat.* lib. VII, cap. 2.—A. Gel. *Noct. attic.* lib. IX cap. 12, y lib. 14, cap. 2. Strab. lib. XIII.—Eliano.—*De Nat. animal.* lib. I, cap. 57 lib. XII, cap. 39.

(3) Ascensius, *Not. in A. Gel. Noct. attic.* lib. XVI, cap. 2.

tiempo, los Marcos no poseian ningun específico secreto, y que su talento se reducia á engañar al pueblo con la destreza y el fraude (1); de donde se inferia, que el fraude y la destreza era lo único que se habia empleado en todos tiempos. No se reparaba en que la afirmacion del médico de Pérgamo está destruida por un rasgo conocido de la historia de Heliogábalo (2): este emperador hizo recoger serpientes por los sacerdotes Marsos, mandó echarlas en el Circo en el momento en que entraba multitud de pueblo, y muchas personas perecieron mordidas por aquellos reptiles, que los Marsos habian arrostrado impunemente.

Viajeros dignos de fé nos han hablado, en fin, con el testimonio de sus ojos. Bruce, Hasselquist, Lempriere (3) se han asegurado por sí mismos de que, en Marruecos, en Egipto, en Arabia y sobre todo en el Senaar, muchos hombres tienen el privilegio de arrostrar impunemente la mordedura de la víbora, la picadura del escorpion, y de hacer que estos animales, sugetos entre sus manos, caigan en un doloroso entorpecimiento. Para completar su semejanza con los *Psilas* antiguos, los modernos aseguraron á Bruce, que nacian con esta facultad maravillosa. Otros pretendian deberla á una misteriosa combinacion de letras ó á ciertas palabras mágicas: esto se asemeja á los antiguos cantos, propios para encantar á las serpientes, y ofrece un nuevo ejemplo del hábito, tan perjudicial á la ciencia, de ocultar un secreto físico, atribuyendo sus efectos á prácticas insignificantes y supersticiosas.

Si podian subsistir dudas, quedaron desvanecidas en la época de la brillante expedicion de los franceses á Egipto. He aquí lo que refieren, lo que confirmarán todavía miles de testigos oculares; ciertos *Psilas* que pretenden, como dijo Bruce, deber á su nacimiento la facultad que les distingue, van de casa en casa ofreciendo su ministerio para destruir toda especie de serpientes, que son allí muy comunes. Si ha de creérseles, un instinto maravilloso les lleva desde luego hácia el

(1) Galeno, *De theriac. ad Pison.*
(2) Lamprid. in *Ant. Heliogabal.*
(3) Bruce, *Viaje á las fuentes del Nilo*, tomo IX, pág. 402, 403, 412-417. —Hasselquist, *Viaje á Levante*, tomo I, pág. 92-93-96-100.—Lempriere, *Viaje al imperio de Marruecos y al reino de Fez*, en 1790-1791, pág. 42 y 43.

lugar donde las serpientes se ocultan. Furiosos, aullando, echando espumarajos, se lanzan, se arrastran por el suelo, cojen los reptiles sin temer sus heridas, y los desgarran con las uñas y los dientes.

Los aullidos, la espuma, el furor, todo lo que recuerda, en una palabra, los penosos esfuerzos que fingian los Marsos, repitiendo los cantos propios para hacer perecer á los reptiles, no es mas que charlatanería (1). El instinto para conocer la presencia de las serpientes tiene algo de real. Los negros en las Antillas descubren por el olfato una serpiente que no se ve; y es porque, en efecto, las serpientes exhalan un olor fétido y nauseabundo (2). En Egipto, el mismo indicio era antiguamente (3), y es todavía, perceptible para los hombres ejercitados desde la infancia, y como por herencia, en la caza de los reptiles, y esto aun á bastante distancia, para que los miasmas no alcancen á los embotados órganos de un europeo. Por lo demás, el hecho principal, la facultad de reducir á la impotencia, por solo el contacto, á los animales dañinos, es cosa bien averiguada; y sin embargo, no conocemos la naturaleza de este secreto célebre en la antigüedad, y conservado hasta nuestros dias por los mas ignorantes de los hombres.

No estarán fuera de lugar algunas reflexiones sobre este asunto.

Los sentidos de los animales son semejantes á los nuestros; pero esa semejanza no es absoluta. Nosotros no percibimos ciertas sustancias que á ellos les afectan fuertemente; al paso que parece no afectarles de diverso modo aquellas que nosotros encontramos mas desemejantes. Nada es mas cierto por lo tocante al sentido del olfato: el perro, que posee un olfato tan exquisito, tan susceptible de impresiones delicadas de que no podemos tener una idea; el perro me parece que no encuentra diferencia alguna entre un perfume suave y un hedor infecto. Una diversidad tan marcada entre nuestras sensaciones y las que perciben los animales ha debido ofrecer medios de operar sobre ellos sin afectar los sentidos de los hombres.—Los perros no entraban nunca, en Roma, en el templo de Hércules: el olor de la maza que, allá en sus tiempos, dejó el dios á la puer-

(1) *Venas intendens omnes.* Lucil. Satyr. lib. XX.
(2) Thibaut de Chanvalon, *Viaje á la Martinica.*
(3) Eliano, *De nat. animal.* lib. V, cap. 33.

ta, bastaba todavía para alejarlos; al cabo de catorce siglos (1). Sin duda, los sacerdotes cuidaban de renovar, de tiempo en tiempo, aquel olor que no era percibido por los hombres, y que perpetuaba el milagro. Alberto el grande poseia una piedra que atraia las serpientes: si pudiese haber algo de verdad en este relato, lo atribuiríamos á una causa análoga: los reptiles son, como muchos insectos, susceptibles de ser vivamente afectados por emanaciones olorosas.

Creo, pues, que Galeno fue engañado por una declaracion falsa que hacian los Marsos y los *Psilas* para mejor ocultar su verdadero secreto, cuando dijo que estos no debian su poder sobre las serpientes mas que al hábito de alimentarse de víboras y de reptiles venenosos (2). Mejor informados, Plinio, Eliano, Silio Itálico indican la causa, atribuyéndola al empleo de una sustancia odorífica que entorpecia á las serpientes, y con la cual parece que sus enemigos se frotaban el cuerpo (3). Este procedimiento inspiraba á los Psilas tanta confianza, que no temian exponer los niños recien nacidos á las mordeduras de las serpientes, á fin de asegurar su legitimidad (4), ó mas bien para dar la muerte, á su placer, á los que sospechaban que eran fruto del adulterio. Bruce adquirió la seguridad de que el secreto de los egipcios y de los árabes consiste en bañarse en una decoc-

(1) Solin. cap. 2.
(2) Galeno, *De Art. curator.* lib. II, cap. 11.
(3) «Ut odore sopirent *eos* (serpentes).» Plin. *Hist. nat.* lib. VIII, cap. 2. El mismo autor observa que los *Ophiogenes* de la isla de Chipre exhalaban, particularmente en primavera, un fuerte olor virulento. lib. XXVIII, cap. 3. Elian. *De nat. animal*, lib. XIII, cap. 39 y lib. XVI, cap. 27.
......«Et somnum tacto misisse chelydro (Sil. Italic. lib. V, vers. 354)
......«et chelydris cantare soporem,
«Vipereumque herbis hebetare et carmine dentem.» *(Idem,* lib. VIII, vers. 496 y 497—Un charlatan se hacia morder en público por los áspides: Eliano cree que usaba de una bebida para preservarse de las consecuencias de la mordedura. Pero podia muy bien no ser mas que un nuevo artificio para ocultar el verdadero secreto.
(4) Los Psilas no comunicaban á sus mujeres un secreto que podia llegar á ser funesto para ellas. «*Mulier enim Psylla esse non potest*» (Xiphilin. in *August.* Eliano, *De nat. animal*, lib. I, cap. 57). Sus discípulos modernos no han imitado esta reserva. Hasselquist (tom. I, pág. 96 y 97) cita una mujer que, á su vista, redujo las serpientes á una completa impotencia.

cion de yerbas y raices, cuya naturaleza ocultan con el mayor cuidado. Forskhal nos dice, que los egipcios encantan á las serpientes con una aristoloquia, cuya especie no designa. Segun Jacquin, es la *aristolochia anguicorda*, que emplean para el mismo uso los indígenas de America (1).

Hoy, que se han encontrado las huellas de las emigraciones que desde la llanura de la Tartaria debieron conducir numerosos pueblos hasta la América equinoxial, no causa admiracion el encontrar este secreto propagado en el Nuevo-Mundo. Teniendo el convencimiento de su alta antigüedad, y confrontando las narraciones de los viajeros modernos con las de los historiadores antiguos, seria mas de admirar que el tal secreto no se encontrara en el Indostan. En efecto, existe allí desde tiempo inmemorial.

Al lado de cualquier secreto de este género, es casi seguro encontrar una costumbre que, ó bien ha hecho necesario el descubrimiento, ó bien, por el contrario, le debe su origen. Para conocer en el Indostan la verdad de una acusacion, «se echa una serpiente de »caperuza, llamaba *Naga*, en una vasija de barro profunda, y se »deja caer dentro un anillo, un sello ó una moneda, que el acusado, »debe sacar con la mano. Si la serpiente le muerde es declarado culpable; y en el caso contrario, es inocente (2).» Así es tambien como en Egipto, los áspides sagrados, ministros inteligentes de las venganzas de Isis, daban la muerte á los malos y respetaban á los hombres de bien (3).

(1) Hasselquist, *Viaje á Levante*, tomo I, pag. 100, nota.
(2) *Recherches asiatiques*, t. I, pág. 473. Debemos advertir que la mayor parte de las *ordalías* se usan igualmente en el Pegú, entre los Birmanes.
(3) Eliano, *De nat. anim.* lib. X, cap. 31.

CAPITULO XVII.

Drogas y bebidas preparadas: unas soporíficas, otras á propósito para producir una imbecilidad pasajera.—Circe: *Nepenthes*.—Ilusiones deliciosas, ilusiones aterradoras, revelaciones involuntarias, valor invencible, producidos por los alimentos ó brevages.—El *Viejo de la montaña* seducia á sus discípulos por medio de ilusiones, y probablemente les precavia contra los tormentos por medio de drogas narcotizantes.—Ejemplos numerosos del empleo de estas drogas.—El uso de ellas, siendo habitual, conduce á la insensibilidad y física y á la imbecilidad.

Una vez vencedor de los obstáculos que le separaban de la perfeccion, el iniciado veia presentarse ante él los tesoros mas escondidos de la ciéncia. No bastaba entregarle el secreto de las maravillas que le penetraban de admiracion religiosa en el espectáculo de su primera recepcion: llamado en adelante á mostrar á los profanos la via de la luz, era menester que aprendiese á conocer los medios de accion á que fué sometido; cómo y de qué manera se hizo dueño de todo su ser moral; y cómo habria de valerse de los mismos medios, ora para dominar las almas de los que aspirasen al mismo fin alcanzado por él, ora para mostrarse omnipotente por sus obras ante todo cuanto no participara de la sublime dignidad del sacerdocio.

Los aspirantes á la iniciacion y las personas que acudian á pedir á los dioses sueños fatídicos, despues de un ayuno mas ó menos prolongado, tomaban alimentos preparados expresamente, y sobre todo ciertos brevages misteriosos, tales como el *agua del Leteo*, y el *agua mnemosina* en la gruta de Trofonio, ó el *Ciceion* en los misterios de Eleusis. Segun la disposicion física y moral en que importaba mantener al novicio, y segun la naturaleza de las visiones que se debia procurarle, se mezclaban diversidad de drogas con los alimentos ó las bebidas.

Sabidas son las acusaciones que pesaron sobre algunas de las primeras sectas del cristianismo, acusaciones que la injusticia hizo recaer contra todas las asambleas de cristianos; y que no carecian de fundamento, si es verdad que muchos heresiarcas adoptaron la práctica criminal que un rumor popular imputaba al jefe de los Marcosios. Dícese que, en las ceremonias religiosas, administraba á las mujeres bebidas afrodisiacas (1). Sin prejuzgar nada sobre este caso particular, pensamos que el empleo de los afrodisiacos tuvo efecto mas de una vez en las orgías misteriosas del politeismo: solo esto puede explicar los desórdenes monstruosos á que se entregaban en las bacanales, denunciados y castigados en Roma, el año 186 antes de nuestra era: una escena de la novela de Petronio indica que estaba en uso mucho tiempo despues, en las reuniones nocturnas, donde la supersticion servia de velo y de excusa á los excesos del libertinaje.

Pero semejante medio nunca pasó de ciertos límites: produjo el extravío de los sentidos; pero no exaltó la imaginacion con maravillas: entregaba el hombre físico al poder de un taumaturgo culpable; pero no alcanzaba al hombre moral. Los soporíficos eran las mas simples y las mas comunes de las sustancias destinadas á producir los efectos mas importantes en las ceremonias secretas. Grandes servicios debian prestar al taumaturgo, ya para cerrar los ojos demasiado atentos, demasiado prontos á excrutar las causas de sus milagros; ya para producir esas alternativas de un sueño invencible y de un despertar repentino, tan aptos para persuadir al hombre que los sufre, de que un poder sobrenatural juega con su existencia, y cambia á su arbitrio todas las circunstancias que la embellecen ó la afligen.

Los medios eran varios: una recopilacion que poseemos, y que citaremos aun, nos suministra dos ejemplos diferentes. Ya es un jóven príncipe, adormecido todas las noches por el jugo de una plan-

---

(1) San Epifanio, *Contra hæreses*, lib. I, tomo III, *Contra Marcosios, hæreses*, 24.

ta, y sacado de su profundo letargo todas las mañanas, por medio de un perfume que se le hace respirar (1). Ya es una esponja empapada en vinagre, que pasada bajo la nariz del *durmiente Abu-Hassan*, produce un estornudo y un pequeño vómito, y destruye repentinamente el efecto de un polvo soporífico que le hacia insensible. Ya, por último, la exposicion al aire libre basta para determinar los mismos síntomas y el mismo resultado, en una jóven princesa, profundamente adormecida por un narcótico (2).

Un secreto análogo encontraremos en un punto muy distante del teatro de las *Mil y una Noches*. Entre los Nadoesis (3), habitantes de la América septentrional, existia una sociedad religiosa de hombres consagrados al *Grande Espíritu*. Carver presenció la admision de un nuevo miembro en ella, y vió echar en la boca del novicio cierta cosa parecida á una haba; en el acto cayó al suelo sin movimiento, insensible y como muerto. Diéronle en la espalda violentísimos golpes, y no le devolvieron el sentido hasta el cabo de algunos minutos: entonces vióse agitado de convulsiones, que no cesaron sino cuando se le hizo arrojar lo que le habian dado.

Plutarco nos ha conservado la descripcion de los misterios de Trofonio, hecha por un hombre que habia pasado en la gruta dos noches y un dia (4); y esta descripcion, mas bien que la de un espectáculo real, es la de los ensueños de un hombre embriagado por un narcótico poderoso. Timarco, este es el nombre del iniciado, sintió un violento dolor de cabeza cuando las apariciones comenzaron, es decir, cuando el brevage comenzó á turbar sus sentidos, y luego que aquellos se desvanecieron, esto es, cuando despertó de su sueño delirante, se dejó sentir vivamente el mismo dolor. Timarco murió tres meses despues de su salida de la gruta; lo que indica que los sacerdotes hacian uso de drogas demasiado enérgicas. Los que consultaban una vez los oráculos, conservaban, segun se dice (5), una tristeza que duraba toda su vida; efecto natural de la alteracion gra-

(1) *Las Mil y una Noches*, noche XXVI.
(2) Id., noches CCXCV y CCCLIX.
(3) Carver, *Viaje á la América septentrional*, pág. 200 y 201.
(4) Plutarco, *De dæmonio Socratis*.
(5) Suidas... Clavier, *Memoria sobre los oráculos*, etc. pág. 159 y 160.

ve de su salud por los brevages que les habian sido administrados.

Segun creo, los consultantes no eran trasladados á la salida de la gruta, sino cuando su forzado sueño comenzaba á disiparse: así, pues, como lo ha sospechado Clavier (1), todo el espectáculo maravilloso que se suponía desplegado por un dios ante ellos, estaba reducido á las fantasmas que poblaban su imaginacion durante el sueño: por eso, despues de propinarles, cuando despertaban, un brevage destinado sin duda á restituirles completamente el uso de sus sentidos, se les mandaba referir lo que acababan de oir y ver; pues el sacerdote necesitaba saber de ellos mismos lo que habian soñado.

Es tal el enlace de lo físico y de lo moral, que las sustancias que provocan fuertemente el sueño poseen á veces la propiedad de turbar la inteligencia: las bayas de la belladona, tomadas como alimento, producen una locura furiosa, seguida de un sueño que dura veinticuatro horas.

Mucho mas que el sueño físico, el sueño del alma, la imbecibilidad pasagera entrega el hombre al poder de los que saben reducirle á ese humillante estado. Las portuguesas de Goa emplean el jugo de la semilla de *datura* ó dutroa, mezclándolo, segun dice Linschott (2), con los licores que beben sus maridos: estos caen por veinticuatro horas lo menos en un estupor acompañado de una risa contínua, y tan profundo, que no les afecta nada de cuanto se hace en su presencia: cuando recobran los sentidos, no conservan ningun recuerdo de lo pasado. Los hombres, dice Pyrard (3), hacen uso del mismo secreto para someter á sus deseos las mujeres que no se puede hacer consentir por ningun otro medio. Francisco Martin (4), despues de explicar los perniciosos efectos que produce la semilla de *datura*,

---

(1) Clavier, *ibid.* pág. 158 y 159.

(2) Linschott, *Historia de la navegacion á las Indias orientales*, con las anotaciones de *Paludanus*, 3.ª edicion, en fol. pág. 63, 64, 111.—La *manzana espinosa*, planta de la misma familia que la *datura*, produce efectos análogos: algunas veces ha sido empleada en Europa en usos criminales.

(3) *Viage de Francisco Pyrard* (2 vol en 4.°, Paris, 1679), tomo II, páginas 68 y 69.

(4) Francisco Martin, *Descripcion del primer viaje á las Indias orientales por los franceses*, pág. 163 y 164.

añade que se pone término á ellos sumergiendo los pies del paciente en agua caliente: el remedio provoca un vómito; lo cual recuerda el modo como el *durmiente* y la *jóven princesa*, en las *Mil y una Noches*, y los iniciados *nadoesis* son librados de su estupor.

Un secreto tan eficaz, que ha venido á caer así en manos del vulgo, debió con mucha mas razon pertenecer al taumaturgo, á quien tantas veces importaba prevalerse de él. Entre los indígenas de la Virginia, el aspirante al sacerdocio bebia, durante el curso de su penosa iniciacion, un licor que le sumia en la imbecilidad. Si esta práctica, como es permitido suponerlo, tenia por objeto hacerle mas dócil, puede tambien creerse que no tuvo su principio en el nuevo continente.

Los mágicos emplearon en todos tiempos semejantes secretos.

Los cuentos orientales nos presentan mas de una vez hábiles magos que convierten á los hombres en animales. Varron, citado por San Agustin (1), dice que las magas de Italia, para atraer á los viajeros confiados, les hacian tomar, mezclada *con queso*, una droga que los convertia en bestias de carga. Entonces les cargaban su bagage, y terminado el viaje, les restituian su primera forma. Bajo estas expresiones figuradas, copiadas de Varron, que seguramente no hacia mas que citar á otro, se deja entender que los viajeros tenian el espíritu bastante turbado por la droga que les habian hecho tomar, para someterse ciegamente á esta singular influencia, hasta que las magas les administraban un antídoto apropiado.

Esta tradicion tiene sin duda el mismo orígen que la fábula de Circe (2).

Cansada de las persecuciones amorosas de Calco, rey de los daunienses, Circe, segun dice Partenio, le invitó á comer: todos los manjares que le sirvieron estaban mezclados con drogas farmacéuticas (3): apenas hubo comido, cayó en una imbecilidad tal, que

(1) San Agustin, *De civit. Dei*, lib. XVIII, cap. 17 y 18.

(2) Esto no contradice el aserto de Solino, de que Circe engañaba los ojos por medio de apariencias fantasmagóricas; pues podia valerse de este medio para fortalecer la creencia admitida de que las drogas que hacian imbéciles á los hombres los transformaban en bestias.

(3). «Edulia..... erant autem omnia pharmacis infecta.» Parthen. Nicæns. *Erotic.* cap. 12.

Circe lo echó con los puercos. Mas tarde lo curó y lo devolvió á los daunienses, obligándoles por medio de juramento á no dejarle volver nunca mas á la isla que ella habitaba.

La copa de Circe, dice Homero, contenia un veneno que transformaba en bestias á los hombres: lo cual quiere decir, que la estúpida embriaguez en que estaban sumidos les hacia creer en esa vergonzosa degradacion. Este sentido, conforme con la relacion de Partenio, es el único admisible. A pesar de la decision de algunos comentadores, no vacilo en afirmar que el poeta no pensó en darnos una leccion alegórica contra los peligros de la sensualidad: esto se avendria mal con el resto de la narracion, por cuanto esta termina arrojando al sabio Ulises en los brazos de la encantadora, que le retiene un año entero. En este, como en otros pasajes de sus poemas, Homero no hizo mas que presentar un hecho puramente físico. Tan cierto es esto, como que él mismo indica un preservativo natural contra el efecto del veneno: una raiz, que describe con aquella exactitud que, mejor que ningun otro, supo unir al esplendor de la poesía y á la elegancia de la versificacion.

Igualmente nos resistimos á tomar en sentido figurado lo que el príncipe de los poetas refiere del *nepenthes*, que dado por Helena á Telémaco, suspende en el corazon del jóven héroe el sentimiento de sus pesares. Cualquiera que sea la sustancia designada con este nombre, es lo cierto que, en tiempo de Homero, se creia en la existencia de ciertas drogas, menos embrutecedoras que el vino, y mas eficaces para difundir en el ánimo una calma deliciosa. Que Homero conociese estos licores y el que Circe vertia á sus huéspedes, bien sea por el espectáculo de sus efectos, ó bien solamente por tradicion, de su relato se infiere que ha existido el secreto de componerlos. Esto admitido, ¿cómo poner en duda que tal secreto fuese practicado en los templos, donde el poeta griego habia adquirido una gran parte de su instruccion, y donde se hallaban concentrados todos los de la física experimental?

Los historiadores romanos y griegos y los naturalistas modernos, refiriéndose á las propiedades de diferentes brevages, consignan hechos que prueban que los antiguos taumaturgos los conocieron, y que nada exageraron.

A. Laguna, en su *Comentario de Dioscorides* (1), cita una especie de *solanum*, cuya raiz, tomada con vino en dósis de una dracma, llena la imaginacion de las mas deliciosas ilusiones. El opio solo, administrado en cierta dósis, produce con el sueño que determina ilusiones tan poderosas y tan dulces, que ninguna realidad puede igualar su encanto. Resumiendo todas las opiniones emitidas sobre el *nepenthes* de Homero, M. Virey (2) lo encuentra en el *hyoscyamus datura* de Forskhal, del que todavia se hace un uso análogo en Egipto y en el Oriente; y este sabio indica otras varias sustancias capaces de producir efectos no menos maravillosos.

El *potamantis* ó *thalassegle*, dice Plinio (3), nace en las orillas del rio Indo, y el *gelatóphyllis* cerca de Bactria. Los brevages extraidos de estas dos plantas producen el delirio : la una da visiones maravillosas; la otra excita una risa contínua. La una obra como el brevage compuesto con el *hyoscyamus* de Forskhal; la otra como el jugo exprimido de la semilla de *datura*.

Otras composiciones tenian virtudes mas útiles aun para los fabricantes de prodigios.

En Etiopía, dice Diodoro (4), habia un lago cuadrado, de ciento sesenta piés de circuito (cuarenta piés de lado). Este lago contenia un agua del color del cinabrio, que despedia un olor muy agradable. Los que la bebian eran presa de un delirio tal, que confesaban todos sus crímenes, hasta aquellos que el tiempo les habia hecho olvidar. Ctesias (5) habla de una fuente, en la India, cuya agua, en cuanto se sacaba de ella, se cuajaba *como un queso*. Este *coagulum* disuelto en agua poseia una virtud semejante á la de que habla Diodoro. En el primer ejemplo, el nombre de *lago*, teniendo en cuenta las dimensiones indicadas, recuerda el nombre de la *mar de bronce* del templo de Jerusalen : designa solamente un gran estanque formado por la mano del hombre (6), como se ven uno ó dos en todas

---

(1) Libro LXXVI, cap. 4. citado por Llorente, *Historia de la Inquisicion*, cap. 37, art. 2, tomo III, pág. 457.
(2) *Bulletin de pharmacie*, tomo V, (febrero 1813), págs 49-60.
(3) Plinio, *Hist. nat.* lib. XXIV, cap. 17.
(4) Diod. Sic. lib. II, cap. 12.
(5) Ctesias, *Indic.* apud Photium, *Biblioth.* cod. 72.
(6). *Lacus* en latin tiene muchas veces la misma significacion : Plinio

las aldeas del Indostan (1). La palabra *fuente* empleada por Ctesias, significa igualmente el agua que corre de un manantial, y el agua que se hace salir de un depósito. El color y el olor del líquido contenido en el lago de Etiopía, la propiedad atribuida al líquido indiano *de cuajarse como el queso* y de recordar así la droga empleada por las magas de Italia, todo esto, ¿no indica claramente que se trata de preparaciones farmacéuticas?

Antes de Ctesias y Diodoro, Demócrito habia hablado de plantas dotadas de tal virtud, que hacian confesar á los culpables lo que los mas rigurosos tormentos no habrian podido obligarles á declarar. Segun Plinio (2), en la India crece el *achæmenis*. Su raiz, preparada en forma de pastillas, y tragada con vino durante el dia, atormenta toda la noche á los culpables: perseguidos por los dioses, que se les aparecen bajo diversas formas, confiesan todas sus maldades. El jugo de la *ophiusa*, planta de Etiopía, tomado interiormente, induce á creer al que lo toma que es asaltado por serpientes: el terror que se siente es tan violento, que conduce á darse la muerte: por esto se fuerza á los sacrílegos á beber este licor.

Estas maravillas parecen fabulosas; y sin embargo, pueden repetirse hoy á la vista de los observadores. Si se administra á los niños atacados de la *coqueluche* el extracto de belladona, por poco que la dósis exceda de ciertos límites, ese remedio causa á los enfermos ensueños penosos, que los llenan de espanto. En el Kamtchatka, se extrae de la *yerba dulce* (3) «un aguardiente que »embriaga con facilidad y de un modo muy violento...... El que »lo bebe, aunque sea en pequeña cantidad, es atormentado por en— »sueños terribles durante la noche; y al dia siguiente, padece in— »quietudes y agitaciones tan grandes, como si hubiese cometido al- »gun crímen.»

da este nombre á la taza de una fuente situada cerca de Mandurium, en el país de Salento : Vitrubio lo aplica á un depósito preparado para recibir cal.

(1) Algunos de estos estanques tienen hasta *una milla holandesa* de circuito (mas de 7,500 metros). J. Haafner, *Viaje á la península oriental de la India*, etc. tomo II, pág. 299.

(2) Plin. *Hist. nat.* lib. XXIV, cap. 17.

(3) *Pastinaca*, Gmelin.

El *muchamora* es un hongo común en el Kamtchatka y en Siberia (1). Comiéndolo, ó bebiendo un licor en que haya estado en infusion, produce algunas veces la muerte, y siempre un delirio profundo, ya alegre, ya poseido de tristeza y espanto. El paciente se cree sometido al poder irresistible del *espíritu* que reside en el hongo venenoso. En un acceso de esta embriaguez, un cosaco imaginó que el *espíritu* le mandaba confesar sus pecados; y en efecto, hizo una confesion general en presencia de todos sus compañeros.

Otros brevages tienen una eficacia diferente, igualmente susceptible de prestarse á lo maravilloso. El califa Abdalah, hijo de Zobeir, sitiado en la Meca, se decidió á encontrar en una salida la libertad ó la muerte: recibió de su madre un brevage de almizcle, propio para sostener el ánimo, y no sucumbió en efecto, sino despues de haber hecho prodigios de valor, que mantuvieron mucho tiempo indecisa la victoria (2). Cuando deben combatir los soldados turcos, se les da el *maslach*, bebida fuerte que contiene opio, la cual los vuelve casi frenéticos (3). La embriaguez producida por el *muchamora* tambien produce á veces un aumento de fuerza, una audacia temeraria, juntamente con un deseo de cometer acciones culpables, que se consideran como imperiosamente inspiradas por el espíritu del *muchamora*. El salvaje kamtchadal y el feroz cosaco recurren á esta embriaguez para disipar sus terrores cuando proyectan asesinatos (4). Durante el siglo XVIII, todavía existian en los ejércitos de los príncipes indios unos guerreros fanáticos, llamados *ammoqui*, los cuales entraban en un delirio feroz por medio de un extracto de cáñamo combinado con opio. En tal estado, se lanzaban hiriendo sin distincion á todo el que se les presentaba delante, hasta

---

(1) Krachenninikof, *Descripcion del Kamtchatka*, 1.ª parte, cap. 14.—Beniowski refiere que un schaman siberio, á quien habia consultado, hizo uso de una infusion de *muchamoras*: esta bebida le sumergió al principio en el delirio, y despues en un profundo sueño.

(2) El año 73 de la Egira... Ockley, **Historia de los Sarracenos**, tomo II, pag. 4 y 5.

(3) *Consideraciones sobre la presente guerra entre rusos y turcos*, 1769-1773 pag. 84.

(4) Krachenninikof, *Descripcion del Kamtchatka*, 1.ª parte, cap. 14.

que caian, acribillados de heridas, sobre el cuerpo de sus víctimas (1). Ni el temor ni la humanidad detenian tampoco en el camino del crímen á los fanáticos que el *Viejo de la Montaña* embriagaba con una preparacion de cáñamo, cuyo nombre (*hachiche*) hizo dar á los que la bebian el nombre de *Asesinos* (2).

Todos los historiadores de las Cruzadas hablan de la mansion encantada donde el *Viejo de la Montaña* daba á sus crédulos neófitos tal aficion al paraiso, cuyos placeres les hacia gustar, que la esperanza de volver un dia á este lugar de delicias les hacia cometer todos los crímenes, y arrostrar la muerte cierta y los suplicios mas horrorosos. Mucho tiempo antes, *Schedad-ben-ad*, rey de Arabia, *queriendo hacerse adorar como un dios*, reunió en un jardin, cuyo nombre ha quedado proverbial en Oriente, *todas las delicias del paraiso*, y hacia partícipes de ellas á todos los adictos que se dignaba admitir en él (3). En uno y otro caso, pensamos que esos jardines, esos goces no han existido jamás sino en sueños provocados entre hombres jóvenes, habituados á un régimen sencillo y austero, por medio del uso no acostumbrado de bebidas adecuadas para adormecer su débil razon, y para exaltar su imaginacion ardiente. Una preparacion del *hyoscyamo* (4), (la misma planta sin duda que el *hyoscyamus datura*), conocida con el nombre de *bendjé*, servia para embriagarlos, para que se creyesen trasladados al paraiso, despues que con pomposas descripciones se les habia dado ya una idea de él, acompañada de los mas violentos deseos; mientras que, para excitarlos á cualquier acto desesperado, se les administraba el *hachiche*, extracto de cáñamo empleado todavia en Oriente para el mismo uso.

La existencia de los jardines del *Viejo de la Montaña*, sin embar-

(1) Paulin de Saint-Barthelemi, *Viaje á las Indias Orientales*, tomo II, pag. 426 y 427.

(2) J. Hammer, *Minas de Oriente... Nuevos Anales de viajes*, tomo XXV, pag. 337-378.

(3) D'Herbelot, *Biblioteca oriental*, art. *Iram*.

(4) J. Hammer (*loc. cit.*) parece creer que el *bendjé* era lo mismo que el *hachiche*; pero en un fragmento de una novela árabe, que él mismo tradujo, se dice positivamente que el *bendjé* era una preparacion del *hioscyamus* (beleño). *Ibid.* pág. 380.

go, ha sido admitida como real por hombres ilustrados (1); pero séanos permitido oponer á su autoridad la discusion en cuya virtud hemos formado nuestra opinion contraria, aun antes de que hubiese adquirido un nuevo grado de probabilidad con el asenso de M. Virey (2). Esto no es salirnos de nuestro asunto: entre las maravillas operadas sobre los hombres por seres que pretendian estar dotados de facultades sobrehumanas, no hay ninguna que haya dado por consecuencia un poder mas extenso.

«El *Viejo de la Montaña* (3), cuya historia corre mezclada con tantas fábulas, se rodeó de una porcion de fanáticos, dispuestos á todo á la primera señal suya. Dícese que la adhesion ilimitada de esta gente no le costaba mas que el cuidado de adormecerlos por medio de una bebida narcótica y trasladarlos luego á unos jardines deliciosos, donde, al despertar, todos los deleites reunidos les persuadian durante algunas horas, que gustaban los placeres del cielo. Permitido es poner en duda la exactitud de este relato. ¿Cuántas indiscreciones no podian comprometer diariamente la existencia de un paraiso facticio? ¿Ni cómo reunir, retener y determinar á un secreto inviolable á tantos agentes, exentos del fanatismo que habian de producir sus artificios, que por lo tanto no considerarian el silencio como un deber, y que por el contrario, estarian dispuestos á temer la obediencia ciega que procuraban inspirar, pues al menor capricho del tirano podrian ser sus primeras víctimas? ¿Supondrémos que fueran constantemente discretos, á pesar de su corta edad, los esclavos de ambos sexos que figuraban como ángeles y huríes en presencia del novicio? ¿Qué era de ellos, al menos, cuando el curso de los años no permitía ya que desempeñasen los mismos papeles? Solo la muerte podia responder de su silencio en el porvenir; y la perspectiva de semejante recompensa, ¿no debia soltar sus lenguas en la primera ocasion favorable, ó inducirles á matar á su verdugo, cuan-

---

(1) Malte-Brun y J. Hammer, *Minas de Oriente... Nuevos anales de viajes*, tomo XXV, pág. 376-382.
(2) *Bulletin de pharmacie*, tomo V, pág. 55 y 56 (febrero 1813).
(3) Eusebio Salverte, *De las relaciones de la medicina con la política* (en 12.º, Paris 1806), pág. 182 y siguientes. Transcribimos este pasage con las correcciones que habian sido preparadas para una segunda edicion.

do solo y errante en medio de estos iba á confirmar al neófito en sus persuasiones mentirosas? ¿Cómo, por otra parte, se alimentaba este pueblo de comediantes? ¿Podia su dueño proveer cada dia á sus necesidades, sin que ningun extraño se apercibiese de ello? Combínese el número de precauciones que era menester tomar, las provisiones que habian de renovarse, la frecuente necesidad de deshacerse de unos agentes cuya indiscrecion era muy de temer, y se convendrá en que todo lo mas podia hacerse durar tres años este abominable misterio.

«Es cierto, además, que los goces físicos, por mucha destreza que haya en variarlos y combinarlos, tienen intervalos muy marcados, contrastes demasiado sensibles de vacío y de realidad, para dar lugar á que nazca ó subsista semejante ilusion. ¡Cuánto mas sencillo es el explicarlo todo por la embriaguez física, combinada con la embriaguez del alma! En el hombre crédulo y de antemano preparado por las pinturas y las promesas mas halagüeñas, el brevage encantador producia, durante un profundo sueño, no solo esas sensaciones tan vivas y agradables, sino su continuidad mágica, que duplicaba su valor. *A decir verdad, ellos estimaban que esto fuese un sueño.* Así se expresa Pasquier (1), despues de haber compulsado todo cuanto han dicho de los *Asesinos* los autores contemporáneos. Preguntad á un hombre que acaba de adormecer sus agudos dolores con una dósis de ópio: la pintura de las ilusiones encantadoras que no dejará de sentir en el estado de éxtasis en que puede permanecer sumido veinticuatro horas y aun mas, será exactamente la de los deleites sobrenaturales, de que el jefe de los *Asesinos* colmaba á sus futuros seides. Conocido es el furor con que los orientales habituados á tomar ópio se entregan á este gusto, á pesar de las enfermedades, siempre crecientes, que el mismo acumula sobre su miserable existencia. Este furor puede dar una idea de los placeres que acompañan á su embriaguez, y hace concebible la vehemencia del deseo que arrastraba á una juventud ignorante y supersticiosa á emprenderlo todo, por conquistar y poseer durante una eternidad esas inefables delicias.»

(1) E. Pasquier, *Les recherches de la France*, lib. VIII. cap. 20. (2 vol. en fol. Amsterdam 1723. tomo I, pág. 798).

Al recuerdo de la adhesion de los discípulos del *Viejo de la Montaña*, va unido naturalmente el de la constancia que oponian á los mas crueles tormentos. La embriaguez del fanatismo podia armarles de esta constancia invencible; el noble orgullo del valor, hasta la obstinacion de un punto de honor pueril ha bastado á veces para inspirarla. Sin embargo, importaba mucho á su jefe que ninguno de ellos se desmintiese, para que confiase únicamente en el poder de los recuerdos, por muy enérgicos que fuesen, sobre todo, cuando el tiempo y la distancia habian podido disminuir su influencia. Si conocia algun medio de entorpecer la sensibilidad física, sin duda tendria cuidado de suministrarlo á los ministros de sus venganzas, con órden de hacer uso de él en el momento decisivo. La promesa de sustraerlos al imperio del dolor exaltaba mas aun su fanatismo, y el cumplimiento de esta promesa se convertia en un nuevo milagro, en una prueba mas del poder de mandar á la naturaleza.

Confesamos que no es posible apoyar esta conjetura en ninguna prueba histórica; pero, ¿cómo aquel hábil taumaturgo dejaria de poseer, en el siglo XIII, un secreto conocido desde la mas remota antigüedad, y sobre todo en Palestina? Los rabinos (1) enseñan que se daba de beber vino y licores fuertes á los infelices condenados al último suplicio, mezclando en el líquido unos *polvos*, á fin de que fuese mas fuerte y que *les adormeciese los sentidos*: esta costumbre tenia, sin duda, por objeto conciliar con la humanidad el deseo de aterrar con el espectáculo de los suplicios. Parece que la mirra era el principal ingrediente de que se componia el brevage: vino mezclado con mirra dieron á Jesucristo expirando en la cruz (2). En el siglo II de nuestra Era, Apuleyo cita un hombre que se habia prevenido contra la violencia de los golpes con una pocion de mirra (3). Si, como pensamos, la mirra solo puede tomarse en brevage bajo la forma de *tintura*, el efecto del alcohol debia aumentar la eficacia de las drogas narcóticas. Advirtamos, sin embargo, que esta propiedad atribuida á la mirra no está hoy reconocida en el uso

---

(1) *Tract. Sanhedr.* D. Calmet, *Comentario al libro de los Proverbios*, capítulo 31, vers. 6.
(2) *Evang. sec. Marc.* cap. 15, vers. 25.
(3) Apul. *Metamorph.* lib. VIII.

de la medicina. Es posible que en este caso, como en otros, el nombre de mirra sirviese para disfrazar una preparacion cuya base no se queria dejar adivinar. Pero de uno ú otro modo, el *Viejo de la Montaña* no ignoraba seguramente un secreto conocido hacia tanto tiempo en Palestina, y que tambien habria podido llevar de Egipto. La piedra de Menfis (*lapis memphiticus*) era un cuerpo graso, cambiante, del tamaño de un pequeño pedernal, que se decia ser obra de la naturaleza; pero que considero como producto del arte. Triturada y puesta en linimento sobre las partes á que la cirugía debia aplicar el hierro ó el fuego (1), preservaba sin riesgo al paciente de los dolores de la operacion: tomada con vino aguado suspendia la sensibilidad de todo padecimiento (2).

Un secreto análogo ha existido siempre en el Indostan. Por él son preservadas del terror de una pira ardiendo las viudas que se queman sobre el cuerpo de sus maridos (3). Un testigo ocular de uno de estos sacrificios, consumado en julio de 1822, vió á la víctima llegar en un estado completo de estupor físico, efecto de las *drogas que le habian hecho tomar*: sus ojos estaban abiertos, mas al parecer no veia; y respondió con voz débil y como maquinalmente á las preguntas *legales* sobre la libertad de su sacrificio que le fueron dirigidas. Cuando la pusieron sobre la pira, era absolutamente insensible (4).

Al volver de las Cruzadas, los cristianos trajeron este secreto del Oriente á Europa. Probablemente lo conocieron mágicos subalternos, como tambien el de arrostrar la accion del fuego; y tal vez de aquí nació la regla de jurisprudencia, segun la cual la insensibilidad física, parcial ó general, era un signo cierto de hechicería. Varios autores citados por Frommann (5) hablan de infelices hechiceras que rieron y se durmieron en medio de las angustias del tormento; lo que daba motivo para que se dijese que el diablo las adormecia.

(1) Dioscorid. lib. V, cap. 158.
(2) Plin. *Hist nat.* lib. XXXVII, cap. 7.
(3) Paulin de Saint-Barthélemi, *Viaje á las Indias Orientales*, tomo I, pág. 358.
(4) *The asiatic journal*, vol. XV, 1823, pág. 292 y 293.
(5) Frommann, *Tract. de fasc.* etc., pág. 593, 594, 810 y 811.

Otros dicen que los supuestos hechiceros gozaban de esa ventaja desde mediados del siglo XIV. Nicolás Eymeric, gran inquisidor de Aragon y autor del famoso *Directorio de inquisidores*, se lamentaba de los sortilegios que empleaban algunos acusados, por cuyo medio parecian ser absolutamente insensibles cuando estaban en el tormento (1). El P. Peña, que comentó la obra de Eymeric en 1578, afirma en el mismo caso la realidad y la eficacia de los sortilegios (2), apoyándose en los testimonios del inquisidor *Grillando* y de *Hipólito de Marsiliis*. Este último, profesor de jurisprudencia en Bolonia, en 1524, dice positivamente, en su *Práctica criminal*, haber visto acusados, que, por efecto de sortilegios, cuya naturaleza específica, no sufrian ningun dolor, y *permanecian como dormidos en medio de los tormentos*. Las expresiones de que se vale son notables; pues describen al hombre insensible, como sumerjido en un entorpecimiento mas semejante al efecto producido por un medicamento narcótico, que á la fiera enerjía resultante de una perseverancia superior á todos los dolores.

Wierius añade una observacion importante á diversos ejemplos de esta insensibilidad pasajera: cuenta que vió á una mujer insensible por el estilo al poder de los tormentos: su rostro estaba negro y sus ojos salientes, como si la hubieran ahorcado; es decir, que la exencion de los padecimientos le costaba una especie de apoplegia (3). Un médico (4), testigo presencial de un caso de insensibilidad semejante, lo comparaba, como nosotros, al estado de los epilépticos y de los apopléticos.

Un contemporáneo del P. Peña y de J. Wierius, escritor extravagante, cuyo nombre inspira poca confianza, pero que, en esta ocasion, habla de lo que habia visto y podia conocer con certeza por el destino que ocupaba en un tribunal, Est. Taboureau (5) describe

---

(1) *Aliqui sunt maleficiati et in quæstionibus malificiis utuntur....* efficiuntur etim quasi insensibiles.... *Direct. inquisit.* cum adnot. Fr. Pegnæ (Romæ, fol.), tercera parte, pag. 481.
(2) *Direct. inquisit.* etc. pag. 483.
(3) J. Wierius, *De præstig.* lib. IV, cap. 10, pags. 520 y sig.
(4) Frommann, *Tract. de fasc.* pag. 810 y 811.
(5) Et. Taboureau., *Des faux sorciers et de leurs impostures* (1585). Discurso inserto en el libro cuarto de las *Bigarrures du sieur Des Accords.*— Taboureau era abogado del rey (fiscal) en la bailía de Dijon.

igualmente el estado soporoso que libraba á los acusados de los padecimientos de la tortura. Segun él, habia llegado á ser inútil dar tormento; porque la receta para producir la insensibilidad era conocida de todos los carceleros, que nunca dejaban de comunicarla á los presos; y si hemos de creerle, nada era mas fácil que ponerla en práctica; pues se hallaba reducida á beber jabon disuelto en agua.

El jabon comun no posee seguramente la virtud que le atribuye Taboureau: pero, ¿se infiere de esto que sea falso el hecho principal? No, por cuanto no es este autor el único que lo refiere: solo que en esta ocasion, los posesores del secreto ocultaban su naturaleza, no ya para asegurar su posesion exclusiva, sino para conservar la facultad de hacer uso de él. Este hecho es creible, si existen sustancias capaces de realizarlo. ¿Y no conocemos muchas que entorpecen, suspenden y destruyen la sensibilidad nerviosa? El opio, el beleño, la belladona, el acónito, la yerba mora, el estramonio (1) se han ensayado para adormecer el dolor en las operaciones quirúrgicas, y si se ha renunciado á emplearlos, es porque el estupor que producen comprometia la curacion y hasta la vida dé los enfermos. Tal temor no detiene á los brahmas que conducen las viudas indianas á la pira de sus maridos; y se comprende que tampoco hiciese gran mella en los discípulos del *Viejo de la Montaña*, ni en los acusados que iban á sufrir el tormento: entre las sustancias citadas, se puede distinguir algunas de que indudablemente se servia el taumaturgo oriental, y otras harto comunes en Europa, para que los carceleros, como dice Taboureau, pudiesen fácilmente suministrarlas á un preso en el momento en que podia necesitarlas.

Son tantas estas sustancias y tal la facilidad de obtenerlas, que es permitido suponer que, siendo conocidas en todos tiempos, igualmente pudieron servir para ejecutar maravillas. No solo los modernos han presenciado los padecimientos atroces y casi superiores á las fuerzas humanas, que á la vista de todo un pueblo soportan los *Penitentes* indios: los historiadores griegos y latinos hablan de esto (2); y las tradiciones nacionales hacen remontarse su práctica

---

(1) Y recientemente el *cloroformo*.
(2) Solin. cap. 55.

hasta el orígen de la civilizacion religiosa. La paciencia de los hombres que se someten á esos tormentos consiste probablemente en la causa que indicamos. A un padecimiento pasajero oponen el uso de drogas soporíficas; lo repiten con frecuencia, y esta práctica, prolongada mucho tiempo, determina un entorpecimiento habitual, y hace que esos fanáticos sean capaces de soportar tormentos que duran tanto como su vida. La casi total destruccion de la sensibilidad física no puede operarse sin que se resienta la parte moral, sumiendo al alma en una imbecilidad profunda; y este es, en efecto, el carácter dominante de los mas de esos *Penitentes* milagrosos.

En ese mismo estado de imbecilidad nos representa Diodoro á los etíopes salvajes, cuya insensibilidad física describe como superior á los golpes, á las heridas, á los tormentos mas extraordinarios (1). Un sabio del siglo XVII (2) suponia que el viajero Simmias, cuya narracion copia Diodoro, consideró como carácter general de una horda el estado momentáneo de algunos individuos, embriagados con una bebida semejante al *nepenthes* cantado por Homero. Es mas probable que Simmias encontrase en las costas de Etiopía unos *Penitentes* por el estilo de los que hoy se encuentran en el Indostan, y que el estado en que los vió hubiese llegado á ser permanente por el uso contínuo de medicamentos propios para determinarlo (3).

(1) Diod. Sic. lib. III, cap. 8.
(2) Pierre Petit, D. M. *Disertacion sobre el nepenthes*, en 8.° Utrech.
(3) Hasselquist (*Viaje á Levante*, primera parte, pág. 257) observa que el ópio, tomado habitualmente con exceso por los derviches, los reduce á una estupidez absoluta.

CAPITULO XVIII.

Accion de los olores sobre la parte moral del hombre.—Accion de los linimentos: la *uncion* mágica producia muchas veces, en sueños, imágenes que la prevencion y el deseo consideraban fácilmente como realidades. — Tales ensueños explican toda la historia de la hechicería.—El empleo de algunos conocimientos misteriosos, los crímenes que á veces se han encubierto con el velo de supuestos sortilegios, el rigor de las leyes dirigidas contra el crimen absurdo de hechicería; tales son las principales causas que multiplicaron el número de los hechiceros. — Importancia de esta discusion, probada por hechos recientes.

Lo maravilloso crece en razon de la distancia que, al parecer, separa la causa del efecto. Las bebidas y las drogas no pueden administrarse absolutamente sin que lo sepa el que las acepta; pero los perfumes, prodigados en torno de los altares y en las ceremonias mágicas, embriagaban, sin quererlo el paciente ni sospechar siquiera su poder : ¿qué ventajas no podria sacar de ellos el taumaturgo, sobre todo cuando le importase producir éxtasis y visiones? Su composicion y su eleccion eran, por consiguiente, objeto de una atencion escrupulosa.

Recuérdese que, para preparar á los niños á las revelaciones que debian recibir en sueños, Porfiro recomendaba el empleo de las fumigaciones hechas con ingredientes particulares (1). Proclo, que muchas veces, lo mismo que los filósofos sus contemporáneos, no hizo mas que referir con una interpretacion alegórica ciertas *prescripciones* físicas cuyo sentido propio se habia perdido; Proclo (2)

(1) Véase capítulo VII de esta obra.
(2) Proclo, *De sacrificiis et magia.*

nos presenta á los *maestros del sacerdocio antiguo* juntando diversos aromas y uniéndolos por los procedimientos de un arte divina, para componer con ellos un perfume único, dotado de numerosas virtudes, cuya energía, llevada al extremo por su reunion, era debilitada por su separacion.

En los himnos atribuidos á Orfeo, himnos que seguramente traen su orígen del ritual de un culto muy antiguo, se designa un perfume particular para la invocacion de cada divinidad: esta variedad en las prácticas religiosas no presentaba siempre en la ciencia sagrada una aplicacion actual; sino que se establecia de una manera general, para prevalerse de ella en las ocasiones particulares, quedando siempre á disposicion del sacerdote la facultad de anunciar la divinidad á quien debia recurrirse con preferencia.

La accion física y moral de los olores no ha sido estudiada quizá bajo este punto de vista por los sabios modernos, tanto como por los taumaturgos de la antigüedad. Sin embargo, si Herodoto nos enseña que los scitas se embriagaban respirando el vapor de las semillas de una especie de cáñamo, echadas sobre piedras enrojecidas al fuego (1), la medicina moderna ha observado que el olor solo de las semillas de beleño, sobre todo cuando el calor exalta su energía, produce en los que lo respiran una disposicion á la ira y á las disputas. *La Enciclopedia metódica* (2) cita tres ejemplos que lo prueban; siendo el mas notable el de dos esposos, que, viviendo perfectamente unidos en todas partes, no podian permanecer, sin embargo, algunas horas en la pieza donde trabajaban, sin venir á las manos. No faltó quien creyese que la pieza estaba hechizada, hasta que se descubrió en un gran paquete de semilla de beleño, colocado cerca de una chimenea, la causa de aquellas disputas diarias, que los dos esposos eran los primeros en deplorar, y que cesaron por completo con la desaparicion de la sustancia venenosa.

El taumaturgo debió emplear esta clase de agentes, con tanto mas éxito, cuanto que la vista nos pone en guardia contra ellos, y que no afectan al olfato de una manera proporcionada á la violencia de sus efectos.

(1) Herodoto, lib. IV, 75.
(2) *Diction. de Medicine*, tomo VII, art. *Jusquiame*.

Hay sustancias mas enérgicas aun que los perfumes, y que, para modificar nuestra existencia, parece que no necesitan mas que obrar sobre el exterior. El extracto del jugo de la belladona, aplicado á una llaga, causa un delirio acompañado de visiones: una pequeña gota de este jugo echada en el ojo produce tambien el delirio, pero antes origina la *diplopia* ó duplicidad de las imágenes (1). Un hombre á quien se le echase sin saberlo, veria duplicarse los objetos en torno suyo, y presa de la venganza de los taumaturgos, exclamaria como Penteo, que veia dos soles y dos Tebas (2).

La experiencia ha probado recientemente, que muchos medicamentos, administrados en linimento y aspirados por el sistema absorbente, obran como si hubiesen sido introducidos directamente en el estómago. Los antiguos no ignoraron esta propiedad. En la novela de Aquiles Tatius, un médico egipcio, para curar á Leucipo atacado de frenesí, le aplica en lo alto de la cabeza un linimento compuesto de aceite, en el que habia hecho disolver un medicamento particular: poco despues de la untura, el enfermo se duerme profundamente. El taumaturgo no ignoraba lo que sabia el médico; y este conocimiento pudo servirle para ejecutar mas de un milagro benéfico ó funesto. No se negará que las unciones, tan frecuentes en las ceremonias antiguas, le ofrecian diariamente la facilidad de emplearlas en su provecho. Antes de consultar al oráculo de Trofonio, los consultantes, eran frotados con aceite por todo el cuerpo (3): esta preparacion contribuia seguramente á producir la vision deseada. Antes de ser admitidos á los misterios de los *Sabios* indianos, Apolonio y su compañero fueron frotados con un aceite tan activo, que *les parecia que los lavaban con fuego* (4).

Los discípulos de los hombres que naturalizaron en el centro de América ideas y prácticas religiosas recibidas del Asia, los sacerdotes de Méjico, untaban sus cuerpos con una pomada fétida, cuando,

---

(1) Esta última observacion pertenece al doctor Himly. Véase tambien Pinel, *Nosografía filosófica* (5.ª edicion), tomo III, pag. 46, y Giraudy, *Sobre el delirio causado por la belladona*, etc. Tésis sostenida en 1818.
(2) Virgil. *Eneida*, lib. IV, verso 469.
(3) Pausanias, lib. IX, cap. 39.
(4) Filostrat. *De vita Apoll.* lib. III, cap. 5.

segun decian, querian hablar con la divinidad. La base de esta pomada era el tabaco y una simiente molida que llamaba *ololuchqui,* cuyo objeto era el de privar al hombre de su buen sentido, como el del tabaco de adormecer la sensibilidad. Hecho esto, se volvian muy intrépidos, muy crueles (1), y sin duda tambien muy dispuestos á ver visiones; pues la tal práctica tenia el fin de ponerles en relacion con los objetos de su culto fantástico.

Dejemos por un momento los templos, y sigamos fuera de ellos este secreto, divulgado despues de haber caido en manos de los mágicos vulgares.

¿Será todo impostura lo que refieren los poetas y romanceros acerca del efecto de las unciones mágicas? Difícil es pensarlo. Los ingredientes de que se componian, seguramente tenian una eficacia cualquiera. Hemos supuesto que se mezclaban sueños lúbricos á la modorra que producian; suposicion tanto mas probable, cuanto que por lo comun solian acudir en su auxilio el amor contrariado, ó el amor engañado. Una mujer, presa de su pasion, hacia uso de tales medios: preocupada por sus deseos y por la esperanza de verlos satisfechos, se dormia: era natural que ocupase sus ensueños un objeto único, y que no tardase en atribuir á las caricias del ser adorado las emociones voluptuosas que le prodigaba el sueño mágico. Al despertarse, ¿podia dudar que un hechizo tan potente como delicioso no la hubiese transportado á los brazos de su amante, ó que el infiel no se hubiese rendido á sus votos?

De este modo la uncion mágica hacia obtener en sueños lo que la pasion ó la curiosidad pedian á los encantamientos; pero de una manera tan marcada, que era imposible no tomar la ilusion por realidad: esto es lo que prueba la historia de los procesos de hechicería; procesos cuyo número excede á la imaginacion. De noche y en medio de un sueño es cuando los hechiceros eran arrebatados y conducidos al *sábado.* Para obtener este favor, debian primero frotarse con una pomada (2), cuya composicion buscaban y por lo regular

---

(1) Acosta, *Histor. de las Indias occidentales,* lib. V. cap. 26.—Los sacerdotes mejicanos ponian en esta pomada cenizas ó cuerpos de insectos reputados venenosos: esto lo hacian sin duda para engañar respecto á la naturaleza de las drogas físicamente eficaces.

(2) En las declaraciones prestadas por unos hechiceros ante la Inqui-

ignoraban; pero cuyos efectos eran precisamente los que acabamos de indicar.

Ante un magistrado de Florencia, hombre superior á su siglo y á su país, fué presentada una mujer acusada de hechicera: ella declaró serlo, asegurando que asistiría al *sábado* aquella misma noche, siempre que la dejasen volver á su casa y practicar la uncion mágica, en lo que consintió el magistrado. Despues de frotarse con unas drogas fétidas, la supuesta hechicera se acostó y se durmió en el acto: atáronla en su cama, y ni con golpes, ni con punzadas, ni con quemaduras fué posible interrumpir su profundo sueño. Al dia siguiente, apenas despierta, refirió que habia ido al *sábado*, mezclando en su relacion las sensaciones dolorosas que habia sufrido realmente mientras dormia: el juez no le impuso mas castigo (1).

De tres relaciones idénticamente semejantes á esta que podríamos tomar de Porta y de Frommann (2), no deducirémos mas que una observacion fisiológica. Dos de las supuestas hechiceras, dormidas de este modo por medio de la uncion mágica, habian anunciado que irian al *sábado* y volverian *volando con alas*. Ambas creyeron que habia sucedido así, y se admiraban de que se les dijese lo contrario. Una de ellas, al dormirse, hasta hizo movimientos lanzándose, como si quisiese tomar vuelo. Nadie ignora que no es raro soñar que uno se eleva en los aires volando.

Aunque confesasen que empleaban la uncion mágica para trasladarse al *sábado*, las insensatas no podian dar la receta del ungüento; pero la medicina puede darla sin dificultad. Porta y Cardan (3) indican dos de ellas: el *solanum somniferum* forma la base de la

sicion de España, en 1619, se habla de la necesidad de frotarse la palma de las manos, la planta de los pies, etc., para ir al aquelarre, con el agua que escupe un sapo asustado ó irritado (Llorente, *Historia de la Inquisicion*, cap. 37, art. 2; tomo III, pág. 431 y sig): receta pueril, destinada á ocultar á los mismos adeptos la composicion de la verdadera untura.

(1) Paolo Minucci, jurisconsulto florentino, muerto en el siglo XVII, nos ha transmitido este hecho interesante, en su Comentario sobre el *malmantile racquistato*, cant. 4, ott. 76.

(2) J. B. Porta, *Magia natur.* lib. II, cap. 26. Frommann, *Tract. de fasc.* pag. 562, 568 y 569.

(3) J. Wierius. *De præstig.* lib. II, cap. 36.—J. B. Porta, *Mágia natur.* lib. II.—Cardan, *De subtilitate*, lib. XVIII.

una; el beleño y el ópio dominan en la otra. El sábio Gassendi, para ilustrar á los miserables que se creian hechiceros, procuró adivinar é imitar su secreto: con una pomada, en la que entraba el ópio, ungió á varios aldeanos, persuadiéndoles de que esta ceremonia les haria asistir al *sábado*. Despues de un largo sueño, despertaron, muy convencidos de que el procedimiento mágico habia producido su efecto, é hicieron una relacion detallada de lo que habian visto en el *aquelarre* y de los placeres que habian gozado en él, relacion en la que se conocian los efectos del ópio por las sensaciones voluptuosas.

En 1545, se encontró en casa de un hechicero una pomada compuesta de drogas narcóticas. El médico del papa Julio III, Andrés Laguna, se sirvió de ella para untar á una mujer atacada de frenesí y de insomnio, la cual durmió treinta y seis horas seguidas; y, cuando se logró despertarla, se quejó de que la privaban de las caricias de un jóven amable y vigoroso (1)... A esta ilusion agregaremos, con el juicioso é infortunado Llorente, la que sentian las mujeres consagradas al culto de la *Madre de los dioses*, cuando oian continuamente el sonido de las flautas y tamboriles; cuando veian las alegres danzas de los faunos y de los sátiros, y cuando gozaban placeres inexplicables: algun medicamento del mismo género les causaba la misma especie de embriaguez.

Añadiremos tambien el éxito que obtenian las magas en sus amores, y en particular aquellas que hicieron célebres Luciano y Apuleyo; confirmando así con una nueva probabilidad la opinion de que un mismo secreto, con pequeñas variaciones, ha llegado desde las manos de los magos subalternos que vendian filtros amorosos en Grecia y en Italia, hasta las desgraciadas brujas de Occidente.

En todos tiempos ha habido mas hechiceras que hechiceros: esta diferencia se explica por la mayor movilidad de la imaginacion y de los órganos en las mujeres. Asimismo se explica por qué las numerosas y repetidas fábulas de demonios ó genios, que se unian á los mortales por medio de un comercio mágico, se refieren por lo

---

(1) A. Laguna, *Comentario de Dioscorides*, lib. LXXVI, cap. 4, citado por Llorente, *Hist. de la Inquisicion*, tomo III, pág. 428.

comun á los *incubos*: esto consiste en que lo único real eran los sueños voluptuosos, determinados por la naturaleza afrodisiaca de los linimentos; sueños mas frecuentes en el sexo mas susceptible, y secundados muchas veces por una predisposicion para los vapores histéricos.

No vacilamos en decir, por último, que para explicar los hechos principales consignados en los archivos sangrientos de los tribunales civiles y religiosos y en las voluminosas colecciones de *demonología*; para explicar las confesiónes de una multitud de insensatos de ambos sexos, que creyeron firmemente ser brujos y haber asistido á los *aquelarres*, basta combinar con el empleo de la uncion mágica, la impresion profunda, producida por descripciones anteriormente propaladas de las ceremonias que habian de presenciarse, y de las diversiones de que habria de participarse en las asambleas del *sábado*.

En efecto, estas asambleas y su objeto culpable fueron designados desde principios del siglo V, y no tardaron en despertar la severidad siempre creciente de los sacerdotes y magistrados: se las describe como frecuentes y de muy larga duracion; y sin embargo, jamás se ha sorprendido á los hechiceros en una sola de estas reuniones. Y no se diga que el miedo lo habria impedido; pues consta de las mismas recopilaciones y de los mismos procesos, que existian procedimientos ciertos para que el órgano de las leyes ó el ministro de la religion impusiesen, lejos de tener que temer, al espíritu de las tinieblas, y para apoderarse, á pesar de él, de los miserables á quienes seducia... Pero, en realidad, estas reuniones no existian: si habian existido en la forma que se las suponia, sobrevivieron poco á los últimos restos del politeismo. Reemplazadas por las iniciaciones individuales, que pronto se redujeron á confidencias íntimas, no quedó luego mas que la tradicion inexacta de las ceremonias tomadas de los diversos misterios del paganismo, y la pintura de las delicias que se prometia hacer gozar á los iniciados.

Segun las declaraciones de los hechiceros, no se puede desconocer que se frotaban diferentes partes de su cuerpo con una droga que ellos creian mágica, y los hechos citados prueban que el efecto de esta droga sobre la imaginacion era bastante enérgico, para que ellos no dudasen de la realidad de las impresiones fantásticas que les hacia sentir, ni mas ni menos que de las sensaciones recibidas mientras estaban despiertos. Así es que estaban firmemente persuadidos de que habian tomado parte en espléndidos festines; y aun cuando conocian, segun lo confesaban á sus jueces, que aquellos festines no aplacaban el hambre ni la sed (1), no podian creer que hubiesen bebido y comido solamente en sueños.

Mezclándose, sin embargo, á sus ensueños, como siempre acontece, algunas reminicencias maquinales, la memoria les presentaba, por una parte, la sucesion confusa de las escenas extrañas á que esperaban asistir; y por otra, hacia que intervinieran en las ceremonias mágicas personas de su conocimiento, á quienes luego denunciaban, jurando que las habian visto en el *aquelarre.* Y su juramento homicida no era un perjurio; pues lo hacian de tan buena fé, como la confesion inconcebible por la cual se entregaban ellos mismos á los mas espantosos suplicios.

En Ingolstadt, dice Frommann (2), se leian públicamente las declaraciones de las hechiceras condenadas al fuego, las cuales confesaban haber truncado con sus maleficios la vida de muchas personas, y *estas personas vivian*; como que presenciaban la lectura, y por consiguiente, desmentian con su asistencia tan insensatas declaraciones... y sin embargo, los jueces continuaban instruyendo causas de hechicería... En 1750, en Wurtzburgo, una religiosa acusada de este crímen fué conducida ante un tribunal, donde sostuvo tenazmente que era hechicera, y, como las acusadas del Ingolstadt, nombró á las personas á quienes habian dado la muerte sus sortilegios: *estas personas vivian*, y la infeliz pereció en la hoguera (3)... ¡en 1750!

No es nueva la opinion que puede formarse en vista de estos antecedentes, pues ya J. Wierius se honró sosteniéndola. Un teólogo español dedicó á la Inquisicion un tratado (4), en el que, apoyándose en la opinion de muchos de sus colegas, sostiene que la ma-

(1) Frommann, *Tract. de fasc.* pág. 643.
(2) *Id. ibid.* pág. 850.
(3) Voltaire, *Prix de la justice et de l' humanité,* art. 10.
(4) Llorente, *Hist. de la Inquisicion,* tomo III, pág. 454 y 455.

yor parte de los hechos imputados á los hechiceros no han existido mas que en sueños, y que, para producir esos sueños, bastaba la droga con que se untaban, junto con la creencia cierta' que habian concebido de antemano de que iban á ser transportados al *aquelarre*.

Aparte de la causa general, no negamos que otras causas particulares hayan ejercido en esto una influencia sensible: la posesion de conocimientos misteriosos, por ejemplo, debió crear entre un vulgo ignorantísimo la opinion de que un hombre era hechicero. Tal es el orígen de la reputacion de tales, generalmente atribuida á los pastores. En su frecuente aislamiento, la necesidad les obliga á ser los médicos y cirujanos de sus ganados: fuertes con su experiencia, enseñarán á los ganaderos remedios eficaces, y tal vez, guiados por la analogía á favorecidos por el acaso, curarán á un hombre enfermo. ¿De dónde puede provenirles á unos hombres sin instruccion esa facultad maravillosa, si no procede de una ciencia oculta? «Muchos de «entre ellos, al cabo de poco tiempo, distinguian la fisonomía de sus «carneros, hasta el punto de conocer uno de los suyos entre todo el «ganado de otro pastor (1).» El hombre que, entre mil animales que nos parecen todos semejantes, *adivina* al momento cual es aquel que le han robado, difícilmente evitará que le tengan por hechicero, sobre todo, si su vanidad y su interés le inducen á favorecer el error que le atribuye un saber y un poder extraordinarios. ¿Pues qué será, si el punto de dónde habria de emanar la luz, si la autoridad que regula el destino de todos los ciudadanos aparece dominada por la opinion comun? La legislacion francesa, casi hasta nuestros dias, á tratado á los pastores como presuntos, ó por lo menos sospechosos de hechicería, dado que las simples amenazas de su parte son castigadas con penas reservadas, en cualquier otro caso, para las violencias mortíferas. ¿No es esto suponer que sus solas palabras llevan en sí mismas una eficacia malhechora? Esta ley data de 1751 (2), y aunque ha caido en desuso, no está formalmente derogada.

---

(1) M. Desgranges, *Memoria sobre los usages de un canton de la Beauce. Memorias de la sociedad de Anticuarios de Francia*, tomo I, pág. 242 y 243.

(2) «Asimismo, S. M. prohibe á todos los pastores amenazar, maltra-

La severidad desplegada contra los hechiceros, aunque totalmente absurda en principio, no siempre fué injusta en su aplicacion: la hechicería sirvió mas de una vez de máscara ó de instrumento á las acciones criminales. Prescindamos del uso de las drogas que embriagan á los peces de un estanque, de modo que se puede cogerlos con la mano, delito hoy previsto y castigado por la ley, pero que en otro tiempo se consideraba como efecto de un sortilegio. Prescindamos de las raterías que diariamente se presentan en los tribunales de policia correccional, y que consisten, en vender el auxilio imaginario de un poder sobrenatural. Dudamos de una acusacion frecuentemente repetida, segun la cual presúmese que ciertos procedimientos raros y extravagantes, no han servido solo para ocultar el secreto de composiciones mágicas, sino tambien crímenes y atrocidades, engendrados por la exaltacion de la locura, por los transportes de la crueldad, por los refinamientos de la venganza, ó solo por la voluntad de imponer á los adictos la cadena de una complicidad temible (1). Fuera de esto, no se puede negar que, muchas veces, solo el veneno

»tar, hacer ningun daño... á los colonos ó labradores á quienes sirven ó á »los que han servido.. como tambien á sus familias, pastores ó criados, »bajo la pena contra dichos pastores, por *simples amenazas, de cinco años* de »galeras, y por los malos tratamientos, de nueve años.. »
(*Preámbulo del Consejo de Estado del Rey*, de 15 de Setiembre de 1751)

(1) «*Commodus... sacra Mithriaca* homicidio vero *polluit, cum illic aliquid ad speciem timoris vel dici vel fingi soleat...*» (Æl. Lamprid. in *Commod. Anton.*) Esta frase es oscura: se reconoce en ella la extremada reserva que se imponian los antiguos escritores sobre todo lo concerniente á las iniciaciones. Se puede, sin embargo, inducir que, en los misterios de Mitrha, el novicio creia obedecer la órden de matar á un hombre. Estos misterios, que penetraron en Roma, y por consiguiente, en las Galias, á principios de nuestra era, alcanzaban en Asia una rémota antigüedad: pues el primer Zoroastro fué iniciado en ellos antes de comenzar su mision religiosa: este profeta es muy anterior á Nino: la religion fundada por él estaba ya extendida y era poderosa en el imperio de Asiria en tiempo de Nino y de Semíramis ... La prueba puesta en uso antiguamente por los sacerdotes de Mitrha, para asegurarse de la resolucion y docilidad de un neófito, se practica hoy todavía en las lógias masónicas para uno de los grados superiores. Con mayor motivo han debido pasar pruebas análogas de los antiguos templos á las escuelas de mágia, y se comprende que lo que habitualmente solo era una ficcion, podia, en caso necesario, convertirse en realidad.

ha constituido toda la eficacia de los sortilegios: esto es un hecho que no ignoraron los antiguos, y del cual indicamos una prueba al citar la segunda égloga de Teócrito (1). Este es un hecho verificado, entre los modernos, por los procedimientos judiciales (2), aun en aquellos casos en que el desgraciado herido de muerte se obstinaba en considerar sus propios males como efectos de una causa sobrenatural, ayudando así al culpable á ocultar la verdadera causa física á las investigaciones de la ley.

Ciertamente, los magistrados habrian adquirido grandes derechos al agradecimiento público, si, tan ilustrados como severos, hubiesen puesto su atencion en descubrir el crímen además de castigarlo; si hubiesen dado la mayor publicidad á su verdadera naturaleza, proclamando la impotencia de los mágicos, cuando no recurrian á esas prácticas detestables. Semejantes revelaciones habrian concluido por sanar las imaginaciones enfermas.

Pero, lejos de esto, los jueces han raciocinado mucho tiempo lo mismo que los inquisidores; los cuales, cuando se probaba por deposiciones formales que los secretos de los principales hechiceros consistian en la fabricacion de venenos, castigaban, sin embargo, el crímen imaginario mas bien que el crímen real (3). Los legisladores no veian por otros ojos que los del vulgo: dictaban terribles decretos contra los hechiceros, y con esto duplicaban, decuplaban su número: dudar de la eficacia de las persecuciones en este sentido, seria conocer mal á los hombres.

Abriendo una vasta carrera á las delaciones que pueden ser dictadas por la necedad, por el miedo, por el odio ó por la venganza; aprestando por do quiera los instrumentos de tortura; encendiendo las hogueras, no se hacia mas que multiplicar las confesiones forzadas, las denuncias absurdas ó falsas: revistiendo con el carácter santo de la ley sus locos terrores, los legisladores hacian incurable el extra-

(1) En el cap. IX de esta obra.
(2) En 1689, los pastores de Brie hicieron perecer los animales de sus vecinos, administrándoles drogas, en las que habian echado agua bendita, recitando conjuros mágicos. Perseguidos como hechiceros, fueron condenados como envenenadores: se reconoció que la base de las drogas era el arsénico.
(3) Llorente, *Hist. de la Inquisicion*, tomo III, pág. 440 y 441.

vio general: la multitud no ponia en duda la culpabilidad de unos hombres, á quienes veia perseguir con tanto rigor: las personas ilustradas engrosaban las filas del vulgo, ya sea por convencimiento, ya por temor de aparecer sospechosos de los mismos crímenes cuya existencia intentasen negar. De otro modo, ¿cómo explicar la larga y deplorable historia de los procesos de hechicería, donde se vé diariamente á los acusados confesar, á los testigos afirmar, á los médicos comprobar y á los jueces castigar hechos materialmente imposibles? Supóníase, por ejemplo, que la insensibilidad física de todo el cuerpo ó de una parte de él era la señal cierta de un pacto con el diablo. En 1589, catorce presuntos hechiceros, declarados *insensibles*, despues de una visita legal de cirujanos, fueron en consecuencia condenados á muerte. Interpuesta apelacion por estos infelices, el Parlamento, que tenia entonces sus sesiones en Tours, mandó que se procediese á un nuevo exámen, y se averiguó por los hombres sabios á quienes se confió el encargo, que los acusados eran estúpidos ó locos (tal vez lo eran á consecuencia de las miserias que habrian padecido), pero que no carecian de una viva sensibilidad física (1). Esta vez, la verdad se dejó oir, y les salvó la vida; pero esto no fué mas que una excepcion. Durante el siglo XVII, viéronse todavía numerosos procesos de hechicería, basta que, al fin, el progreso de las luces, ese beneficio de la civilizacion que hoy dia no se cesa de calumniar, despejó los ojos de la autoridad suprema. Una ordenanza de julio de 1682 dice, que los hechiceros no serán perseguidos mas que como tramposos, profanadores y envenenadores; es decir, por sus verdaderos crímenes; y desde entonces, el número de los hechiceros disminuyó de dia en dia (2).

Esta discusion podrá parecer supérflua á los espíritus impacientes, que creen que se pierde el tiempo refutando hoy los errores de ayer; como si el desenvolvimiento de las causas de nuestros errores no formáse una parte esencial de la historia del espíritu humano. Ade-

(1) *Cirujía de Pigray*, lib. VIII, cap. 10, pág. 445.—Véase F. Leuret, *Fragmentos psicológicos sobre la locura*. París, 1834.—Calmeil, *de la locura considerada bajo el punto de vista patológico, filosófico, histórico y judicial*, París, 1845. 2 vol. en 8.°

(2) Dulaure, *Historia de París*, tomo V, pág. 36 y 37.

más, si en Europa, las personas que han recibido alguna instrucción no creen ya en hechiceros, ¿es tan antiguo este progreso, se hallan extendidas las luces en un círculo tan vasto, que no merezca este asunto mas que el olvido? Hace apenas cien años que apareció en París un libro invocando el rigor de las leyes y la severidad de los tribunales contra los hechiceros, y contra las incrédulos que niegan la existencia de la hechicería y de la magia: este libro fué entonces elogiado por los jueces de la literatura (1).

Hemos ya recordado el suplicio de una presunta hechicera, quemada en Wurtzburgo, en 1750. En la misma época, y en un pais ilustrado, aunque ya los rigores de los jueces no perseguian un crímen quimérico, aun existian los arrebatos de la credulidad popular (2). «No hace todavía mas de medio siglo que se ahogaba á los »hechiceros en Inglaterra, dice un viajero admirador entusiasta de »los ingleses... En el año 1751, dos viejas, *sospechosas* de sorti- »legios, fueron detenidas, y en el curso de los *experimentos* que »hizo el populacho en estas infelices, sumergiéndolas muchas veces »en un estanque, fueron ahogadas en un lugar cerca de *Tring*, á »pocas millas de Londres (3).» No obstante la proximidad de la capital, no parece que la autoridad diese ningun paso para castigar dos asesinatos, que el viajero califica con la blanda expresion de *experimentos*.

En vista de un ejemplo semejante, se concibe que en 1760, y en una de las provincias interiores de la Suecia (4), fuese menester la autoridad y el valor de la esposa de un gran personaje para arrancar del furor del pueblo á doce mujeres acusadas de mágia.

La Alemania, donde la filosofía se cultiva con tanto ardor; la

---

(1) *Tratado sobre la magia*, por Daugis (en 12°, Paris, 1732), extractado con elogio en el *Journal de Trévoux*, setiembre de 1732, pág. 1531-1544.

(2) En España existen todavía gentes crédulas é ignorantes que tienen fé en las brujerías y adivinaciones. Recientemente, en 1849, en un pueblo de la isla de Mallorca, tres ó cuatro jóvenes de los mas distinguidos en el lugar, asesinaron á una pobre vieja, machacándole la cabeza con piedras, por suponer que habia hecho enfermar á una mujer *con hechizos*. NOTA DEL TRADUCTOR.

3) *Viaje de un francés á Inglaterra*, (2 vol. en 8.°, Paris, 1816), tomo I, pág. 490.

(4) En Dalecarlia... Barbier, *Diccionario histórico*. pág. 1195.

Alemania, ¿no ha visto, en 1774, multitud de discípulos siguiendo á Gassner y Schroepfer, y abrazando sus doctrinas de milagros, de exorcismos, de magia y de teurgia (1)? En 1783, en el canton de Lucerna, el celebre historiador J. Muller y uno de sus amigos, estando tranquilamente sentados bajo un árbol, leyendo á Tácito en alta voz, fueron asaltados y estuvieron á punto de ser asesinados por una turba de campesinos, á quienes dos frailes habian persuadido que los dos extranjeros eran brujos (2).

A principios de este siglo fueron condenados, en Francia, varios estafadores que, recorriendo los campos, afirmaban á los aldeanos que se habian echado *suertes* sobre sus animales y sobre ellos; y no contentos con hacerse pagar por *levantar* los supuestos *sortilegios,* disignaban á los autores del maleficio, y suscitaban asi violentas enemistades y hasta riñas mortíferas.

«En 1810, en las escuelas de Roma, se argumentaba todavia sé- »riamente, para saber si los hechiceros son locos ó poseidos (3).» No estábamos mas adelantados en Paris, en 1817: aquí se publicaron obras (4), en las que se sostiene formalmente la existencia de la mágia, y en que se aplaude el celo de los hombres *sabios y virtuosos* que, en otro tiempo, hacian quemar á los hechiceros.

Pueden gloriarse los fautores de estas doctrinas de que todavia son poderosas en las comarcas lejanas, á donde los colonos han llevado mas á menudo los vicios que las luces de Europa. Las tierras altas y áridas de las islas de América son presa en el estío de enfermedades que destruyen las potradas y los ganados, y se ceban hasta en los hombres. No es posible poner en duda que son efecto de la mala calidad de las aguas estancadas que es forzoso beber, dado que las habitaciones surtidas de aguas corrientes se hallan siempre libres del azote. Pero, léjos de reconocer esta verdad, los plantadores achacan tercamente sus pérdidas á medios de hechicería practi-

---

(1) Tiedemann, *De quæstione*, etc. pág. 114 y 115.
(2) C. V. de Bonstetten, *Pensamientos sobre diferentes objetos de bien público*, pag. 230-232.
(3) Guinna-Laoureins, *Cuadro de Roma á fines de 1814.* pag. 228.
(4) *Los precursores del Anticristo.—Las supersticiones y los prestigios de los filósofos.* Véase el *Journal de Paris*, 28 diciembre de 1817.

cados por sus esclavos, y hacen morir en el tormento á los infelices sobre quienes recaen por casualidad sus sospechas (1).

¿Pero hay necesidad de atravesar los mares para encontrar ejemplos de esas extravagancias horribles? El año 1817, en un pueblo de la Flandes oriental, un padre asesinó á su hija, de diez y seis años, porque, segun él dijo, *era hechicera*: la misma suerte y por igual motivo destinaba á su mujer y á su hermana (2). Se ha supuesto que este miserable deliraba. ¡Qué delirio era el de un esposo y un padre convertido en asesino! ¡Espantosa credulidad la que conduce á semejante delirio! ¿Cómo calificar el crímen de los que lo procrean y de los que le dan pábulo?

En 1826, la ciudad de Spira fué teatro de un escándalo doloroso, no tanto por el carácter que le imprime la calidad de las personas que lo dieron, cuanto por las consecuencias morales que de él pueden deducirse. El obispo de aquella ciudad, «muerto á la edad »de ochenta y dos años, legando á su catedral 20,000 florines, »no fué enterrado, como sus predecesores, en una capilla de »su iglesia, ni el clero tomó parte alguna en sus funerales, *porque »acusaba á este venerable prelado de hechicería* (3).»

¿Puede asombrarnos la credulidad bárbara de la muchedumbre, cuando sus guias religiosos le den tales ejemplos?

En la península de Hela, cerca de Dantzick, un charlatan acusó á una mujer de haber echado un maleficio á una enferma. Se apoderaron de la desgraciada; se le dió tormento con repeticion, durante dos dias; dos veces se intentó ahogarla; y se concluyó por asesinarla á cuchilladas, por negarse á confesar que era hechicera, y por declararse incapaz de curar á la enferma (4).

En nuestra misma patria, en Francia, justamente orgullosa de sus luces, de su civilizacion, de la dulzura de sus costumbres, el error ha producido sus frutos. Una campesina de las cercanias de Dax cayó enferma; y un embaucador persuadió á los amigos que la rodeaban de que su enfermedad era efecto de un *sortilegio* echado so-

---

(1) Este hecho me lo ha referido un testigo ocular.
(2) Véase el *Journal de Paris*, jueves 3 de abril de 1817, pag. 3.
(3) V. el *Constitutionnel* de 15 de agosto de 1826.
(4) V. el *National* de 28 de agosto de 1836.

bre ella por una de sus vecinas. Apodéranse de esta, la golpean violentamente, y por último, la arrojan al fuego para obligarla á levantar el *sortilegio*, sujetándola entre las llamas, á pesar de sus gritos, de sus ruegos, de sus juramentos, y solo cuando la vieron á punto de expirar, la echaron fuera de la casa (1).

Este crímen fué cometido en 1826: diez años despues se repitió en una aldea del departamento del Cher. Acusada de haber hechizado unos animales, la víctima debió sucumbir á los tratamientos atroces que se le hizo sufrir (2). Los intérpretes de la justicia persiguieron á los culpables; pero, ¿qué importan la condena y el castigo de algunos insensatos? La fuente del mal es lo que debe destruirse. ¿Acaso, estamos todavía en los tiempos en que se sostenia que el pueblo debe ser ignorante y creer en todo sin examinar nada? En las escuelas abiertas para las clases pobres, ¿se osará decir nada que las precava contra los peligros de una ciega credulidad? Y sin embargo, hasta en las cercanías de la capital, los campos se hallan infestados de libros de hechicería. Hablo de lo que he visto: hay entre ellos uno impreso recientemente, y en el cual, en medio de las cosas mas absurdas, se encuentran recetas menos inocentes: por ejemplo, la composicion del *agua de muerte*, veneno violento, que se indica como propio para transmutar en oro todos los metales: otra receta debe servir para procurar el aborto, y ordena el empleo de un medicamento mas enérgico, en el caso en que la madre hubiere sentido á su hijo moverse: ¡tan cierto es, como ya hemos notado, que casi siempre se mezclaron lecciones de crímen á los delirios de los hechiceros!

¿Debemos dejar que el error eche raices? ¿O es deber del hombre honrado combatirlo en su principio, hasta tanto que el progreso de las luces preserve de sus ataques al hombre mas sencillo y de mas cortos alcances? ¿Debemos salvar de sus consecuencias á los que creen poseer un poder sobrenatural, y á los que por temor á ese poder sufren inquietudes, tán terribles por sus resultados, como ridículas por su orígen? ¿O debemos considerar esto como una cuestion ociosa de filosofía? ¿Tan léjos están de nosotros los siglos en que la

(1) V. el *Constitutionnel* de 26 de julio de 1826.
(2) V. el *National* de 6 de noviembre de 1836.

muchedumbre agitada por terrores frenéticos sacrificaba seres inocentes; ó en que por una palabra, por un rumor vago, todo un pueblo se convertia en acusador, juez y verdugo? Aun cuando estas líneas que escribo me valiesen la acusacion de sacrílego de parte de algunos *hipócritas de fanatismo*, no puedo menos que obedecer á mi conciencia, reduciendo á su vergonzosa absurdidad una creencia contraria á los mas caros intereses de la sociedad humana, como á todo cuanto puede enseñar una sana piedad respecto al poder, á la sabiduría y á la bondad de Dios.

CAPITULO XIX.

Efectos de la imaginacion, preparada por la creencia habitual en relatos maravillosos; secundada por accesorios físicos, por la música, por el hábito de exaltar las facultades morales, por un terror irreflexivo, por los presentimientos. — Los movimientos simpáticos propagan los efectos de la imaginacion. — Cura producida por la imaginacion.—Extravíos de la imaginacion perturbada por las enfermedades, por los ayunos, las vigilias y las maceraciones.—Remedios morales y físicos opuestos con éxito á los extravíos de la imaginacion.

A las causas físicas que sumergian á los presuntos hechiceros en extravíos lamentables, agregábase un auxiliar que por sí solo parece capaz de reemplazarlas á todas: la imaginacion.

Es tal su poder, que algunos hombres han querido, en efecto, explicar por medio de sus desvaríos todas las ilusiones mágicas; pero esto es demasiado. La imaginacion combina las impresiones recibidas; mas no crea nada. En las fantasmas del sueño, en los delirios que se forja el hombre despierto, la imaginacion no presenta nada que antes no haya sido visto ó sentido, ó de que no se haya oido hablar. El terror, la tristeza, la inquietud, la preocupacion, producen fácilmente ese estado intermedio de dormi-vela, en que los sueños constituyen verdaderas visiones.

Proscrito por los triunviros, Casio Parmense se duerme bajo la presion de inquietudes harto justificadas por su posicion: un hombre de figura espantosa se le aparece, y le dice que es su mal genio: habituado á creer en la existencia de estos seres sobrehumanos, Casio no duda de la realidad de la aparicion; y los espíritus supersticiosos la consideran como presagio cierto de una muerte violenta, que un proscrito no podia evitar fácilmente.

Así tambien se explica la vision que afligió á Bruto, sin intimidarle, la víspera de la batalla de Filipos. Con mayor motivo se adapta la misma explicacion al sueño del emperador Juliano (1). La noche que precedió á su muerte, un genio pareció alejarse de él con aspecto consternado: era el genio del imperio, cuya imágen se presentaba por doquiera ante sus ojos, reproducida en sus monedas, reverenciada por sus soldados en medio de los estandartes, y tambien, sin duda, colocada en su tienda. Inquieto por la penuria que atormentaba á sus tropas; convencido de que, en el seno mismo de su ejército, podia temer la existencia de numerosos enemigos que profesaban una religion contraria de la suya; en vísperas de una batalla decisiva, ¿qué tiene de extraño que el sueño que le agobiaba fuese turbado por visiones siniestras? Ni es nada sorprendente que el discípulo entusiasta de los filósofos teurgistas, cuya doctrina conferia un papel tan importante á los genios, viese en sueños y creyese haber visto realmente al genio del imperio, lúgubre y pronto á abandonarle.

Una mujer anciana lloraba á un hermano que acababa de perder: súbitamente oyó su voz que, por una decepcion punible, contrahacia alguno cerca de ella. Extraviada por el terror, afirmó que habia visto aparecérsele la sombra de su hermano resplandeciente de luz... No habria tenido esta vision, si desde la infancia no le hubiesen llenado la memoria de cuentos de aparecidos.

Estos cuentos se remontan á los tiempos mas antiguos, en los que no dejaban de ser verdad. Recordemos los santuarios donde, en tiempo de Orfeo, se evocaba á los muertos. Hemos encontrado esas apariciones fantasmagóricas hasta en la antigua Judea. Las primeras narraciones que se hicieron de ellas no se fundaban ni en vanos sueños, ni en los desvaríos de la imaginacion, ni en el deseo de engañar: se habia visto realmente lo que se decia haber visto, y lo que el dolor y la curiosidad, estimulados por tales narraciones, hacian que á un tiempo se desease y se temiese ver.

(1) Ammian. Marcell. lib. XXV.

En las montañas de Escocia y en algunas comarcas de Alemania se cree todavía en la realidad de una aparicion maravillosa que, segun dicen, es el presagio de una muerte cercana (1). Consiste en ver una reproduccion de sí mismo, una figura enteramente semejante á la propia en la talla, en las facciones, los gestos y el vestido. ¿No cabra en los recursos del arte la reproduccion de tal prodigio? Bastará para ello un espejo cóncavo, segmento de una esfera de grandes dimensiones, colocado en el fondo de un armario profundo: colocad sobre el armario una lámpara cuya luz no pueda penetrar en él directamente, y que, por el contrario, caiga con toda su fuerza sobre el punto donde convenga situarse para obtener del espejo el mayor efecto posible. Condúzcase á este punto, sin que se aperciba de ello, á un hombre poco instruido é inclinado á las cavilaciones y terrores del misticismo ; y abriendo de improviso las puertas del armario, póngasele delante el engañoso espejo... Verá salir del seno de las tinieblas y avanzar hácia él su propia imágen, brillante de claridad (2) ; creerá poder asirla, pero al dar un paso mas, la imágen desaparecerá. No podrá explicar naturalmente esta vision, ni lo intentará siquiera ; pero estará seguro de lo que realmente ha visto, y no podrá olvidarlo. Este recuerdo le perseguirá, se posesionará de él, y pronto acaso exaltará bastante su imaginacion para que el fenómeno se reproduzca espontáneamente sin ayuda de causas exteriores. Si el desórden de su espíritu se comunica á los órganos ; si el hombre crédulo languidece y enferma ; si muere, en fin, le sobrevivirá la memoria de su dolorosa desgracia. Otros seres enfermizos, ó predispuestos á serlo, repetirán la leyenda, la meditarán, impregnarán de ella sus ensueños, y acabarán por ver ellos mismos el prodigio que han oido contar desde la infancia ; y persuadidos de que esta vision es precursora de una muerte próxima, morirán por efecto de su misma conviccion.

. (1) Walter Scott, *A legend of Montrose*, cap. 17. Nota.—*Fantasmagoriana ó Recueil d'histoires*, etc. traducido del aleman (2 vol. en 12.°, Paris, 1812), tomo II, pág. 126-142.

(2) «Me acerqué al armario... Las dos hojas se abrieron sin ruido. Apagóse la luz que yo llevaba en la mano ; y, como si me encontrase delante de un espejo, mi imágen salió fielmente reproducida del armario: el brillo que despedia iluminaba gran parte del aposento, etc.» *Fantasmagoriana*, tomo II, pág. 137 y 138.

Siendo tal todavía la credulidad humana, ¿se supondrá que en tiempos menos ilustrados dejasen los taumaturgos de aprovechar un instrumento tan propio para extender el imperio de lo maravilloso, poseyendo, como poseian, tantos medios de obrar sobre la imaginacion (1)? Apoyadas en algunos hechos reales, aunque extraordinarios, las relaciones de prodigios subyugaban por doquiera á la credulidad; ó mas bien constituian, como en nuestros dias, casi toda la instruccion del vulgo, disponiendo préviamente los ojos á verlo todo, los oidos á oirlo todo, los ánimos á creer cuanto se quisiese.

De este modo preparada, y exaltada luego por alguna causa enérgica, ¿adónde iria á parar la imaginacion, terrible y seductora alternativamente, pero siempre dispuesta á confundirnos con fenómenos imprevistos, y á embriagarse ella misma de maravillas fantásticas? Suspender ó exaltar hasta el mayor grado la accion de nuestros sentidos; sustraer el juego de nuestros órganos al imperio de la voluntad y á la marcha constante de la naturaleza; comunicarles movimientos y una fuerza desconocida, ó herirlos de inmovilidad; turbar el alma hasta la locura, hasta el frenesí; crear unas veces delicias superiores á la humanidad, y otras terrores mas dañinos que los peligros que nos representa ella misma; tales son los extravíos y los juegos de la imaginacion. Y si á su turno es dominada por una perturbacion de nuestras funciones físicas, procreará errores, pánico, delirios, tormentos sobrenaturales, hasta que curado el cuerpo con remedios puramente materiales, recobre el alma la tranquilidad que le habia hecho perder el estado enfermo de los órganos.

Los antiguos no ignoraron cuánto partido puede sacarse de la imaginacion, y este agente poderoso explica un gran número de maravillas que nos refieren sus historiadores. La marcha que nos hemos trazado exige que hagamos posibles esas maravillas, oponiéndoles otros hechos análogos observados por los modernos; hechos en los cuales nadie sospecha una impostura, como tampoco la intervencion de un poder sobrenatural.

Con tanta calma como perseverancia en sus cavilaciones místicas,

---

(1) Véase en el capítulo XIII lo que he dicho respecto de las ilusiones de óptica, que sabian producir los antiguos taumaturgos.

la célebre madama Guyon declaraba á Bossuet, su acusador y juez, y refiere en su *Vida* (1), que recibia de Dios tanta abundancia de gracia, que su cuerpo no podia soportarla: era menester desnudarla, y meterla en su cama; era preciso que otra persona recibiese de ella la superabundancia de gracia de que estaba llena: solamente podia aliviarla esta comunicacion, que se operaba en silencio, y aun algunas veces en personas ausentes. El duque de Chevreuse, hombre grave y de costumbres austeras, afirmaba tambien á Bossuet que, cuando estaba sentado cerca de madama Guyon, sentia esta comunicacion de la gracia, y preguntó ingenuamente al prelado, si no percibia él una sensacion semejante (2). Ridículas y dignas de compasion á la vez eran estas dos personas; pero, ¿se diferenciaban mucho de las pitias que se nos describen como subyugadas por el dios cuya presencia llenaba todo su ser, y forzadas á pronunciar los oráculos que aquel ponia en sus bocas para anunciarlos al mundo?

Auméntese la exaltacion, y el hombre caerá en el éxtasis, igualmente propio para hacer creer en maravillas y para ejecutarlas, porque sustrae al hombre al imperio de la razon, no menos que al de las impresiones físicas. El éxtasis ha llamado la atencion de los fisiólogos, y suscitado investigaciones científicas, cuyos resultados serán probablemente confirmados por observaciones ulteriores. No lo examinaremos bajo este punto de vista, que nos alejaria demasiado de nuestro objeto: limitémonos á los hechos que á él inmediatamente se refieren. Asegúrase que los indios se extasian *á su albedrío*: el éxtasis es un estado frecuente entre los kamtchadales y los yakutas, y entre los indígenas del Norte y del Mediodía de América. Se le ha observado en las islas de Sandwich y en Taiti, desde que las persecuciones religiosas ejercidas en aquellas regiones, un tiempo afortunadas, por algunos misioneros europeos, exaltan la imaginacion de los sectarios de la religion antigua (3). El éxtasis es, hasta cierto punto, un beneficio para los pueblos ignorantes y supersticiosos; pues les hace olvidar momentáneamente las miserias bajo

(1) *Vida de Madama Guyon, escrita por ella misma*, tomo II, cap. 13 y 22; y tomo III, cap. 1.
(2) Burigny, *Vida de Bossuet*, París, 1764, en 12.°, pág. 274, 275 y 280.;
(3) Fernando Denis. *Tableau des sciences occultes*, pág. 204-205.

cuyo peso se arrastra su lánguida existencia. En este sentido, se le puede asimilar con la embriaguez, ó bien con el entorpecimiento profundo, producido por las drogas narcóticas de que se han valido á veces algunos desgraciados para sustraerse á las agonías del tormento (1). Volney atribuye, en efecto, á un estado próximo al éxtasis el valor impasible que desplegan, en medio de los tormentos mas horrorosos, los indígenas de la América septentrional (2).

El éxtasis tiene sobre todo la ventaja de suplir, en los creyentes, la frialdad de las pruebas y la insuficiencia de las descripciones de la felicidad celestial. Susceptible, no obstante su débil naturaleza, de prolongados dolores y de cortos goces, el hombre concibe mas fácilmente los tormentos del infierno que los placeres del cielo. El éxtasis no describe estos placeres, no prueba su existencia futura, sino que los hace gozar. No es fácil poner en duda que los antiguos hayan conocido el poder del éxtasis y estudiado sus causas (3): y si fuese necesario valerse de agentes secundarios para conducir á ese estado á una imaginacion ardiente, ¿no tenian los taumaturgos á sus órdenes la pompa de las ceremonias, el esplendor de los prestigios, el encanto de los espectáculos, las seducciones de la melodía? La música fuera bastante para infundir en almas jóvenes y sensibles las mas deliciosas ilusiones. Merced á ella, Chabanon experimentó dos veces en su juventud éxtasis y visiones celestiales (4). «Dos veces, dice »él mismo, al sonido de los órganos y de una música santa, me he »creido transportado al cielo; y esta vision tenia algo de real: de »tal manera estaba yo fuera de mí en todo el tiempo de su dura- »cion, que la presencia misma de los objetos no me habria impresio- »nando mas fuertemente.» Si en tiempos menos ilustrados se hubiese puesto á este jóven bajo la disciplina de hombres interesados en cultivar sus disposiciones soñadoras, el éxtasis momentáneo no habria tardado en ser una vision positiva, duradera, de la cual no dudaria menos que de su propia existencia, y atestiguaria su verdad con la

(1) Véase el cap. XVII de esta obra.
(2) *Obras completas de Volney*, tomo VII, pág. 443-450.
(3) Tertuliano, *De extasi*.
(4) Chabanon, *Cuadro de algunas circunstancias de mi vida*, etc. *Obras póstumas*, pág. 10 y 11.

firmeza de un hombre convencido, con el entusiasmo de un mártir (*).

Ya hemos hablado de la influencia mágica de los sonidos armoniosos (1): tambien podríamos recordar á Alejandro y á Eric el Bueno (2), ambos inflamados de una cólera homicida por medio de los cantos belicosos. Lo que sintieron estos dos héroes se reproduce todavía en los soldados que marchan al combate, al son de los instrumentos guerreros.

La imaginacion sola, sin ayuda exterior, sin impresiones físicas, puede exaltarse hasta el delirio, hasta el furor.

Para convencerse de esto, cada uno puede ensayar en sí mismo un experimento anágolo, apasionándose en pro ó en contra de un objeto que ocupe su pensamiento, y le sorprenderá el grado de ira ó de ternura á que le conducirá luego esta ilusion voluntaria. Dígase además, si un autor dramático, para encontrar el acento de la pasion, no debe identificarse con el personaje apasionado que pone en escena : como no lo consiga, le serán insuficientes los recursos de la elocuencia y de la poesía, y pronto se conocerá que quien habla es él mismo, y no su héroe. Asimismo el actor no puede salir airoso, si no se transforma realmente en el ser que representa, por lo menos, tanto como lo permiten las condiciones del teatro. El traje, el acompañamiento, la presencia y los discursos de los personajes á quienes debe combatir ó defender, le secundan en su ilusion : conmuévese antes de pensar en conmovernos ; sus gritos arrancan de su corazon; sus lágrimas son lágrimas verdaderas. ¿Qué sera si un interés personal, presente, profundo, se une á las pasiones y á los sentimientos que expresa? Entonces será todo lo que parece ser, y acaso con mas verdad, ó al menos, con mas energía que el personaje mismo cuyas acciones reproduce.

Adelantemos mas el discurso: coloquemos al sér apasionado, li-

---

(*) Esto, ni mas, ni menos, es lo que sucede á los espiritistas, que hoy creen ciegamente en la inspiracion de los espíritus, y que realmente escriben como máquinas, sin conciencia de lo que hacen, cosas de que luego se admiran : en cambio pasan el riesgo de volverse locos. *N. del T.*

(1) Esta obra, cap. VII.
(2) Saxo Grammat. *Hist. dan.* lib. XII, pág. 204 y 205.

bre de la coaccion que imponen las miradas del público, en la situacion en que muchas veces he observado á una jóven, dotada de una organizacion fuerte y de una imaginacion muy viva y movible. Mas que imprudencia hubiera sido confiarle el personaje de una heroina entonando el canto de guerra, y arrojándose, espada en mano, sobre los enemigos de su pais. Este solo pensamiento, un arma de que ella se apoderase, algunas palabras, unos cuantos versos que recitara, la embriagaban súbitamente de un furor que formaba singular contraste con su carácter afable y jovial: el sér mas querido no habria estado mucho tiempo al abrigo de sus golpes. Su rápida y temible exaltacion me hace creer lo que se cuenta de los héroes escandinavos. «De vez en cuando les acometian arrebatos de »frenesí... Arrojaban espuma, no distinguian nada, herian al acaso »con su espada amigos y enemigos, árboles, piedras, objetos ani- »mados é inanimados. Tragaban carbones encendidos y se precipi- »taban en el fuego... Terminado el arrebato, quedaban debilitados y »sin fuerzas (1).» Si, como parece creerlo el autor de estas líneas, dichos héroes cedian en tales casos á la accion de una bebida embriagadora, los *Sagas*, que contienen tantos ejemplos de ese hecho, alguna vez habrian recordado su causa. Esos movimientos furiosos no dudo que nacian de una imaginacion susceptible de transportes excesivos por efecto de una exaltacion habitual. Aquellos guerreros, que no conocian otra felicidad que la de ver correr la sangre de sus enemigos ó la suya, y que no abrian la celestial mansion mas que á los héroes muertos en la guerra, no necesitaban otra cosa que sus propios sentimientos para entregarse á ese frenesí pasajero; y casi es sorprendente que no fuesen presa de él á todas horas.

¿Será posible que el exceso del miedo produzca á veces el mismo delirio del valor? ¿Por qué no, si uno y otro turban igualmente la razon? «Los samoyedos, dice un viajero (2), son extremadamente susceptibles de acobardarse. Cuando se les toca inopinadamente, ó cuando su espíritu es afectado por algun objeto imprevisto y terrorífico, pierden el uso de la razon, y son poseidos por un furor ma-

(1) Depping, *Historia de las expediciones de los Normandos y de su establecimiento en Francia en el siglo X*, tomo I, pág. 46.

(2) Wagner, *Memorias sobre la Rusia*, etc. pág. 207.

niático. Se apoderan de un cuchillo, de una piedra, de una tranca, ó de cualquier otra arma, y se lanzan contra la persona que ha causado su sorpresa ó su terror. Si no pueden satisfacer su rabia, gritan, aullan, y se arrastran por el suelo como locos.» Advirtamos que la causa primitiva de estos accidentes es el miedo que los samoyedos tienen á los hechiceros, y que el delirio, que es su consecuencia, hace pasar tambien por hechiceros á los desgraciados á quienes atormenta. ¡Qué mina tan fecunda para ser explotada por los farsantes de prodigios!

Bajo un punto de vista mas general, el temor entrega al hombre débil á la merced de aquel que sabe inspirárselo. Si, como han pensado varios observadores, el temor es el principio de cuanto hay de real en lo que se refiere de las serpientes y otros animales, hábiles en *hechizar* al débil pájaro de que quieren hacer presa, la mirada del hombre fuerte y amenazador debe ejercer una accion análoga sobre los hombres tímidos: en efecto, estos no pueden sostenerla; sus fuerzas encadenadas les dejan inmóviles, entorpecidos bajo el peso del *hechizo*. En las leyendas de todos los paises, nada es mas comun que los mágicos cuya mirada *fascinadora* ejerce un poder inevitable. Este poder no es de todo punto quimérico: en el principio, puede ser comun y de mediana fuerza; pero luego adquiere un ascendiente sin límites sobre la imaginacion aterrada.

¿Y acaso, el hombre mismo no conspira en favor de ese ascendiente, cuando por su propia voluntad, y procurando apoyarse en razonamientos plausibles, se entrega á terrores mortíferos? Sin que una causa exterior provoque su locura, un espíritu débil (que puede no serlo mas que en este punto) se apasiona por una idea fija: tal edad traerá necesariamente el fin de la vida; tal enfermedad no puede menos de tener un resultado funesto. ¡Cuántos de estos vanos *presentimientos* han hecho inevitable aquello mismo que parecia justificarlos! Estos presentimientos obran de un modo contínuo y destructor sobre los órganos debilitados, que habrian podido recobrar muy pronto su vigor natural con la ausencia de esas ideas dolorosas.

Si en lugar de nacer espontáneamente el temor en un alma cuya razon puede combatirlo, es la consecuencia de un poder temible al cual no se le reconocen límites, sus efectos no serán menos seguros ni menos terribles que los del hierro y el veneno. En prueba de esto, citaremos un ejemplo recientemente conocido, aparte de todos los hechos de que podrian darnos testimonio los historiadores antiguos. En las islas de Sandwich existe una comunidad religiosa que pretende tener del cielo el don de hacer morir, por medio de las oraciones que le dirige, á los enemigos de quienes quiere deshacerse. Si alguno incurre en su cólera, le anuncia que va á comenzar contra él sus imprecaciones; y las mas de las veces basta esta declaracion para hacer morir de terror ó hacer que se suicide el infortunado sobre quien cae el anatema (1).

Despues de esto, no causará asombro el que la sentencia de muerte, acompañada de una mirada terrorífica, saliendo de la boca de un taumaturgo, se haya ejecutado algunas veces por el terror, en el instante de ser pronunciada.

De los casos extremos y por lo tanto raros, pasemos á otros efectos de la imaginacion que, aunque son menos aterradores, no son menos propicios para el éxito de un taumaturgo.

El imperio que la simpatía y la tendencia á la imitacion ejercen sobre los órganos, lo ejercen tambien sobre la imaginacion: los vapores y el entusiasmo son contagiosos como la risa, el bostezo y el llanto. Una viuda, atormentada por una melancolía histérica, ejecutaba los actos extraños que se atribuyen á los demoniacos: algunas jóvenes que la rodeaban fueron luego atacadas del mismo mal, y se curaron en cuanto fueron alejadas de ella. La misma viuda, tratada por un médico hábil, recobró la razon con la salud (2). ¡Cuántas historias de endemoniados pueden reducirse á estas pocas palabras! En la historia de las convulsiones de San Medardo, como en otras que hablan de multitud de personas que caian todas á un tiempo bajo el imperio del espíritu maligno, haríamos mal en suponer que todo era superchería: por el contrario, el mayor número se componia de hombres de buena fé, sometidos á la necesidad de la imitacion por una organizacion movible, un espíritu débil y una imaginacion exaltada.

(1) Lisianski, *Viaje al rededor. del mundo en 1803-1806. Biblioteca universal*, año 1846 *Literatura*, tomo III, pág. 126-163.
(2) Frommann, *De fascinatione*, etc., pág. 55.

Probablemente no han exagerado nada los poetas cuando describen el furor de que eran poseidas las bacantes en la celebracion de las Orgías. La mayoría de estas Ménades, embriagadas en lo moral mas que en lo físico, solo imitaban involuntariamente los transportes de algunas sacerdotisas; ya sea que estas se limitasen á desempeñar un papel convenido, ya que sometidas ellas mismas al imperio de la imaginacion, exaltadas por los licores espirituosos, los cánticos, los instrumentos de música, los gritos y el desórden místico que las rodeaba, fuesen las primeras en sentir todo lo que inspiraba su ejemplo.

No siempre la imaginacion es maléfica; pues se le deben muchas curas inesperadas, súbitas, prodigiosas. Nuestros libros de medicina están llenos de hechos de este género, que entre pueblos poco ilustrados pasarian fácilmente por milagros, y hasta seria menester un esfuerzo de razon para no ver algo extranatural en los rápidos efectos de la imaginacion: y esto se comprende bien, dado que el hombre está muy habituado á maravillarse de todo aquello en que sus ojos no penetran la causa tan fácilmente como el efecto. El *magnetismo animal*, cuyos fenómenos reales son todos producto de la imaginacion conmovida, fué proclamado en un principio por los charlatanes como un agente físico: en manos de los fanáticos y de los embusteros ha llegado á ser una rama de la teurgia moderna (1).

«Cuando la imaginacion conmovida hace desear al enfermo un »remedio, cosas que naturalmente carecen de eficacia pueden ad-
»quirirla muy favorable: así se comprende que un enfermo pueda »ser aliviado por medio de ceremonias mágicas, si de antemano es-

(1) El sueño magnético y los milagrosos efectos que produce fueron predichos, en 1763, por Swedenborg, cuando dijo: «El hombre puede ser elevado á la luz celestial, aun en este mundo, si los sentidos corporales se hallan sumergidos en un sueño letárgico, etc.» (*De la sabiduría angélica*, núm. 257.) Esto lo afirman los mismos partidarios de Swedenborg; pero añadiendo que no debe creerse todo lo que dicen los *somnilocuos* ó *sonámbulos*; que no es bueno todo lo que es revelado; y se fundan en este versículo de San Juan: «No creais á todo espíritu; sino probad á los espíritus para saber si son de Dios.» (Joann. *Epist. I*, cap. 4, vers. I.) Recomiendan sobre todo que no se crea á los *somnilocuos* que disputen á Swedenborg su cualidad de enviado de Dios, ó que hablen contra su doctrina. (Daillant-Latouche, *Abrégé des ouvrages de Swedenborg*, pág. 55-58.)

»tá persuadido de que ha de sanar con ellas (1).» Estas palabras de un antiguo médico, ¿no explican todo cuanto hay de verídico en las aplicaciones felices del *magnetismo animal*, del *perkinismo*, del polvo simpático, y de las juglerías del mismo género que se han visto sucesivamente triunfar y caer en desprecio en los tiempos antiguos y modernos?

La imaginacion, tan poderosa sobre nuestros órganos, está igualmente sometida á la influencia perturbadora de estos, cuando una enfermedad trastorna la armonía de sus funciones.

En el siglo IV antes de nuestra era, Cartago fué presa de una de las afecciones endémicas á que los antiguos daban el nombre de peste: agitados por un transporte frenético, los mas de los enfermos salian armados á rechazar al enemigo que creian haber penetrado en la ciudad (2). Extenuados por el cansancio, el hambre y la desolacion, en la rada donde fueron tan cruelmente abandonados, los náufragos de la *Medusa* (3) experimentaban ilusiones extáticas, cuyo hechizo contrastaba horriblemente con su posicion desesperada. En estos dos casos, el desórden moral pudo ser acrecentado por la simpatía y la tendencia á la imitacion. Pero no han de faltarnos ejemplos individuales y recientes. La madre del duque de Orleans, regente, cuenta en su *Correspondencia* una anécdota relativa á una dama conocida suya, que parece el colmo de lo absurdo (4), y que sin embargo, es muy verosímil, si se la considera como una vision producida por el transporte que acompaña, despues del parto, á la fiebre de leche. Un jóven cayó en estado de marasmo á consecuencia de ciertos hábitos solitarios (5): vióse rodeado de fantasmas, y se quejaba de oir continuamente la sentencia de su eterna condenacion.

---

(1) *De incantatione libellus* (inter libros Galeno ascriptos.) «Quando mens humana rem amat aliquam, etc.»

(2) Diod. Sic. lib. XV, cap. 9.

(3) *Relacion del naufragio de la Medusa*, primera edicion francesa, páginas 72-73.

(4) *Memorias de la corte de Luis XIV*, etc. fecha 18 de abril de 1719, pág. 74-75, edicion de 1823.

(5) Este enfermo era asistido en 1818 por el doctor Marc, autor de una importante obra titulada: *De la folie, considérée dans ses rapports avec les questions médico-judiciaires*, Paris, 1840, 2 vol. en 8.°

En el estado de postracion que siguió á una enfermedad inflamatoria, un hombre, igualmente distinguido por su ingenio y sus talentos militares, se vió asaltado por visiones tanto mas extrañas, cuanto que gozaba al mismo tiempo de la plenitud de su razon, sin que ninguno de sus sentidos estuviese alterado; y sin embargo, los objetos fantásticos que le asediaban, y que él sabia que no existian, afectaban su vista de tal modo que le era fácil enumerarlos y describirlos exactamente como los objetos reales de que estaba rodeado (1).

En todos los paises, los taumaturgos han acostumbrado debilitar los órganos, por cuyo medio se domina con mas seguridad la imaginacion. Las maceraciones y los ayunos eran una parte esencial de las iniciaciones antiguas: tambien habia que someterse á ellos antes de recibir la respuesta de ciertos oráculos, y sobre todo de aquellos que solo se revelaban en sueños (2).

Nadie ignora que la irritacion del sentido de la vista, causada por largas vigilias ó por la contemplacion asídua de cuerpos luminosos, dispone mucho para ver fantasmas, sobre todo cuando el espíritu está perturbado y el cuerpo enflaquecido. La prueba principal á que se someten los saniasys (*contempladores*) indios, consiste en mirar fijamente al sol, despues de lo cual no tardan en ver visiones; perciben centellas, globos inflamados, metéoros, y algunas veces concluyen por perder la vista y la razon (3).

(1) El teniente general Thiébault.—Obsérvese que otras personas en plena salud han sufrido alucinaciones semejantes. El sabio Gleditsch, á las tres de la tarde, vió claramente en un rincon de la sala de la Academia de Berlin á Maupertuis muerto en Basilea poco tiempo antes. No atribuyó esta ilusion mas que á un desarreglo momentáneo de sus órganos; pero hablando de ella afirmaba que la vision habia sido tan perfecta como si el mismo Maupertuis estuviese vivo delante de él. (D. Thiébault, *Souvenir d'un séjour à Berlin*, tomo V, pag. 21, quinta edicion.)—«El abuelo materno de Ch. Bonnet, estando bueno é independientemente de toda impresion exterior, veia producirse, moverse, crecer, disminuir y desaparecer figuras de hombres, de aves, de barcos... Su razon no estaba alterada, y él sabia bien que aquello era una ilusion.» (Laplace, *Ensayo filosófico sobre las probabilidades*, pág. 224-226.)

(2) Se ayunaba todo un dia antes de consultar al oráculo de Amfiaraus, en Orope, Beocia; y se recibia la respuesta en un sueño. Filostrat. *Vita Apollon.* lib. II, cap. 4.

(3) Dubois, *Costumbres é instituciones de los pueblos de la India*, tomo II, pág. 271-274.

A estos poderosos auxiliares, cuya energía era secundada por la soledad y la lobreguez, se agregaba la embriaguez producida por las bebidas y los alimentos sagrados : presa ya de las creencias, de los temores, de las esperanzas supersticiosas, y entregado á tantas causas de exaltacion y de delirio, ¿cómo el hombre mas sano y mas dueño de su razon podria defender su imaginacion contra el poder de los sacerdotes?...

Instruidos por la observacion de la conexa intimidad de todas las partes de nuestro ser, los antiguos sabian que los extravíos de la imaginacion pueden producir muchas enfermedades, aparentemente sobrenaturales, que á menudo se burlan del arte, y casi siempre de la prevision del médico: sabian tambien, por el contrario, que la misma imaginacion puede combatir eficazmente el estado enfermo de los órganos : y así es como con un éxito igual oponian remedios físicos á los males causados por una imaginacion exaltada, y como armaban á la imaginacion contra los males físicos, obligándola á producir tanto bien como mal engendra algunas veces.

En Egipto, durante la canícula, solia reinar una enfermedad epidémica que se atribuía á la influencia de la atmósfera. Para poner remedio á este mal, los sacerdotes, despues de ceremonias y sacrificios solemnes, tomaban fuego en el altar consagrado á un antiguo sabio divinizado, y con él encendian numerosas hogueras (1).

Este procedimiento podia ser útil, determinando en el aire corrientes que lo renovaban ; pero el fuego tomado en los hogares domésticos no habria tenido menos eficacia. Por lo tanto, en este caso se hablaba sobre todo á la imaginacion. Esos ritos religiosos, esas víctimas ofrecidas, ese fuego sagrado, todo tenia por objeto persuadir á las poblaciones que un dios protector, oyendo sus ruegos, acudiria en su socorro. El pueblo de Roma era diezmado por una enfermedad pestilencial y rebelde á todos los remedios conocidos : los pontífices ordenaron, en nombre del cielo, que se celebrasen juegos y fiestas públicas (2) : este remedio, que parece extraño, resultó sin embargo ser bastante eficaz, pues muchas veces despues se ha recurrido á él. Supongamos que la enfermedad endémica fuese

(1) Eliano. *Var. hist...* (citado por Suidas).
(2) Valer. Máximo, lib. II, cap. 4, parrafo 4.—A. U. C. 389.

de la naturaleza de las *fiebres perniciosas*, lo cual debió suceder á menudo en una poblacion alojada en aposentos estrechos, y á la vuelta de expediciones militares, en que los ciudadanos pasaban tantas fatigas y privaciones, y sufrian tantas variaciones bruscas de temperatura. Esparcido un terror general, hiela los ánimos y duplica la fuerza mortífera del azote. Unos juegos que hacen salir al aire libre toda la poblacion y dan á los ánimos una distraccion agradable ; unas fiestas en que se sacrifican numerosos animales, proporcionando la posibilidad de sustituir un alimento mas sano y sustancioso, al que habitualmente solia recibirse ; unas ceremonias que tranquilizan la imaginacion con la promesa de que los dioses echarán una mirada compasiva sobre sus dóciles adoradores; todo esto, ¿ no es bastante para combatir los progresos del contagio, para acelerar su término, y tambien para que se prosterne ante los altares todo un pueblo que cree deber al cielo su milagrosa curacion? Esta era efectivamente un *milagro*, en el sentido de los antiguos ; un beneficio inmediato, pero no *sobrenatural*, de los dioses.

Fácil seria recordar innumerables ejemplos del empleo de remedios físicos para curar enfermedades *sobrenaturales*, siempre que se dé á las expresiones antiguas el sentido moderno. Así como todos los bienes eran atribuidos á la bondad celestial, así tambien todos los males emanaban de la venganza de los dioses ó de la malignidad de los malos genios. ¿Cómo debemos considerar la mayor parte de las enfermedades atribuidas á esta última causa? Como enfermedades nerviosas, epilépticas, histéricas, cuyos síntomas desenvolvia y exasperaba el desórden de la imaginacion, ó que solo nacian de ese mismo desórden. El eléboro curó á las hijas de Prœto de una locura que procedia sin embargo de la cólera de los dioses (1). Para librar á los samoyedos de los arrebatos de frenesí en que les hace caer el terror, y que se consideran como efecto de un maleficio ó como el signo característico de la hechicería, basta quemarles bajo las narices pelo de rengífero (2). Los exorcistas hebreos arrojaban los demonios de los cuerpos de los hombres con el olor ó el humo de la planta

---

(1) Véase S. Hahnemann, *Disertacion histórica y médica sobre el eleborismo*, en los *Estudios de medicina*, Paris, 1855, tomo II, pág. 157.

(2) Wagner, *Memorias sobre la Rusia*, etc. pág. 207.

baaras. Nada mas absurdo para nosotros, que no podemos ver en la *posesion* del demonio otra cosa que la accion incomprensible de una sustancia inmaterial : pero nada mas sencillo en las ideas de los hebreos, que eran las mismas de todos los pueblos antiguos. Para indicar la naturaleza verdadera de una enfermedad que hacia que el hombre fuese considerado como poseido por los espíritus infernales, bastará recordar que Eliano describe con la denominacion de *cynospastos* la planta *baaras*, á la cual atribuye Josefo la virtud de expulsar los demonios, asegurando tambien que cura la epilepsia (1). El modo de tratar estas enfermedades diferia menos que sus nombres. Lo mismo que los hebreos, que los taumaturgos de la antigüedad, que los samoyedos, y como los sabios que hace dos siglos osaban oponer medicamentos á las presuntas fascinaciones mágicas (2), nosotros combatimos por medio de fumigaciones y olores amoniacales las enfermedades parecidas á la epilepsia, los vapores, la hipocondría, esos frutos dolorosos de un desarreglo de la imaginacion, contra el que la razon llega á ser impotente. El milagro y lo absurdo desaparecen á la vez, con solo recordar el hábito que tenia toda la antigüedad de personificar en sus causas el mal y el bien.

(1) Eliano, *De nat. animal.*, lib. XIV, cap. 27. El alga marina, que el mismo autor asimila al *cynospastos* (*ibid. ibid.* cap. 24), contenia un veneno muy activo : quizá esta última propiedad era la causa de que los taumaturgos se reservasen su posesion exclusiva.

(2) Puede verse la indicacion de estos medicamentos en Frommann, *De fascinatione*, pág. 955-958.

CAPITULO XX.

La medicina formaba parte de la ciencia oculta: durante mucho tiempo fue solo ejercida por sacerdotes · las enfermedades eran enviadas por genios maléficos ó dioses irritados: las curaciones fueron milagros, es decir, obras mágicas,—La credulidad y el espíritu de misterio atribuyeron propiedades maravillosas á sustancias sin energía, y el charlatanismo secundó este género de decepcion.—Curaciones falaces.—Abstinencias extraordinarias.—Sustancias nutritivas tomadas en volúmen casi imperceptible.—Resurrecciones aparentes.

Llevados por la corriente de nuestro asunto, acabamos de entrar en el dominio de una ciencia cuyas promesas ejercerán siempre el mayor poder sobre la imaginacion de los hombres.

¡Será posible! La ciencia del hombre físico, aquella que aun cuando sea contrariada en su marcha por anomalías imposibles de prever, se apoya en tantos conocimientos positivos, la medicina, ¡cómo es que no ha combatido las enfermedades de la inteligencia, como las del cuerpo, ni nos ha puesto en guardia contra los numerosos secretos de que se valian los tamaturgos para turbar el juego de nuestros órganos, ofuscar nuestros sentidos y extraviar nuestra imaginacion!

Nacida en los templos y presentada como una emanacion de la inteligencia divina, la medicina respetó el dominio de las demás ciencias sagradas. Hablar de ella no es salirse del imperio de los taumaturgos: en todo el mundo, las curaciones fueron por mucho tiempo milagros; y los médicos, sacerdotes y mágicos.

Los médicos fueron hasta dioses. En Armenia (1), eran considera-

(1) Cirbied, *Memorias sobre la Armenia*. Memorias de la Sociedad de Anticuarios de Francia, tomo II, pág. 304.

dos como tales los que, con el nombre de *Thicks* ó *Haralez*, resucitaban á los héroes muertos en los combates, chupándoles las heridas.

La hermana de Circe, *Angitia* (1), vino á establecerse en Italia para merecer altares, oponiendo su ciencia saludable á las enfermedades que desolaban la comarca. En Grecia antiguamente, y aun despues del sitio de Troya, solamente los hijos de los dioses y los héroes conocieron los secretos de la medicina y de la cirugía (2), y hasta los últimos tiempos se adoró allí á Esculapio como á un dios, hijo del dios del dia.

En Egipto, la teurgia distribuia entre treinta y seis genios, habitantes del aire, el cuidado de las diferentes partes del cuerpo humano; y los sacerdotes conocian las invocaciones propias para obtener de cada genio la curacion del miembro sometido á su influencia (3). Tambien del Egipto provinieron originariamente las fórmulas que enseñaban el uso de los simples en la medicina, y estas fórmulas eran mágicas (4).

Las magas de la isla de Sena curaban las enfermedades reputadas incurables en otras partes (5). Las vírgenes escandinavas eran instruidas á la vez en la mágica, en la medicina y en el tratamiento de las heridas (6).

Diodoro, que muchas veces intentó separar la historia de la fábula, considera como natural la ciencia de Medea y de Circe, limitándola á un estudio profundo de los remedios y de los venenos, y refiere que la primera curó al hijo de Almeno de una locura furiosa (7).

Mucho despues de la edad de Hércules y de los tiempos heróicos, los enfermos en Grecia solo buscaban el alivio á sus padecimientos cerca de los descendientes de Esculapio, en las *Asclepias* ó templos de este dios, que una política ilustrada hacia edificar siempre en para-

(1) Solin. cap. 8.
(2) Elian. *De nat. animal.* lib. II, cap. 18.
(3) Origen. *Contr. Cels.* lib. VIII.
(4) Galen. *De simpl medicam. facult.* lib. VI, prooem.
(5) Pompon. Mela, lib. III, cap. 6.
(6) C. V. de Bonstetten, *La Escandinavia y los Alpes*, pág. 32.
(7) Diod. Sic. lib. IV, cap. 2 y 16.

jes elevados y saludables (1). Estos hombres, que pretendian deber á su nacimiento el don de curar, acabaron por aprender su arte, conservando en los templos la historia de las enfermedades cuya cura se les habia solicitado. Entonces tomaron discípulos cuya discrecion les era garantida por las pruebas de una iniciacion severa. El progreso de la filosofía levantó poco á poco el velo misterioso en que aun pretendian envolverse ; y la doctrina aprisionada en los archivos de las *Ascleplias* vino á engrosar el patrimonio de la civilizacion perfectible. Los sacerdotes debieron abjurar sus prentensiones exclusivas (2); pero la ciencia no renunció del todo á su orígen divino y mágico. La mayor parte de las aguas termales, cuyo uso era entonces mas frecuente que en nuestros dias, continuaron consagradas á Apolo, á Esculapio, y sobre todo á Hércules, apellidado *Iatricos* ó médico.

Los filósofos que no salian de las Asclepias incurrieron en la acusacion de mágia, cuando por medios naturales combatieron con éxito los males que afligian á sus semejantes, como le sucedió á Empédocles. Una enfermedad endémica hacia estragos en Selinonte : un rio demasiado lento en su curso llenaba la ciudad de aguas estancadas, de donde continuamente se desprendian vapores mortíferos : conocióle así Empédocles ; condujo al lecho del rio dos arroyos, desviando su curso, y esta operacion dió movimiento á las aguas, que cesaron de ser estancadas y de exhalar miasmas pestilenciales, con lo que desapareció la epidemia (3).

En el siglo segundo de nuestra era, díjose tambien que, si el emperador Adriano consiguió verse libre por algun tiempo de la congestion acuosa que hinchaba su cuerpo, esto fué debido al auxilio del arte mágica (4). Por el mismo tiempo, un defensor del cristianismo, Taciano, no negaba las curas maravillosas operadas por los sacerdotes ó los dioses de los politeistas : los explicaba, suponiendo que esos dioses, verdaderos demonios, infundian la enfermedad en el

(1) Plutarco, *Quæst. Roman.* párrafo 94.
(2) Coray. *Prolegomenos* de la traduccion francesa del *Tratado de Hipócrates sobre el aire, las aguas y los lugares.*
(3) Diogen. Laert. in *Empedocl.*
(4) Xiphilin, in *Adrian.*

cuerpo del hombre sano; y avisando luego que sanaria siempre que implorase su socorro, se arrogaban la gloria de efectuar un milagro, haciendo cesar el mal que ellos mismos habian producido (1).

Estas creencias no han pertenecido especialmente á los pueblos civilizados. Las naciones menos ilustradas han creido tambien que las enfermedades provenian de la venganza ó de la maleficencia de seres superiores á la humanidad; y por lo mismo, en todas partes los médicos fueron magos y sacerdotes. Entre los Nadoesis y los Chipeways, estos tres títulos eran inseparables (2), como lo son todavía entre los Osages. En Méjico, solamente los sacerdotes magos ejercian la medicina (3). Entre las tribus Golibis, los *Piayos*, sacerdotes-médico-mágicos, formaban una corporacion en la que ninguno era admitido, sino despues de sufrir las pruebas de una iniciacion muy dolorosa (3).

El cristianismo no destruyó en Asia y en Europa las preocupaciones que acerca de este punto habian prevalecido durante el reinado del politeismo. Esas preocupaciones reaparecieron con mas fuerza en los siglos de ignorancia. Cuando los israelitas, á pesar de la antipatía que inspiraban á los cristianos, fueron casi los únicos cirujanos y médicos de los príncipes y de los reyes, las curas notables que algunas veces operaban, parecieron efectos de una ciencia misteriosa, con tanto mas motivo cuanto que ellos mismos ocultaban cuidadosamente sus recetas, aprendidas quizá de los árabes, no disgustándoles que sus adversarios los creyesen poseedores de secretos sobrenaturales. No pasó mucho tiempo sin que en los templos mismos se pretendiese ejecutar curas milagrosas: muchas iglesias encerraban en el recinto de sus muros fuentes benditas, cuyas aguas se consideraban dotadas de grandes virtudes curativas, ya sea que una fé ciega y la privacion de todo otro recurso engendrasen esta creencia, ó ya que algunos hombres aceptasen este legado del paganismo, pareciéndoles preferible santificar el error á dejar subsis-

(1) Tatian. Asyr. *Orat. ad Græcos*, pág, 157.
(2) Carver, *Viaje á la América septentrional*, pág. 290.
(3) Joseph Dacosta, *Histor. nat. de las Indias*, lib. V, cap 26.
(4) Noel, *Diccion de la Fábula*, art. *Piayos*.

tente la confianza en una religion proscrita. Como quiera que sea, para alcanzar la salud de esas aguas benéficas era necesario ayunar y someterse á los preceptos de los sacerdotes. El mal cedia algunas veces á la fuerza del régimen, del tiempo, de la calma que una piadosa confianza daba á la imaginacion: otras veces resistia, y se culpaba de esto á los pecados y á la falta de fé del enfermo: la virtud milagrosa quedaba probada en el primer caso, y no era desmentida en el segundo.

Las instituciones se acomodaron á la opinion que transformaba las curas en operaciones directas de la divinidad. Los médicos cristianos, que se instruian en competencia con los médicos árabes é israelitas, formaron parte del clero hasta mucho despues que se hubo dejado de ver en su arte nada de sobrenatural. «Los profesores de medicina, dice Estéban Pasquier, eran todos clérigos (*clercs*) en otro tiempo; y hasta 1542 no obtuvieron en Francia del *Legado* el permiso para casarse (1).»

Por el mismo tiempo, renovó Paracelso el ejemplo que habian dado Raimundo Lulio y otros adeptos, presentándose como instruido é inspirado por la divinidad, cuando trajo de sus viajes á Oriente y Africa secretos que le aseguraban una inmensa superioridad sobre sus competidores en el arte de curar (2). Si su conducta hubiese sido menos ligera y su vida mas larga, ¿quién se atreverá á decir que no habria encontrado un público bastante crédulo para reconocer sus pretensiones?

(1) Et. Pasquier, *Recherches de la France*, lib. III, cap. 29.—Hasta esta época, las cuatro facultades doctas de las universidades eran condenadas al celibato. En 1552, los doctores en derecho obtuvieron, como los médicos, el permiso de casarse: pero mucho tiempo despues, las primeras dignidades en esta facultad fueron concedidas á canónigos y clérigos. Hoy mismo, en Suiza, y en varios cantones protestantes, para ser promovido á una cátedra en los establecimientos públicos, es necesario someterse á pruebas de capacidad teológica. El pretexto de esta disposicion, en otro tiempo, fué que dichos establecimientos habian sido dotados á expensas de las antiguas fundaciones religiosas; pero este motivo no habria sido bastante, fá no mediar la circunstancia de que se creyese necesario que los catedráticos perteneciesen á la Iglesia. (Tiedemann, *De quæstione*, etc. pág. 122.

(2) Tiedemann, *De quæstione*, etc. pág. 113.

Debemos repetir lo que tantas veces hemos dicho: una piadosa gratitud, mas bien que la pretension de engañar, hacia en otros tiempos que la idea de una inspiracion y de un beneficio de la divinidad fuese unida á los preceptos de la ciencia y á sus operaciones salutíferas. En la orilla del rio Anigro habia una gruta consagrada á las ninfas, á la que acudian las personas que padecian herpes; las cuales despues de pronunciar ciertas oraciones y de aplicarse una friccion, atravesaban el rio á nado, siendo curadas por la bondad de las ninfas. Pausanias, que refiere este milagro permanente (1), añade que las aguas del Anigro exhalaban un olor fétido, es decir, que estaban impregnadas de hidrógeno sulfurado, y por lo tanto eran eminentemente anti-herpéticas. Nuestros médicos hacen hoy el mismo milagro sin la intervencion de las ninfas.

Pero los guias y preceptores de los pueblos se veian á veces obligados á hablar, y á sancionar con el prestigio de lo maravilloso un precepto saludable; ya fuese que, para vencer, como en Estonia y en Livonia, la apatía de hombres embrutecidos por la servidumbre y la miseria, les mandaran en nombre de los dioses perfumar los establos con asafétida, para combatir la epizootia, en la que su ignorancia les hacia ver los efectos de un maleficio (2); ya que, en medio de una sociedad rica y abandonada á los placeres, atribuyesen á cierta piedra la propiedad de conservar la pureza de la voz, siempre que los cantantes que quisieran aprovechar su virtud, observasen la continencia (3).

El orgullo y el interés anejos á la posesion exclusiva encubrieron fácilmente con una apariencia sobrenatural los secretos que so queria tener reservados. Bañándose en la fuente *Canathos*, Juno recobraba todos los años su virginidad; y dícese que las mujeres de la Argólida se bañaban en ella con la misma esperanza. Es, al menos, seguro, que los argivos, para referir el milagro, se fundaban en algunas ceremonias ocultas, practicadas en el culto de Juno (4). Se-

(1) Pausan. *Eliac*. lib. I. cap. 5.
(2) Debray, *Sur les préjugés et les idées superstitieuses des Livoniens, Lettoniens et Esthoniens... Nouvelles Annales des Voyages*, tom. XVIII, pág. 3.
(3) Solin, cap. 40.
(4) Pausanias, *Corinthiac*. cap. 38. Noel, *Diction. de la Fable*, art. *Caathos*.

gun una tradicion, la diosa, al salir por primera vez de entre los brazos de su esposo, se bañó en una fuente de Asiria, cuya agua adquirió al punto un olor muy suave (1). Este último rasgo parece indicar que, en Asiria y en Grecia, se conocia la propiedad que hizo consagrar el mirto á la diosa del amor; propiedad que hasta cierto punto restituye las apariencias de la virginidad á las mujeres fatigadas por el parto ó por el abuso de los placeres (2). Pero los sacerdotes no administraban los efectos benéficos sino mediante ceremonias misteriosas y presentándolos como un milagro.

La credulidad y la sed de maravillas han hecho tambien que se vean milagros hasta en los actos que el hombre benéfico ejecutaba sin pretender valerse de un poder sobrenatural.

Ha solido emplearse el beleño para curar la epilepsia (3), y existe una variedad de esta planta, que los antiguos llamaban *haba de puerco*, porque estos animales, si la comen, son poseidos de una especie de furor, que les ocasionaria la muerte si no corriesen á meterse en el agua (4). Si esta última propiedad se recuerda, para especificar el agente por cuyo medio han sido curados los epilépticos, en un pais donde se crea que los epilépticos son endemoniados, por poca confusion que se introduzca en el relato, los que lo repitan llegarán gradualmente á confundir la enfermedad con el remedio, y á decir que el demonio, saliendo del cuerpo de los hombres, ha entrado en el de los puercos, obligándoles á precipitarse en un rio.

Los libros de los antiguos hablan á cada paso de las propiedades curativas y mágicas atribuidas á las plantas. En la mayoría de los casos, todo eso es efecto de la aficion á maravillas, y á veces no

(1) Eliam. *De nat. anim.* lib. XII, cap. 30.—Los griegos pretendieron encontrar á Juno (*Hera*) en la diosa de Asiria, la *Vírgen* celestial, esposa del Sol, al tiempo en que los *Géminis* marcan el equinoccio de la primavera; esposa que su esposo encontraba vírgen cada año, cuando el solsticio de verano le traia hácia ella.

(2) Rabelais (lib. I, cap. 44) dice, por este motivo, *foison d'eau de myrte* en los baños de las damas de quienes habla. En lugar de estas palabras que se leen en las primeras ediciones, publicadas en vida del autor, los reimpresores han puesto equivocadamente, *agua de mirra, eau de myrrhe*.

(3) *Encyclop. méthod.* médicine, art. *Jusquiame*.

(4) Eliano, *Variar. hist.* lib. I, cap. 7.

tiene otro fundamento que el de haber traducido mal el nombre de la planta. Debemos advertir que los modernos no han sido sobre este punto mas razonables que los antiguos. La escorzonera, por ejemplo, debe su nombre al color de la corteza de su tallo, lo cual es muy sencillo; pues ese nombre se deriva de la palabra española *escuerzo*, sapo; y solo por esto se ha hecho de la escorzonera un específico poderoso contra la picadura de los animales venenosos, y en particular de la víbora.

En la medicina, como en los demás ramos de la ciencia oculta, la charlatanería ha hecho que se atribuya á ciertos procedimientos insignificantes una eficacia mágica, para esconder á la vista la accion de los agentes naturales. Un adepto citado por Frommann (1) indicaba un remedio muy sencillo contra la consuncion, pero que no debia prepararse con fuego ordinario. Debia fabricarse una sierra de un manzano herido por el rayo, y servirse de ella para aserrar el umbral de una puerta, por el que pasaban muchas personas, hasta que el frote repetido por el instrumento contra el umbral produjese llama (2). Lo raro del procedimiento inspiraba ciertamente á los que recurrian á este remedio una confianza respetuosa; y la dificultad de ejecutarlo bien ponia de antemano á cubierto la infalibilidad del médico, en caso de no producir el efecto deseado. Este ejemplo es uno de los mas extraños que se pueden citar, pero recuerda otros mil por el estilo.

Para curar las dislocaciones de los huesos del muslo, Caton (1) prescribe la aplicacion de tablillas dispuestas de manera que se restablezca y conserve el miembro dislocado en su posicion natural, y en seguida indica las palabras que se deben cantar durante la operacion. Estas palabras ininteligibles pudieran ser muy bien la expresion de la misma receta en otro idioma; expresion que no se comprendia, pero de cuya repeticion se hacia depender la eficacia mágica del remedio.

En casos semejantes, las palabras sagradas pueden ser una oracion que acompaña al empleo de un remedio natural, pero á la que se

(1) Frommann, *Tract. de fascin.* pág. 963 y 964.
(2) Id. *Ibid.* pág. 363 y 364.
(3) Cato, *De re rustica*, cap. 160.

cree deber atribuir el efecto saludable. Ciertos hombres que tenian la pretension de estar dotados de un poder secreto, enseñaban á detener una hemorragia nasal recitando un *Padre nuestro* y un *Ave María*; pero disponiendo que al mismo tiempo se comprimiese la nariz con un dedo, y que se aplicase en la cabeza un paño mojado en agua fria (1).

Mas á menudo, el supuesto milagro consistió en el cuidado que tenian los taumaturgos de disfrazar un medicamento eficaz con la máscara de otra sustancia inerte. Los *kicahanes*, súbditos de los Birmanes, que parece han sido arrojados por estos hasta las montañas del Asam, salen á buscar aerólitos por todas partes, despues de las tempestades, y si los encuentran, los entregan á su pontífice, que los conserva como un remedio enviado del cielo para curar todas las enfermedades (2). El *bezard*, piedra que se cria en las entrañas de cierta cabra de la India, cuyas virtudes maravillosas, célebres y experimentadas en toda el Asia, fueron creidas por mucho tiempo en Europa, no ejerce por cierto mas accion que los aerólitos sobre los órganos del hombre: unas yotras piedras no servirán jamás para otro objeto que para disfrazar el empleo de sustancias mas activas.

Una inscripcion griega (3) que se cree fué puesta, en Roma antiguamente, en el templo de Esculapio, y que relata cuatro curas operadas por este dios, nos ofrece cuatro ejemplos de las diversas maneras como la credulidad se presta á lo maravilloso. La suspension de una hemoptisis, obtenida por medio de piñones y miel, no tiene nada de asombroso, ni aun el oráculo que la predijo. Cuando el dios prescribe que se combata un dolor de costado aplicando un tópico, cuya base ha de ser la ceniza recogida en el ara de su templo, se puede conjeturar que los sacerdotes mezclaban á dicha ceniza alguna droga menos insignificante. Si un colirio, en el que se pone miel y sangre de *gallo blanco*, produce buenos resultados, es

---

(1) Frommann, *Tract. de fascin.* (4.ª 1675), lib. I, cap. 29.

(2) *Nuevos Anales de viajes*, 2.ª serie, tomo III, pág. 229.—Los magos, entre los Parthos, buscaban con mucho cuidado una piedra que no se encontraba sino en los lugares heridos por el rayo: sin duda le atribuian grandes virtudes. Plinio. *Hist. nat.* lib. XXXVII, cap. 9.

(3) J. Gruter, *Corp. inscript.* Folio, Amstelodami, 1707, pag. 71, inscript. 4.

permitido creer que el color del gallo no sirve mas que para dar á la composicion del remedio un tinte misterioso. Despues de algunas genuflexiones, un ciego extiende su mano sobre el ara, la aplica luego á sus ojos y en seguida recobra la vista:... debemos creer que nunca la habia perdido, y que ejecutaba esta momería en un momento crítico, en que importaba realzar la reputacion de Esculapio y de su templo.

Se podria escribir volúmenes recopilando semejantes imposturas. Cansado de los padecimientos de una enfermedad incurable, Adriano invocaba la muerte, y se temia que recurriese al suicidio. Una mujer se presenta, y dice que ha recibido en sueños la órden de asegurar al emperador que sanará pronto: no habiendo obedecido á esta primera intimacion, ha perdido la vista; y advertida por un segundo sueño, cumple su mision, y sus ojos vuelven á ver la luz (1). Adriano murió algunos meses despues: pero los testigos de esta farsa, no por ello dejaron de estar dispuestos á creer en cualquiera otro milagro semejante que se les presentase.

El mayor de los prodigios, á los ojos de la razon, es, en mi concepto, el que haya hombres, que despues de haber descubierto las artimañas de los burladores que ejecutan falsos milagros, crean luego en otros milagros no menos sospechosos, y en burladores no menos groseros. Y por una singularidad notable, los supersticiosos y los filósofos, cada uno por su estilo, pueden sacar ventajas de este prodigio tantas veces repetido: en él ven los primeros un testimonio de la verdad de sus asertos, y el efecto de un don divino que se manifiesta subyugando la razon humana; y los segundos, encontrando por doquiera esta inconsecuencia, sostienen que no prueba nada, supuesto que hace triunfar cien creencias falsas, si se aplica á una sola que sea verdadera, y que en consecuencia tiene por principio la facilidad incurable con que el género humano se ha entregado siempre á los que querian engañarle.

Esto es, en efecto, una enfermedad de todos los paises y de todos los tiempos. Las guaridas de esos mendigos que se burlan de la compasion pública aparentando las mas dolorosas enfermedades, se

---

(1) Elian. Spartian. in *Adrian.*

llamaban antiguamente en Paris *Córtes de los milagros*; porque al entrar allí, aquellos miserables deponian toda ficcion; los ciegos veian, los lisiados recobraban el uso de todos sus miembros. En la capital de Francia llegaron á contarse doce de estas *Córtes*; y es sensible añadir, que algunas veces se ocupaban sus habitantes en acreditar la eficacia de ciertas reliquias, cuyo solo contacto bastaba para curar *milagrosamente* a los supuestos enfermos (1). El nombre de *Córtes de los milagros*, que llegó á ser popular, prueba que nadie ignoraba las imposturas de que eran teatro; y sin embargo, los mismos estafadores encontraban todos los dias gentes crédulas, y con un perfecto conocimiento de este escamoteo habitual, aun se creia en las curas sobrenaturales.

La credulidad, tenaz é ingeniosa para engañarse á sí misma, se aferra en el alegato de maravillas bien justificadas y no desmentidas por la experiencia. Por lo mismo, la ciencia, tomando la parte que le corresponde, debe ayudar al hombre de buena fé á discernir lo que puede haber de impostura en esas maravillas; y no se curará al hombre de una ceguera que muchas veces le ha costado muy cara, invocando la imposibilidad de esas cosas combatida por un gran número de testimonios dignos de fé, sino probando que son posibles en el órden de la naturaleza.

Cuando escuchamos las relaciones de esos ayunos maravillosos que algunos hombres superiores han soportado durante muchos dias, durante semanas, estamos tentados de relegarlas á los cuentos orientales (2), en los que figuran algunas de esas inconcebibles abstinencias. Pero, siendo tan numerosas tales relaciones, ¿cómo hemos de admitir que absolutamente carecen de fundamento?

Observaremos ante todo, que ciertas sustancias tienen, ó se les atribuye, la propiedad de suspender el sentimiento del hambre y de la sed; tales como las hojas de tabaco y las de *coca* (*yerba del Perú*) (3). Hay quien dice que, teniéndolas en la boca, impiden que el hombre sufra de necesidad durante un dia trabajando y sin comer.

(1) Sauval, *Antigüedades de Paris*, tomo I, pág. 510-515, citado por Dulaure, *Hiseoria física, civil y moral de Paris* (1821), tomo IV, pág. 589-596.
(2) *Los Mil y un Dias*: Dias CXXXVII y CXXXVIII.
(3) J. Acosta, *Historia natural de las Indias*, etc. lib. IV, cap. 22.

Matthiole (1) atribuye á los scitas el uso de una yerba agradable al gusto, la cual suplía tan eficazmente el alimento, que su efecto se prolongaba algunas veces durante doce dias. Otra yerba mantenia tambien las fuerzas de los caballos que montaban estos infatigables jinetes. La maravilla en este caso es demasiado grande para que no indique una superchería, ó por mejor decir, el arte de reducir á un pequeñísimo volúmen sustancias eminentemente nutritivas. Este arte, cuyo empleo hizo decir de Abaris que jamás se le habia visto comer ni beber (2); este arte que Epiménides, contemporáneo de Solon, ejercia con éxito (3), es hoy bastante conocido; y no hace mucho que un sabio lo perfeccionó (4). En Francia, cincuenta años há, se trató de dar á los marinos un alimento de este género, atendiendo á que su poco volúmen permitiria embarcar una cantidad de sustancia nutritiva mucho mayor que de cualquier otro comestible: pero se renunció á ello, porque los hombres alimentados de ese modo, aunque no pasaban hambre, soportaban menos la fatiga. Los taumaturgos no se detendrian por este inconveniente: un hombre divino que vive sin tomar aliento, permanece inmóvil en su estancia á donde van á buscarle los respetos y las adoraciones; y aun cuando al cabo de una larga prueba, se le encontrase próximo á desfallecer; no por esto se atribuiria menos fé á la realidad de su abstinencia maravillosa.

Por lo demás, esta dificultad pudiera no haber existido en tiempos remotos. Segun Edrisi (5), las tribus berberiscas de las cercanías de Roun componian con trigo tostado y molido y miel una pasta tan nutritiva, que bastaba comer un puñado por la mañana para poder andar todo el dia, hasta la noche, sin sentir hambre. Los caledonios y los meatos (6), que componian la mayor parte de la po-

(1) Matthiol. *Commentar. in Dioscorid... Epistol, nuncupator.*
(2) Iamblich. *Vit. Pytag.* párrafo 28.
(3) Plutarc. *Sympos.*
(4) M. Gimbernat, *Revue encyclop.* Tomo XXXV, pág. 205.
(5) *Geografía de Edrisi,* traducida por Mr. Am. Jaubert, tomo, I, página 205.
(6) Xiphilin, in *Sever.* anno 208.—En una relacion que parece ser de orígen orienta, se atribuye á Avicena y á otro sabio el secreto de componer unas píldoras ó una opiata dotadas de la misma virtud. (*Mil y un Dias:* Dia CXXXVII.)

blacion de la Gran Bretaña, sabian preparar un alimento tan propio para mantener sus fuerzas, que tomando una cantidad igual al tamaño de una haba, no sentian el hambre ni la sed. Los scitas poseian sin duda un procedimiento análogo á este, y sabian aplicarlo tambien al alimento de sus caballos, no suponiendo la existencia de las yerbas maravillosas de que habla Matthiole sino para ocultar la naturaleza de su secreto. Pero este secreto no debió ser ignorado, al menos por la tribu sábia, entre pueblos mucho mas civilizados que los scitas y los caledonios; y por de contado, su existencia hace creibles todos los relatos del mismo género, y los despoja de su aparato maravilloso.

El hecho de librar á un hombre de las necesidades mas apremiantes de la vida, no es una maravilla tan grande como el de restituirle la vida que ha perdido.

Conviénese en que nada es tan difícil de distinguir á veces como las señales ciertas é irrefragables de la muerte. Un estudio especial de estas señales, una experiencia consumada de lo que hay en ellas de equívoco y de positivo, darán el medio de distinguir una muerte real de otra aparente, y el de restituir la vida al sér, á quien amenaza privarle de ella una sepultura precipitada; lo cual será hoy un beneficio, y en otros tiempos pudiera considerarse como un milagro.

En un pueblo civilizado, las leyes ó las costumbres prevendrán siempre hacer algo para asegurarse de que la vida se ha extinguido realmente. Los indios emplean, desde tiempo inmemorial, la prueba del fuego, tal vez la mas segura de todas; porque, aun cuando no despierte la sensibilidad, la accion de la quemadura presenta diferencias visibles, segun sea que se ejerza sobre un enfermo privado de vida, ó sobre órganos en que la vida subsiste todavía (1). Solo despues de haber quemado en la boca del estómago de un cadáver un poco de excremento de vaca seco, es cuando se enciende la hoguera que debe consumirlo. Segun las apariencias, una costumbre análoga existia en Grecia y en Italia. Tertuliano (2) se burla de los

(1) Fodéré... *Diccionario de ciencias médicas*, artículo *Signos de la muerte*.
(2) Tertuliano, *Apologetic.* cap. 15.—Celio Rodigino (*Lect. antiq.* lib. IV,

espectáculos en que se representaba á Mercurio examinando los muertos, y asegurándose por medio de un hierro candente de que no eran falaces los signos exteriores de la muerte. Luego esta costumbre habia estado en vigor; pero habria caido en desuso, y no se conservaba mas que en los recuerdos mitológicos. Mucho antes habia afirmado Demócrito que no existen indicios siempre ciertos de la muerte consumada (1). Plinio sostuvo la misma opinion (2), y hasta hizo notar que las mujeres se hallan mas expuestas que los hombres á la muerte aparente. Se citaban numerosos ejemplos de muertes aparentes, y entre otros, segun Heraclides, el de una mujer vuelta á la vida despues de haber pasado por muerta durante siete dias (3). No se habia olvidado la perspicacia de Asclepiades que, viendo pasar un féretro, exclamó diciendo que el hombre que llevaban á la hoguera no estaba muerto (4). Por último, ¿no habria debido la humanidad apropiarse ese medio de salvacion, cuando el instinto de la tiranía inspiraba á Nicocrates (5) la idea de ponerlo en uso, para impedir que los habitantes de Cirene se fingiesen muertos á fin de salir de la ciudad y librarse de sus crueldades?

¿Seria un absurdo el pensar que los taumaturgos quisiesen apoderarse del secreto de operar el brillante milagro de una resurreccion, y que para ello contribuyeran á dejar caer en desuso la práctica saludable que la tradicion atribuia solamente al dios Mercurio, y que la ignorancia ridiculizaba en la escena?

Lo cierto es, al menos, que varios teurgistas aparecen dotados de la facultad de volver los muertos á la vida. Diógenes Laercio refiere que Empédocles (6) resucitó á una mujer: es decir, «que disipó el letargo de una mujer atacada de una sofocacion uterina (7).»

cap. 31) lee, como nosotros, en el texto de Tertuliano *cauterio* y no *cantherio*. Esta última leccion adoptada por algunos modernos no tiene, en mi opinion, sentido alguno razonable.
(1) Celso, lib. II, cap. 6.
(2) Plinio, *Hist. nat.* lib. VII, cap. 52.
(3) Id. *ibid.*
(4) Celso, loc. cit.
(5) Plutarco, *Mulier fort. fact.* párrafo 10.
(6) Diogen. Laerc. lib. VIII, cap. 57-59.
(7) Diderot, *Opinions des anciens philosophes*, art. *Pythagore-Pythagoriciens.*

El biógrafo de Apolonio de Tiana se explica con mas reserva relativamente á una jóven que debió la vida á los auxilios de aquel filósofo. Dice que al parecer habia muerto : confiesa que la lluvia que cayó sobre ella, cuando la llevaban á la hoguera con el rostro descubierto, habia podido comenzar á reavivar sus sentidos. Apolonio, como Asclepiades, tuvo al menos el mérito de distinguir á primera vista que lo que se creia una muerte real era solo aparente (3).

Un observador del siglo XVII (4) refiere que un criado, encontrando al volver de un viaje á su amo muerto, abrazó con ternura y repetidas veces aquel cuerpo inanimado. Pareciéndole descubrir en él algunas señales de vida, le inspiró su propio aliento con tanta perseverancia, que consiguió restituirle la respiracion, reanimarle, y en una palabra, resucitarle. Todo el mundo creyó en un milagro: felizmente para el fiel servidor, nadie pensó en atribuir á la magia el hecho.

Esta resurreccion enteramente natural nos recuerda otras varias que innecesariamente han sido consideradas como milagrosas, á pesar de que los textos originales donde se refieren expresan con toda claridad la idea de que las personas vueltas á la vida no estaban realmente muertas, y dan á conocer que sus salvadores no pensaron en resucitarlas, ni en ostentar un poder que solo les atribuyó la exageracion del entusiasmo y de la gratitud de sus admiradores.

(1) Filostrat. *Vit. Apoll. Tyan.* lib. IV, cap. 16.—Apolonio comenzó por preguntar el nombre de la jóven, sin duda para llamarla por él. Sabia que de todos los sonidos articulados que pueden llegar á nuestros oidos, nuestro nombre propio es el que mejor reconocemos, y el que despierta mas pronto nuestra atencion.

(2) Petr. Borellus. *Hist. y observ. medic.* centur. III, observ. 58.—Citado por Frommann, *Tract. de Fascinac.* pág. 483 y 484.

CAPITULO XXI.

Sustancias venenosas.—Venenos cuyo efecto puede graduarse.—Muertes milagrosas.—Veneno empleado en las pruebas judiciales.—Enfermedades enviadas por la venganza divina.—Enfermedades predichas naturalmente.

El temor, no solo es mas imperioso, sino tambien mas duradero que la gratitud. Fué fácil á los taumaturgos inspirarlo, empleando la accion que las sustancias venenosas ejercen sobre los cuerpos organizados. La naturaleza ha sido pródiga de estas sustancias, principalmente en aquellas partes del globo que debieron ser las primeras habitadas; y el arte de acrecentar su número y su energía no es menos antiguo que la civilizacion.

¿Qué cosa puede haber, á los ojos de hombres ignorantes, mas mágica y milagrosa, y que aparentemente se halle menos relacionada con su causa, que un envenenamiento por medio del ácido prúsico, de la morfina y de ciertas preparaciones arsenicales? El autor del crímen apareceria á sus ojos como un ser dotado de un poder sobrenatural, acaso como un dios que juega con la vida de los débiles mortales, y que con un soplo de su aliento les hace desaparecer de la superficie de la tierra.

El uso de estos conocimientos terribles fué un beneficio alguna vez. El territorio de Sicion era asolado por los estragos de los lobos. Consultado el oráculo, indicó á los habitantes *un tronco de árbol*, prescribiéndoles que mezclasen su corteza con pedazos de carne y la echasen á los lobos (1). Estos perecieron envenenados; pero no se pudo reconocer el árbol cuyo tronco se habia visto: los sacerdotes se reservaron este secreto.

Es una cuestion poco interesante la de saber si un hombre que murió en Grecia hace mas de dos mil años, sucumbió á la eficacia de un veneno ó por efecto de excesos crapulosos: pero si el corto tránsito de este hombre sobre la tierra costó mas muertes y causó mas males á la humanidad que el mayor de los azotes de la naturaleza, y si no obstante, el prestigio de las conquistas y la inconsecuencia de los juicios vulgares han hecho un modelo de héroes de un mónstruo manchado con tantos vicios y crueldades; si, en una palabra, este hombre es Alejandro, hijo de Filipo, el problema viene á ser histórico y excita la curiosidad. En cuanto á nosotros, la solucion nos interesa por lo tocante á las nociones científicas cuya existencia puede revelar.

Eliano, Trogo Pompeyo y Quinto Curcio atribuyen al veneno la muerte de Alejandro (2). Los dos últimos añaden que el veneno fué enviado de Macedonia á Babilonia: era *el agua* de una fuente situada al pié del monte Nonacris, en Arcadia. Esta agua era tan *fria* y tan acrimoniosa, que daba la muerte á los hombres y á los animales: rompia ó corroia todo vaso, excepto los que se formaban con el casco de la pata de un asno, de un mulo, de un caballo, ó bien con el cuerno que llevaban en la frente los *asnos de Escitia*. Habiéndose ofrecido como presente á Alejandro uno de estos cuernos, lo consagró á Apolo, en el templo de Delfos, con una inscripcion que recordaba esta propiedad maravillosa (3). En esta relacion habríase podido discutir algunas expresiones impropias ú oscuras, y hacer notar que hoy mismo se califica de *frias ó calientes* á ciertas sustancias, sin hacer referencia á su temperatura. Habríase podido sustituir el *cuerno* de un animal fabuloso por un vaso que tenia, como muchos otros de que hacian uso los antiguos, la forma de un cuerno,

---

(1) Pausanias, *Corinthiac.* cap. 9.
(2) Eliano, *De nat. animal.* lib. V, cap. 29.—Justin lib. XII, cap. 13, 14, 16; y lib. XIII, cap. 1 y 2.—Q. Curcio, lib. X, cap. 4.
(3) Eliano, *De nat. anim.* lib. X, cap. 40.

y acaso tambien el color, el pulimento y la semi-transparencia del cuerno; pero que traido de la Escitia, de la alta Asia, podia muy bien ser de un vidrio opaco ó de una porcelana bastante bien cocida y cubierta de un baño bastante fuerte para resistir á la accion de los licores corrosivos. Sin entrar en tales averiguaciones, hase atendido á lo que el relato presenta de maravilloso, y se le ha considerado como una mentira ridícula. ¿Pero hay razon para esto?

Supongamos que, sin dar ninguna explicacion, se ponderasen unos manantiales maravillosos, diciendo que su agua ataca á todos los metales, salvo uno solo, sin designarlo mas que por el contraste de esta inalterabilidad y por la facilidad con que el calor lo volatiliza bajo la forma de polvo de una blancura perfecta y de una extrema tenuidad: ¿no remitiríamos tambien esta maravilla al pais de las fábulas? Pues bien, los manantiales se hallan á las puertas de Paris en Enghien: para distribuir sus aguas, solamente se emplean tubos y llaves de zinc (1), siendo este metal el único que al parecer no descomponen las aguas sulfurosas.

La incredulidad aumentaria, si un viajero poco acreditado nos diese á conocer el *zagh* por primera vez. El zagh es la sustancia que se emplea en Oriente para ataugiar las armas blancas: se la saca de una fuente situada en las montañas de los Drusos; y no se la puede disolver mas que en un vaso de plomo, de vidrio ó de porcelana. Es una mezcla de sulfato ácido de aluminio y de sulfato de hierro (2), cuya disolucion atacaria cualquier otro metal que no fuese el plomo. Este ejemplo y el precedente desvanecen ya una parte de la inverosimilitud que se atribuye á las narraciones relativas al agua de Nonacris. Nada impide que el zagh sea, como lo aseguran los orientales, un producto de la naturaleza. Séneca, en una obra (3) que honra su vasta erudicion, no menos que su filosofía, coloca cerca de Tempe en Tesalia una fuente, cuya agua es mortífera para los animales y destruye el hierro y el cobre. En Tracia, en el pais de los Ciclopes, habia un arroyo de agua clara y al parecer en nada di-

(1) *Revue encyclop.* tomo XXXV, pág. 501.
(2) *Bulletin de la Société d'encouragement pour l'industrie nationale.* Diciembre 1824, pág. 362.
(3) Séneca, *Quæst. nat.* lib. III, cap. 25.

ferente del agua comun : todo animal que la bebia, expiraba al momento (1).

El agua de Nonacris que destruia el hierro y disolvia los vasos de plata, de bronce y hasta los de barro cocido (2), pudo no ser otra cosa que una disolucion mas cargada de sustancias corrosivas que el zagh y el agua del manantial de Tempe. Yo creo, sin embargo, que era un producto del arte : 1.° se la encontraba en Macedonia, segun Quinto Curcio, y en Arcadia, segun otros autores ; lo que no puede ser exacto, sino admitiendo que se la fabricaba en una y otra parte: 2.° Plutarco añade que se la recogia bajo la forma de un *rocío ligero* (3); expresion que parece caracterizar el producto de una destilacion: 3.° en Nonacris se prestaba juramento por el agua de la Estigia, segun dice Herodoto, y añade Stobeo que, segun la opinion general esta agua poseia la propiedad temible de castigar á los perjuros que habian osado invocarla (4) : si se compara este hecho con el empleo del veneno en las pruebas judiciales, de que hablaremos mas adelante, nos inclinaremos á creer que el agua de Nonacris, el agua de la Estigia era un producto de la ciencia oculta, inocente ó nocivo, segun la voluntad de quien lo usaba: 4.° por último, el agua de Nonacris no se daba á conocer por su gusto, como el zagh ó el agua de Enghien, con solo que se le mezclase una pequeña cantidad de vino ó de cualquier otro licor. No es sospechosa, dice Séneca (5), fni á la vista ni al olfato; semejante en esto á los venenos compuestos por los mas célebres envenenadores, y que no se les puede conocer sino á costa de la vida. Expresándose así, ¿no designa Séneca una composicion semejante al *agua Toffana* de los italianos, sobre todo cuando añade, que su accion deletérea ataca especialmente á

(1) Arist. *De mirabil. auscul.*
(2) Q. Curcio, lib. X, cap. último —Vitruv. *De archit.* lib. III, cap. 3.— Justin. lib. XII, cap. 14.— Pausanias, *Arcad.* cap. 18. — Plutarco, in *Alexandr.* cap. 99.—Plin. *Hist. nat.* lib. XXX, cap. 16.—Arrian. *De exped. Alexandr.* lib. VII, cap. 7. — Pausanias extiende hasta el vidrio y el cristal la virtud disolvente del *Agua de Nonacris*. Los poseedores del secreto secundaban probablemente la tendencia natural á exagerar las cosas maravillosas.
(3) Plutar. *in Alexand.* cap. 99.—Herodoto, lib. VI, cap. 74.
(4) Herodoto, lib. VI.—J. Stobæi, *Eclog. physic. de statu animarum.*
(5) Séneca, loco cit.

las vísceras, las oprime, las reduce, y de este modo da la muerte?

Dejando á un lado la discusion histórica, fijémonos en la extension del poder mágico que semejante secreto ponia en manos de los taumaturgos. ¡Pues qué seria si á este poder agregasen el de graduar el efecto del veneno, de manera que fuese fácil fijar en estrechos límites el dia en que la víctima debiera sucumbir! Este arte ha existido siempre en la India, donde no lo ocultan los que lo poseen. «Hay, dice, un personaje de los cuentos orientales (1), de todas clases de venenos. Los hay que quitan la vida un mes despues de haberlos tomado. Los hay que matan al cabo de dos meses; y otros que producen el efecto mas lentamente.» Cuando una viuda india, en 1822, se hizo quemar sobre la pira de su marido, los brahmas dijeron terminantemente al observador inglés que hemos citado en el capítulo XVII, que si se impidiese ó disuadiese á dicha mujer de sufrir el sacrificio, no sobreviviria tres horas á la violacion de su voto: claro está que ellos habian graduado para este término la fuerza del veneno que le habian administrado.

Eliano (2), que hace mencion de la habilidad que tenian los habitantes de la India para fabricar venenos; cuyo efecto era lento y se graduaba *ad libitum*, les atribuye además la posesion de una sustancia, de la cual bastaba una dosis muy pequeña para dar una muerte casi repentina y sin dolor.

Lo enviaban al rey de Persia, el cual no permitia que ninguna persona, excepto su madre, participase con él de la posesion de este precioso veneno, que podia servir, en efecto, lo mismo para las combinaciones mortíferas de la política, que para las venganzas sagradas de los taumaturgos.

En casi todos los antiguos pueblos, los sacerdotes ejercieron una influencia infalible y misteriosa, sometiendo el juicio de los crímenes á la prueba de brebajes preparados por sus manos sagradas; brebajes mortíferos ó inocentes, segun les convenia perder ó salvar al acusado.

La ley india, la mas antigua de todas, es la única que osa articular francamente y por dos veces la palabra veneno. El acusado so-

(1) *Las Mil y una Noches*, Noche XIV, cuento de los *Cuarenta vizires*.
(2) Eliano, *De nat. anim.* lib. IV, cap. 36-41.

metido á esta ordalia ruega al veneno que va á beber, que se convierta para él, si es inocente, en bebida deliciosa (1): fórmula notable que, según lo que hemos dicho en otro lugar (2), se dirige al agente físico como á un ser dotado de conocimiento y poder sobrenaturales, como á un genio ó un dios.

Algunas veces, la prueba se limita á tragar un agua en que el sacerdote ha bañado la imágen de una divinidad (3); y aunque parezca menos temible, no por eso el efecto es menos decisivo.

En el Japon, el acusado debe tragar, en una copa de agua, un pedazo de papel lleno de caractéres y de pinturas mágicas, trazadas por las sacerdotes; y esta bebida le atormenta cruelmente, hasta que confiesa su crímen (4).

Guiados probablemente por una tradicion antigua, mas que por sus propios conocimientos, los africanos practican pruebas análogas.

Los negros de Issyny no se atreven á beber el agua en que se ha mojado el *étiche*, cuando no es verdad lo que afirman (5). Para que el agua consagrada inspire un temor tan profundo, menester es que su eficacia mortífera se haya probado por algunos ejemplos.

Los iniciados del *Para-belli*, sociedad religiosa muy pudiente en el interior del Africa setentrional, preparan, entre los negros *Qojas*, un agua de prueba que se vierte en las piernas, los brazos ó la mano del acusado: si el agua le quema, es culpable; si no, es inocente (6). La composicion misteriosa del agua, el cuidado que se tiene de lavar antes los miembros que deben ser sometidos á su accion, ¿no bastan para explicar el milagro?

Entre los *Qojas* y entre otras muchas tribus africanas, se hace

(1) *Recherches asiatiques*, tomo I, pág. 473-486.
(2) Capítulo 6 de esta obra.
(3) *Recherches asiatiques*... tomo I, pág. 474-486. Sobre las diversas *ordalías* usadas en la India, como las del fuego, de la balanza, del agua fria, del aceite hirviendo, de la serpiente, del veneno, etc., véase á Dubois, *Mœurs et coutumes des peuples de l'Inde*, tomo II, pág. 546-554: no hay una sola cuyo éxito no dependa de la voluntad de los sacerdotes.
(4) Kæmpfer, *Historia del Japon*, lib. III, cap. 5, pág. 51.
(5) Godéfroy Loyer, *Viaje al reino de Issyny*, pág. 212.
(6) O. Dapper, *Descripcion del Africa*, pág. 269 y 270.

beber á las personas sospechosas de envenenamiento un licor muy ácido, que se prepara echando en agua raspaduras de la corteza interior del árbol *Quony*, á la cual se le exprime antes el jugo. El acusado que sobrevive á la prueba es inocente: el que muere es culpable (1). Puede creerse que el cuidado con que ha sido exprimida la corteza decide de la suerte del acusado. En otras comarcas, este debe tomar un licor preparado por la mano de los sacerdotes: en Monomotapa, es condenado si lo vomita; y en el reino de Loango, si se deja caer, ó si el brebaje no le produce un efecto diurético (2).

Pueblos mucho mas adelantados en civilizacion han admitido pruebas, por las que se pedia á la divinidad que operase un milagro para descubrir la verdad. En Roma, en tiempo de Ciceron y de Horacio, el amo que acusaba de robo á sus esclavos, los conducia delante de un sacerdote: este hacia comer á cada uno de ellos una golosina, sobre la cual habia pronunciado ciertas palabras mágicas (*carmine infectum*): el autor del robo era infaliblemente descubierto por este medio (3). Cerca de Tianes habia un manantial inagotable de agua *muy fria*, pero siempre hirviendo (agua muy gaseosa), que servia para probar la verdad de los juramentos: el hombre sincero bebia de ella impunemente; el culpable de haber jurado en falso, si osaba beber, veia cubrirse su cuerpo de pústulas y apostemas: privado de sus fuerzas, no podia alejarse hasta haber confesado su perjurio (4).

Los intérpretes de las divinidades irritadas solian predecir y ejecutar castigos menos graves que la muerte: volviendo contra sus enemigos, con mas destreza y menos peligro, los secretos de la ciencia sagrada, se reservaron á menudo la facultad de producir un segundo milagro en favor del arrepentimiento. A su voz, la ceguera cerraba los ojos de los culpables; una horrible lepra se extendia por todo su cuerpo, hasta que conmovido el cielo por sus generosos ruegos, restituia la salud á los que por el terror habian ya vuelto á la fé y á la obediencia.

(1) O. Dapper. *Descripcion del Africa*, pág. 263.
(2) Id. *ibid*. pág. 325, 326-392.
(3) Acron. in *Horat. epist*. lib. I, epist. 10, v. 9.
(4) Filostrat. *Vit. Apoll.* lib. I, cap. 4.

Una luz de vivacidad extremada, la de los *fuegos de Bengala*, por ejemplo, puede causar tal deslumbramiento, que la facultad de ver quede suspensa por algun tiempo. En la toma de Mileto por Alejandro, habiendo entrado algunos soldados en el templo de Ceres para saquearlo, una llama viva se lanzó del santuario, y sus ojos fueron heridos de ceguera (1). Pero el efecto de semejante medio de venganza dura muy poco, y el éxito reclama el concurso de muchas circunstancias favorables, para que se le haya practicado con frecuencia.

Cerca del rio Arquelóo crecia la planta *myope* (2): quien se frotaba el rostro con ella, perdia la vista. Las hojas del estramonio gozan de una propiedad parecida: habiendo un jóven, por descuido, hecho saltar una gota del jugo de esta planta en uno de sus ojos, permaneció muchas horas privado de la vista del mismo (3). Se sabe hoy que el extracto de la belladona, disuelto en agua, paraliza por algun tiempo el órgano de la vista. Aprovechar el momento propicio para aplicar la sustancia venenosa y operar el prodigio, es cuestion de destreza; y uniendo así los talentos del jugador de manos á la ciencia del taumaturgo, nada tienen de inverosímil las historias de hombres heridos milagrosamente de ceguera, y curados luego de un modo al parecer maravilloso.

Lo mismo puede decirse de otras enfermedades pasajeras que afectaban á la piel... En nuestros climas templados, solo el contacto del *Rhus toxicodendron* hace aparecer en la piel una erupcion erisipelatosa, que no carece de malignidad. En los confines del Africa, donde abundan los euforbios y los vegetales llenos de un jugo cáustico, era mas fácil de encontrar el medio de producir un aparente milagro (4). Hablando de uno de esos vegetales, dice Bruce (5): «Mis dedos se desollaron, por haber tocado la leche de sus

---
(1) Valer. Maxim. lib. I, cap. 4.—Lactanc. *Divin. instit.* lib. II, cap. 7.
(2) Plutar. *De nomin. fluv. et mont.* párrafo XXII.—M. Vallot, de la Academia de Dijon, piensa que esta planta era una especie de lechetrezna.
(3) *Bibliot. univers. de Ciencias*, t. IV, pág. 221.
(4) Merat y Delens, *Diccion. universal de materia médica*, Paris, 1834, t. VI, p. 78.—Rufz, Investigaciones sobre los envenenamientos practicados por los negros en la Martinica. (*Anales de higiene pública y de medicina legal*, Paris, 1844, t. XXXII, p. 170 y sig.)
(5) El *Koll-Gall*... Bruce, *Viaje á las fuentes del Nilo*, t. IX, pág. 98.

»ramas verdes, como si los hubiese metido en agua hirviendo.»

La prevision de que la ciencia dotaba á sus adeptos les dictaba tambien predicciones milagrosas.

Las enfermedades endémicas que asuelan una comarca, un ejército, una ciudad, toman á veces tal carácter de malignidad, que la ignorancia los cree, y la política puede fingir creerlos contagiosos como la peste. En otros tiempos, cuando esas enfermedades se declaraban, las poblaciones desoladas acudian á los oráculos, y estos querian siempre que se reconociese en ellas la venganza de los dioses, justamente irritados contra sus adoradores. Una vez asentada esta creencia, el sacerdote amenazó con la invasion del azote á las comarcas que desobedecian sus mandatos: mas de una vez anunció su aparicion en una época fija, y su prediccion no dejó de cumplirse. Y era porque, en efecto, podia fundarla en probabilidades équivalentes á la certidumbre. Esta ciencia fué la que valió á Abaris, en la antigua Grecia, la reputacion de profeta (1). Hoy mismo pueden hacerse predicciones semejantes; solo que el hombre de bien se limitará á indicar las precauciones que deben tomarse para conjurar el mal, y se afligirá si, descuidándolas, se le dispensa el triunfo de pasar por profeta verídico (2). Pero si al observador filósofo se sustituye un embaucador, la coincidencia de la profecía y del desastre infundiria hoy mismo un terror supersticioso y profundo á muchos espíritus débiles.

(1) Jamblic. in *Vit. Pithag.* lib. I, cap. 28.
(2) En 1820, el puerto de Roquemaure (distrito de Uzés, departamento del Gard) estaba rodeado de aguas estancadas, en sitios donde el Ródano se habia desviado de su curso. M. Cadet, de Metz, anunció en el mes de marzo, que el pais seria asolado por una fiebre endémica, si antes del estio no se conducia el rio á su antiguo cauce. Los trabajos no pudieron ejecutarse hasta el otoño, y durante el verano Roquemaure se vió despoblado por unas fiebres mortíferas. (*Carta de M. Cadet, de Metz, al ministro del Interior,* fechada el 23 de marzo de 1820).

CAPITULO XXII.

Esterilidad de la tierra.—La creencia en los medios que los taumaturgos tenían para producirla nació sobre todo del lenguaje de los emblemas.—Esterilidad producida naturalmente.—Cultivos que se perjudican mutuamente, y sustancias que dañan á la vegetacion.—Atmósfera pestilencial.—*Pólvora hedionda* y nitrato de arsénico, empleados como armas ofensivas.—Terremotos y hundimientos previstos y predichos.

Las amenazas de la cólera celeste no se dirigen exclusivamente á los individuos, ni se limitan á enfermedades pasajeras; sino que hacen temer al pueblo que la tierra le rehusará los frutos; que el hombre respirará la muerte en la atmósfera; que la tierra se hundirá bajo sus piés, y que se abrirán abismos; ó bien que los peñascos, desprendidos de su asiento, caerán sobre él para aplastarle.

La costumbre de observar, secundada por la reflexion, y esclarecida por el raciocinio, da nociones plausibles al hombre para juzgar del resultado de los diversos cultivos á que se dedica. Thales (1), comprando antes de la cosecha el fruto de los olivos, cuya fecundidad habia previsto, demostró á los Milesienses, que el sabio tiene tanto mas mérito en ser desinteresado, cuanto que le basta su ciencia para hacerse rico. Por consiguiente, si el taumaturgo puede predecir una cosecha abundante, tambien podrá predecir las que lo serán menos, y hasta cuando deba suceder una completa carestía, con lo cual podrá amenazar á los pueblos; y cuando el resultado

---

(1) Diogen. Laert. in *Thalet.*

haya justificado sus profecías, será tenido, menos por el intérprete, que por el agente del dios que haya castigado con aquel azote á los culpables mortales.

No obstante, desde este punto hasta la esterilidad absoluta con que antes podian herir á las plantas, á los árboles, y aun á la tierra misma, las imprecaciones de un mágico perverso, hay bastante distancia. Esta observacion no pasará desapercibida para el lector juicioso, tanto menos, cuanto que siguiendo el principio bajo el cual he razonado constantemente, algunos hechos positivos deben haber hecho nacer la opinion, muy exagerada despues, de la posibilidad de ese terrible medio de venganza.

En las amenazas elocuentes que Eschylo pone en boca de las Euménides (1); en las amenazas, todavía mas espantosas que algunos taumaturgos antiguos dirigen á los pueblos, en vano quisiera yo no ver otra cosa que la expresion del entusiasmo poético y las hipérboles tan propias del lenguaje oriental. En vano tambien recordaria la costumbre que han tenido siempre los hombres de atribuir á la ira de los dioses las plagas cuya causa y remedio la naturaleza les esconde: en vano procuraria explicar alegóricamente el milagro de la higuera que en el espacio de una noche, la maldicion desecó hasta en sus raices: el edificio que he procurado levantar vacilaria, si la creencia de milagros tan importantes no tuviese otro orígen que algunas predicciones transitorias y los sueños de una imaginacion extraviada.

Recordemos ante todo la influencia del lenguaje de los emblemas, y cómo su energía ha podido inducir en error á escritores verídicos, cuando relatan amenazas semejantes á las que habian visto cumplirse en otros paises inmediatos. Fué costumbre, durante mucho tiempo, condenar una ciudad conquistada á completa desolacion, sembrando sal en sus ruinas; y á pesar de la experiencia en contra, se ha atribuido á la sal la cualidad de hacer infecunda la tierra. Dirijamos la vista hácia los climas en donde existen inmensos desiertos, en los cuales se ve brotar la sal en toda la superficie del terreno: allí, una comarca privilegiada recibia del sol influencias producto-

---

(1) Eschyl. *Eumen.* vers. 783 - 786 - 803 - 806, etc.

ras ; pero el enemigo lo invade, dispersa á sus moradores, ciega los pozos, extravía el curso de las aguas, destruye los árboles, incendia la vegetacion : el *Oasis* todo entero se confundirá muy pronto con el desierto que le rodea. Sucediendo eso bajo un cielo de fuego, el suelo desnudo se cubrirá muy pronto, á trechos, de esa eflorescencia salina, preludio de futura esterilidad. El emblema, pues, de la sal esparcida por la superficie de la tierra, era el mas expresivo en los paises en donde se conocia este fenómeno, proclamando la voluntad del destructor, mejor que los edictos, mejor que el sonido de las trompetas, y mejor que la voz de los heraldos, y anunciando que aquel sitio debia permanecer inhabitado, sin cultivo, y condenado á eterna esterilidad : y la amenaza no era vana, ni aun allí donde el clima y el tiempo no contribuian á completar la obra comenzada por la violencia.

Lo que es el conquistador para el pueblo débil, lo es el malvado para el hombre sin defensa. La ley romana castigaba con la pena de muerte lo que á nosotros nos pareceria un delito leve : tal era el hecho de *poner piedras* en la heredad ajena. Pero, en el pais en donde se aplicaba la ley, en Arabia, el *escopelismo* (1), tal era el nombre que se daba á aquel crímen, era equivalente á la amenaza de hacer perecer de muerte violenta á cualquiera que se atreviese á cultivar la tierra insultada de este modo. Que tal lenguaje mudo fuese comprendido; que el campo permaneciese desde entonces inculto y estéril, es lo que justifica la gravedad de la pena aplicada á la emblemática amenaza.

Transpórtese, sin explicacion, la indicacion de este hecho á un órden de cosas diferente : el emblema del *escopelismo*, así como el de la sal, pronto será considerado como un agente físico suficiente para condenar la tierra á esterilidad irremediable.

La esterilidad tiene sus causas naturales. Los agricultores saben muy bien que toda planta vivaz y de raiz vertical, como la alfalfa, sembrada al pié de los árboles tiernos y delicados, perjudica á su

---

(1) «Scopelismus, *lapidum positio... lapides ponere indicio futuros quod si quis eum agrum coluisset malo letho periturus esset, etc.*» *Digest.* lib. XLVII, título XI, párrafo 9.

desarrollo y acaba á veces por hacerles morir. Los taumaturgos debian haber coleccionado muchas observaciones análogas á esta: así es que podian predecir la esterilidad de los árboles y de los cereales, cuando la imprudencia del cultivador habia dado vecinos nocivos á los vegetales útiles, pudiendo algunas veces profetizar con seguridad. Una parábola del Evangelio, la de la zizaña sembrada por la noche, entre el trigo, por un enemigo del propietario, evidentemente hace alusion á un delito conocido y hasta comun. La policía, y en particular la policía rural, no existia en la mayor parte en los pueblos antiguos; cada cual era el único guarda de su propiedad; por consiguiente, debia ser mucho mas fácil que no lo seria en la actualidad dañar por medio de una siembra pérfida á los campos bien cultivados, ya sea que se aprovechasen de la antipatía existente entre diversos vegetales, ya que la enemistad se limitase á ahogar el grano bueno bajo el exceso de una vegetacion inútil.

De las declaraciones judiciales prestadas por gran número de presuntos hechiceros, resulta que, entre las invenciones que se enseñaban en los *aquelarres*, se contaba la composicion de unos polvos que tenian la propiedad de perjudicar á las cosechas de todo género, de secar las plantas y hacer abortar los frutos de los árboles (1). Todo lo que aquellos desgraciados relataban de sus ocupaciones en sus fantásticas ceremonias, nosotros lo hemos considerado como sueños; pero como sueños fundados en el recuerdo de antiguas prácticas. A la tradicion de la posibilidad del maléfico iba unida la idea de poder operarlo todavía.

Un libro chino (2), cuya antigüedad es incontestable, señala el crímen de hacer perecer los árboles, regándolos secretamente con un agua emponzoñada. Segun tradiciones antiguas, los Telchinos, envidiosos de la fertilidad de los campos de sus vecinos, esparcieron por ellos una especie de *agua estigial* (3) para destruir su fecundidad. Teofrasto, citado por san Clemente de Alejandría, aseguraba

(1) Llorente, *Historia de la Inquisicion*, tomo III, pág. 440-447.
(2) *El Libro de las recompensas y de las penas*, trad. franc. de M. Stanislas Jullien, pág. 316.
(3) Véase el Escoliasta de Stacio, in *Thebaid*, lib. II, vers. 274, verbo *Telchines*.

que, enterrando cáscaras de habas entre las raices de un árbol recien plantado, el árbol se secaria (1). Para obtener el mismo resultado, y hasta con grande éxito, prescribe Demócrito que se esparza entre las raices de los árboles jugo de cicuta, en el cual se hayan hecho macerar flores de altramuz (2). Ignoro por mi parte si la experiencia ha confirmado tales asertos; pero, ¿no podrian indicar que se cubria con un velo mas ó menos denso un secreto mas eficaz, y que los antiguos conocian algun procedimiento propio para destruir los árboles y las plantas que se crian en la superficie de la tierra? Recientes experimentos han probado que para lograr ese objeto basta esparcir por el suelo una combinacion de azufre con cal, en la proporcion de una parte del primero por quince de la segunda; combinacion que se encuentra ya formada en la lejía que se emplea para fabricar el jabon verde, y en el residuo que deja la fabricacion de la sosa. ¿No está tambien probado por una observacion cotidiana, que las aguas derivadas de las minas en explotacion de hulla y de otros metales, alteran y acaban por destruir la vegetacion de todas las tierras que se riegan con ellas? ¿Y no es bastante natural sospechar que tal era el *agua estigial* de la que los Telchinos, célebres en el arte de extraer de las minas y trabajar el hierro y el cobre, fueron acusados de haber hecho un uso tan culpable? Pero poco importa, como ya lo hemos observado mas de una vez, que estas propiedades maléficas hayan sido conocidas antes, ó bien descubiertas por los maestros de los hechiceros modernos: basta la *posibilidad* ya probada, y la creencia establecida entre los antiguos, y atestiguada por las afirmaciones de Teofrasto y Demócrito, de que un procedimiento natural era suficiente para realizar esa misma posibilidad.

Apliquemos el mismo razonamiento al espantoso arte de convertir el aire atmosférico en pestilencial. En un principio se atribuyeron á la venganza de los dioses los fenómenos naturales. Bajo el reinado de Marco Aurelio fué entregado al pillaje un templo de Seleucia: los soldados descubrieron una abertura estrecha, por la cual penetraron,

(1) S. Clemente Alejandr. *Stromat*. lib. III.
(2) Plinio, *Hist. nat.*, lib. XVIII, cap. 6.

y hundieron una puerta que estaba cuidadosamente cerrada por los sacerdotes Caldeos... Súbitamente se esparció un vapor letífero, cuyos efectos desastrosos se sintieron muy lejos (1). Tal vez era un gas parecido al que exhalan algunas minas y pozos profundos y abandonados. De dos simas diferentes, la una cerca de las orillas del Tigris y la otra junto á Hierápolis de Frigia, se desprendia tambien un vapor mortal para todos los animales que lo respiraban (2).

Conforme á una tendencia que hemos ya demostrado, el arte ha querido imitar los medios de destruccion que produce la naturaleza; y de que lo ha logrado en diversas épocas, se encuentran señales ciertas en el empleo que se ha hecho de ellos como arma ofensiva. En 1804, el gobierno francés acusó á los marinos ingleses de haber intentado emponzoñar la atmósfera en las costas de Bretaña y de Normandía, arrojando cucuruchos de nitrato de arsénico inflamado. Se recogieron algunos de estos cucuruchos, que no habian ardido, y su análisis químico no dejó duda ninguna respecto de la composicion que contenian (3). Nuestros enemigos no habrian hecho otra cosa, que repetir y perfeccionar un invento que siguió de cerca á la invencion de la artillería en Europa. Tal era llenar de una pólvora preparada las bombas y las granadas; y estos proyectiles, al reventar, esparcian hasta muy lejos un olor infecto, en tanto grado, que heria de muerte á cualquiera que tuviese la desgracia de respirarlo. Paw, que encontró en un tratado de pirotécnia italiana la composicion de esa *pólvora hedionda*, recuerda un ensayo análogo, verificado, segun se dice, en Londres, con funesto suceso (4). Si hemos de dar crédito á Estrabon (5), mucho tiempo antes, los *Soanes*, no contentos con herir á sus enemigos con armas envenenadas, asfixiaban por medio de sus tiros á los guerreros que no habian podido alcanzar; y es evidente, que aquel olor mortífero no se desar-

(1) Amian. Marcel., lib. XXIII.—Jul. Capitol. in *Ælio Vero.*
(2) Amiam. Marcel. lib. XXIII.
(3) Véanse los periódicos de 1804.
(4) Paw, *tratado de las flechas envenenadas* (inserto en el tomo XII, en 4.°, de la traduccion de la *Historia natural* de Plinio), pág. 460-470.—Paw pone en duda la eficacia de la pólvora hedionda: tambien nosotros lo creemos así, por cuanto se desterró pronto su uso.
(5) Estrab. lib. XI.

rollaba sino en las filas enemigas; pues de lo contrario habria hecho perecer antes que á nadie al que iba cargado con las armas que lo esparcian. Preciso es, pues, distinguir esta arma de las flechas envenenadas, y suponer que era algo lleno de una mixtura análoga á la pólvora hedionda; mixtura que debia ponerse en accion en cuanto se quebraba el vaso que la contenia, ó cuando estaba en contacto con el fuego. Cualquiera que haya sido el grado de eficacia de este secreto, dado que los bárbaros del Cáucaso lo han conocido, ha debido existir indudablemente en pueblos mas instruidos; y sobre todo, no debieron dejar de cultivarlo los taumaturgos, viniendo de ahí la creencia en los milagros que vuelven la atmósfera pestilencial.

Si la maldad humana puede dañar á la fertilidad del suelo y á la salubridad del aire, no le es tan fácil producir hundimientos del terreno, y hacer que se desplomen las montañas sobre los pueblos que su odio condena á la destruccion. Pero si, por signos que el vulgo inadvertido desconoce, sabe de antemano cuándo debe suceder alguna gran convulsion de la naturaleza; si llega á predecirla, ya sea para advertir á sus semejantes que prevengan las consecuencias funestas, ya sea para hacerles creer en la venganza de los dioses, ¡qué gloria y cuánto poderío no redundará en beneficio suyo, cuando el suceso habrá confirmado su profecía!

Jamblico (1) atribuye esa sagacidad maravillosa á Pitágoras, á Abaris, á Epiménides y á Empédocles. En época mas próxima, en el siglo XIII de nuestra era, un monje, queriendo determinar al emperador Andrónico á que volviese á llamar junto á sí al patriarca Atanasio, le amenazó con diversos azotes, entre ellos, con un temblor de tierra; y no pasaron tres dias sin que en Constantinopla se sintieran varias trepidaciones, aunque á la verdad poco temibles (2).

¿Debe rechazarse este relato y la asercion de Jamblico? ¿Y si recordamos que Ferecidas, primer maestro de Pitágoras, con solo catar y hasta nada mas que observando el agua de los pozos, anun-

(1) Iamblic. *Vit. Pythagor*, lib. I, cap. 28.
(2) Pachymer. lib. X, cap. 34.

ció á los habitantes de Samos un próximo terremoto (1), ¿debemos, como Ciceron, decir que es imposible? Ferecidas podia conocer la conexion que existe entre las fermentaciones volcánicas y los terremotos. El aspecto de un agua, que ordinariamente es pura y clara, y que de pronto se vuelve turbia y sulfurosa, bastaba para hacerle prever el fenómeno que no en vano predijo. El año 1695 se vió con sorpresa, en Bolonia de Italia, que las aguas se enturbiaban, y al dia siguiente sucedió un terremoto (2). No es esta la única observacion de ese género: las aguas de muchos pozos se enturbiaron igualmente en Sicilia pocos dias antes del terremoto que acaeció en el mes de febrero de 1818 (3). Los síntomas de uno de estos desastres pueden aparecer mucho antes. El 8 de octubre de 1822, estalló una erupcion en el volcan de la cima del monte Galungun, en la isla de Java; y en el mes de julio anterior habian aparecido turbias las aguas de Tji-Kunir, rio que tiene su manantial en dicha montaña: estas aguas tenian el gusto amargo y despedian un olor sulfuroso: en las piernas de los viajeros que pasaban el rio á vado, se fijaba una espuma blanquizca (4). Fundándola en observaciones del mismo género, la prediccion de Ferecidas era la de un sabio, y no de un impostor.

Del citado pasaje de Jamblico puede deducirse, que el arte de prever los temblores de tierra fué conocido de los primeros fundadores de la escuela pitagórica; y hasta debió formar parte de las ciencias secretas entre los antiguos. Pausanias, que creia que estos fenómenos eran efectos del enojo de los dioses, enumera, sin embargo, los signos que les preceden y les anuncian (5). A la descripcion de los mismos signos, en cuyo número no omite el de la feti-

(1) Diogen. Laerc. in *Pherecyd.*-Plin. *Hist. nat.* lib. II, cap. 79.-Maxim. Tyr. *Dissertat.* III, párr. 5.-Cicer. *De divinat.* lib. I, cap. 50, lib. II, cap. 43. Jamblico (*Vit. Pytag.* lib. I, cap. 28) atribuye esta prediccion á Pitágoras.

(2) *Historia de la Academia de ciencias*, año 1696. Buffon, *Hist. nat.*-Pruebas de la teoría de la tierra, art. XI.

(3) Agatino Longo, *Memoria histórica y física sobre el terremoto*, etc. *Biblioteca italiana*, setiembre 1818.-*Bibliothéque univ. Sciences*, tom. IX, pág. 268.

(4) *Bulletin de la Société de Géographie*, tom. XII, pág. 201.

(5) Pausan. *Achaic.* cap. XXIV.

dez y cambio de color del agua de los pozos, Plinio añade algunas investigaciones sobre los medios propios para prevenir la repeticion del azote; emitiendo la opinion plausible de que algunas veces podria obtenerse el resultado, abriendo pozos muy profundos, en las comarcas donde se suelen sentir los terremotos (1).

Supongamos que en la isla de Haití se establezca una poblacion extranjera. Bajo el cielo mas puro, en medio de los presentes de un clima fecundo, ó mejor dicho, pródigo, viene á alarmar los ánimos un ruido espantoso. El jefe que ha conducido á los colonos les reune; anúnciales que los dioses, irritados por la poca sumision que tienen á sus órdenes, van á hacer que se estremezca la tierra desde el fondo de los valles, hasta las cimas de las lomas. Todos se rien de la prediccion que desmiente la calma universal, y se entregan á la indolencia, al placer y al sueño... cuando súbitamente se cumple la amenaza en todo su horror. La poblacion consternada cae de rodillas: el jefe ha triunfado. ¡Cuántas veces debió renovarse ese fenómeno antes que la experiencia demostráse lo que en la actualidad sabe el mas ignorante de los negros, que ese ruido, conocido con el nombre de *gouffre*, es el presagio tan natural como seguro de un próximo terremoto, y no la voz de un dios irritado, ni el anuncio de su venganza inevitable!

Tambien fué un ruido subterráneo de género particular, lo que indujo á un observador peruano á predecir, con cuatro meses de antelacion, el terremoto que asoló á Lima en 1828 (2).

Cuarenta y cinco años antes, una prediccion parecida probó la perspicacia de un sabio francés. En 1782, M. Cadet de Metz (3) observó, en toda la llanura que sirve de base á la Calabria cite-

(1) Plin. *Hist. nat.* lib. II, cap. 81, 82.
(2) M. de Vidaurre. Este sabio reproduce la opinion de Plinio sobre la posibilidad de precaverse de los terremotos abriendo pozos muy profundos. Véase el *Monitor universal*, número del 27 de agosto de 1828.
(3) Las notas en que consignaba su prediccion fueron depositadas en los archivos de una sociedad de agricultura, fundada en Córcega, por el intendente Mr. Boucheporn. Este, en carta de 23 de abril de 1783, á Mr Joli de Fleury, entonces ministro, recuerda con detalles la prediccion de M. Cadet, muy anterior al acontecimiento. M. Denon la recuerda tambien en una esquela dirigida á M. Cadet, con fecha 19 de abril de 1783.

rior, densos vapores sulfurosos; de lo cual dedujo que la comarca estaba amenazada de un terremeto, y predijo públicamente el desastre, que tuvo lugar á principios de 1783.

Hácia la misma época se construia un camino subterráneo en la montaña de los Alpes, llamada *Tenda*, con el objeto de abrir una comunicacion directa entre el Piamonte y el condado de Niza: la naturaleza del terreno la hacia sumamente penetrable á las filtraciones de las aguas. El mismo sabio anunció el desplome muy próximo de la bóveda que formaba el subterráneo, y solicitó la suspension de los trabajos; pero no quisieron escuchar sus consejos, hasta que se vió cuán fundados eran (1).

Anaximandro (2) predijo á los lacedemonios una conmocion subterránea y el derrumbamiento de la cima del monte Taigeto, advertido probablemente por indicios análogos en la naturaleza del terreno, al mismo tiempo que por la observacion de los fenómenos precursores de un temblor de tierra. Anaximandro y Ferecidas, el observador peruano y M. Cadet, no eran sino filósofos: si cualquiera de ellos hubiese sido augur, la estimacion debida al sabio se habria convertido en adoracion al taumaturgo.

(1) Cadet, de Metz, *Historia natural de Córcega*. Nota *a a*, p. 138-147.
(2) Plin. *Hist. nat.* lib. II, cap. 79.—Cicer. *De divinat.* lib. I, cap. 50.

CAPITULO XXIII.

Meteorología.—Arte de predecir la lluvia, las tempestades y la dirección de los vientos se convierte á los ojos del vulgo en la facultad de conceder la lluvia y los vientos favorables.—Ceremonias mágicas para conjurar la caida del granizo.

Los hundimientos de montañas, los terremotos, las grandes convulsiones de la naturaleza, son difíciles de prever, y seguidos de efectos mas difíciles de reparar: felizmente son raros. No sucede lo mismo con los fenómenos atmosféricos, que renueva el curso de las estaciones, de los meses, y de los dias; sucesos cuyo advenimiento, repeticion y variaciones prometen á la especie humana muchos goces, ó le amenazan con privaciones, y cuyas leyes, impenetrables en su conjunto hasta hoy, se revelan parcialmente al hombre observador y reflexivo. El corto número de conocimientos adquiridos sobre este punto constituyen la meteorología; y esta ciencia, aunque privada de principios generales y escasa en verdades particulares, no por esto ha dejado de ser en todo tiempo una de las que mas han influido sobre la credulidad de los hombres (1). Tratándose del resultado de los trabajos de todo el año, de la subsistencia para lo venidero y hasta para el dia de hoy, la curiosidad que despierta la expectacion de los fenómenos atmosféricos llega á ser excusable en su importunidad y en su abandono, en la vehemencia de sus temores, y en el exceso de su gratitud. Entonces todas las amenazas

(1) Véase á Boudin, *Tratado de geografía y estadística médicas*, Paris, 1856, tomo I.

serán escuchadas con religiosa sumision ; todos los pronósticos que reclamen saludables precauciones contra los grandes desastres, ó que, en las necesidades apremiantes, reanimen la esperanza pronta á extinguirse, serán acogidos como inspiraciones celestiales.

Bruce ha observado que las inundaciones del Nilo van acompañadas invariablemente de una lluvia que se anuncia por la aparicion de una nubecilla, semejante por su forma y tamaño á la *huella del pié de un hombre* (1), como la que precedió al desastre anunciado al rey Achab por el profeta Elías.

«El cabo de Buena Esperanza es famoso por sus tempestades, y »por la nube singular que las produce: aquella nube no aparece »primeramente mas que como una mancha pequeña y redonda en el »cielo; y los marinos le han dado el nombre de *ojo de buey*... En la »tierra de Natal, se forma tambien una nubecilla como el *ojo de* »*buey* del cabo de Buena Esperanza, y de aquella nube sale un viento »terrible que produce los mismos efectos... Junto á las costas de »Guinea... las tempestades... son causadas y anunciadas, lo mismo »que las del cabo de Buena Esperanza, por nubecillas negras; mien- »tras que, por lo comun, el resto de la atmósfera está sereno, y la »mar tranquila (2).» El lector puede considerar, qué maravillosas predicciones podria hacer el hombre que poseyera el conocimiento de esos síntomas, entre gentes que no tuviesen ninguna idea de ellos ; y no se admirará de que con un tiempo sereno, Anaxágoras y Demócrito (3) en Grecia, é Hiparco en Roma (4), habituados seguramente los tres por la observacion á juzgar del estado de la atmósfera, predijesen lluvias abundantes, que tardaron poco en caer, justificando así la perspicacia de los tres físicos (5).

Cuando la sequía se prolongaba mucho en Arcadia, el sacerdote de Júpiter Liceo dirigia rogativas y ofrecia un sacrificio á la fuente *Hagno*: luego, con una rama de encina, tocaba la superficie del

---

(1) Bruce, *Viaje á las fuentes del Nilo*, tomo VI, págs. 658, 659.
(2) Buffon, *Hist. nat.* Pruebas de la teoría de la tierra, art. XV.
(3) Diogen. Laerc. *in Anaxagor.*—Filostrat. *Vit. Apollon.* lib. I, cap, 2.
—Plin. *Hist. nat.* lib. XVIII, cap. 35.
(4) Eliano, *De nat. animal.* lib. VII, cap. 8.
(5) Plin. *Hist. nat.*, lib. XVIII, cap. 28.—Diogen. Laerc. *in Thalet.*—Cicer. *De divinat.* lib. I, cap. 3.—Aristot. *Polit.* lib. I, cap. 2.

agua. Súbitamente se elevaba de ella un vapor, una neblina, una nube, que tardaba poco en convertirse en abundante lluvia (1). Sin duda se guardaria mucho el sacerdote de intentar hacer el milagro, mientras que apariencias muy plausibles no le prometiesen buen resultado.

Los diversos fenómenos atmosféricos ejercen tan grande influencia en las labores de la agricultura, que al arte de preverlos va unida naturalmente la esperanza y hasta la posibilidad de adivinar los resultados de aquellas. Nada de improbable hay en el hecho que se cuenta igualmente de Demócrito y de Tales, que se dice, adivinaron de antemano cuál seria el producto de los olivos de la comarca. Los filósofos no usaron de sus conocimientos sino para mostrar á los detractores del saber, que la ciencia puede conducir á la riqueza. Si hubiesen querido hacer creer que el cielo les revelaba sus secretos, habrian sido escuchados con mas admiracion.

La ciencia cultivada por los partidarios de la sabiduría ó por los discípulos del sacerdocio, ha podido extender hasta mas lejos su prevision; y á consecuencia de observaciones sobre la direccion del viento y de las corrientes en ciertos parajes del mar, permitir á un oráculo ó á un sabio predecir si una navegacion será feliz ó desgraciada: así es como en nuestros dias se ha predicho, con muchos años de antelacion, el obstáculo que el movimiento que llevan los hielos flotantes de Este á Oeste, opondria á los navegantes para llegar al polo ártico, mientras navegasen de Occidente á Oriente (2). Pero esos anuncios circunspectos de una sabia prevision no habrian bastado á unos pueblos poco ilustrados y no habituados á comprender las ciencias físicas sino á través del velo de lo maravilloso; pues para satisfacer su deseo impaciente, era preciso transformar los pronósticos en seguridades positivas. Por esto, los sacerdotes de Samotracia prometian, á los que se hacian iniciar en sus misterios, vientos favorables y felices navegaciones. Si la promesa no se realizaba, era fácil disculpar á la divinidad, atribuyéndolo bien fuese á faltas

---

(1) Pausanias, *Arcadie*. cap. 38.
(2) Cadet, de Metz, *Précis des voyages par le Nord*, pág. 93 y sig.—*Boletin de la Sociedad de Geografía*, tomo VI, pág. 220.

cometidas por los iniciados, ó bien á que habian recibido en su buque algun culpable, ó lo que era mucho peor, algun incrédulo.

Las sacerdotisas drúidas de la isla de Sena pretendian tambien tener el don de promover las tempestades y de apaciguar los vientos (1); y probablemente conservaban su reputacion de infalibilidad, por medio del mismo artificio.

Empédocles y Jamblico no hacian mas que repetir el lenguaje de los templos, cuando el uno, en sus versos, se alababa de enseñar el arte de soltar y de encadenar los vientos, de excitar las tempestades, y de devolver al cielo su serenidad (2); y cuando el otro atribuia á Abaris y á Pitágoras un poder no menos extenso (3).

Semejantes promesas halagaban demasiado la credulidad para que no fuesen admitidas en el sentido mas literal.

Los vientos contrarios al retorno de Ulises fueron encerrados en un odre por Eolo, y puestos en libertad imprudentemente por los compañeros del héroe. Los lapones creen todavía que sus mágicos poseen el poder atribuido por Homero al dios de los vientos. ¡No nos apresuremos, no, á mofarnos de su ignorancia, ya que, al menos, no los hace injustos ni crueles!

La creencia de que la filosofía dotaba á sus adeptos del poder de detener ó desencadenar los vientos, subsistia aun en el siglo IV de nuestra era, entre los hombres ilustrados por las luces del cristianismo. Constantinopla, con su inmensa poblacion, estaba invadida por el hambre, mientras que los buques cargados de trigo estaban detenidos á la entrada del estrecho, sin poderlo franquear á causa del viento del Sur, y aguardando en vano el viento favorable. Los cortesanos, celosos del favor que gozaba cerca de Constantino el filósofo Sopater, le acusan de haber *encadenado los vientos*, y causado el hambre; y el débil emperador le envia al suplicio (4). Poco importa que los mismos delatores creyesen en la verdad de su acusacion: siempre resulta que el príncipe y el pueblo consideraban el

---

(1) Pompon. Mela, lib. III, cap. 6.
(2) Diogen. Laerc. lib. VIII, cap 59,—San Clemente Alej. *Stromat*.lib. V.
(3) Iamblic. *Vit. Pythagor*. lib. I, cap. 28.
(4) Suidas, verbo *Sopater*.—Foció, *Bibliotec*. cod. 141.—Eunap. in *Ædesio*.—Sozomen. *Hist. ecclesiast*. lib. I, cap. 5.

hecho como posible, y como una cosa de la que se tenian ejemplos ciertos.

Tampoco se dudaba de esto en los siglos VIII y IX de nuestra era, pues entre las diferentes clases de mágicos proscritos por Carlo Magno, se hallan comprendidos los *tempestarii*, que provocaban los nublados, las tempestades y el granizo (1).

Esa creencia supersticiosa y los furores que puede engendrar, ¿han desaparecido del todo ante los progresos de la civilizacion?... El exceso de las lluvias contrariaba los trabajos y hacia vanas las esperanzas de los cultivadores, y se atribuyó aquella persistencia á los sortilegios de una mujer recien llegada al pais, para dar el espectáculo, cien veces repetido, de una ascension aereostática. Esta conviccion se esparce, y adquiere tal consistencia que la aereonauta se ve precisada á tomar precauciones para su seguridad; de lo contrario, corria el peligro de ser inmolada por hombres tan ilustrados como el populacho que anteriormente habia aplaudido el homicidio de Sopater. ¿Quiénes eran esos hombres? Labriegos de las inmediaciones de Bruselas, con algunos habitantes de la misma ciudad. ¿Y en que fecha sucedió? En el mes de agosto de 1828 (2). El mismo ejemplo podrá repetirse de aquí á un siglo, de aquí á tres, mientras los que pretenden tener el derecho exclusivo de instruir al pueblo, se figuren tener interés en dejarle creer en la magia y en los hechiceros.

Cualquiera que conceda al taumaturgo el poder de causar una plaga, con mucha mas razon debe atribuirle el de remediar las plagas producidas por la naturaleza. Para afianzar una opinion tan favorable á sus intereses, los depositarios de la ciencia sagrada revistieron mas de una vez las operaciones mas sencillas con apariencias mágicas. Al agricultor que solicitaba que, en la estacion debida, sus árboles estuviesen cargados de frutos, se le prescribia que los envolviera en paja, la noche en que el politeismo celebraba el renacimiento del *Sol invencible*, y que la Iglesia cristiana solemniza con

(1) *De auguriis et aliis maleficiis... Capitular.* lib. I, cap. 83 (in-12, Parisiis, 1588). Véase tambien á Du Cange, *Glossar.* verb. *Tempestarii... Tempestuarii.*

(2) *Monitor universal*, n.° del 23 de agosto de 1828.

el advenimiento del Salvador (1); noche en la cual el sol, encadenado diez dias por el solsticio de invierno, empieza nuevamente á remontarse hácia el ecuador, y en la cual se ha visto desenvolverse muchas veces súbitamente con intensidad el frio... La experiencia ha probado que esta precaucion puede garantir á los árboles contra los efectos maléficos de las heladas.

Los preservativos contra los pedriscos, que en la actualidad se piden á la física, antes se solicitaban de la magia.

Los habitantes de Cléone, en Argólida, creian conocer, por el aspecto del cielo, la aproximacion del granizo que amenazaba á sus campos; ó inmediatamente se esforzaban en desviar las nubes, ofreciendo sacrificios á los dioses (2). Otros pueblos oponian á la misma plaga los *cánticos sagrados* (3). Aquello no era otra cosa que actos de piedad, lo mismo que el secreto enseñado por algunos teólogos para rechazar el granizo enviado por medio de maleficios, cuyo secreto consistia sobre todo, en señales de la cruz y en oraciones bastante prolongadas para que el pedrisco pudiera cesar durante el intervalo (4).

Pero en la antigua Grecia, hubo hombres audaces, que pretendieron obtener por medio de hechizos (5), lo que los demás no solicitaban sino de la clemencia del cielo. Pausanias afirma, que él mismo fué testigo del feliz resultado de aquellas operaciones mágicas (6). Hasta que repetidos experimentos positivos hayan probado la eficacia, muy problemática todavía, de los *paragranizos* (7), creeremos que, si los hombres que se envanecen de haber adquirido resultados de este género, algunas veces ha parecido que lo obtenian, ha sido porque el pedrisco no debia caer, ya se recurriese ó no á mágicas ceremonias para conjurar su caida.

Al comparar las tentativas modernas con las opiniones antiguas,

(1) Frommann, *Tract. de fascinatione*, pág. 341, 342.
(2) Séneca, *Quæst. nat.* lib. IV, cap. 6.
(3) *Carmina...* Plin. *Hist. nat.* lib. XXVIII, cap. 2.
(4) Wierius, *De præstigiis dæmon.* lib. IV, cap. 32.
(5) S. Justino, *Quæst. et respons. ad orthodox.* Quæst. 31.
(6) Pausanias, *Corinthiac.* cap. 34.
(7) En un Informe, leido en la Academia de ciencias de Paris, en 1826, se consideró muy dudosa la eficacia de los paragranizos.

no lo hacemos sin designio. En el siglo VIII, se creia desviar los pedriscos y las tempestades, apuntando largas pértigas hácia las nubes. Este procedimiento recuerda el que recientemente se ha propuesto, y que, cincuenta años atrás, queria ya acreditar el físico Bertollon. Pero como en la extremidad de esas pértigas se fijaban pergaminos, en los cuales habia inscritos caractéres mágicos, su uso pareció sospechoso de sortilegio, y fué proscrito por Carlo Magno (1).

Los hechiceros de aquel tiempo, ¿no hacian mas que renovar las creencias y tal vez las prácticas de los siglos anteriores? No nos atrevemos á asegurarlo. Pero lo que sí nos parece cierto, es que ya desde muy antiguo fueron indicados y prescritos en jeroglíficos algunos procedimientos encaminados al mismo objeto; y es digno de notarse que ellos dieron orígen á un error que dejamos ya señalado (2): seducido por los emblemas, el hombre ignorante creyó que, contrahaciendo bien ó mal lo que aquellos representaban, podria obtener el efecto resultante de una prescripcion á la cual no hacian mas que servir de velo. De esta manera solamente es como nos explicamos dos ejemplos muy ridículos de *ceremonias toscanas*, que, segun Columela (3), los agricultores, instruidos por la experiencia, empleaban para apaciguar los vientos furiosos y conjurar las tempestades. Gaffarel nos suministra un tercer ejemplo de un secreto mágico, suponiéndolo propio para desviar el granizo (4). ¡Esto es el colmo del delirio! Y véase, con todo, á qué grado de estupidez ha

(1) Carlo Magno, *Capitular.*
(2) Capítulo VIII de esta obra.
(3) Columela, lib. X, vers. 341-345.—Este autor indica mas adelante un procedimiento, probablemente eficaz, para preservar las sementeras contra los insectos; el cual consiste en remojar el grano con el jugo de plantas acres, con salmuera ó lejía de ceniza (*ibid.* vers. 354-356). Pero inmediatamente despues (vers. 357-364) viene un secreto ridículo para destruir las orugas: este secreto, que el mismo autor pretende haber sido enseñado por Demócrito, no es probablemente mas que uno de tantos jeroglíficos puesto en accion.
(4) Gaffarel, *Curiosidades inauditas*, cap. VII, párr. 4.

podido ser conducido el hombre, siempre que se le han hecho ver los resultados de la ciencia aislados de sus principios, y cuando se le han dado á conocer esos resultados, no como nociones adquiridas por la union del raciocinio y la experiencia, sino como los efectos de un poder sobrenatural.

CAPITULO XXIV.

Arte de sustraer la electricidad de las nubes.—Medallas y tradiciones que indican su existencia en la antiguedad.—Velado bajo el nombre de culto de «Júpiter Elicius,» y de «Zeus Cataibates», fué conocido de Numa y de otros personajes de la antigüedad.—Los imitadores del rayo hicieron uso de aquel arte, que se remonta hasta Prometeo : fué conocido de los hebreos : la construccion del templo de Jerusalen lo prueba.—Zoroastro se sirvió del mismo medio para encender el fuego sagrado, y para las pruebas y maravillas que operaba en la iniciacion de sus adeptos.—Si los caldeos lo poseyeron, se perdió entre sus manos.—En tiempo de Ctesias subsistian algunos rastros en la India.—Milagros análogos á los que este arte producia, y que, no obstante, merecen diferente explicacion.

El rayo es el mas aterrador, aunque sea tal vez el menos destructor, de todos los azotes que alarman al hombre, amenazando á sus riquezas ó á su vida. Las nubes inflamadas, el zumbido del viento, el aspecto sombrío de la tierra, los roncos y prolongados truenos, ó el estampido desgarrador, que centuplican y repiten á lo lejos los ecos de las montañas, y que presagia la caida cierta del fuego celeste ; todo ese aparatoso espectáculo presenta un conjunto tan propio para infundir espanto, que á pesar de su frecuente repeticion, no se familiarizará con él la timidez de los pueblos ignorantes. Ese espectáculo, que realiza todo lo mas imponente que la imaginacion poética y las amenazas sacerdotales han podido inventar para dar una idea de la cólera divina, presentará siempre á los. pueblos, en el sentido mas directo, la idea del cielo armado contra la tierra.

El hombre suplicará temblando á los dioses, ó en su defecto á los mortales privilegiados á quienes los dioses se han dignado instruir, que aparten de sus cabezas ese aparato de terror... Y aquí ocurre preguntar : ¿conoció la antigüedad alguna vez ese milagro de apartar el rayo, ejecutado por el genio del siglo diez y ocho?.

A primera vista, parece absurdo el suponerlo : ¿no es sabido que los antiguos, en general, estaban muy poco familiarizados con los mas sencillos fenómenos de la electricidad? El caballo que tenia Tiberio en Rodas, centelleaba cuando se le frotaba fuertemente con la mano : cítase otro caballo dotado de la misma cualidad : el padre de Teodorico y algunos otros hombres habian observado este fenómeno en sus propios cuerpos (1); y unos hechos tan sencillos fueron calificados nada menos que de prodigios. Recuérdese tambien á cuántas preocupaciones ha dado lugar el fuego llamado de San Telmo, que brilla en los topes de los buques despues de las tormentas, y el gran lugar que ocupan, en la historia de los acontecimientos sobrenaturales, las apariciones de otras luces evidentemente eléctricas.

A estas pruebas de ignorancia, podemos añadir las creencias absurdas acerca de supuestos preservativos contra el rayo. Para garantirse contra él, Tarchon plantaba vides blancas al rededor de su casa (2)... En este caso, sin embargo, se despierta una sospecha legítima. Tarchon, el discípulo del misterioso *Tages*; Tarchon, el fundador de la teurgia de los antiguos etruscos, pudo alegar la eficacia de este medio ridículo, para ocultar mejor el verdadero secreto que preservaba del rayo su habitacion y su templo : un ardid semejante hizo tal vez que se atribuyese la virtud de alejar el rayo á los laureles que rodeaban el templo de Apolo ; virtud considerada como real, á pesar de la evidencia contraria, en toda la antigüedad, y consagrada casi hasta nuestros dias en el lenguaje poético.

(1) Damascius, in *Isidor. Vit. apud* Phot. *Biblioth.* cod. 242.—«En Stockolmo, durante el invierno, es perceptible la acumulacion de la electricidad animal : queda detenida una gran cantidad de ella, que se descarga de un modo visible al desnudarse en una habitacion caliente.»— James, *Viaje á la Alemania y á Suecia... Nuevos anales de viajes*, tomo XXXV, pág. 43.—Muchas veces he hecho yo en Ginebra la misma observacion.

(2) Columela, lib. X, vers. 346 y 347.—En el Indostan se atribuye á las plantas grasas la propiedad de desviar el rayo, por lo que se ven de estas plantas en todas las casas.

Asimismo, puede no ser todo falso, puede no ser todo fortuito lo que nos cuentan los antiguos historiadores, acerca de apariciones de auréolas luminosas: por ventura, siendo cosa fácil producir hoy esos brillantes fenómenos, ¿qué razon hay para negar que en otros tiempos fuese posible producirlos?

No solo hay motivos de duda que proscriben una negacion absoluta en esta materia; los hay tambien que militan en favor de la afirmacion. No argüiremos con las tradiciones en todas partes difundidas sobre el arte de apartar el rayo. No trataremos de investigar el origen del precepto religioso que ordena á los estonios cerrar las puertas y ventanas cuando el trueno ruge, *para que no pueda entrar el espíritu maligno, á quien Dios castiga en tales momentos* (1), á pesar de que este precepto recuerda la creencia, tal vez fundada, de que una corriente de aire, mayormente si está cargada de humedad, basta para atraer y dirigir la explosion fulminante. Pero, ¿por qué otro precepto manda á estos pueblos colocar dos cuchillos sobre la ventana, á fin de desviar el rayo (2)? ¿De qué ha nacido, en el distrito de Lesneven (3), la costumbre inmemorial de colocar, cuando truena, un pedazo de hierro en el nido de las lluecas? Prácticas de este género, cuando se observan solo en un lugar, tienen poca importancia; pero cuando se las encuentra en pueblos muy distantes y que no tienen comunicaciones entre sí, demuestran, á mi parecer, que la ciencia que las ha dictado fué poseida en otro tiempo por hombres que llevaron la instruccion á esos pueblos diversos. «En el castillo de Duino (dice el P. Imperati, escritor del siglo XVII, citado por Sigaud de la Fond), era práctica muy antigua *sondear el rayo* en tiempo de tormenta. El centinela arrimaba el hierro de una pica á una barra de hierro erigida sobre un muro; y cuando al hacer esto percibia una centella, tocaba alarma, advirtiendo á los pastores que se retirasen.» En el siglo XV, san Bernardino de Sena reprobaba, como supersticiosa, la precaucion usada

---

(1) Debray, *Sobre las preocupaciones y las ideas supersticiosas de los Livonios, Letonios y Estonios.—Nuevos anales de viajes*, tomo XVIII, pág. 123.
(2) *Ibid.*
(3) Departamento de Finisterre.—Cambry, *Viaje al departamento de Finisterre*, tomo II, págs. 16 y 17.

en todos tiempos, de plantar una espada desnuda sobre el mástil de un buque, á fin de apartar la tempestad.

M. La Boessiere, en una erudita Memoria de donde he tomado las dos últimas citas, y en la que discute *los conocimientos de los antiguos en el arte de evocar y absorber el rayo* (1), recuerda diferentes medallas, que al parecer hacen referencia á este objeto. Una de ellas, descrita por Duchoul, representa el templo de Juno, la diosa del aire, cuyo techo aparece armado de puntas. Otra, descrita y grabada por Pellerin, lleva esta leyenda: *Jupiter Elicius*, y en ella se representa al dios con el rayo en la mano, y debajo un hombre volando una cometa; pero debemos advertir que la autenticidad de esta última medalla es sospechosa. Otras, en fin, citadas por Duchoul en su obra *Sobre la religion de los romanos*, llevan en el exergo: *XV Viri Sacris faciundis;* y en ellas se ve un pez erizado de puntas, colocado sobre un globo ó sobre una pátera. M. La Boessiere opina que un pez ó un globo erizado de puntas era el conductor empleado por Numa para sustraer la electricidad de las nubes; y comparando la figura de este globo con la de una cabeza cubierta de cabellos erizados, da una explicacion ingeniosa y plausible del singular diálogo de Numa con Júpiter; diálogo transmitido por Valerio Antias, y ridiculizado por Arnobio (2), sin que probablemente lo hubiesen comprendido ni el uno ni el otro.

La historia de los conocimientos físicos de Numa merece un exámen particular.

En un tiempo en que el rayo hacia continuos estragos, Numa, instruido por la ninfa Egeria, buscó el medio de *purgar el rayo* (*fulmen piare*); es decir, suprimiendo el estilo figurado, el medio de hacer menos nocivo este metéoro. Consiguió embriagar á *Fauno* y á *Pico*, cuyos nombres aquí probablemente designan los de los sacerdotes de estas divinidades etruscas, los cuales le revelaron el secreto de hacer bajar á la tierra, sin peligro, á Júpiter fulminante, y al momento lo puso en ejecucion. Desde entonces se adoró en Ro-

---

(1) *Noticia sobre los trabajos de la Academia del Gard*, de 1812 á 1821, Nimes, 1822, 1.ª parte, pág. 304-319. La Memoria de M. de la Boessiere, leida en 1811, no se publicó hasta 1822.

(2) Arnobio, lib. V.

ma á *Júpiter Elicius*, Júpiter á quien *se hace descender* (1).

Aquí el velo del misterio es transparente: trátase de hacer al rayo menos maléfico, obligándole á descender sin peligro del seno de las nubes; y el efecto y el objeto son comunes al bello descubrimiento de Franklin, y al experimento religioso que Numa repitió con éxito muchas veces. Tulo Hostilio fué menos afortunado. «Cuén»tase, dice Tito Livio (2), que hojeando este príncipe las Memorias »dejadas por Numa, encontró algunas noticias sobre los sacrificios »secretos ofrecidos á Júpiter *Elicius*. Intentó repetirlos; pero, ya »fuese en los preparativos, ya en la celebracion, se apartó del rito »sagrado... Incurriendo en la cólera de Júpiter, evocado por una »ceremonia defectuosa (*sollicitati prava religione*), fué herido del »rayo y devorado juntamente con su palacio.»

Un antiguo analista, citado por Plinio, se expresa de un modo aun mas explícito, y justifica la libertad que me tomo de apartarme del sentido comunmente dado á las frases de Tito Livio por sus traductores: «Guiado por los libros de Numa, Tulo acometió la empre»sa de evocar á Júpiter por medio de las mismas ceremonias que »empleaba su predecesor; pero habiéndose separado del rito pres-»crito (*parum rite*), murió herido del rayo (3).» Sustitúyanse las palabras *rito y ceremonias*, como hemos demostrado que debe hacerse (4), por las palabras *procedimiento físico*, y se reconocerá que la suerte de Tulo fué la misma del doctor Reichman. Este sabio fué herido por el rayo, en 1753, en el acto de repetir con pocas precauciones los experimentos de Franklin.

Al hacer la exposicion de los secretos científicos de Numa, Plinio se vale de expresiones que parecen indicar dos modos de proceder: el uno tenia por objeto *obtener solicitando* el rayo (*impetrare*); el otro, *obligarlo* á estallar (*cogere*): el uno, sin duda, era suave, sordo, exénto de explosion peligrosa; el otro violento, estrepitoso y en forma de descarga eléctrica. Por el segundo procedimiento ex-

(1) Ovid. *Fast.* lib. III, vers. 285-345.—Arnob. lib. V.
(2) Tit. Liv. lib. I, cap. 31.—Plin. *Hist. nat.* lib. II, cap. 53; lib. XXVIII, cap. 4.
(3) Lucio Pison; Plin. *Hist. nat.* lib. XXVIII, cap. 2.
(4) Cap. VI de esta obra.

plica Plinio la historia de Porsenna, lanzando rayos contra el monstruo que asolaba el territorio de Volsinio (1): explicacion poco admisible; pues aunque no sea de todo punto imposible hacer llegar á un punto lejano una fuerte detonacion eléctrica, es, sin embargo, muy difícil y peligroso; y todavía queda en pié la dificultad de atraer á este punto único al ser á quien se quiere aterrar por medio de la conmocion mágica. Mas adelante propondremos otra explicacion del milagro etrusco; pero en el procedimiento *coactivo* indicado por Plinio, y en la posibilidad bien probada hoy de obtener, sea con un para-rayos aislado, sea con una inmensa batería eléctrica, una *descarga* que por su esplendor luminoso, su estruendo y su fuerza mortífera reproduzca fielmente los efectos del rayo, ¿no se deja ya entrever el secreto de los imitadores del trueno, que, víctimas de su habilidad, cayeron mas de una vez heridos por el dios á quien osaban usurparle las armas?

No citaremos en este número á Calígula, que, si hemos de creer á Dion Casio y á Juan de Antioquía, oponia rayos á rayos, y al estampido del trueno otro estampido no menos espantoso, y que lanzaba una piedra hácia el cielo en el momento de caer el rayo: una máquina poco complicada podia bastar para producir esos efectos, tan adecuados á la vanidad de un tirano, que, temblando siempre ante los dioses, pretendia, sin embargo, igualarse á ellos.

No es en tiempos tan modernos donde hay que buscar una nocion misteriosa, que ya entonces debia de haberse extinguido en casi todos los templos.

Remontémonos, por el contrario, á la antigüedad; y en primer lugar encontraremos á Silvio Alladas (ó Rémulo), undécimo rey de Alba, despues de Eneas; el cual, segun Eusebio (2), imitaba el ruido del trueno, mandando á sus soldados golpear sus broqueles con las espadas; fábula tanto mas ridícula, cuanto que, antes de esto, habla Eusebio de unas máquinas que empleaba el rey de Alba para imitar el rayo. «Despreciando á los dioses, dicen Ovidio y Dionisio »de Halicarnaso, este príncipe habia inventado un medio de contra-

---
(1) Plin. *Hist. nat.* lib. II, cap. 53.
(2) Euseb. *Chronic. canon.* lib. I, cap. 45, 46.

»hacer los efectos del rayo y el estruendo del trueno, á fin de ser
»tenido por una divinidad en el ánimo de los hombres, á quienes
»aterraba; pero

Un rayo mata al forjador del rayo (1),

víctima de su impiedad, segun los sacerdotes de aquel tiempo, y de su imprudencia, segun nosotros.

Hé aquí el secreto de Numa y de Tulo Hostilio, conocido mas de un siglo antes de ellos. No trataremos de precisar la época en que comenzaron á poseerlo las divinidades, ó mejor dicho, los sacerdotes etruscos, cuyos sucesores lo enseñaron al segundo rey de Roma, y aquellos de quienes debieron recibirlo los reyes de Alba; pero la tradicion relativa á Tarchon, que sabia preservar del rayo su morada, nos permite remontarnos hasta este teurgista, muy anterior á la guerra de Troya.

El mito de Salmoneo nos traslada á una época anterior á las edades históricas. Salmoneo, decian los sacerdotes, fué un impío, á quien los dioses fulminaron, en castigo de haber querido imitar el rayo. Pero, ¡cuánta inverosimilitud encierra este relato! ¡Para imitar el rayo, se hace rodar un carro sobre un puente de bronce, y se lanzan antorchas sobre los desdichados que deben morir en el acto (2)! ¿Cómo un puente, que debia ser de mediana extension, bastaba para asombrar con su estruendo *á los pueblos de la Grecia* (3)? Eustatio avanza ideas menos pueriles (4); pues habla de Salmoneo como de un sabio que tenia la habilidad de imitar el ruido, el esplendor y la llama del rayo, y que pereció víctima de sus peligrosos experimentos. En esta imitacion demasiado perfecta creemos descubrir el procedimiento *coactivo* de Plinio; el acto de sustraer de las nubes la materia eléctrica, y de amontonarla hasta el punto de determinar muy luego una explosion espantosa.

Confirma nuestra conjetura la circunstancia de que, en la Elida,

---

(1) «Fulmineo periit imitator fulminis ictu.» Ovid. *Metamorphos.* lib XIV. vers. 617, 618. *Fast.* lib. IV, vers. 60.—Dionis. Halic. lib. I, cap. 15.
(2) Hygin. lib. I, fab. lxj.—Servius, *in Æneid.* lib. VI, vers. 508.
(3) Virgil. *Æneid.* lib. VI, vers. 585 y sig.
(4) Eustath. *in Odyss.* lib. II, vers. 231.

teatro de los actos de Salmoneo y de la catástrofe que puso fin á su vida, se veia, junto á la grande ara del templo de Olimpia, otro altar (1), rodeado de una balaustrada, y consagrado á Júpiter *Cataibates* (*que desciende*). «Y este sobrenombre fué dado á Júpiter, »para significar que hacia sentir su presencia sobre la tierra *por el* »*ruido del trueno, por el rayo, por los relámpagos* ó por medio de »verdaderas apariciones (2).» En efecto, varias medallas de la ciudad de Cyrrhus, en Siria, representan á Júpiter armado del rayo, leyéndose debajo la palabra *Cataibates* : difícil es consignar de un modo mas explícito el enlace que existia entre este epíteto y el *descenso* del rayo. Pero, en el templo de Olimpia, se reverenciaba tambien el ara de Júpiter *fulminante* (*Karaunios*), erigida en memoria del rayo que destruyó el palacio de Œnomaus (3). Este sobrenombre y el de *Cataibates* presentaban, por consiguiente, á la devocion ideas diferentes; y desde luego no es posible desconocer la analogía entre Júpiter *Cataibates* y Júpiter *Elicius*, el rayo *que desciende*, y el rayo *que se obliga á descender*.

Como se ve, tenemos precision de á discurrir por analogía, á falta de tradiciones positivas; pero la analogía adquiere una gran fuerza, al recordar que Júpiter *Cataibates* era adorado allí donde reinó Salomeo, príncipe cuya historia se asemeja tanto á la de los dos reyes que, en Alba y en Roma, fueron víctimas del culto tributado á Júpiter *Elicius*.

Verdad es que no hay ningun dato para presumir que la Grecia, en tiempos posteriores, poseyese todavía nocion alguna referente al experimento de física que fué tan funesto á Salmoneo; pero en Roma subsistia el culto de Júpiter *Elicius* mucho tiempo despues de haber dejado de practicarse y aun de saberse el misterioso procedimiento de Numa. Un olvido semejante no debió impedir tampoco que continuase en la Elida el culto de Júpiter *Cataibates*.

Penetrando mas y mas en lo pasado es como hemos encontrado vestigios más ciertos de la existencia de las ciencias antiguas.

Servio nos transporta á la infancia del género humano. «Los pri-

(1) Pausan. *Eliac.* lib. I, cap. 14.
(2) *Enciclop. metod. Antigüedades*, tom. I, art. *Cataibates*.
(3) Pausan. loc. cit.

»meros habitantes de la tierra, dice, no llevaban fuego á los alta-
»res; pero en sus plegarias hacian descender á ellos (*eliciebant*) *un
»fuego divino* (1).» Como quiera que este autor recuerda esa tradicion, al comentar un verso en que Virgilio pinta á Júpiter ratificando con la explosion del rayo los pactos de las naciones (2), pudiera decirse que los sacerdotes empleaban esta maravilla, como una prueba solemne de la garantía que los dioses daban á los tratados (3).

¿De quién habian recibido el secreto? «Prometeo, dice Ser-
»vio (4), descubrió y reveló á los hombres el arte de *hacer descen-
»der el rayo*: (*eliciendorum fulminum*)... Por el procedimiento que
»les enseñó, *hacian descender el fuego* de la region superior (*su-
»pernus ignis eliciebatur.*)» Entre los adeptos que poseian este secreto, Servio cuenta á Numa, que *solo empleó el fuego en usos sagrados*; y á Tulo Hostilio, que *fué castigado por haberlo profanado*.

El recuerdo del Cáucaso, en una de cuyas rocas debió ser expiada durante siglos la divulgacion parcial de un arte tan preciosa, nos llama al Asia, donde seguramente se propagó el secreto antes de penetrar en Europa. Como ya hemos hecho notar, la leyenda de Júpiter *Cataibates* se encuentra en las medallas de la ciudad de Cyrrhus, y no es creible que los griegos llevasen este culto á una ciudad lejana, cuya fundacion no puede ser posterior al tiempo de Ciro. Será, pues, permitido sospechar, que la citada leyenda no era mas que la traduccion griega de un nombre nacional de la divini-

---

(1) Servius, *in Æneid.* lib. XII, vers. 200.
(2) «Audiat hæc genitor qui fulmine fœdera sancit.»
(Virgil. *Æneid.* lib. XII, vers. 200).
(3) Este uso del procedimiento *coactivo* podria explicar la maravilla, mas de una vez referida por los poetas, de truenos oidos en tiempo sereno. Véase, sin embargo, al final de este capítulo.
(4) Servius, *in Virgil.* eglog. VI, verso 42. Este pasaje, que ha pasado desapercibido á tantos escritores modernos, llamó la atencion, hace tres siglos, de un autor á quien se lee solo para divertirse, y que podria leerse para instruirse. «¿Qué se ha hecho, dice Rabelais, del arte de evocar de los cielos el rayo y el fuego celeste, inventado ha mucho por el sabio Prometeo?...» (Rabelais, lib. V, cap. 47).

dad fulminante, y que el secreto á que alude no era ignorado en Siria antiguamente.

Parece, al menos, que los hebreos lo conocieron. Ben-David presume que Moisés poseia algunas nociones sobre los fenómenos de la electricidad, y un sabio de Berlin (1) ha intentado apoyar esta conjetura con argumentos plausibles. Michaelis (2) avanza mas, haciendo notar : 1.°, que no hay ningun indicio de que el templo de Jerusalen fuese herido por el rayo, en el largo transcurso de mil años; 2.°, que, segun refiere Josefo (3), la techumbre del templo estaba cubierta por un bosque de picas con puntas de oro ó doradas, y muy agudas; rasgo de semejanza notable con el templo de Juno, figurado en las medallas romanas : 3.°, que esta techumbre tenia comunicacion con los subterráneos de la colina del templo, por medio de tubos metálicos, puestos en contacto con la fuerte armadura dorada que cubria todo el exterior del edificio: las puntas de las picas producian, por consiguiente, el efecto de los para-rayos... ¿Cómo suponer que, solo por casualidad, desempeñasen estas picas tan importantes funciones? ¿cómo presumir que no hubiese sido calculada la ventaja que proporcionaban, y que únicamente hubiesen sido puestas en tanto número para impedir á las aves pararse en el techo y ensuciarlo? Esta es, sin embargo, la única utilidad que les atribuye el historiador Josefo. Su ignorancia es una prueba mas de la facilidad con que debieron perderse los grandes conocimientos, en tanto que los hombres, en lugar de componer una ciencia racional, solo buscaron en ella el arte empírica de hacer maravillas.

Parece que el mismo secreto no sobrevivió á la destruccion del imperio de Ciro; y sin embargo, está indicado por grandes probabilidades, que este poderoso instrumento de prodigios no faltó á Zoroastro ni á sus sucesores.

Khondemir (4) refiere, que el demonio se aparecia á Zoroastro, *en medio del fuego*, y que le imprimió en el cuerpo una marca lu-

---

(1) M. Hirt, *Magasin encyclop.* año 1813, tomo IV, pág. 115.
(2) *Del efecto de las puntas colocadas sobre el templo de Salomon*. *Almacen científico de Gottingue*, año III, 5.° cuaderno. 1783.
(3) Fl. Josefo, *Bell. jud. adv. Roman.* lib. V, cap. 14.
(4) D'Herbelot, *Bibliot. oriental*, art. *Zerdascht*.

minosa. Segun Dion Crisóstomo (1), cuando el profeta bajó de la montaña, donde habia vivido mucho tiempo en la soledad, apareció todo él brillante de una llama inextinguible, *que habia hecho descender del cielo*; prodigio análogo al experimento de la *beatificacion eléctrica*, y fácil de operar á la entrada de una gruta sombría. El autor de las *Recognitiones*, que se atribuyen á san Clemente de Alejandría (2), y Gregorio de Tours (3) afirman, que, bajo el nombre de Zoroastro, los persas reverenciaban á un hijo de Cam, el cual, por su prestigio mágico, hacia *descender el fuego del cielo*, ó persuadia á los hombres de que poseia este milagroso poder. Los autores citados, ¿indican, en esos términos, unos experimentos sobre la electricidad atmosférica, de que se pudo valer un taumaturgo, para aparecer resplandeciente de luz ante los ojos de una muchedumbre admirada?

En otra obra (4) hemos tratado de distinguir al fundador de la religion de los magos, de los príncipes y sacerdotes que, despues de él, tomaron el nombre de Zoroastro, para tener seguro el respeto de los pueblos. No recordaremos esta distincion al repetir lo que respecto de Zoroastro han escrito otros autores que no sospecharon la necesidad de hacerla: suponiéndola tan bien fundada como nos lo parece, podemos creer que esos escritores no hicieron mas que atribuir al profeta lo que corresponde á sus discípulos, á los herederos de su ciencia milagrosa. Zoroastro, dicen ellos, pereció quemado por el demonio, á quien importunaba con demasiada frecuencia para repetir su brillante prestigio. En otros términos, designan á un físico que, repitiendo frecuentemente un experimento peligroso, acabó por descuidar las precauciones necesarias, y fué víctima de un momento de olvido. Suidas (5), Cedreno y la Crónica de Alejandría dicen, que Zoroastro, rey de la Bactriana, sitiado en su capital por Nino, pidió á los dioses que le hiriesen con el rayo, y que al punto

---

(1) Dion Crisost. *Orat. Borysthen.*
(2) *Recogn.* lib. IV.
(3) Greg. Turon. *Hist. Franc.* lib. I, cap. 5.
(4) Euseb. Salverte, *Essai historique et philosophique sur les noms d'hommes, de peuples et de lieux.* Nota B, tomo II, pág. 427-454.
(5) Suidas, verbo *Zoroastres*.—Glicas, *Anal.* pág. 129.

vió cumplido su deseo, despues que hubo recomendado á sus discípulos que guardasen sus cenizas como una prenda de la duracion de su poder.

Las cenizas de Zoroastro, dice el autor de las *Recognitiones*, fueron recogidas y llevadas á los persas, para ser conservadas y adoradas *como un fuego divinamente descendido del cielo*. Aquí hay una evidente confusion de ideas ; pues se aplica á las cenizas del profeta el culto que sus sectarios no tributaron jamás sino al fuego sagrado que habian recibido de él. ¿No provendrá esta confusion del supuesto orígen de ese fuego sagrado, que se decia fué encendido por el rayo? «Los magos, dice Amiano Marcelino, conservaron en lugares perpétuos «*un fuego caido milagrosamente del cielo* (1).» Los griegos, que daban al primer jefe de los persas el nombre de la nacion misma, refieren tambien que, cuando *Perseo* instruyó á algunos persas en los misterios de *Gorgona, cayó del cielo un globo inflamado*; Perseo tomó de allí el fuego sagrado que confió á los magos, nombre que habia dado á sus discípulos (2). Esto nos recuerda lo que dice Servio, del fuego celeste que los antiguos habitantes de la tierra hacian descender sobre los altares ; fuego que no debia emplearse mas que en usos sagrados : la concordancia de estas dos tradiciones nos indica el orígen de ese *fuego caido de los cielos*, á la voz del maestro de los magos, y destinado á arder eternamente sobre las *pireas*, en honor del dios que lo habia concedido á la tierra.

No estará de mas citar aquí dos *oráculos mágicos*, que Plethon (3) ha conservado y comentado. Estos oráculos se atribuyen á los primeros discípulos de Zoroastro, ó al mismo Zoroastro ; lo que no tiene nada de improbable, por cuanto la antigüedad poseia dos millones de versos atribuidos á este profeta (4).

(1) Amian. Marcel, lib. XXIII, cap. 6.
(2) Suidas, verbo *Perseus*.-En el *Chah-nameh* de Ferdousi, Houcheng, padre de *Djah Muras*, como Porocus lo es de *Mehrrus*, recoge tambien el fuego sagrado de una manera milagrosa.
(3) *Oracula mágica*, edente *Joanne Opsopœo*, 1589.
(4) Plin. *Hist. nat.* lib. XXX, cap. I.

Vers. 39-43.

«¡Oh! tú, hombre, obra de la naturaleza en toda su temeridad!
»Si tú me invocas repetidas veces, verás en todas partes (únicamente)
»al que habrá invocado:
»Porque ni el cielo y su concavidad inclinada (hácia la tierra) te se
»aparecen;
«Las estrellas no brillan; la luz de la luna está velada;
«La tierra tiembla... y todo lo que ves *son rayos.*»

Plethon, despues de hacer notar que al hombre se le llama *obra de una naturaleza muy temeraria*, porque emprende las cosas mas atrevidas, añade: «El oráculo habla como si hablase Dios mismo al »hombre á quien se inicia. Si tú me invocas repetidas veces..., ve- »rás en todas partes... *á mí*, que habias invocado; porque no ve- »rás nada mas que *todos los rayos*, es decir, el fuego, *revoloteando* »(difundiéndose) acá y allá en todo el universo.»

Este comentario, por el que sabemos que el primer oráculo se refiere á las iniciaciones, nos remite por una de sus expresiones al segundo oráculo, del cual está tomada.

Vers. 46-48.

«Cuando veas el fuego santo y sagrado, que no tiene figura,
»Brillando y *revoloteando* (difundiéndose) por doquiera en las profun-
»didades del universo,
»¡Escucha la voz del Fuego!»

«Cuando veas, dice Plethon, el fuego divino, que no puede ser »representado por ninguna figura, (sabido es que la ley de Zoroastro »proscribe las imágenes)... dá gracias; y lleno de alegría, escucha »la voz del fuego, que te trae una *prenocion* (un conocimiento del »porvenir, muy verdadera y muy cierta.»

A través de la oscuridad del texto y de las explicaciones, descubrimos un rasgo importante en la iniciacion de Zoroastro. Si el iniciado es intrépido, invocará al dios que adora, y pronto no verá nada mas que á este dios. Todos los demás objetos desaparecen para él, que se encuentra rodeado de relámpagos y rayos: un fuego, que ninguna imágen puede ni debe pintar, llena su horizonte; y, del seno del fuego, una voz imponente se deja oir, y pronuncia oráculos infalibles.

De lo que precede pudiera ya inferirse con verosimilitud, que Zoroastro poseia nociones sobre la electricidad y sobre el medio de hacer descender el rayo, y que hizo uso de este arte para ejecutar los primeros milagros, destinados á probar su mision profélica, y sobre todo para encender el fuego sagrado que ofreció á la adoracion de sus sectarios: ¿no tendremos ahora el derecho de añadir, que, en sus manos y en las de sus discípulos, el fuego celeste vino á ser un instrumento destinado á probar el valor de los iniciados, á confirmar su fe, y á deslumbrar sus ojos con ese esplendor inmenso, imposible de soportar por ojos mortales, que es á un tiempo el atributo y la imágen de la divinidad?

Una tradicion parece atribuir la muerte de Zoroastro á esa falta de precaucion, de la cual hemos ya indicado varias víctimas. Otra narracion presenta bajo un aspecto mas noble al profeta ó rey de la Bactriana: decidido á morir, para no caer en poder de un vencedor, dirigió el rayo contra sí mismo; y por un postrer milagro de su arte, se dió una muerte extraordinaria, digna de un enviado del cielo, y de un pontífice fundador del culto del fuego.

Así se remonta este gran secreto á los tiempos en que para nosotros comienza la historia, y acaso mas allá.

Los caldeos, que secundaban á Nino con todo el poder de sus artes mágicas, en la guerra contra la Bactriana, debieron poseer, relativamente al rayo, los mismos conocimientos que su émulo; pero el hecho no está consignado en ningun documento histórico. No es imposible que aquellos sacerdotes los dejasen perder muy temprano, quizá por falta de ocasiones frecuentes de hacer uso de ellos; mientras que se conservaban en las comarcas montañosas de la alta Asia y de la Etruria, mucho mas expuestas que Babilonia á los estragos del rayo. Hé aquí lo que autoriza nuestra conjetura. Los *oráculos mágicos* que Plethon atribuye á Zoroastro ó á sus discípulos, han sido comentados por Psellus bajo el nombre de *oráculos caldaicos* (1), considerándolos como emanados de los sacerdotes

(1) La coleccion de Psellus difiere de la de Plethon en el órden con que están dispuestos los oráculos: tambien se advierten en ella algu-

caldeos, y la explicacion que da á los que hemos citado es enteramente astronómica y alegórica. Probablemente, como veremos, los sabios de Babilonia y el profeta del Ariema habian bebido sus conocimientos en una misma fuente; solo que, habiendo sido conservado mucho tiempo por los sucesores de Zoroastro el secreto á que aluden los oráculos, subsistieron sus huellas en la doctrina de los magos, de quienes Plethon recogió las noticias que pone en su comentario; mientras que, por el contrario, los caldeos y con ellos su escoliasta se lanzaban al campo de las alegorías, no queriendo adivinar un enigma, al que solo podia dar la solucion un secreto perdido para ellos.

¿Qué fuente es esa, de la cual sospechamos que una y otra parte sacaron sus oráculos? El hábito nos hace volver la vista hácia el Indostan, cuna de la civilizacion del mundo; y en efecto, encontramos la sustancia de los dos oráculos y algunas de sus expresiones mas culminantes en la siguiente estancia del *Yadjour-Veda*: «Allí no »brilla el sol, como tampoco la luna ni las estrellas: las luces no »*revolotean* (en aquel lugar): Dios inunda de luz toda esta sustan- »cia brillante, y el universo es iluminado por su esplendor (1).» Zoroastro, que tantas otras cosas tomó de la antigua India, bien habria podido en este caso alterar el sentido de las palabras, y aplicar á la ceremonia mágica de la iniciacion una pintura metafórica del esplendor divino. Pero, en primer lugar, W. Jones se inclina á creer que «esta estancia es una paráfrasis moderna de algun texto de los an- «tiguos libros sagrados (2).» Esto explica por qué sus términos no corresponden exactamente con los de los *oraculos magicos*, y se aplican de un modo menos explícito al secreto de gobernar el rayo: la frase habrá sido construida en una época, en que se habia olvidado este secreto, y perdido de vista el sentido propio del texto sagrado. Además, este pasaje del *Oupnek'hat*, «conocer el fuego, el sol, la «luna y *el rayo*, es el tercer cuarto de la ciencia de Dios (3),» prueba

___
nas variantes y adiciones considerables. En fin, los versos griegos son en dicha coleccion mucho mas correctos, lo que parece indicar una traduccion menos fiel, ó hecha de un original menos antiguo.
(1) *Recherches asiatiques*, tomo I, pág. 375, 376.
(2) *Ibid.*
(3) *Oupnek'-hat. Brahmen* XI.

que la ciencia sagrada no descuidaba el estudio de la naturaleza del rayo, y que desde luego podia indicar los medios de desviarlo. En fin, estas inducciones se hallan fortalecidas por un hecho histórico.

En tiempo de Ctesias, la India conocia el uso de los pararayos. Segun este historiador (1), el hierro que se recogia en el fondo de la *fuente de oro líquido* (es decir, del *lavadero de oro*), y fabricado en forma de espada, ó de verga puntiaguda, clavado en la tierra, gozaba de la propiedad de apartar las nubes, el granizo y el rayo. Ctesias, que vió dos veces hacer el experimento en presencia del rey de Persia, atribuyó á la calidad del hierro lo que dependia sobre todo de su forma y de su posicion. Quizá tambien se emplearia con preferencia este hierro, aleado naturalmente con un poco de oro, como menos susceptible de enmohecerse, y por el mismo motivo que, entre los modernos, se hace dorar las puntas de los pararayos. Como quiera que sea, el hecho principal queda subsistente; y siendo así, no está de mas notar, que se habia creido descubrir relaciones íntimas entre el estado eléctrico de la atmósfera, y la produccion, no solo del rayo, sino tambien del granizo y de los demás metéoros.

¿Volveremos á la cuestion, tantas veces resuelta, de cómo es que no se encuentra en Europa ningun vestigio de conocimientos tan antiguos, desde Tulo Hostilio hasta mas de veinticuatro siglos despues? Responderemos que esos conocimientos estaban tan poco generalizados, como que solo por casualidad y de un modo imperfecto los descubrió Tulo examinando las Memorias que habia dejado Numa. Pero, ¿no habria bastado el peligro inherente al mas mínimo error, peligro probado repetidas veces por una experiencia terrible, para que el temor hiciese caer en desuso, en Italia y Grecia, las ceremonias del culto secreto de Júpiter *Elicius* y de Júpiter *Cataibates*? La destruccion del imperio persa por los griegos, y anteriormente la matanza casi general de los magos, despues de la muerte de Smerdis, pudiera causar este importante vacío en la ciencia oculta de los discípulos de Zoroastro. En la India, tantas veces presa de los conquistadores, causas análogas pudieron ejercer una accion igualmente des-

(1) Ctesias, in *Indic.* ap. Photium, *Bibl.* cod. LXXII.

tructora. Y en fin, en cualquier pais que sea, ¿puede darse un asunto que el misterio religioso procurase envolver, mas que á este, en sus espesos velos, preparando asi el camino á la ignorancia y al olvido?

Otras cuestiones se presentan, mas importantes y difíciles. ¿Podia bastar la electricidad, cualquiera que fuese el arte con que se manejasen sus recursos, para ejecutar los brillantes milagros de la iniciacion zoroastriana? ¿Explica ella bastante lo que tan claramente describe Ovidio en el detalle del culto rendido por Numa á Júpiter *Elicius*, á saber, el arte de hacer ver y oir los fuegos y el ruido del rayo, con un cielo sereno (1)? ¿Explica sobre todo el temible talento de lanzar el rayo contra los enemigos, tal como la antigüedad lo atribuia á Porsenna, y como pretendieron poseerlo los mágicos etruscos, todavía en tiempo de Atila? No: al menos, en el nivel actual de nuestros conocimientos, que no es probable traspasasen los antiguos. Para suplir nuestra insuficiencia, ¿no podríamos recurrir á una feliz casualidad, y suponer que el taumaturgo se aprovechó de la explosion de un metéoro luminoso para atribuir los efectos del mismo á su arte, ó que el entusiasmo quiso ver un milagro en un efecto natural? ¿No podríamos, por ejemplo, recordar que, segun un historiador, mientras una lluvia milagrosa aplacaba la sed del ejército de Marco Aurelio, el emperador, al mismo tiempo, *arrancó del cielo* con sus oraciones el rayo que cayó sobre las máquinas guerreras de sus enemigos (2)? Mejor aun podríamos transportar las maravillas de un pais á otro, y encontrar hoy, en un lugar consagrado en todos tiempos á la religion, un secreto equivalente al milagro de Numa. El nafta, disuelto en el aire atmosférico, produce los mismos efectos que una mezcla de oxígeno é hidrógeno. Cerca de Bakhú, se pone un manto extendido, durante algunos minutos, sobre un pozo cuya agua está saturada de nafta ; despues se echa en el pozo una paja inflamada, y de repente, dice el viajero cuyas palabras repito (3), se produce una detonacion semejante á la de un cajon de ar-

---

(1) Ovid. *Fast.* lib. III, vers. 367-370.

(2) «Fulmen de cœlo, *precibus suis, contra hostium machinamentum* extorsit.» Julius Capitolinus, in *Marc. Aurel.*

(3) *Viaje de Jorge Keppel, de la India á Inglaterra por Bassora*, etc.—*Nuevos Anales de Viajes*, II.ª serie, tomo V, pág. 349.

tillería incendiado y acompañada de una brillante llama... Devuélvese al *Atesch-gah* su majestad antigua; sustitúyase el corto número de penitentes y peregrinos que aun atrae allí un recuerdo religioso, por un colegio de sacerdotes, hábiles para convertir en gloria de la divinidad ciertos fenómenos cuya causa se oculta cuidadosamente á las miradas de los profanos; y con un cielo sereno, saldrán, á su voz, de los pozos de Bakhú los fuegos y los estampidos del rayo. Admitamos, lo que nada tiene de absurdo, que unas sustancias que se dan con abundancia en ciertas comarcas, hayan podido ser transportadas por los taumaturgos á otros paises, donde su accion absolutamente desconocida debiese parecer mas maravillosa; y en el tiempo en que Numa evocaba á Júpiter *Elicius*, se habria visto sobre el Tíber el milagro que todavía hoy se presencia en las riberas del mar Caspio; y la tradicion que, haciendo de dos secretos uno, atribuia á las ceremonias del mismo culto mágico los efectos de una composicion de nafta y los del pararayos y de la electricidad, habria nacido del artificio del taumaturgo, cuidadoso de hacer así mas difíciles de penetrar y mas respetables los tesoros de su ciencia.

Pero, segun el principio que nosotros hemos seguido hasta aquí, sólo á nuestro pesar podemos admitir explicaciones parciales ó locales, y aplicables únicamente á algunos hechos aislados. Preferimos á esto los hechos generales, pero de tal modo que su conocimiento haya podido permanecer, durante algun tiempo, circunscrito dentro de los templos. Recordando los efectos brillantes ó destructores de las diversas composiciones píricas cuya existencia nos revelaran estos hechos, mediremos la extension de los recursos de que disponian los posesores de la ciencia sagrada para hacer que los fuegos de la tierra rivalizasen con los del cielo en potencia maravillosa.

CAPITULO XXV.

Sustancias fosforescentes.—Aparicion súbita de llamas.—Calor desarrollado por la extincion de la cal.—Sustancias que arden al contacto del aire y del agua.—El piróforo y el fósforo, el nafta y los licores alcohólicos, empleados en diversos milagros.—Fuego descendido de lo alto.—*La sangre de Neso* era un fósforo de azufre; y el veneno que Medea empleó contra Creusa, un verdadero fuego griego.—Este fuego, muchas veces descubierto, fué usado antiguamente: se hacia uso de un fuego inextinguible en Persia y en el Indostan.

Nada sorprende mas al vulgo que una produccion repentina de luz, de calor y de llama sin causa aparente, ó bien con el concurso de causas que al parecer son opuestas á tales efectos.

El arte sabe preparar sustancias que emiten luz, sin dejar que se desprenda ningun calor sensible. El fósforo de Bolonia, el fósforo de Balduino son conocidos de los sabios, pero no figuran ya en los libros mas que como recreaciones de física. Los antiguos conocieron cuerpos dotados de una propiedad semejante: Isidoro (1) cita una piedra oscura, que se volvia luminosa regándola con aceite.

Los *rabinos*, dedicados al estudio de la *cábala*, hablan de una luz propia de los santos, de los predestinados, sobre cuyo rostro aparece milagrosamente desde su nacimiento, ó cuando han merecido que Dios les conceda esta señal de su gloria (2). Arnobio, apo-

---

(1) *Savinius lapis, oleo addito, etiam lucere fertur.* Isid. Hispal. *Orig.* lib. XVI, cap. 4.
(2) Gaulmyn. *De vit. et morte Mosis*, lib. II, pág. 323-325.

yándose en la autoridad de Hermippo, atribuye al *mágico* (1) Zoroastro un *cinturon de fuego*, ornamento propio del fundador del culto del fuego. Poco trabajo le costaria á un físico producir estas brillantes maravillas, sobre todo, siempre que su duracion no fuese muy prolongada.

Los drúidas llevaban mas allá los recursos de su ciencia: el poema de Lucano ha hecho famoso su poder mágico, ponderando mucho el secreto de hacer que un bosque, sin quemarse, apareciese ardiendo (2). Osian describe unos ancianos, mezclados con los *hijos de Loda*, y haciendo conjuros, durante la noche, al rededor de un *cromleck* ó círculo de piedras: á su voz se elevan metéoros inflamados que espantan á los guerreros de Fringal, y á cuyas luces distingue Osian al jefe de los guerreros enemigos (3). Un traductor inglés de Osian hace notar, que toda luz viva, súbita y semejante al relámpago, se denomina en gaélico *llama de los drúidas* (4); y á esta *llama de los drúidas* compara Osian la espada de su hijo Oscar (5). Esta expresion, en el relato del bardo, indica que los drúidas poseian el arte de hacer aparecer llamas para espantar á sus enemigos (6).

A los rasgos de semejanza ya notados entre los celtas y los antiguos habitantes de Italia, añadiremos el mito de *Céculo*, fundador de la ciudad de Prenesta. Queriendo hacerse reconocer por hijo del dios Vulcano, envolvió repentinamente en llamas, á un pueblo congregado, que rehusaba admitir su brillante orígen, y cuya incredulidad fué al punto subyugada por el terror (7).

(1) *Nunc veniat quis, super* igneam zonam, *magus interiore ab orbe Zoroaster...* Arnob. lib. I. Algunos comentadores han querido leer indebidamente: *Quin Azonaces magus*, etc.
(2) Et non ardentis fulgere incendia sylvæ. Lucano, *Pharsal.* lib. III, vers. 420.
(3) Poemas de Osian, etc. publicados por John Smith, 1780, traduccion francesa, Paris año III, tomo III, pág. 6-8.
(4) *Ibid.*, pág. 39 y 40.
(5) G. Higgins, *The celtic druids*, pág. 116.
(6) De una estrofa del *Hervorar-saga* se puede inferir, que este arte no era desconocido de los magos escandinavos. (V. *Magasin encyclop.*, 1804, tomo IV, pág. 250-266.)
(7) Servius, in *Æneid.* lib. VII, vers. 978-984.

Advirtamos que *Céculo* habia escogido el lugar de la asamblea, y que los drúidas no ejercian su poder mas que en recintos sagrados, en los que estaba prohibido entrar á los profanos: estas maravillas necesitaban, pues, un teatro á propósito, como ciertas ilusiones de óptica (1) en que el fuego ha figurado tambien muchas veces; y los que las ejecutaban, dificilmente habrian intentado producirlas en otros lugares, por mucha que fuera la urgencia de realizar tales prodigios.

Háblase en algunas leyendas de rios, cuyas aguas se inflamaron en ocasiones solemnes. En los misterios de Eleusis, y probablemente en otros muchos, el neófito veia correr rios inflamados; milagro fácil de producir, haciendo flotar una capa de nafta sobre la superficie del agua.

El desarrollo instantáneo de un calor latente no es menos á propósito para excitar la admiracion, sobre todo, si es el agua lo que determina el incendio. Y sin embargo, son numerosas las sustancias susceptibles de calentarse ó de inflamarse absorbiendo ó descomponiendo el agua; y con gran frecuencia han ocasionado incendios, que otras veces se atribuian á negligencia ó á malignidad. Montones de heno húmedos, de pizarras piritosas mojadas por la lluvia producen ese fenómeno temido.

¿Conocieron los taumaturgos algunos fenómenos semejantes á estos? Sí, indudablemente. Desde luego, no pudo ocultárseles el calor prodigioso que se desprende de la cal viva, regada con agua. Suponed que se oculte una cantidad suficiente de cal en el fondo de un horno, y que luego se llene este de nieve: el agua de la nieve absorbida desaparecerá, y la temperatura interior del horno se elevará tanto mas, cuanto que estando cuidadosamente cerrado, no dejará salida al calórico: hé aquí un milagro que se consignará en una leyenda, refiriendo como tal ó cual personaje hizo que un horno se calentase con nieve.

Teofrasto (2) llama *spinon* á una piedra que se encuentra en algunas minas: quebrantada y expuesta al sol, se inflama por sí mis-

----

(1) Capítulo XIII de esta obra.
(2) Teofrasto, *De lapidibus*.

ma, sobre todo, si antes se tiene el cuidado de mojarla. El *spinon* podia no ser otra cosa que una pirita eflorescente. La piedra *gágates* (1) (verdadero azabache piritoso) es negra, porosa, ligera, deleznable, semejante á madera quemada: exhala un olor desagradable, y calentándola, atrae, como el succino, los cuerpos que la tocan: el humo que se desprende de ella cuando se quema alivia á las mujeres que padecen de vapores histéricos: se inflama por medio del agua, y se apaga con aceite. Esta última particularidad parece distinguirla de otra piedra que, segun Eliano y Dioscórides (2), se enciende igualmente regándola con agua, y al arder, esparce un fuerte olor de betun, pero que se apaga soplándola, lo que parece indicar que su combustion depende del desprendimiento de un vapor gaseiforme.

Ya fuesen productos del arte, ya de la naturaleza, estas tres sustancias debieron bastar para producir inflamaciones milagrosas. Pero Plinio é Isidoro Sevilla nos indican otra sustancia todavía mas enérgica: tal es una piedra negra que se encuentra en Persia, la cual, deshecha con los dedos, los quema (3). Hé aquí precisamente el efecto de un pedazo de piróforo: probablemente no era otra cosa esta piedra maravillosa. Es sabido que el fósforo, fundido por el calor, se vuelve negro y sólido, y la palabra *piedra* no debe parecernos mas exacta en este caso que las palabras *lago* y *fuente* al tratarse de un líquido. ¿No sabemos que el uso ha consagrado en nuestra lengua las palabras *piedra infernal* y *piedra cáustica*, tratándose de dos preparaciones farmacéuticas?

Pero, ¿conocian los antiguos el fósforo y el piróforo? Debemos creer que sí, dado que nos cuentan maravillas que no pudieron ejecutarse sino empleando estas sustancias, ó reactivos dotados de propiedades análogas. Además, pronto citaremos una descripcion antigua de los efectos de una combinación del fósforo, descripcion tan

---

(1) Plin. *Hist. nat.* lib. XXXVI, cap. 19.—Solin. cap. 25.—Isid. Hispal. *Origin.* lib. XVI, cap. IV.
(2) Ælian. *De nat. animal.* lib. IX, cap 28.—Dioscorid. lib. V, cap. 47.
(3) «Pyrites; nigra quidem, sed attrita, digitos adurit.» Plin. *Hist. nat.* lib. XXXVII, cap. 11... «Pyrites; persicus lapis... tenentis manum, si vehementius prematur, adurit.» Isid. Hispal. *Origin.* lib. XVI, cap. 4.

exacta como si hoy fuera hecha por un químico. En cuanto al piróforo, la ciencia posee tantas sustancias que se inflaman despues de ser expuestas al aire durante algunos instantes, que sin caer en inverosimilitud se puede pensar que no todas fueron desconocidas de los antiguos. Sin hablar de los betunes eminentemente inflamables, del petróleo, del nafta en fin, que prenden fuego á la simple aproximacion de una llama, ¡cuántos residuos de destilaciones hay que arden espontáneamente al contacto del aire húmedo! Esta propiedad, de la que ya no se hace mencion mas que para explicar un principio general, no fué seguramente desatendida por los fautores de milagros, para quienes el arte de destilar formaba una parte importante de la ciencia sagrada.

No dejaremos, pues, de creer, pero sí de admirarnos, cuando la Historia nos refiera que una vestal, amenazada del suplicio que se imponia á las que dejaban apagar el fuego sagrado, no necesitó mas que extender su velo sobre el ara, para que inmediatamente volviese á encenderse y brillar la extinguida llama (1). ¿Quién no verá debajo del velo oficioso un grano de fósforo ó de piróforo, cayendo sobre las cenizas calientes y haciendo las veces de la intervencion divina?

Tampoco participaremos de la incredulidad de Horacio relativamente al milagro que se operaba en el santuario de *Gnatia*, donde el incienso se inflamaba por sí mismo en honor de los dioses (2). Comprendemos de qué modo Seleuco, ofreciendo un sacrificio á Júpiter, vió en el altar espontáneamente inflamado un brillante presagio de su fortuna (3); y no negaremos que el teurgista Máximo, en el acto de ofrecer el incienso á Hécate, pudiese anunciar que las antorchas que tenia la diosa se iban á encender espontáneamente, ni que su prediccion se cumpliese (4).

A pesar de las precauciones que inspiraba la aficion al misterio, y que secundaba el entusiasmo de la admiracion, la accion de la ciencia se ponia de manifiesto algunas veces en sus maravillas. Oi-

(1) Valer. Maxim. lib. I, cap. 1, párrafo 8.
(2) Horacio, *Serm.* lib. I, sat. 5, vers. 95-100.—Plin. *Hist. nat.* lib. II, cap. 7.
(3) Pausan. *Attic.* cap. 16.
(4) Eunapius, in *Maxim,*

gamos á Pausanias referir lo que vió en dos ciudades de Lidia, cuyos habitantes, sometidos al yugo de los persas, habian abrazado la religion de los magos. «En una capilla, dice, existe un altar, so- »bre el cual hay siempre *una ceniza que, por su color, no se parece* »*á ninguna otra.* El mago pone leña sobre el altar, invoca no sé qué »dios por medio de oraciones sacadas de un libro escrito en una len- »gua bárbara y desconocida de los griegos: bien pronto la leña se »enciende por sí misma sin fuego, despidiendo una clarísima lla- »ma (1).»

El color extraordinario de la ceniza, que se conservaba siempre en el altar, ocultaba sin duda una composicion inflamable; tal vez era simplemente tierra empapada de nafta ó de petróleo, género de combustible que se emplea todavía en Persia y donde quiera que son comunes tales sustancias. Al colocar la leña, el mago podia echar allí, sin que se viese, un grano de piróforo, ó de aquella piedra que se encontraba en Persia, y que se inflamaba á una ligera presion. La accion de ambas sustancias tenia tiempo de desarrollarse durante las oraciones.

Asimismo se encendian espontáneamente los sarmientos que un sacerdote colocaba sobre un altar, cerca de Agrigento. Solino (2) añade, que la llama se dirigia desde el altar hácia los concurrentes, sin molestarlos. Esta circunstancia indica que, debajo del altar y entre los sarmientos, se desprendia y se inflamaba un gas semejante al que, en el monte Erix, mantenia sobre el ara de Venus una llama perpetua (3). El vapor de un líquido espirituoso habria producido el mismo fenómeno. Tambien puede explicarse por la inflamacion de un licor etéreo el poder que Frommann atribuye á los *zingari*, de hacer aparecer el fuego sobre una paja en medio de otras, y de apagarlo segun su voluntad (4): asi es como los escolares se divierten haciendo arder en sus manos un licor espirituoso: un soplo hace desaparecer la llama en el momento en que comienzan á sentir su calor.

---

(1) Pausan. *Eliac.* lib. I, cap. 27.
(2) Solin. cap. 14.
(3) Cap. IV de esta obra.
(4) Frommann, *Tract. de fasc.* pág. 263, 527 y 528.

Otros ejemplos mas notables se citan de operaciones atrevidas, ya para inflamar sin auxilio del fuego una víctima ofrecida en sacrificio; ya haciendo aparecer que una llama del cielo descendia sobre la pira del altar, despues de haberla regado repetidas veces con agua.

«Se ha observado, dice Buffon (1), que las materias arrojadas »por el Etna, despues de haberse enfriado durante muchos años, hu- »medeciéndose con el agua de las lluvias, se encendian y despedían »llamas con una explosion muy violenta, que hasta producia una »especie de terremoto.» El arte podia imitar la composicion de estos productos volcánicos, ó el taumaturgo recoger y conservar cuidadosamente los que le suministraba la naturaleza. Cualquiera de las cuatro piedras inflamables por el agua que hemos citado habria producido el efecto.

Si se quiere buscar otra explicacion, basta tener presente el procedimiento empleado algunas veces en los teatros, por medio del cual, disparando una pistola, oculta á la vista de los espectadores, se inflama repentinamente un compuesto de éter y de espíritu de vino.

El problema puede resolverse tambien por un experimento fácil de repetir. Expóngase sobre el tubo de una lámpara con corriente de aire un cuerpo combustible; pronto se inflamará, y la llama descenderá de encima de él, porque el calor comenzará por encender el gas hidrógeno carbonado que hace desprender en forma de humo. Suponed que la lámpara sea de grandes dimensiones, y que la pira la oculte á los ojos de los espectadores: la llama *descenderá visible- mente* de lo alto sobre el cuerpo combustible.

Por último, haremos notar con un hombre cuya pérdida han sentido las ciencias y su patria (2), que la cal viva, regada con agua, determina con el calor que emite, primero la fusion, y luego la combustion de la flor de azufre; que abrasa rápidamente una mezcla de azufre y clorato de potasa, como tambien la pólvora, y sobre todo el fósforo; y que, en este último caso, existe un medio físico de fijar

(1) *Teoría de la Tierra, Pruebas*, párrafo 16.
(2) C. L. Cadet-Gassicourt, *De l'extinction de la chaux*, etc. Tesis sostenida ante la Facultad de ciencias, en agosto de 1812.

el momento preciso en que el calor desarrollado producirá la inflamacion.

Estas diversas explicaciones pueden aplicarse mas ó menos á esos milagros frecuentemente celebrados en diferentes religiones ; á esos sacrificios en que la llama no aguardaba ser encendida por mano de los hombres para devorar las víctimas, sino que, estallando repentinamente, daba una brillante muestra del poder y del favor de la divinidad propicia.

Trasladémonos á un pueblo, cuyos primeros siglos históricos son relegados á las edades indefinidas de la mitología, merced á las relaciones maravillosas de que están llenos.

El lector imparcial puede seguir con nosotros la marcha de una de esas relaciones, y pesar las palabras con que Deyamira describe los primeros efectos de la *Sangre de Neso*, filtro maravilloso con el cual impregnó la túnica preciosa que debia restituirle el corazon de su infiel esposo (1). «Neso me encargó que guardase este licor »en un lugar tenebroso, hasta el momento en que quisiese hacer uso »de él : esto es lo que yo he hecho... Hoy , *en las tinieblas*, y con »una vedija de lana, he teñido con este licor la túnica, y la he en- »viado encerrada en una caja , *sin que haya visto la luz del dia...* »La vedija de lana, expuesta al sol sobre una piedra, se ha consu- »mido ella sola, y sin que nadie la toque : se ha reducido á ceniza, »á polvo semejante al que la sierra deja caer de la madera. He ob- »servado que, de encima de la piedra donde yo la habia colocado, se »alzaban burbujas de espuma semejantes á las que produce en otoño »el vino arrojado de lo alto.»

Si un químico lee estos detalles, despojados de todo recuerdo mitológico, ¿qué reconocerá en ese supuesto filtro, dado por la mano de la venganza, y que por su consistencia , su color ó alguna otra propiedad aparente ha merecido que se le designe con el nombre de *sangre?* Sin duda reconocerá un fósforo líquido de azufre (2), dis-

---

(1) Sophool. *Traehin*, acto IV, esc. 1. Para ser mas conciso, he refundido dos pasajes muy inmediatos uno á otro. Séneca (*Hercules OEtœus*, act. III, esc. 4) emplea los mismos detalles, y particularmente la efervescencia producida donde quiera que el filtro tocaba á la tierra.

(2) Una parte de fósforo, combinada con otra parte de azufre, compo-

puesto á inflamarse espontáneamente por la proporcion de sus elementos, en cuanto se le exponga á la luz y al calor del sol. El ácido fosfórico, producto de su combustion, ocasiona en la piedra la viva efervescencia que notó Deyamira, y la ceniza de la lana queda reducida á un fosfato seco é insoluble.

Hércules se reviste con la túnica fatal; en seguida inmola doce toros: mas apenas ha prendido fuego á la pira sobre que se hallan colocadas las víctimas, déjase sentir el efecto deletéreo del *filtro* (1)... La proximidad de la llama, dirá el químico, y el calor húmedo de la piel de un hombre que se ejercita con fuerza y vivacidad delante de una pira encendida, determinarán infaliblemente, aunque no haya inflamacion visible á la luz del dia, la descomposicion del fósforo embebido en la tela. El ácido, formado en seco, y tanto mas cáustico por esta causa, obrará sobre todos los puntos del cuerpo en contacto con él, desorganizará la piel y las carnes, y dará la muerte al desdichado en medio de horribles dolores. Una vez comenzada la accion de estas sustancias devoradoras, seria difícil detenerla y salvar al paciente, hoy mismo, que no se ignora su naturaleza: en otros tiempos habria sido imposible.

Descubriendo una conformidad tan perfecta entre el cuadro trazado por Sófocles y las explicaciones de la ciencia, ¿podrá suponerse de buena fé, que esta conformidad es efecto de la casualidad, que se ha complacido en hacer que coincidan exactamente los sueños de la imaginacion de un poeta con las operaciones de la naturaleza? Es mas cuerdo admitir, que los detalles de estos hechos maravillosos se habian conservado en la memoria de los hombres; que el poeta podia no separarse de la tradicion admitida, tanto menos, cuanto que ignoraba su orígen; y que este orígen pertenecia á la ciencia oculta, á la magia, cultivada en la Tesalia, en la patria de Neso, desde los tiempos del sitio de Troya (2).

Persuadido de que el trágico griego describió los efectos de un secreto físico, que tal vez en su tiempo existia en los templos toda-

nen un fósforo, que permanece líquido á la temperatura de 10°, y se inflama á la de 25°.
(1) Sófocl. *Trachin*. act. IV, esc. 2.
(2) Plin. *Hist. nat.* lib. XXX, cap. 1.

vía, he conservado á la *Sangre de Neso* la propiedad de inflamarse espontáneamente á la luz del dia, á pesar de que no sea esta una condicion esencial del fenómeno que debia producir. Todo cauterio potencial, extendido en dosis suficiente por la superficie del cuerpo, ejerceria en él la misma accion, determinaria los mismos dolores, y bien pronto haria imposible arrancar el vestido empapado en él, sin desgarrar la piel y la carne, y sin redoblar en vez de disminuir los padecimientos de la víctima, irrevocablemente entregada á la muerte (1).

El veneno vertido por Medea en la túnica que envió á su rival se parece por sus efectos al que empleó Deyamira sin conocer su malignidad. Pero este mito presenta mas de una circunstancia importante. De la diadema de oro enviada, juntamente con la túnica, á la infeliz Creusa, brotaron llamas inextinguibles (2). Como en este caso no puede suponerse una elevacion de temperatura, ni la accion de un sol ardiente, la inflamacion espontánea hace sospechar la presencia del nafta que se enciende á la simple aproximacion de una llama. Varios autores dicen que, en efecto, Medea frotó con nafta la túnica y la corona destinadas á Creusa (3): Procopio fortifica esta tradicion, haciendo observar por dos veces, que el licor llamado *nafta* por los medos, es conocido entre los griegos con el nombre de *aceite de Medea* (4): por último, Plinio dice que, habiendo Medea frotado con nafta la corona de la rival cuya muerte deseaba, prendióse el fuego en el instante en que la infortunada víctima se acercó al ara donde iba á ofrecer un sacrificio (5).

En la tragedia de Séneca, Medea, despues de haber anunciado

---

(1) Hácia fines del último siglo, un farmacéutico de Paris, M. Steinacher, fué llamado á una casa, bajo pretexto de socorrer á un enfermo. Ciertas personas, que suponian tener motivos de queja contra él, se entretuvieron en la bárbara diversion de cubrirle de vejigatorios, deteniéndole muchas horas en este estado. Cuando recobró la libertad, los remedios mas activos y mejor dirigidos fueron inútiles; padeció algun tiempo, y murió al fin entre horribles tormentos: los autores de este crímen quedaron desconocidos é impunes.

(2) Euripid. *Medea*, act. V, esc. 1.
(3) Plutar. *Vit. Alexandr.*
(4) Procopio, *Historia mezclada*, cap. II.
(5) Plin. *Hist. nat.* lib. II, cap. 105.

que «la diadema de oro enviada á Creusa encierra un fuego oscuro, «cuya composicion le ha enseñado Prometeo, añade que Vulcano «tambien le ha dado fuegos ocultos bajo un azufre ligero, y que ella «ha tomado de Faeton los rayos de una llama inextinguible (1).» Alzando el velo de las expresiones figuradas, es difícil no ver en eso un verdadero fuego *griego*, que un grano de piróforo ó un poco de nafta podia inflamar, en cuanto la fatal mixtura estuviese á ello dispuesta por el contacto del aire, ó por la proximidad de la llama, tal como la que ardia en el altar á que se acercó la esposa de Jason.

No por inadvertencia nombramos el fuego griego entre las armas de Medea. ¿Cuál era, segun todas las probabilididades, la base del fuego griego? El nafta, el *aceite de Medea*. Y aquellos *toros* que vomitaban llamas, para defender el vellocino de oro que entregó á Jason el amor de Medea ; aquellos toros, cuyos piés y bocas eran de bronce y que Vulcano habia fabricado (2), ¿qué eran, sino máquinas propias para lanzar el fuego griego?

Fieles al método que nos ha servido de guia, seguiremos la historia de esta arma tan terrible otras veces, desde los últimos tiempos en que se hizo uso de ella hasta los mas remotos, en los que nada indica que su descubrimiento fuese reciente.

Dos trovadores, uno de los cuales florecia en los primeros años del siglo XII, hacen mencion del fuego griego ; y uno de ellos dice que se le apaga á fuerza de vinagre (3). Joinville entra en curiosas explicaciones sobre el empleo de este fuego, que los sarracenos lanzaban á los cruzados (4). Los árabes hicieron mucho uso, en todos tiempos, de tiros inflamados, para el ataque y para la defensa de sus plazas ; de tal modo que el cheik de Barnú, que posee todos los

---

(1) «Ignis fulvo... clausus in auro... latet obscurus... quem mihi cœ»li... qui furta luit... viscere fœto... dedit et docuit... condere vires... »arte Prometheus... dedit et tenui... sulfure tectos... Mulciber ignes... »Et vivacis... fulgura flammæ... de cognato... Phaethonte tuli...» Séneca, *Medea*, act. IV, esc. 2.

(2) Apollon. Rhod. Argonaut. lib. III.

(3) Millot, *His toria literaria de los trovadores,* tomo I, pág. 380 ; tomo II, pág. 393 y 394.

(4) *Memorias de Joinville*, edicion en fol. de 1764, pág. 44.

gunos años, que los ingleses no empleaban en la guerra ese medio de destruccion (1).

Manuel Comneno empleó el fuego griego en las galeras que armó para combatir á Roger de Sicilia, y el historiador advierte que renovó su uso, interrumpido *hacia mucho tiempo* (2). Sin embargo, Alejo Comneno lo habia empleado contra los pisanos : en la proa de sus buques habia unos *leones* de bronce, que vomitaban llamas en todas las direcciones que se les queria dar (3). Ana Comneno (4) habla de fuegos que los soldados, armados de tubos muy semejantes á nuestros cañones de fusil, lanzaban al enemigo. Pero, segun ella, se les preparaba con una mezcla de azufre y resina hecha polvo : indicacion falsa, pues semejante composicion se fundiria antes de inflamarse, y no produciria explosion al tiempo de salir.

Aquí se presentan tres observaciones. 1.ª Los *leones* de bronce empleados por Alejo Comneno, recuerdan los *toros ignívomos*, fabricados de bronce por Vulcano : evidentemente unos y otros son las mismas armas. 2.ª Entre la expedicion marítima de Alejo y la de Manuel Comneno apenas transcurrieron sesenta años. Si tan corto espacio de tiempo habia bastado para hacer que se olvidase casi enteramente el fuego griego, ¡cuántos otros procedimientos de la ciencia no han debido perecer por un desuso mucho mas prolongado! 3.ª La receta engañosa de Ana Comneno para la composicion del fuego griego es una prueba mas del cuidado con que se envolvian estos procedimientos bajo el doble velo del misterio y de la mentira.

Constantino Porfirogeneta recomienda, en efecto, á su hijo, que nunca descubra á los bárbaros el secreto de la composicion del fuego griego; y que les diga que fué traida del cielo por un ángel, y que seria un sacrilegio revelárselo (5). Leon el Filósofo (6) previene que se coloquen sobre los buques tubos de bronce, y se ponga

(1) *Viajes de Denham, Oudney* y *Clapperton*, tomo I, pág. 115 y 238.
(2) «Ignis græcus qui longo jam tempore abditus latuerat.»
(3) Ana Comnen. *Hist.* lib. IX, cap. 9.
(4) *Ibid.* lib. XIII, cap. 2.
(5) Constantin. Porfir. *De administ. imper.*
(6) Leon el Filósófo, *Instituciones militares*. . inst. 19, tomo II, pág. 137 de la traduccion francesa.

en manos de los soldados otros tubos de menores dimensiones: unos y otros debian servir para lanzar al enemigo unos fuegos que estallaban con un ruido semejante al del trueno; pero solo el emperador dirigia la fabricacion de estos fuegos.

Calínico de Heliópolis, en Siria, inventó, segun dicen, el fuego griego, en el siglo VII de nuestra era; pero no hizo mas que volver á encontrar ó divulgar un procedimiento, cuyo origen se ha perdido, como tantos otros, en la noche de las iniciaciones. Unos iniciados, descubiertos y castigados en Roma el año 186 antes de Jesucristo, poseian la receta; pues sumergian en el agua sus antorchas encendidas sin que se apagasen, «á causa, dice Tito Livio, de la cal y del azufre que entraban en su composicion (1).» Probablemente, añadirian á estos ingredientes un betun como el nafta ó el petróleo.

Pero Calínico y los iniciados debieron obtener su fuego inextinguible de alguna iniciacion asiática. Los persas poseian tambien el secreto; pero reservaban su uso para los combates. «Com- »ponian un aceite, con el cual untaban las flechas que, lanza- »das con poca fuerza, llevaban á donde quiera que se prendian lla- »mas devoradoras: el agua no hacia mas que irritar el incendio; »no se le apagaba sino ahogándolo bajo un monton de polvo (2).»

Cuando se trata de la antigüedad, para descubrir, si es posible, á los primeros inventores, las tradiciones nos llevan casi siempre hácia el Indostan.

Entre los varios escritores que han transformado en novela la historia de Alejandro, unos refieren que, cuando el macedonio llegó á la India, opuso á los elefantes de sus enemigos máquinas de bronce ó de hierro, que vomitaban fuego, las cuales aseguraron su victoria (3); otros, por el contrario, describen «unos vastos copos de

(1) Tito Liv. lib. XXIX, cap. 13.
(2) Amian. Marcel. lib. XXIII, cap. 6.—Plinio (*Hist. nat.* lib. II, capítulo 104), describe con los mismos rasgos los efectos de una sustancia llamada *Maltha*, que los soldados de Samosata emplearon contra los soldados de Lúculo. La *maltha* se sacaba de un estanque situado cerca de la ciudad. El nafta ó el petróleo formaban sin duda su base.—Los defensores de Tigranocerta, sitiada por Lúculo, arrojaban á sus enemigos nafta inflamado. (Dion. Cas.—Xiphilin. in *Pompeio*).
(3) J. Valerius, *Res gestæ Alexand.* ed. A Maio, Milan, 1847, en 4.° y

llama, que Alejandro vió llover sobre su ejército en las abrasadoras llanuras de la India (1).» Estas diversas relaciones tienen una base comun : la tradicion de que en la India se empleaba para la guerra una composicion semejante al fuego griego. Una cosa parecida son los tiros inflamados que se arrojan un mago y una maga en las narraciones maravillosas de origen indio : los espectadores de este combate y los mismos combatientes sufren sus funestos efectos (2). Ficciones de este género, rara vez dejan de tener algun fundamento en la realidad. El *fuego que arde y centellea en el seno de las ondas*, en lugar de apagarse en ellas, el *fuego griego*, en una palabra, fué conocido antiguamente en la India con el nombre de *Barrawa* (3). Se hacia uso de él contra las ciudades sitiadas. «En las riberas del »Hifasis, se componia un aceite que, encerrado en tarros y lanzado »contra las obras de madera, contra las puertas de una ciudad, las »abrasaba instantáneamente con una llama inextinguible. Todo »cuanto se fabricaba de esta peligrosa sustancia era entregado al rey: »ninguna otra persona estaba facultada para conservar ni una go-»ta (4).» Se ha querido desechar esta narracion de Ctesias, por parecer poco verosímil lo que añade el historiador respecto al modo de componer el aceite inextinguible : le habian asegurado que se extraia de una *serpiente de agua* muy peligrosa. Esta circunstancia no parece completamente destituida de verdad. Filostrato (5) dice, que el aceite inextinguible se extraia de un animal *fluviátil*, semejante á un *gusano*. En el Japon, el *inari*, lagarto *acuático*, negro y

en 8.° Véase *Biblioth. univ. Litterature*, año 3.°, tomo VII, pág. 225 y 226.— Extracto de la novela de *Alejandro el Grande*, segun un manuscrito persa, etc. *Bibliothèque des Romans*, octubre de 1775, tom. I.

(1) Esta tradicion, consignada en una carta apócrifa de *Alejandro* á *Aristóteles*, fué adoptada por Dante. *Inferno*, canto XIV.

(2) *Las mil y una noches*. Noche LV.

(3) *Sacountala ó el anillo fatal*, act. III, esc. 2.

(4) Ctesias, in *Indic.*—Elian. *de nat. Animal.*, lib. V, cap. 3.

(5) Filostrat *Vit. Apoll.* lib. III, cap. 1.—Eliano (*De nat. animal.* lib. V, cap. 3), citando á Ctesias, se vale tambien de la expresion Σκώληξ, *gusano*; pero este *gusano*, que nace en el rio Indo, tiene siete codos de largo y un grosor proporcionado. De las expresiones de Eliano se puede inducir, que el aceite así preparado ardia sin fuego y por el solo contacto de un cuerpo combustible.

venenoso, produce un aceite que se quema en los templos (1). Se puede creer que, en la India, se mezclase con el nafta, elemento del fuego inextinguible, una grasa ó un aceite animal, para dar mas consistencia al proyectil incendiario, y hacer mas duradera su accion.

Además, suponiendo que Ctesias comprendiese y tradujese mal el informe que le dieron, ó bien que deliberadamente le hubiesen dado un informe erróneo, no por esto el hecho deja de ser muy verosímil. Es preciso repetir, que nos apresuramos demasiado á condenar como absurdos los relatos de los antiguos. Para confirmar lo que estos han dicho del fuego griego, Cardan indicó el medio de preparar fuegos artificiales dotados de las mismas propiedades (2): dispuesto á refutar á Cardan, Scalígero (3), hombre mas erudito que sabio, y mas presuntuoso que erudito, se burló abiertamente de los que prometian que sus composiciones físicas se inflamarian, expuestas á los rayos del sol, ó regadas con agua: hoy un estudiante de física se burlaria de Scalígero, ejecutando en su presencia las dos maravillas que él declaraba imposibles.

(1) Kaempfer, *Hist. del Japon*, lib. III, cap. 5.
(2) H. Cardan, *De Subtilitate*, lib. III.
(3) J. C. Scalig. *Exoteric. exercit. ad Cardan*, XIII, núm. 3.

CAPITULO XXVI.

Composiciones análogas á la pólvora.—Los antiguos hebreos debieron conocerlas, y el secreto fué transmitido hasta Herodes y tiempos posteriores.—Explosion de una mina en Jerusalem en tiempo de Juliano, y en Siria, en el del califa Motassen.—Minas empleadas por los sacerdotes de Delfos para rechazar á los persas y á los galos.—Antiguedad de la invencion de la pólvora, verosímilmente originaria del Indostan, y conocida en la China desde tiempo inmemorial.—Sus efectos, poéticamente descritos, han parecido fabulosos.—Sacerdotes de la India, que empleaban el mismo medio para lanzar el rayo já sus enemigos.—El rayo de Júpiter comparado á nuestras armas de fuego.—Diversos milagros explicados por el empleo de estas armas.—La pólvora fué conocida en el Bajo-Imperio, y probablemente hasta el siglo XII.

Los fenómenos físicos y los servicios que de ellos sabe sacar la ciencia se encadenan unos con otros. El exámen de los milagros brillantes que operaban conflagraciones espontáneas, nos ha conducido á la discusion de los recursos que el taumaturgo desplegaba en la guerra, para transformar el fuego en arma de ataque y defensa. Algunos de los hechos que hemos citado hacen ya presentir que desde muy antiguo se conocieron composiciones píricas mas ó menos análogas á la pólvora, y que esos tubos que lanzaban un fuego esplendente con un ruido semejante al del trueno pudieron ser el embrion de nuestros cañones y fusiles (1). Así pues, no habremos procedido de ligero al anunciar que los antiguos poseian el medio de imitar de esta manera los mas temibles azotes de la naturaleza; ya sea cuan-

(1) Bacon se inclinaba á creer que los macedonios habian conocido una especie de *rayo mágico*, cuyos efectos debieron aproximarse á los del cañon. *Enciclop. metódica. Filosofía*, tom. I, pág. 344, col. 1.

do, conmoviendo la tierra con minas, abrian abismos bajo los piés de sus enemigos, ya cuando lanzaban á lo lejos tiros tan estrepitosos, tan rápidos é inevitables como el rayo.

Hay varios indicios para presumir que los antiguos hebreos conocieron la pólvora ó una composicion semejante: varios hechos históricos lo acreditan; pero nos limitaremos á consignar el parecer de Roger Bacon (1), que transforma en granadas llenas de una composicion pírica los vasos de barro y las lámparas que facilitaron á Gedeon la toma de Jericó. El jefe hebreo no empleó en esta expedicion mas que un corto número de guerreros, escogidos con muchas precauciones; lo cual pudo hacerse para que fuera menos fácil que se divulgara el secreto.

Siete siglos y medio despues de esta época, Herodes bajó al monumento de David, con la esperanza de desenterrar tesoros. No estando satisfecha su codicia con las riquezas que de allí habia sacado, llevó mas adelante sus exploraciones, é hizo abrir los subterráneos donde reposaban los restos de David y de Salomon. Súbitamente salió una llama impetuosa y dos de los guardias del rey perecieron sofocados ó abrasados (2). Michaelis atribuye este prodigio á la explosion de gases que, saliendo del subterráneo, fueron inflamados por las antorchas destinadas á alumbrar á los trabajadores que desembarazaban la entrada (3). Pero, en tal caso, estos habrian sido las primeras víctimas, pues la explosion de los gases no podria menos de efectuarse tan pronto como se hiciese una abertura en el subterráneo. Preferimos creer que los sacerdotes, que tenian mas de un motivo para odiar á Herodes, y que consideraban las riquezas encerradas en el monnmento de David como propiedad del gobierno teocrático, justamente indignados por el pillaje sacrílego que trataba de cometer el príncipe idumeo, procuraron atraerle al subterráneo interior, estimulando su codicia; y que habian preparado medios de hacerle perecer allí, si, como era de esperar, queria entrar el primero.

Asimismo atribuye Michaelis (4) á la inflamacion de los gases

---

(1) Roger Bacon, *De mirabili potestate artis et naturæ.*
(2) Flav. Josefo *Antiq. jud.* lib. XVI. cap. 2.
(3) *Almacen científico de Gottingue,* año 3.°, cuaderno 6.°—1783.
(4) *Ibid.*

subterráneos la explosion aparentemente milagrosa que interrumpió las obras mandadas ejecutar por el emperador Juliano para restaurar el templo de Jerusalem. Esta explicacion nos parece menos plausible aun que la primera: de entre medio de los escombros saltaron globos de fuego, que hirieron y pusieron en fuga á los operarios; el suelo retembló de manera, que varios edificios fueron derribados: ¿no son estos efectos los que produciria la explosion de una mina?

Debe advertirse que este aparente prodigio no convirtió al cristianismo ni á los judíos de Jerusalem, ni al emperador Juliano, ni á Amiano Marcelino, que nos ha transmitido su historia; lo cual indica que no fué considerado sino como una brillante operacion de la ciencia oculta.

Unos quinientos años despues, el octavo de los califas abasides, Motassen, mandó imperiosamente á los cristianos de Siria, que abrazasen el islamismo, á no ser que, con la eficacia de sus oraciones, *hiciesen marchar una montaña.* Ellos obtuvieron una prórroga de diez dias, al cabo de los cuales, á la voz de uno de sus representantes y en presencia del califa, *la montaña se conmovió,* y *la tierra tembló de una manera singular* (1). Tampoco en este caso es posible desconocer el efecto de una mina, que en el espacio de diez dias pudo prepararse, excavándola tan profundamente, que no debiese estallar por de fuera, limitándose el efecto á conmover el suelo que la cubria.

Consultemos ahora los anales de la Grecia. Los sacerdotes de Apolo, en Delfos, despues de haber hecho anunciar por la voz del oráculo, que su dios sabria él mismo salvar su templo, lo preservaron efectivamente de la invasion de los persas, y mas tarde de la de los galos, por medio de la explosion de minas situadas en las rocas circunvecinas. Los sitiadores fueron aplastados por la caida de innumerables peñascos, que una mano invisible hacia llover sobre ellos, en medio de voraces llamas (2).

Pausanias atribuye la derrota de los galos á un terremoto y á una *tempestad milagrosa,* cuyos efectos describe de esta manera: «El

(1) *Peregrinatio Marci Pauli,* lib. I, cap. 48.(*Memorias de la Sociedad de Geografía,* tomo I, pág. 316-348.) *Viajes de Marco Polo,* cap. 27, 28 y 29.
(2) Herodot. lib. VIII, cap. 37-39.—Justin. lib. XXIV, cap. 8.

»rayo no mataba solamente á los que eran heridos por él: una exha-
»lacion inflamada se comunicaba á los demás y los reducia á pol-
»vo (1).»

Pero la explosion de muchas minas, por muy violenta que se la suponga, ¿habria producido el exterminio total de los sitiadores, tal como los historiadores lo describen? No: y así vemos que los mismos galos hicieron en seguida, con éxito, una incursion al Asia: fueron rechazados de Delfos, pero no exterminados.

Los milagros ejecutados en Jerusalem, y el que salvó momentáneamente de la opresion á los cristianos de Siria, concentrados en un punto único, pudieron ser obra de un corto número de fieles, determinados á guardar silencio por el interés de su religion. Pero los trabajos de las minas considerables, abiertas en las rocas de Delfos, ¿no habrian exigido el concurso de tantos cooperadores, que fuese imposible guardar por mucho tiempo el secreto? A esto pudiera contestarse, que los trabajos mas sencillos y penosos eran confiados á operarios groseros, los cuales no pensaban en adivinar su objeto, ni en divulgarlo; que probablemente, además, las excavaciones se hallaban preparadas con mucha anticipacion, como lo están en las obras de defensa de nuestras plazas fuertes, de modo que solo se necesita introducir en ellas la composicion fulminante. Pero la tradicion histórica nos presenta una contestacion mas decisiva. Todos los griegos, de Delfos á las Termópilas, estaban iniciados en los misterios del templo de Delfos (2). Su silencio, acerca de todo lo que se les mandaba callar, estaba pues garantido, no solo por el temor de las penas prometidas á una revelacion perjura, sino tambien por la confesion general que se exigia á los aspirantes á la iniciacion; confesion que les ponia en el caso de temer la indiscrecion del sacerdote, mas que de hacerle temer su propia indiscrecion.

Nótese, por último, que el dios de Delfos, tan poderoso para preservar su templo contra la codicia de los extranjeros, no hizo nada para impedir que las riquezas cayeran en manos de los focidenses. Cuando estos sacaron de allí recursos para defender su patria contra

(1) Pausan. *Phoc.* cap. 23.
(2) Plutar. *De oracul. defect.*

la ambicion hipócrita de Filipo, probablemente habian obtenido ó exigido el consentimiento de los sacerdotes, y no temian un milagro destructor, que no podia efectuarse sin el concurso de sus jefes.

Es tal el hábito de considerar muy moderno el uso de la pólvora, que unos hechos tan notables han pasado desapercibidos, ó por lo menos no han dado lugar á inferir que los pueblos antiguos conocieron alguna composicion casi tan mortífera como ella. Sin embargo, «lo que escribió, acerca de las máquinas de guerra, empleadas á fi- »nes del siglo XIII, Egidio Colonna (1), dice Napione, hace sospe- »char que la invencion de la pólvora es mucho mas antigua de lo »que se cree, y que esta composicion temible no fué quizá mas que »una modificacion, un perfeccionamiento del fuego griego, conocido »muchos siglos antes que la pólvora.»

Creemos haber demostrado, que la invencion del fuego griego se remonta á una grande antigüedad; y pensamos que Langlés tuvo razon al considerar igualmente remota la época de la invencion de la pólvora. Hé aquí, en sustancia, los hechos en que apoya su opinion (2). Los moros hicieron uso de la pólvora, en España, á principios del siglo XIV. Mucho antes, en 1292, un poeta de Granada habia celebrado en sus versos este medio de destruccion: todo indica que los árabes la emplearon contra la flota de los Cruzados, en tiempo de san Luis: en 690 habian hecho uso de ella en el ataque de la Meca. Los misioneros han comprobado que la pólvora se conoce en la China desde tiempo inmemorial. Igualmente ha sido conocida en el Tibet y en el Indostan, donde siempre se han empleado fuegos artificiales y balas de fuego en la guerra y en los regocijos públicos. En las comarcas de este vasto pais, nunca visitadas por los europeos ni los musulmanes, se ha encontrado el uso de cohetes de hierro atados á un dardo, que se lanzaba á las filas enemigas por el esfuerzo de la pólvora. Las leyes recopiladas en el *Código de los Gentús*, cuya antigüedad se pierde en la noche de los tiempos, pro-

(1) Monje romano que tomó parte en la educacion de Felipe el Hermoso de Francia.—*Memorie della reale Accademia della Scienze di Torino*, tomo XXIX.—*Revue encyclopédique*, tomo XXX, pág. 42.

(2) Langlés, *Disertacion* inserta en el *Almacen enciclop.* año 4.°, tomo I, pág. 333-338.

hiben el uso de las *armas* de fuego ; prohibicion que sin duda ha impedido que se generalicen. Las leyes distinguen los *tiros de fuego*, y los tiros que *matan cien hombres á la vez* : estos recuerdan el efecto de nuestros cañones. Los indios no conocian el uso de los morteros ; pero abrian excavaciones en las rocas, y las llenaban de pólvora para hacer llover piedras sobre sus enemigos (precisamente como los sacerdotes de Delfos las arrojaron sobre los persas y los galos). Por último, un comentario de los *Vedas* atribuye la invencion de la pólvora á *Viswacarma*, el artista-dios que fabricó los rayos de que se sirvieron los dioses para combatir á los malos genios.

¿Tomaria Milton de este rasgo de la mitología india, que algun viajero pudo comunicarle, la idea de atribuir á los ángeles rebeldes la invencion de la pólvora y de las armas de fuego? Langlés ha omitido esta observacion : sin duda le pareció que el derecho de fingir que tienen los poetas debilita mucho la autoridad de sus relatos. Pero fácilmente habria podido encontrar la confirmacion de sus conjeturas en la autoridad menos recusable de los hechos físicos : pudo haber observado que, en el Indostan y en la China, el suelo está tan impregnado de salitre, que se le ve florecer á menudo en la superficie de la tierra.

Este fenómeno, que debió hacer que se pensase muy temprano en la elaboracion de composiciones píricas y que las facilitaba, pudo vulgarizarlas al mismo tiempo, á pesar de su importancia, que las llamaba á formar parte de las ciencias ocultas y sagradas. Él ha dado tambien á la pirotecnia asiática, sobre la europea, una anterioridad tan grande y una superioridad apenas disputada todavía. Una y otra ventaja han excitado á veces nuestra incredulidad ; porque, ¡es tan duro reconocer que otros sepan hacer lo que nosotros no sabemos! Fontenelle dice que, en la China, segun los anales de este imperio, «se ven millares de estrellas á un tiempo cayendo del cie-»lo en el mar con mucho estruendo, ó disolviéndose y yéndose á »manera de lluvia... Una estrella que estalla hácia el Oriente como »un *cohete*, y siempre con gran estrépito (1)...» En esta descripcion, ¿cómo el ingenioso filósofo no reconoció los efectos de los *cohe-*

(1) Fontenelle, *De la pluralité des mondes*, 6.ª velada (al final).

tes y de los *truenos artificiales* (1)? Sabido era, sin embargo, que los chinos se distinguian en la composicion de unos y otros: pero Fontenelle prefirió burlarse de la supuesta ciencia astronómica de los chinos.

Con mucha mas razon se ha ridiculizado un pasaje notable del viaje de Plancarpin. Los tártaros contaron á este monje, que el *Preste Juan*, rey de los cristianos en la gran India (probablemente un jefe del Tibet, ó de algun pueblo que profesaba la religion lámica), atacado por Tossuch, hijo de Tchinggis-Khan, condujo contra los sitiadores unas figuras de bronce, montadas en caballos. En el interior de estas figuras habia fuego, y detrás un hombre *que echó dentro alguna cosa*, lo cual produjo al momento mucho humo; dando con esto á los enemigos de los tártaros tiempo para matarlos (2). Difícil es creer que un humo violento bastase para derrotar á los compañeros de armas Tchinggis, como si fuesen un enjambre de abejas. Repugna menos reconocer que las figuras de bronce fuesen pedreros, ó bien cañones semejantes á los de la China, que, *desmontándose en muchas partes, pueden ser fácilmente transportados por caballerías* (3); piezas de artillería, en fin, que seguramente vomitaban algo mas que humo. Los soldados de Tossuch no conocian estas armas, y habiendo abandonado en su fuga sus muertos y heridos, no pudieron hablar á Plancarpin mas que de lo que habian visto, del humo y del fuego; pero á nosotros no puede oscurecérsenos la verdadera causa de su derrota, ni parecernos milagrosa. Nosotros sabemos que el Tibet y los pueblos que profesan la religion lámica tuvieron en todos tiempos relaciones con la China: un nieto de Tchinggis-Khan, en 1254, tuvo en su ejército un cuerpo de artilleros chinos; y desde el siglo X eran conocidos en la China los *carros de rayo*, que producian los mismos efectos que

---

(1) «A very brilliant meteor, as large as the moon, was seen finally splitting into sparkles, and illuminating the whole valley.» (Ross. *Second voyage to the arctic regions*, cap. XLVIII). Pudiérase creer que la tradicion china se refiere á un hecho análogo al que observó Ross; pero ningun europeo ha visto semejantes meteoros en la China, y todos los viajeros alaban los fuegos artificiales de aquel pais.

(2) *Viaje de Plancarpin*, art. 5, pág. 42.

(3) P. Maffei, *Hist. indic.* lib. VI, pág. 256.

nuestros cañones y con iguales procedimientos (1). No pudiendo fijar la época donde comenzó en aquel imperio el uso de la pólvora, de las armas de fuego y de la artillería (2), la tradicion nacional atribuye su invencion al primer rey del pais. Este príncipe era *muy versado en las artes mágicas* (3): no sin razon hemos colocado el descubrimiento con que se le honra en el número de los medios de que estas artes se valian para hacer milagros.

Estas referencias, lejos de contrariar, refuerzan la opinion de Langlés, que atribuye á los indios la invencion de la pólvora; á los indios, de quienes probablemente recibió la China su civilizacion y sus artes, como les debe su religion popular.

Los griegos no ignoraron el poder terrible de las armas que una ciencia oculta preparaba en la India. Filostrato describe á los sabios que habitaban entre el Hifasis y el Ganges, lanzando á golpes redoblados el rayo contra sus enemigos, y rechazando así la agresion de Baco y del Hércules egipcio (4).

Recuérdense los rayos de que estaban armados los dioses del Indostan para rechazar á los malos genios. En la mitología griega, derivacion remota, pero no obstante conocida, de la mitología india, tambien los dioses tuvieron que combatir á los Titanes rebeldes, consiguiendo la victoria por medio de armas fulminantes. Numerosos puntos de semejanza se encuentran en la relacion de este combate, entre la artillería moderna y el arma del rey de los dioses y de los hombres. Los Cíclopes, decia el historiador Castor (5), acudieron con relámpagos y rayos esplendentes á socorrer á Júpiter combatiendo á los Titanes. En la guerra de los dioses contra los gigantes, segun Apolodoro (6), Vulcano mató á Clitio lanzándole *piedras inflamadas*; Tifon, engendrado por la Tierra para vengar á los

---

(1) Abel Rémusat, *Memoria sobre las relaciones políticas de los reyes de Francia con los emperadores del Mogol.—Journal asiatique*, tomo I, pág. 137.
(2) P. Maffei, *Hist. indic.* loc. cit.
(3) *Viaje de Linschott á la China*, 3.ª edic. pág. 53.
(4) Filostr. *Vit. Apol.* lib. II, cap. 14; lib. III, cap. 3.—Temístocles, *Orat.* XXVII.
(5) Euseb. *Chronic. canon.* lib. I, cap. 13.—*Nota*. Este pasaje importante no se encuentra en la version armenia, publicada por Zorhab y Mai.
(6) Apolodor. *Bibliot.* lib. I, cap. 5.

gigantes, hacia volar contra el cielo piedras inflamadas, mientras que su boca vomitaba torrentes de fuego. Los hermanos de Saturno, dice Hesiodo (1), desatados de sus lazos por Júpiter, le dieron el trueno, el rayo esplendente y los relámpagos que la *Tierra guardaba encerrados en su seno*; armas que aseguraron á este dios el imperio sobre los hombres y los inmortales. Del seno de la tierra se sacan el salitre, el azufre y el betun, de que probablemente se componía la materia fulminante de los antiguos. Entre todas las divinidades, solamente Minerva sabe dónde reposa el rayo (2); solamente los Cíclopes saben fabricarlo; y Júpiter castiga severamente á Apolo, por haber atentado contra la vida de estos artistas preciosos... Olvidemos las ideas mitológicas que van unidas á todos estos nombres, y creeremos estar leyendo la historia de un príncipe á quien la gratitud ha entregado el secreto de fabricar la pólvora, y que pone tanto empeño en poseerlo exclusivamente, como los emperadores de Bizancio en reservarse el secreto de la composicion del fuego griego.

La semejanza entre los efectos del rayo y los de las composiciones píricas es tan sorprendente, que la vemos consignada en todas las relaciones históricas y mitológicas: no se ocultó á los indígenas del continente descubierto por Cristóbal Colon y conquistado por los Cortés y los Pizarro: los pobres *indios* consideraban á sus vencedores como á Dioses armados del rayo, hasta que hubieron pagado caro el derecho de ver en ellos á otros hombres provistos de armas mortíferas.

Esta semejanza explica un pasaje que Plinio tomó probablemente de algun poeta antiguo, y que ha dado tormento á los comentadores. Tratando del orígen de la magia, Plinio se admira de que este arte se hallase extendida en Tesalia desde los tiempos de la guerra de Troya, y *cuando solo Marte lanzaba el rayo* (*solo Marte fulminante*) (3). ¿No hay aquí una visible alusion al poder que poseia la ciencia sagrada y que trataba de arrogarse la magia salida de los

---

(1) Hesiodo, *Theogon.* vers. 502-507.
(2) Esquil. *Eumenid.* vers. 829-831.
(3) Plin. *Hist. nat.* lib. XXX, cap. 1.

templos; al poder de armarse del rayo en los combates, y de producir explosiones rivales de los estampidos del rayo?

Tambien explica la muerte de los soldados de Alejandro, que, habiendo penetrado en el templo de los Cabires, cerca de Tebas, perecieron todos heridos por los relámpagos y el rayo (1); y la historia de Porsenna (2) matando de un rayo al monstruo que desolaba las tierras de sus súbditos; y la de los magos etruscos que, al ser amenazada Roma de un asedio por Alarico, ofrecieron rechazar al enemigo lanzando contra él rayos y truenos, jactándose de haber ejecutado este prodigio en *Narnia*, ciudad que, en efecto, no cayó en poder del rey de los godos (3).

Pero, se dirá: ¿cómo cayó en olvido este arte, conocida de los cristianos del siglo IV y de los mágicos etruscos á fines del V, y conservada todavía en la Siria en el siglo IX? ¿Por qué, por ejemplo, el historiador Ducas describe como una invencion enteramente nueva é ignorada de sus compatriotas los *falconetes*, de que se sirvieron contra Amurates II los defensores de Belgrado (4)? ¿Y cómo, responderé yo, han perecido tantas otras artes mas conocidas y mas inmediatamente útiles? Además, el secreto impuesto por leyes severas sobre la composicion del fuego griego, ¿no debió existir, y mas profundo aun, tratándose de composiciones mas importantes?

Pero me atrevo á afirmar que este arte no se perdió sino muy tarde en el Bajo-Imperio. En el siglo V, Claudiano describia en hermosos versos los fuegos artificiales, y particularmente los *soles giratorios* (5). El arquitecto que, en tiempo de Justiniano, trazó los

---

(1) Pausan. *Bœtic*. cap. 25.
(2) Plin. *Hist. nat.* lib. II, cap. 53.
(3) Sozomen. *Hist. ecle.* lib. IX, cap. 6.—Si ha de creerse á Zozimo (*Hist. rom.* lib. V), el obispo de Roma habia consentido que los mágicos ensayasen el cumplimiento de sus promesas; pero la repugnancia del pueblo hizo que se les despidiese, y la ciudad capituló.
(4) Ducas, *Hist. imp. Joann.* etc. cap. 30.
(5)   Inque chori speciem spargentes ardua flammas
    Scena rotet: varios effingat Mulciber orbes,
    Per tabulas impune vagus; pictæque citato
    Laudant igne trabes; et non permissa morari,
    Fida per innocuas errent incendia turres.
(Claudian. *De Fl. Mall. Theodos. consulat.* vers. 325-329).

planos y dirigió la construccion de la iglesia de Santa Sofía (1), Antemo de Tralles, lanzó contra una casa vecina á la suya los relámpagos y el rayo (2). Otro sabio, para fabricar fuegos á propósito de ser lanzados al enemigo, indica un procedimiento parecido á la composicion de nuestra pólvora (3). En fin, *Marco Greco* (4) describe esta misma composicion en las proporciones conocidas hoy dia: este autor vivió antes del siglo XII, y hasta se le ha considerado anterior al noveno. Seria curioso sin duda poder seguir estas invenciones, desde la época en que existian aun en el Bajo-Imperio, hasta aquella en que se difundieron por Europa; pero se opone á ello un obstáculo difícil de vencer: la ignorancia, sedienta de maravillas, y desdeñosa de la simple verdad, ha transformado unas veces en milagros y otras ha rechazado como fábulas aquellas relaciones que habrian podido instruirnos sobre el particular.

(1) Procop. *De œdific. Justiniani*, lib. I, cap. 22.
(2) Agatias, *De rebus Justiniani*, lib. V, cap. 4.
(3) Julio Africano, cap. 44.-*Veter. Mathem.* edic. Paris, pag. 303.
(4) Marcus Græcus, *Liber ignium ad comburendos hostes.*

CAPITULO XXVII.

Los taumaturgos podian tambien ejecutar maravillas con la escopeta de viento, con la fuerza del vapor de agua caliente y con las propiedades del iman.—Los feaciences pudieron conocer la brújula, como los navegantes fenicios.—La «Flecha» de Abaris era tal vez una brújula.—Los fineses tienen una brújula particular suya, y se ha hecho uso de la brújula en la China, desde la fundacion del imperio.—Otros medios de hacer milagros.—Fenómenos del galvanismo.—Accion del vinagre sobre la cal.—Recreaciones de física, lágrimas batávicas, etc.

Nos acercamos al término de nuestra carrera; y creemos haber probado que, por muy brillantes que sean las promesas que hemos puesto en boca del taumaturgo, no habria sido imposible á este cumplirlas.

El asunto no está agotado: en los conocimientos que los antiguos poseyeron, aun podríamos encontrar mas de un medio de producir maravillas.

Hablando de las armas de tiro, no hemos citado las que juegan movidas por el resorte del aire comprimido. Todavía hoy, la accion de una escopeta de viento, que lanza sin ruido, sin gran explosion un proyectil mortífero, tendria algo de milagroso para los hombres poco instruidos. Filon de Bizancio (1), que debió florecer en el siglo III de nuestra era, ha dejado una descripcion exacta de la escopeta de viento: pero él no se atribuye su invencion, y nadie osará decidir hasta qué punto alcanza la antigüedad de la misma.

Varios historiadores hablan de unas agujas envenenadas, que se

(1). *Revue Encyclop.* tomo XXIII, pág. 529 y siguientes.

lanzaban con un soplo; y el compendiador de Dion Casio (1) cita dos ejemplos de este crímen, impunemente cometido. La prontitud con que obraba el veneno de que estaban untadas las agujas, debia, en ciertas circunstancias, hacer mas maravillosa su accion. Unos franceses, alistados al servicio de Hyder-Alí y de Tipoo-Saheb, vieron la picadura de las agujas envenenadas dar la muerte en menos de dos minutos, sin que ningun remedio, ni siquiera la amputacion pudiese impedirlo. Los pueblos antiguos conocian venenos no menos activos (2). Así, pues, diremos una vez mas lo que tantas hemos tenido ocasion de repetir: ¡Cuántos milagros no era fácil hacer con un secreto semejante!

La fuerza del agua evaporada por el calor es un agente, cuyo empleo en nuestros dias ha trastornado el modo de ser de las artes mecánicas, y que, dando á su accion un progreso siempre creciente, prepara en beneficio de las generaciones venideras una potencia industrial, cuyos resultados no podemos calcular. Este poderoso agente, ¿fué absolutamente desconocido de los antiguos?

Cuando Aristóteles y Séneca atribuian los terremotos á la accion del agua súbitamente evaporada por un calor subterráneo, ¿no indicaban el principio cuya accion solo faltaba aplicar?

Ciento veinte años antes de nuestra era, Heron de Alejandría demostró de qué modo se puede emplear el vapor del agua caliente para comunicar á una esfera hueca un movimiento de rotacion (3). Citaremos ademas dos hechos notables: el uno pertenece á un sabio del Bajo-Imperio, Antemo de Tralles, á quien ya hemos citado: Agatias, su contemporáneo, refiere que, para vengarse del habitante de una casa vecina á la suya, Antemo llenó de agua muchas vasijas, sobre las cuales fijó unos tubos *de cuero*, bastante anchos por abajo para cubrir herméticamente dichas vasijas, y muy estrechos por ar-

---

(1) Xiphilin. in *Domitian*... in *Commod.*

(2) Los galos impregnaban sus flechas de un veneno tan eficaz, que los cazadores se apresuraban á cortar á los animales que herian la parte tocada por la flecha, por temor de que la sustancia venenosa penetrase y corrompiese luego toda la carne.

(3) Arago, *Noticia sobre las máquinas de vapor... Almanach du bureau des longitudes*, 1829, pág. 147-151.

riba. Aplicó los orificios superiores á las vigas que sostenian los techos de la casa objeto de sus iras; hizo hervir el agua; el vapor llenó los tubos, los hinchó, y dió una conmocion violenta á las vigas que se oponian á su salida (1)... El cuero se habria rasgado cien veces antes que una viga fuese arrancada de su asiento; es indudable: pero esos tubos, ¿eran realmente de cuero? ¿no pudo ser que el físico de Tralles hiciese creer este error, para mejor ocultar un procedimiento cuya propiedad queria reservarse? De cualquier modo, la explicacion dada por el crédulo Agatias (2), por extraña que sea, indica que Antemo conocia la fuerza prodigiosa que desarrolla el agua reducida á vapor.

El otro ejemplo nos conduce á las orillas del Weser: allí los teutones adoraban á *Busterich*, cuya imágen, fabricada de metal, estaba hueca: se la llenaba de agua, se cerraban con tapones de madera los agujeros hechos en los ojos y en la boca; y luego se le aplicaba fuego á la cabeza, hasta que el vapor del agua caliente hiciese saltar los tapones con estrépito, saliendo él mismo en torrentes de humo (3), señales de la cólera del Dios, segun sus groseros adoradores.

Si de un pueblo poco civilizado se desciende hasta la infancia de la sociedad, despues de la imágen milagrosa del dios teuton, encontraremos las armas de tiro de los indígenas de la Nueva Guinea, cuya explosion es acompañada de humo, *aunque no son mosquetes* (4): este hecho parece indicar un motor análogo al vapor de agua. Seria curioso al menos averiguar lo que hay en esto.

¿Sabemos tampoco hasta qué punto hacian uso del iman los antiguos taumaturgos? La propiedad atractiva les era bastante conocida

---

(1) Agatias, *De rebus Justiniani*, lib. V, cap. 1.
(2) El mismo historiador adoptó igualmente (*loc. cit.*) una explicacion engañosa de la maravilla que hemos citado al final del capítulo XXVI. Segun él, Antemo la ejecutaba con máquinas ruidosas y con un espejo cóncavo, cuyo movimiento hacia girar en todas direcciones imágenes deslumbradoras del sol: un artificio tan débil no habria persuadido á un hombre algo instruido, como lo era el enemigo de Antemo, que lanzaban contra su casa los fuegos del rayo.
(3) Tollii *Epistolæ itinerariæ*, pág. 34 y 35.
(4) *Nuevos anales de viajes*, tomo I, pág. 73.

para que, segun dicen, llegasen á suspender una estátua en la bóveda de un templo (1). Sea verdadera ó falsa, esta tradicion indica que los antiguos habrian podido prevalerse de la atraccion magnética para hacer maravillas.

Seguramente no ignoraban la propiedad repulsiva del iman; pero, segun la práctica adoptada para redoblar los velos del misterio, se decia, ó se queria hacer creer, que esa propiedad pertenecia á una sola clase de iman, al iman de Etiopia (2). Nosotros sabemos cuán activas son hoy, en los juegos de física experimental, la atraccion y la repulsion magnéticas: esos juegos fueron milagros en los templos.

Là Europa moderna pretende haber descubierto la propiedad que distingue á la brújula: esta pretension no puede admitirse en el concepto de exclusion. Un notable pasaje de la Odisea ha inspirado á un sabio inglés una conjetura ingeniosa: Alcinoo (3) dice á Ulises que los buques feacienses son animados y conducidos por una

(1) Vitrubio (*De archit*. lib. IV) y Plinio (*Hist. nat*. lib. XXIV) dicen que esta maravilla fué proyectada, pero no ejecutada. Suidas, Casiodoro, Isidoro de Sevilla, Ausonio hablan positivamente de su existencia. Segun Ausonio (*Idyllium X, Mosella*, vers. 314-320), Dinochares elevó así á la bóveda del templo la imágen de Arsinoe, esposa y hermana de Ptolomeo Filadelfo: un hierro oculto á la vista por los cabellos de la estátua se adheria á un iman colocado en el remate de la bóveda. Suidas habla de una estátua de Serapis, que, segun él, era de bronce (probablemente de cobre batido), y que se sostenia con el mismo artificio.—Casiodoro (*Variar*. lib. I, ep. 45), é Isidoro (*Origin*. lib. XVI, cap. 4), suspenden de la bóveda de un templo de Diana una estátua de hierro (sin duda de plancha muy delgada), que, segun el primero de estos escritores, era la de Cupido. Isidoro dice que era retenida por la accion de un iman; particularidad que no menciona Casiodoro. Vitrubio y Plinio, como mas antiguos, pudieron estar mejor informados que los escritores del Bajo Império; mas, para que estos no pecasen contra la verosimilitud, bastaria que el iman hubiese sido muy fuerte y la estátua hueca y muy ligera.

La fábula que ha corrido respecto al sepulcro de Mahoma, que se suponia suspendido del techo de una mezquita, ófrece un ejemplo mas de la tendencia que tienen los hombres á naturalizar entre ellos las maravillas tomadas de otro pais y culto extranjero; pero una ficcion grosera no destruye la posibilidad de un hecho, que solo tiene la apariencia de prodigio.

(2) Isidor. Hispal. *Origin*. lib. XVI, cap. 4.
(3) Homero, *Odis*. lib VIII, vers. 553-563.

inteligencia ; que no necesitan, como los barcos vulgares, piloto ni timon ; que surcan las olas con la mayor rapidez, á pesar de la oscuridad profunda de la noche y de las brumas, sin correr nunca el peligro de perderse. M. William Cooke explica este pasaje, suponiendo que los feacienses conocian el uso de la brújula, y que pudieron haberlo aprendido de los fenicios (1).

Haremos algunas observaciones sobre esta conjetura.

1.° Su autor podia apoyarse en lo que dice Homero repetidas veces, acerca de la rapidez con que marchaban los buques feacienses (2). Engolfándose dirigidos por la brújula, su velocidad debia efectivamente parecer prodigiosa á unos navegantes que, temerosos de perder de vista la tierra, iban casi siempre bordeando las costas.

2.° El estilo figurado que caracteriza el citado pasaje conviene á un secreto que el poeta no conocia sino por sus resultados. Homero transforma por esto en milagro un hecho natural ; y cuando refiere que Neptuno convirtió en roca la nave que condujo á Ulises á su patria, á fin de que los feacienses no salvasen mas á los extranjeros de los peligros del mar, adopta esta opinion, cuyo orígen hemos explicado ya (3), para expresar que el secreto de hacer segura la navegacion se habia perdido entre los súbditos de Alcinoo.

3.° Es difícil no admitir que los fenicios conociesen el uso de la brújula, recordando los frecuentes viajes que sus navegantes hacian á las islas Británicas ; pero no hay prueba ninguna de que hubiesen comunicado el secreto á los habitantes de Corcira. Homero, tan exacto en recoger todas las tradiciones relativas á las comunicaciones de los antiguos griegos con el Oriente, no nos ha dejado indicio alguno sobre este particular. Pero nos dice que los feacienses habian vivido mucho tiempo cerca de los cíclopes, de quienes se habian alejado recientemente : además da á los cíclopes el título de *hombres muy ingeniosos* (4); título bien aplicado á unos artistas versados en la docimacia y en la pirotecnia, y que al cabo de treinta siglos aun

(1) William Cooke, *An Enquiry into the patriarchal and druidical religion*, etc. in 4.° London, 1754, pág. 22.
(2) Homero, *Odis.* lib. VII, VIII, XIII.
(3) Capítulo III de esta obra.
(4) Homero, *Odis.* lib. VII, vers. 4-8.

dan sus nombres á monumentos gigantescos de arquitectura, en Italia, en Grecia y en Asia. Hemos asentado en otra parte (1), y acaso con alguna probabilidad, que los cíclopes, como los curetos, pertenecian á una casta sabia, venida del Asia á la Grecia, para civilizar y gobernar algunos pueblos de los pelasgos. Seria poco sorprendente que los feacienses hubiesen aprovechado la instruccion de esta casta, antes de cansarse de su despotismo hasta el punto de separarse de ella definitivamente. Se debe notar que su habilidad ó su fortuna en los viajes marítimos cesó muy luego despues de esta separacion, que fué determinada por el padre de Alcinoo; y en tiempo de este último, los feacienses renunciaron á la navegacion. ¿No pudo ser esto porque se hubiesen destruido los instrumentos que recibiéran de la liberalidad de sus antiguos señores, y que ellos no supiesen fabricar otros?

Falta probar que los cíclopes poseyesen un conocimiento tan precioso, lo cual es casi imposible de averiguar.

Se sabe solamente que estos habian venido de Licia á Grecia; pero tal vez no habian hecho mas que atravesar la Licia, viniendo de una comarca mas interior del Asia, como el hiperbóreo Olen, cuando trajo á Grecia, junto con un culto religioso y ciertos himnos, los elementos de la civilizacion.

Tambien vino á Grecia y á Italia, desde las extremidades del Asia, aquel Abaris, hiperbóreo ó scita, dotado por el dios que adoraba de *una flecha, con ayuda de la cual recorria el universo.* Háse dicho poéticamente, y Suídas y Jamblico lo han repetido, que gracias á este don precioso, *Abaris cruzaba los aires* (2). Se ha tomado al pié de la letra esta expresion figurada, pero el mismo Jamblico refiere inmediatamente despues, que «Pitágoras robó á »Abaris la *flecha de oro con la cual se dirigia en su derrotero...* que »habiéndole tomado y escondido la flecha de oro, sin la cual no po»dia discernir el camino que debia seguir, Pitágoras le obligó á

---

(1) *Essai historique et philosophique sur les noms d'hommes, de peuples et de lieux,* párrafo 81, tomo II, pág. 164-172.
(2) Suídas, verbo *Abaris.*—Iamblic. *vit. Pythagor.* cap. 28.-V. tambien á Herodoto, lib. IV, párrafo 36.-Diod. Sic. lib. III, cap. 11.

»descubrirle la naturaleza de la misma (1).» Sustituyamos la supuesta flecha por una aguja magnética, de igual forma, de grandes dimensiones, y que haya sido dorada para preservarla del orin, y en lugar de una fábula absurda, la narracion de Jamblico expresará un hecho verdadero, contado por un hombre que no penetra su misterio científico.

Todo esto, sin embargo, solo nos ofrece conjeturas, mas ó menos plausibles. Citemos un hecho: los fineses poseen una brújula, que ciertamente no les ha sido transmitida por los europeos, y cuyo uso alcanza entre ellos á tiempos desconocidos. Esta brújula tiene la particularidad de que señala la salida y la puesta del sol en verano y en invierno, y que las indica de un modo que solo puede convenir á una latitud de 49° 20' (2). Esta latitud atraviesa en Asia toda la Tartaria, la Scitia de los antiguos, y es la misma bajo la cual se decidió Bailly á colocar el pueblo inventor de las ciencias (3); la misma en que, segun observa Volney (4), se escribió el *Bundehesch*, el libro fundamental de la religion de Zoroastro. Siguiéndola, nos conduce por el Este á la porcion de la Tartaria, cuyas poblaciones, ora vencedoras, ora vencidas, mantuvieron constantemente íntimas relaciones con el imperio chino. Ahora bien, nadie disputa la existencia antigua de la brújula en la China (5): no se pondrá en duda siquiera la tradicion (6), segun la cual, mucho tiempo antes de nuestra era, un héroe chino se valió con éxito de la brújula, para abrirse paso en medio de las tinieblas.

(1) Iamblich, loco cit.
(2) *Nuevos Anales de viajes*, tomo XVII, pág. 414.
(3) Bailly, *Cartas sobre el orígen de las ciencias... Cartas sobre la Atlantida.*
(4) Volney, *Obras completas*, tomo IV, pág. 202 y 203.
(5) Los chinos hacen remontarse entre ellos el uso de la brújula al reinado de Hoang-ti, 2,600 años antes de J.-C. Se hace mencion de los *carros magnéticos*, ó portadores de brújulas, en las *Memorias históricas* de Szu-ma-thsian, 1,140 años antes de nuestra era.-J. Klaproth, *Carta sobre el orígen de la brújula.-Boletin de la Sociedad de geografía*, 2.ª serie, tomo II, pág. 221.
(6) Abel Remusat, *Memorias sobre las relaciones políticas de los reyes de Francia con los emperadores del Mogol.* (*Journal asiatique*, t. I, pág. 137.)-Los indios hacen uso de la brújula, y no hay noticia alguna de que hayan recibido de los europeos este instrumento.

Encontrando á la vez la brújula entre los fineses y los chinos, es natural recordar que el uso de los nombres de familia, desconocidos por mucho tiempo en Europa, pero existentes desde la mas remota antigüedad en la China, parece haber pasado de este pais al de los samoyedos, los baschkiros y los lapones (1). La extension que así tomó en tiempos desconocidos una institucion útil y popular, nos indica el camino que pudo seguir, aunque solamente entre los discípulos de la casta sabia, un secreto cuya posesion servia para ejecutar maravillas tan útiles y brillantes. De aquí resulta probable lo que al principio parecia quimérico, es á saber, que el conocimiento de la brújula pudo llegar, desde la latitud en que nació la religion de Zoroastro (2), hasta las comarcas del Asia Menor, adonde llegó esta misma religion, y donde se naturalizó la práctica de los milagros propios de los sectarios del culto del fuego (3).

Para prevenir objeciones, en que al justo amor de la verdad se mezclaria una parcialidad harto legítima, apresurémonos á decir, que la existencia de ciertos conocimientos en la antigüedad y entre pueblos que nos fueron desconocidos por mucho tiempo, no prueba de modo alguno el que en los tiempos modernos no hayan *inventado* los europeos verdaderamente las artes y las ciencias que han hecho renacer. El arte de la tipografía es tan antiguo en la China y en el Tibet como la historia de estas comarcas, y solo hace cuatro siglos que el genio de Faust, de Schœffer y de Guttemberg enriqueció con ella á la civilizacion europea. Solo hace diez y seis ó diez y ocho lustros que el progreso de las ciencias nos ha conducido á reconocer en los relatos de la antigüedad el descubrimiento de mandar al rayo, hecho por Franklin. Embarazados los sabios para fijar la época de la *reinvencion* de la brújula y de la pólvora, no lo están menos para declarar que su uso no se ha extendido en Euro-

---

(1) Eusebio Salverte, *Essai historique et philosophique sur les noms d'hommes, de peuples et de lieux*, párrafo 24, tomo I, pág. 35-44.

(2) Isidoro de Sevilla (*Orig.* lib XVI, cap. 4) dice que el iman fué primeramente encontrado en la India, y que en consecuencia se le llamó *Lapis indicus*. Pero esta noticia vaga y aislada no nos ha parecido suficiente para que debiésemos buscar en la India el orígen de la brújula.

(3) Capítulo XXV de esta obra.

pa sino desde hace quinientos ó seiscientos años. Los secretos de la taumaturgia debian ser muchos, dado que la casta sabia solo estudiaba la física para encontrar en ella medios de asombrar, de aterrar y de dominar. Si, pues, muchos de estos secretos han perecido irremisiblemente con los sacerdotes y sus templos, puede haber otros cuya memoria, sepultada bajo un manto fabuloso en algunos documentos antiguos, saldrá un dia de esa especie de tumba, despertada por felices descubrimientos, que sin dejar de honrar á sus autores y al espíritu humano, serán simplemente *reinvenciones*.

Pudieran intentarse algunos ensayos de este género.

La casualidad habia revelado á Cotugno los primeros fenómenos del galvanismo, como los reveló á Galvani, que ha merecido el título de inventor, perfeccionando por el exámen y el raciocinio un conocimiento fortuito al principio. Si la casualidad hubiese enriquecido con el mismo descubrimiento á un antiguo taumaturgos ¡qué de milagros no habria podido hacer con asombro de sus admiradores, limitándose á las primeras nociones del galvanismo, y á los experimentos que habria podido ejecutar en el cuerpo de un animal recientemente privado de vida!

Nociones menos elevadas aun habrian podido servir en mas de una ocasion á los designios del taumaturgo.

Sin ir mas lejos del siglo XVIII, se han visto hombres que, por medio de una varita adivinatoria, ó advertidos por una especie de sentido interior, pretendian descubrir los manantiales que la tierra ocultaba, á una profundidad mas ó menos considerable (1). Edrisi refiere que, en el África septentrional, una caravana se encontraba expuesta á morir de sed en un terreno árido y arenoso. Uno de los viajeros, un negro berberisco tomó un poco de tierra, y habiéndola olido, indicó el paraje donde habia que cavar para encontrar un manantial de agua dulce: su prediccion se cumplió al instante (2). Poned en su lugar á un charlatan; el hecho se convertirá en milagro, y la gratitud de sus compañeros de peligro apoyará esta pretension.

(1) En el presente siglo, y en nuestros dias hemos conocido algunos de estos *zahories* en España. (N. del T.)
(2) Edrisi (trad. franc.), lib. I, cap. 22.

En el mes de agosto de 1808, se encontró, en el altar de la iglesia patriarcal de Lisboa, un huevo, que sin presentar indicios de ninguna operacion hecha por mano de hombre, tenia en el cascaron la sentencia de muerte de todos los franceses. Este aparente milagro produjo una fermentacion alarmante entre los portugueses, hasta que los franceses colocaron en las iglesias y distribuyeron por la ciudad otros huevos, que llevaban escrita la negativa de esta prediccion. Una proclama, fijada en todas las esquinas, explicó al mismo tiempo el secreto de la maravilla, que consiste en escribir en el cascaron con un cuerpo graso, y dejar luego el huevo, durante algun tiempo, sumergido en un ácido (1).

Por el mismo procedimiento se puede grabar letras, jeroglíficos, en hueco y en relieve, sobre una mesa de piedra calcárea, sin que se descubra el trabajo de una mano mortal. Pues bien, las antiguos conocian la accion enérgica que ejerce el vinagre sobre la mayor parte de las piedras, aunque la hayan exagerado mucho, adoptando el cuento introducido en la Historia, relativo al paso de los Alpes por Aníbal (2).

El producto de la base de un vaso, multiplicada por su altura, cualquiera que sea la forma del mismo, da la medida de la presion que le hace soportar el líquido que encierra. Este principio, que explica la poderosa accion de la prensa hidráulica, pudo ser conocido en los antiguos templos; y hé aquí un medio fácil de hacer milagros, si por estos se entiende las mas de las veces un efecto que al parecer no guarda proporcion con su verdadera causa. ¿Y qué cosa mas desproporcionada que una presion enorme, comparada con la cantidad módica de líquido necesario para producirla?

Descendamos hasta las *recreaciones* de la física experimental. Supongamos que los taumaturgos antiguos conociesen unas invenciones, cuyos efectos singulares asombraran siempre al vulgo : por

---

(1) P. Thiebault, *Relacion de la expedicion d. Portugal*, pág. 170 y 171.
(2) Plin. *Hist. nat.* lib. XXXIII, cap. 1 y 2.—Dion Cas. lib. XXXVII, capítulo 8.—¿No habria tenido su orígen este cuento en alguna maniobra empleada por Aníbal para comunicar á sus tropas el valor que les quitaba la multitud de los obstáculos que necesitaban vencer en su marcha?

ejemplo, las *lágrimas batávicas* (1), ó los *matraces de Bolonia* (2); simples juguetes de niño, como el *caleidoscopio*, ó esas pequeñas *muñecas* (3) que, colocadas sobre un instrumento de música, se mueven á compás, y dan vueltas, valsando unas al rededor de otras. Atendiendo á las muchas maravillas que se podrian ejecutar con procedimientos de tan poca importancia, ¿no se podrá concluir que muchos milagros en la antigüedad procedian de semejantes causas? Los procedimientos se han perdido: solo ha quedado el **recuerdo de sus efectos.**

Podríamos multiplicar las suposiciones del mismo género; pero creemos haber dicho lo bastante para conseguir nuestro objeto. Dejando aparte lo que se refiere al escamoteo, á la impostura, al delirio de la imaginacion, pocos milagros antiguos hay que un hombre versado en las ciencias modernas no pueda reproducir, ya sea inmediatamente, ya aplicándose á penetrar su misterio y á descubrir sus causas; y las mismas ciencias darian la facilidad de ejecutar otros milagros no menos numerosos, y no menos brillantes que aquellos de que están llenas las historias. El ejemplo de lo que podrian hacer los modernos en punto de magia, basta para explicar la magia de los antiguos.

(1) Lágrimas de vidrio, que no se rompen golpeando con un martillo su superficie esférica, y que se deshacen en polvo en cuanto se rompe el hilo que forma su cola.

(2) Botellitas en forma de pera, de vidrio blanco no recocido. Se puede hacer rodar dentro, sin estropearlas, una bola de billar, de marfil ó de mármol. Si se deja caer dentro un pedazo de sílice del tamaño de un cañamon, el matrás se hace cinco ó seis pedazos en la mano. Estos *matraces* y las *lágrimas batávicas* no interesan mas que á la curiosidad: ya casi no se fabrican, y cuando dejen de fabricarse absolutamente, podrá llegar un tiempo en que no se querrá creer sus propiedades maravillosas, que parece son absurdas.

(3) Este juguete era conocido hace algunos años con el nombre de *danso-musicomanes.*

CAPÍTULO XXVIII.

Conclusion.—Principios seguidos en el curso de esta discusion.—Respuesta á la objecion de la pérdida de los conocimientos científicos de los antiguos.—Solo Demócrito, entre ellos, se ocupó en observaciones y en física experimental.—Este filósofo veia, como nosotros, en las obras mágicas, los resultados de una aplicacion científica de las leyes de la naturaleza.—Utilidad de estudiar bajo este punto de vista los milagros de los antiguos.—Los taumaturgos no ligaban entre sí, por medio de una teoría, sus conocimientos científicos: este es un indicio de que los habian recibido de un pueblo anterior.—Los primeros taumaturgos no pueden ser acusados de impostura; pero seria peligroso seguir hoy sus huellas, tratando de subyugar al pueblo con milagros: la obediencia voluntaria á las leyes es una consecuencia segura de la felicidad que las leyes procuran á los hombres.

Hemos acometido la empresa de devolver á la historia de la antigüedad la grandeza que le hacia perder una aparente mezcla de fábulas pueriles, demostrando que las obras mágicas de los antiguos eran el resultado de conocimientos científicos mas ó menos elevados, pero positivos, que en su mayor parte se transmitian los taumaturgos secretamente, mientras ponian el mayor cuidado en ocultarlos á los demás hombres.

Dos príncipios nos han guiado constantemente:

Es absurdo admirar, ó dejar de creer como sobrenatural, lo que puede explicarse naturalmente;

Es razonable admitir que los conocimientos físicos propios para hacer milagros existian, al menos para algunos hombres, en los tiempos y en los países en que la tradicion histórica refiere el milagro.

¿Se nos acusará de cometer una peticion de principio, fácil de destruir, negando el hecho mismo del milagro? No: se necesita un motivo plausible para negar lo que frecuentemente ha sido aseverado por muchos autores, y repetido en diferentes épocas: este motivo no existe, y por lo tanto, el milagro entra en la categoría de los hechos históricos, desde el momento en que una explicación fundada en la naturaleza de las cosas desvanece la apariencia que hacia se le considerase como quimérico.

Pero, ¿cómo no han llegado hasta nosotros unos conocimientos de tanto interés, repetiremos? De igual manera que se han perdido en toda la Tierra las historias de la mayor parte de los tiempos pasados, y las luces de todo género cuya posesion no se disputa á los antiguos. A las causas generales de destruccion que han efectuado esos inmensos vacíos en el dominio de la inteligencia humana, se han agregado en este caso dos causas particulares, cuya energía hemos indicado: la una es el misterio con que la religion y el interés, de consuno, envolvian las nociones privilegiadas: la otra es la falta de trabazon sistemática, única cosa que habria podido establecer entre ellas una teoría racional; trabazon sin la cual los hechos aislados se pierden sucesivamente, sin que los que se salvan del naufragio hagan posible volver á encontrar los que son poco á poco hundidos en el abismo del olvido por el tiempo, la negligencia, el temor, la supersticion y la incapacidad.

No juzguemos de los conocimientos antiguos por los nuestros. La física experimental, considerada como ciencia, data del siglo último. Antes no existia nada mas que un empirismo caprichoso, dirigido por la casualidad y extraviado por los ensueños de la alquimia. Mas antiguamente, los romanos soló copiaron los escritos de los griegos, que tambien por su parte, sin hacer experimentos, copiaban lo que encontraban en libros mas antiguos, ó en las relaciones de autores extranjeros que no siempre comprendian. Solamente Demócrito parece haber conocido la necesidad de observar, de aprender, de saber por sí mismo (1), y consumió su vida haciendo experimentos, anotando en un libro, que trataba *de la Naturaleza*, los hechos comprobados por él mismo (2). Difícil es averiguar hasta qué punto le condujeron unas investigaciones, en las que ninguna teoría le sirvió

(1) *Enciclop. metod. Filosofía antigua y moderna*, tom. II, pág. 319.
(2) Petron. *Satyric.* - Vitrub. *De architect.* lib. IX, cap. 3.

probablemente de guia, pues hace mucho tiempo que desaparecieron sus obras. Es seguro, al menos, que estas le conquistaron una gran autoridad en la opinion general. Era tanto el peso de su testimonio en física y en historia natural, que unos falsarios publicaron con su nombre, para darles circulacion, muchos volúmenes llenos de fábulas ridículas sobre las propiedades de los minerales, de los animales y de las plantas (1). Plinio, que cita con frecuencia estas supuestas obras de Demócrito, las creyó auténticas ; pero Aulo Gelio nos reveló la impostura, y se indigna justamente del ultraje hecho á la memoria del grande hombre.

En un pasaje demasiado conciso por desgracia, Solin (2) parece presentar á Demócrito como empeñado en una lucha frecuente contra los magos, y oponiendo á sus prestigios fenómenos aparentemente prodigiosos, pero, sin embargo, naturales, para probarles hasta dónde llega la energía de las propiedades ocultas de los cuerpos. Demócrito, dice Luciano (3), no creia en ningun milagro : persuadido de que sus autores solo tratan de engañar, se aplicaba á descubrir el modo como podian engañar : en una palabra, su filosofía le llevaba á demostrar, que la magia (arte bien conocido por él, pues los magos habian sido sus maestros) (4), *se encerraba toda ella en la aplicacion y en la imitacion de las leyes y de las obras de la naturaleza.*

Este sentimiento, profesado por el primer filósofo conocido que haya estudiado la ciencia como debe serlo, es precisamente el que nos hemos propuesto seguir. Si no hemos trabajado en vano, estamos en el derecho de deducir de este teorema algunas consecuencias sobre los progresos posibles del conocimiento de la naturaleza, sobre la Historia y sobre los principios de la civilizacion.

I. Los antiguos, hasta una época á la que no hemos pretendido remontarnos, se ocuparon mucho de hechos particulares, que no

(1) Aut. Gel. *Noct. attic.* lib. X, cap. 12.-Columela, *De re rustica,* lib. VII, cap. 5. - Diog. Laerc. in *Democrit. vit.* sub fine.

(2) «*Accepimus Democritum Abderitem, ostentatione scrupuli hujus* (calculitis lapidis) *frequenter usum, ad probandum occultam naturæ potentiam, in certaminibus quæ contra magos habuit.*» (Solin. cap. 9.)

(3) Lucian. *Philopseudes.*

(4) Diog. Laert. in *Democrit. vit.*

procuraban enlazar entre sí. ¿No caen los modernos en el extremo contrario? ¿No desdeñan mas de lo conveniente tantos hechos aislados como se consignan en los libros, y aun se reproducen en los laboratorios, pero que no son recomendados á nuestra investigacion por ninguna relacion de enlace ó de oposicion con las teorías existentes?

Hemos visto que la Historia natural puede ganar alguna cosa en el exámen y en la discusion de los prodigios referidos por los antiguos. El estudio de sus milagros y de sus operaciones mágicas no dejaria de ofrecer ventajas asimismo á la física y á la química. Procurando obtener los mismos resultados que los taumaturgos por una práctica calculada con arreglo á los medios de accion que ellos nos han dejado entrever, ó que nosotros podemos suponerles, se conseguirian descubrimientos curiosos y hasta de útil aplicacion á las artes, y se prestaria un gran servicio á la historia del espíritu humano: se encontrarian los restos de ciencias importantes, cuya pérdida, entre los romanos y los griegos, fué determinada ó acelerada por lo carencia absoluta de método y de teoría.

II. Por una consecuencia inevitable de esta falta de método, los mágicos y los taumaturgos se nos muestran inseparables de sus libros, esclavos de sus fórmulas, verdaderos aprendices que solo mecánicamente conocen los procedimientos de su arte, y no saben distinguir la parte de ceremonias superfluas que en ellos habia mezclado la supersticion ó la necesidad de imponer. Lo mismo los antiguos que los mas modernos, presentan este rasgo característico. No inventaron nada. ¿De quién habian recibido sus secretos, sus fórmulas, sus libros, su arte toda entera? Hénos aquí, para este, como para todos los demás ramos de los conocimientos, en la necesidad de acudir á tiempos indeterminados, en los que las ciencias fueron inventadas ó perfeccionadas, para luego decaer, no subsistiendo mas que fragmentos incoherentes de ellas en el espíritu de los hombres que retenian los oráculos sin comprenderlos. Hénos aquí sumergidos en esa antigüedad que la Historia indica confusamente, pero que es muy anterior á la Historia.

III. Penetrando por medio de algunas conjeturas probables en esta noche, que el curso de los tiempos debe hacer cada dia mas profunda, nos ha sorprendido un rasgo notable : la opinion que atribuia á los milagros y á la magia un orígen celestial no fué en el principio una impostura : nacida de la piedad, que queria que toda cosa excelente emanase de la Divinidad, fué luego mantenida por el *estilo figurado*, que se acomodaba naturalmente á estos sentimientos religiosos. Así, pues, entre los legisladores que han recurrido á este agente venerado para dar estabilidad á sus obras, los mas antiguos al menos no buscaron su apoyo en la mentira; no profesaron la execrable doctrina de que *es preciso engañar á los hombres*. De buena fé se dijeron inspirados, y ofrecieron sus obras maravillosas como pruebas de su mision, porque atribuian humildemente á la divinidad sus luces, sus virtudes, sus miras sublimes y sus conocimientos superiores á los del vulgo.

Estos grandes hombres adoptarian hoy una marcha muy diferente. Hoy, el que buscase en el arte de hacer milagros un instrumento para impulsar la civilizacion, fracasaria muy pronto, porque engañaria á sabiendas; porque su mala fé, contraria á la moral, no lo seria menos al espíritu de la *civilizacion perfectible*, que tiende incesantemente á levantar los velos con que se cubren la naturaleza y la verdad.

¿Habremos de inferir de esto que la legislacion, privada de esa enérgica palanca, sea impotente sobre la voluntad de los hombres, y que para dirigir sus acciones tenga necesidad de una fuerza coactiva siempre subsistente? ¡No! Por mas que se haya dicho en nuestros dias, no hay necesidad de engañar á los hombres para guiarlos, cuando se quiere conducirlos á la felicidad: el hombre que engaña no piensa en servir á los engañados, sino en satisfacer su soberbia, su ambicion ó su codicia. La necesidad de ser gobernados domina á los hombres en cuanto el estado social los acerca íntimamente, y esa necesidad crece en una nacion con el aumento de las luces y del bienestar, y en proporcion del deseo razonable de gozar, sin turbulencias, de las ventajas que se poseen. El político cuyas intenciones son rectas encontrará en este sentimiento un apoyo no menos sólido, que el que buscaria en la intervencion inmediata de la divinidad; un apoyo que nunca dejará expuesta la sociedad á inconvenientes tan graves como la ficcion, siquiera sea religiosa, y que jamás amenazará hundirse, teniendo por bases la razon y el progreso de los conocimientos naturales. ¡REYES, REINAD PARA VUESTROS PUEBLOS! Así, cuando un observador sorprendido pregunté á qué prestigios se deben su docilidad y vuestro poder, podreis responderle, revelándole este principio : «Esa es toda nuestra magia : esa la fuente de todos nuestros milagros!»

NOTA A.

DE LOS DRAGONES Y SERPIENTES MONSTRUOSAS

QUE FIGURAN

EN MUCHAS NARRACIONES FABULOSAS Ó HISTÓRICAS.

En el imperio de lo maravilloso, quizá no hay narraciones mas frecuentemente repetidas, que las que tratan de dragones alados, de serpientes monstruosas que devoran á los hombres y á los animales, hasta que un valor heroico ó un poder milagroso libra de sus estragos á la comarca que los padece. Dupuis (1) y Alex. Lenoir (2) han reconocido en estas leyendas la expresion figurada de los temas astronómicos de Perseo, libertador de Andrómeda, amenazada por una ballena, y de Orion vencedor de la serpiente; emblemas de la victoria que alcanza la virtud sobre el vicio, el principio del bien sobre el principio del mal; y suprimiendo los velos alegóricos, de la victoria del sol de primavera sobre el invierno, y de la luz sobre las tinieblas.

Nos proponemos tratar de este asunto bajo otro punto de vista,

(1) Dupuis, *Origen de todos los cultos.*
(2) Lenoir, *Del dragon de Metz, llamado* Graouilly, etc. Memorias de la Academia céltica, tomo II, pág. 1-20.

investigando cómo es que el emblema astronómico se ha convertido tan frecuentemente en historia positiva ; qué causas han introdúcido variaciones notables en la leyenda, en diferentes lugares ; por qué, en fin, se han reunido á esta leyenda otros *mitos* ú otros hechos, que originariamente fueron extraños á ella.

I.

Algunos reptiles llegados á un crecimiento poco ordinario han hecho nacer ó acreditado varias de estas narraciones.

¿Han existido alguna vez reptiles de una proporcion tan extraordinaria, animales de una forma tan monstruosa, que diesen orígen natural á las narraciones que discutimos ?

Habiendo encontrado con mucha frecuencia en el departamento de Finisterre (Francia), la tradicion de dragones, vencidos por un poder sobrenatural, un observador (1) conjetura que estos monstruos, asunto de tantas leyendas, pudieran muy bien haber sido cocodrilos que infestaran en otro tiempo los rios de Francia; y en efecto, en varios puntos se han encontrado sus osamentas.

Esto no es imposible. En 1815, se mató en Calcuta un cocodrilo de 17 á 18 piés ingleses de largo, armado de garras enormes. «En la parte donde se une la cabeza al cuerpo, se veia una protuberancia de la que salian cuatro aletas huesosas : en la espalda habia otras tres filas de aletas semejantes, y cuatro cerca de la cola, cuyo extremo formaba una especie de sierra, que era una continuacion de estas aletas (2).» Esas *protuberancias*, esas *aletas huesosas*, consideradas con razon como armas defensivas, se encuentran en la famosa *Tarasca* de Tarascon, y en varios dragones y serpientes, representados en los cuadros de diversas leyendas. Aquí aun la ficcion pudo comenzar por la pintura y la exageracion de un hecho realmente observado.

Hace algunos años, se esparció el rumor de que se habia muerto, al pié del monte Saleve, un reptil monstruoso. Ya se empezaba á decir que habia hecho estragos iguales á su talla. Su despojo fué examinado por los naturalistas, primero en Ginebra, y luego en Paris ; y se vió que solo era una culebra, que habia adquirido un crecimiento notable, pero no prodigioso. En un siglo menos ilustrado, no se habria necesitado mas para que los crédulos montañeses

(1) M. de Freminville, *Memorias de la Sociedad de anticuarios de Francia*, tomo XI, pág. 8 y 9.
(2) *Biblioteca universal* (Ginebra). *Ciencias*, tomo IV, pág. 222 y 223.

de Saboya inventaran una leyenda maravillosa, que la tradicion habria consagrado y tal vez aumentado de siglo en siglo.

La Historia ha consagrado el recuerdo de la serpiente que Régulo combatió en Africa con máquinas de guerra : probablemente seria una boa llegada á su mayor desarrollo. Concediendo algo á la exageracion, lenguaje natural de la sorpresa y del terror, es fácil en este caso conciliar la tradicion con la verdad.

A veces, ni siquiera es menester suponer mucha exageracion. Un viajero moderno (1) asegura, que en las montañas de Gales se encuentran todavía serpientes de treinta y de cuarenta piés de largo. Eliano (2) habla, en efecto, repetidamente de reptiles de un tamaño extraordinario. Recordemos que, en otro tiempo, y particularmente en la India, el respeto casi religioso con que se miraba la vida de los animales, debió hacer que las serpientes adquiriesen dimensiones enormes. Este respeto fué secundado por la superstición, que consagró muchos reptiles en los templos. En un templo de la India, Alejandro admiró una serpiente que, se dice, média setenta codos de largo (3). Sabemos que se reverenciaba á los dragones en Babibilonia (4), en Melito, en Egipto, en Frigia, en Italia, en Epiro (5), en Tesalia (6), y en Beocia, en la gruta de Trofonio (7).

Observemos, por último, que los progresos de la civilizacion han expulsado esos grandes reptiles de los paises donde antiguamente envejecian tranquilos. Ya no existen *boas* en Italia. Sin embargo, Solin (8) habla de *boas* en Calabria; describe sus costumbres con bastante exactitud para que se pueda suponer que quiso hablar de culebras monstruosas. Plinio confirma su relato, citando una boa en cuyo cuerpo se encontró un niño : habia sido muerta en el Vaticano, en tiempo de Claudio, unos treinta años antes de la época en que Plinio escribia (9).

Estos hechos positivos disponian la credulidad para confundir con la Historia todas las leyendas en que por otras causas figuraban serpientes monstruosas.

(1) P. de Saint-Barthélemy, *Viajes*, etc., tomo I, pág. 479.
(2) Elian. *De nat. anim.* passim, y lib. XVI, cap. 59.
(3) Id. *Ibid.* lib. XV, cap. 12.
(4) *Daniel*, cap. 14.
(5) Elian. *De nat. anim.* lib. XI, cap. 17; lib. XII, cap. 39; lib. XI, cap. 216.
(6) Aristot. *De mirabil. auscult.*
(7) Suidas, verbo *Trophonios*.
(8) Solin. cap. 8.
(9) Plin. *Hist. nat.* lib. VIII, cap. 14.

II.

Leyendas que han tenido por base expresiones figuradas, entendidas en sentido físico.

No existen serpientes aladas, verdaderos *dragones*: la union de dos naturalezas tan diversas fué originariamente una *hipérbole*, un emblema; pero la poesía, que vive de figuras, no ha vacilado en apoderarse de la imágen y de la expresion. Q. Calaber (1) llama *dragones* á los reptiles que devoraron á los hijos de Laocoonte: Virgilio les da unas veces el nombre de *dragones*, y otras, el de serpientes (2). Ambos nombres parece que fueron sinónimos en lenguaje poético, y las alas de que se dotó á los dragones no eran mas que el emblema de la prontitud con que la serpiente se lanza sobre su presa, ó se eleva para cogerla hasta la cima de los árboles. En esta, como en otras muchas circunstancias, las expresiones figuradas han adquirido fácilmente cuerpo de realidad, gracias á la creencia de un vulgo no menos ignorante que ávido de maravillas.

Los griegos modernos dan el nombre enérgico de *serpientes aladas* á las langostas, cuyos enjambres, traidos por los vientos, van á devastar sus mieses (3). Esta metáfora es probablemente antigua, y puede haber dado orígen á muchas consejas sobre la existencia de *serpientes aladas*.

Pero estas explicaciones y las que se refieren á los hechos físicos son vagas y puramente locales: no se pueden aplicar á un hecho preciso que se encuentra en todos los paises y en todos los tiempos, con el mismo fondo y con ligeras variantes en las circunstancias principales.

III.

Serpientes monstruosas, emblemas de los estragos producidos por el desbordamiento de las aguas.

En el año 720 (ó 628), san Roman libró á la ciudad de Ruan de un dragon monstruoso. «Este milagro (dice una *Disertacion so-*

---

(1) O. Calaber, *De bello trojano*, lib. XIII.
(2)   *Immensis orbibus* angues (verso 204).
    Serpens *amplexus uterque* (verso 214).
    Delubra ad summa dracones (verso 225).
                             Virgil. *Eneida*, lib. II.
(3) Pouqueville, *Viajes por la Grecia*, tomo III, pág. 562 y 563.

bre el milagro de san Roman y sobre la Gargulla) no es mas que el emblema de otro milagro de san Roman, que hizo volver á su cauce el Sena, que se habia desbordado y que amenazaba inundar la ciudad. El nombre dado por el pueblo á esta serpiente fabulosa es, por sí mismo una prueba: *gargulla* (*gargouille*) viene de *gurges*, etc. (1).»

En apoyo de esta opinion, el autor cita una estrofa de un himno de Santeuil:

> Tangit exundans aqua civitatem;
> Voce Romanus jubet, efficaci;
> Audiunt fluctus, docilisque cedit
> Unda jubenti.

Hace notar en fin, que en Orleans, ciudad frecuentemente expuesta á los estragos de las aguas que bañan y fecundizan su territorio, se celebraba una ceremonia semejante á la que recordaba en Ruan el milagro de san Roman.

Habria podido citar un gran número de tradiciones en apoyo de su conjetura.

La isla de Batz, cerca de Saint-Pol de Leon, era asolada por un dragon espantoso. San Pol (muerto en 594) precipitó al monstruo en el mar con la virtud de su estola y de su báculo. Cambry (2), que refiere esta tradicion, nos dice que la única fuente que existe en la isla de Batz se cubre y se descubre alternativamente por el flujo y reflujo del mar. Luego refiere, que cerca del castillo de la Roche-Maurice, junto el antiguo *rio* de Dordoun, habia un dragon que devoraba los hombres y los animales (3).

Parece muy natural ver en estas dos narraciones el emblema de los estragos del mar y del Dordoun.

San Julian, primer obispo de Mans (en 59), destruyó un dragon horrible en la aldea de Artins, cerca de Montoire (4). Este dragon, en el sistema que discutimos, representará los desbordamientos del Loir, que corre por las inmediaciones. Tambien serán figurados por el dragon de nueve ó diez toesas de largo, de que, á fines del siglo IV, triunfó san Bié ó Bienheuré, ermitaño que habitaba cerca de Vendome en una *caverna*, al lado de una *fuente* (5). Los des—

---

(1) *Historia de la ciudad de Ruan*, por Servin, 1775, 2 vol. en 12.°, tomo II, pág. 147.

(2) Cambry, *Viaje al departamento de Finisterre*, tomo I, pág. 147 y 148.

(3) Id. *Ibid.* tomo I, pág 57.

(4) Moreri, *Diccionario histórico*, art. *San Julian.*—M. Duchemin La Chenaye llama al teatro de esta victoria la *Roca de Turpin*. *Memorias de la Academia céltica*, tomo IV, pág. 311.

(5) M. Duchemin La Chenaye, *Ibid.* pág. 308 y sig.

bordamientos del Scarpe lo serán por el dragon que arrojó de una isla, donde causaba espanto, el santo obispo que dió su nombre á la ciudad de San Armand (1); los del Mosella, por el *Graouilli*, serpiente monstruosa que venció en Metz san Clemente (2); y los del Clain, por el dragon de Poitiers que se ocultaba cerca de este rio, y cuya muerte fué un beneficio de santa Radegonda, á mediados del siglo VI (3).

Asimismo se explicará por los desbordamientos del Ródano la historia del monstruo de Tarascon, que santa Marta, en el siglo I, ató con su liga é hizo morir, y cuya representacion llamada *Tarasca* se lleva hoy todavía en procesion el dia siguiente al de Pentecostés (4). Los desbordamientos del Garona tendrán por emblema el dragon de Burdeos, cediendo á la virtud de la vara de san Marcial (5), en el siglo XI; y el dragon de San Bertran de Cominges, subyugado por el obispo san Bertran en 1076 (6).

Así tambien, el dragon de que san Marcelo libró á Paris (7), y el dragon alado de la abadía de Fleury (8) representarán las imágenes del Sena y del Loira desbordadas.

Y así explica Mr. Champollion de un modo verosímil el jeroglífico de las dos enormes serpientes con cabeza humana que hay en la iglesia de San Lorenzo de Grenoble, por el proverbio: «*Serpens et draco devorabunt urbem*, transportadas á la lengua vulgar en estos versos :

Lo serpein et lo dragon
Mettront Grenoble en savon,

aludiendo á la posicion de la ciudad, situada en la embocadura del

----

(1) M. Bottin, *Tradiciones de los dragones volantes en el norte de Francia. Mélanges d'archéologie*, Paris, 1831, pág. 161-164.

(2) A. Lenoir, *Del dragon de Metz*, etc. *Memorias de la Academia céltica*, tomo II, pág. 1 y sig.

(3) M. Jouyneau des Loges, *Memorias de la Academia céltica*, tomo V, pág. 57.

(4) Rouviere, *Viaje al rededor de la Francia*, en 12.°, 1713, pág. 401 y 402.—Dulaure, *Descripcion de los principales sitios de Francia*, tomo I, pág. 16, art. *Tarascon*.—Millin, *Viaje al Mediodia de Francia*, tomo III, pág. 451-553. La figura de la *Tarasca* se encuentra en el atlas del Viaje, lámina 63, pero es poco exacta.

(5) M. Decayla, *Memorias de la Academia céltica*, tomo IV, pág. 272-284.

(6) M. Chandruc, *Idem*, tomo IV, pág. 313.

(7) Se cree que san Marcelo ocupó la silla episcopal de Paris á fines del siglo IV.

(8) Du Cange, *Glossar*. verbo *Draco*.

Drac (*Draco*) en el *Isere*, representado por la serpiente, cuyos repliegues tortuosos imita este rio con su revuelto curso (1). La comparacion de las sinuosidades del rio á los repliegues de la serpiente se encuentra en el lenguaje popular y en los nombres que de él han emanado, no menos que en las metáforas de los poetas. Cerca de Helenópolis, ciudad de Bitinia, se encontraba el rio *Draco*, Dragon. Este nombre, dice Procopio (2), se le dió á causa de sus numerosos rodeos, que obligaban al viajero á pasarlo veinte veces seguidas.

Sin duda, por una razon análoga, un rio que sale del monte Vezubio y baña los muros de *Nuceria* (Nocera), llevaba tambien el nombre de Dragon (3).

Esta explicacion está corroborada por una confesion tanto mas notable, cuanto que el escritor que la hizo recogió y presentó como hechos ciertos muchos cuentos populares de dragones y serpientes monstruosas, que á principios del siglo XVIII se referian en el interior de la Suiza. Scheuchzer (4) conviene en que muchas veces se ha dado el nombre de D*rach* (*Draco*) á los torrentes impetuosos que bajan como aludes. *El* D*ragon*, se exclama entonces, *ha hecho irrupcion...* (¡*Erupuit Draco!*) La cavidad donde el torrente tiene su orígen, y aquella donde se sumergen sus aguas, debieron en consecuencia llamarse *Cueva del* D*ragon*, *Marisma del Dragon*, nombres que encontraremos en muchos lugares hechos célebres por algunas de las leyendas de que nos ocupamos.

A pesar de la verosimilitud que ofrecen muchas de estas referencias, dos objeciones graves rechazan el sistema que se proponen establecer.

1.° Si bien puede ser tan fácil á un poder sobrenatural detener los desbordamientos del mar ó de un rio, como dar muerte á una serpiente monstruosa, la paridad no existe tratándose de las fuerzas limitadas de un hombre ordinario. Ahora bien, veremos figurar en las leyendas, caballeros, soldados, presidarios y oscuros malhechores, que ciertamente no eran llamados á hacer milagros por ninguna gracia celestial. ¿A quién se persuadirá de que un solo hombre, por mucho que fuese su celo ó su poder, no siendo este sobrenatural, haya conseguido hacer entrar en su cauce al Loira ó al Garona, cuyas aguas desbordadas cubrian á lo lejos la llanura?

---

(1) *Disertacion sobre un monumento subterráneo existente en Grenoble*, en 4.°, año XII.—*Magasin encyclopédique*, 9.° año, tomo V, pág. 442 y 443.
(2) Procop. *De œdific. Justin.* lib. V, cap. 2
(3) Procop. *Histor.* misc. lib. I, cap. 55.
(4) Scheuchzer, *Itinera per Helvetiæ alpinas regiones*, etc., tomo III, pág. 377-397.

2.° La multitud de las leyendas no permite creer que, en lugares y tiempos tan diversos, haya habido acuerdo para figurar con un mismo emblema acontecimientos semejantes, pero peculiares á cada época. Un emblema constantemente idéntico supone un *hecho*, ó mas bien una alegoría admitida en todos los tiempos y lugares. Tal es la del triunfo que alcanza el *vencedor celeste*, el principio del bien y de la luz, sobre el principio de las tinieblas y del mal, figurado por la *serpiente*.

IV.

Leyenda de la serpiente, transportada de los cuadros astronómicos á la mitología y á la historia.

No trazaremos aquí, con todos sus detalles, el cuadro astronómico de ese triunfo eternamente renovado: haremos observar solamente que, en casi todas las leyendas, se agrupan tres elementos accesorios con el objeto principal: una *vírgen*, una *jóven*, ó una *mujer*; un *abismo*, una *caverna* ó una *gruta*; y el *mar*, un *rio*, una *fuente* ó un *pozo* (1). Tambien se encuentra una parte de esta leyenda, *puesta en accion*, si puedo expresarme así, en el modo como recibian su alimento los dragones sagrados de Epiro, de Frigia y de Lanuvium: la comida les era llevada á su *caverna* por una *jóven*, á la que le aguardaba un terrible castigo si habia cesado de ser vírgen (2).

Tambien una *mujer*, la maga que fingió querer consultar á la infortunada Dido, presentaba los alimentos al dragon sagrado que guardaba el templo de las Hespérides (3).

La mitología griega abunda en leyendas cuyo orígen astronómico no es dudoso. ¿Será necesario explicar por qué figuran tantas veces en el planisferio celeste una serpiente ó un dragon? Una enorme serpiente atacó á Minerva, en el combate de los dioses contra los gigantes: la diosa *vírgen* cogió al monstruo, y lo arrojó hácia el cielo, donde quedó fijo entre los astros (4). Ceres colocó en el cielo uno de los dragones que arrastraban su carro (5). La misma divinidad, ofendida por Triopas, le castigó primero con el suplicio de un hambre insaciable, y luego hizo darle la muerte por un dragon, el cual ocupa luego, junto con él, un lugar en el cielo. Segun otros mitólogos,

(1) A. Lenoir, *Du dragon de Metz*, *Memorias de la Academia céltica*, tomo II, pág. 5 y 6.
(2) Eliano. *De nat. animal.* lib. XI, cap. 2-16.—Properc. lib. IV, eleg. 8.
(3) Virgil. *Eneida*, lib. IV, versos 483-485.
(4) Higin. *Poet. astronom. Serpens.*
(5) Ibid. *Ophiuchus.*

Forbas, hijo de Triopas, mereció este honor, por haber librado á la isla de Rodas de una serpiente monstruosa. Algunos, en la constelacion de *Ophiuchus*, ven á Hércules vencedor, á orillas del rio Sagaris, de una serpiente que Onfala le mandó combatir (1).

Temis, la *vírgen celestial*, respondia en Delfos á las demandas de los mortales. Piton, el dragon monstruoso, se le acerca, y el oráculo queda mudo. Nadie osa ya recurrir á él, hasta que Apolo (el sol) atraviesa á Piton con sus flechas inevitables (2). Advertimos que, en estas relaciones, la tradicion no echaba en olvido la naturaleza divina del dragon: Apolo, despues de haberle muerto, fué obligado á sustraerse á una expiacion religiosa, y las serpientes del Epiro se consideraban como nacidas de Piton (3).

Cerca del *rio* de la Cólquide, Jason, con ayuda de Medea, todavía *vírgen*, triunfa del dragon que guardaba el vellocino de oro. Hércules y Perseo libran á Hesiona y Andrómeda, *vírgenes* ambas, expuestas á ser presa de la voracidad de un mónstruo salido de la mar. Una *mujer*, hábil en el arte de los encantamientos, salva á los habitantes de Tenedos, dando la muerte á un dragon que amenazaba diezmar dicha isla (4).

A media legua del camino de Berouth (la antigua Beryta), se ve la caverna donde se retiraba un dragon muerto por san Jorge, en el momento en que iba á devorar á la *hija* de un rey del pais (5). Segun otra leyenda, fué en las orillas de un *lago* que servia de asilo al monstruo, donde san Jorge salvó á la hija del rey, y á otras doce *vírgenes*, que un oráculo habia mandado entregar al horrible dragon (6).

Casi todas las mitologías reproducen con algunas variantes la misma leyenda. Los mitos griegos representan á Hércules vencedor del dragon del jardin de las Hespérides, monstruo cuya muerte fué seguida del descubrimiento de una fuente hasta entonces ignorada (7); al dragon que habitaba una sombría *caverna* y guardaba la *fuente* de Marte, muerto por Cadmo, que á su turno fué luego transformado en serpiente; al dragon de quien libró Diomedes á los corcirios á su vuelta de Troya (8); á Cenchreas, hecho rey por los habitantes de

(1) *Ibid.*
(2) Pausan. *Phocic.* cap. 6.
(3) Elian, *Var. hist.* lib. III, cap. 1, etc. *De nat. animal.* lib. XI, cap. 2. Plutar. *De oracul. defectu.*
(4) Aristot. *De mirabil. auscult.*
(5) *Viajes de Villamont* (1613). lib. III, pág. 561.—Thévenot, *Relacion de un viaje hecho á Levante*, etc. en 4.°, Paris, 1668, pág. 442.
(6) *Memorias y observaciones hechas por un viajero en Inglaterra* (La Haya, 1699, pág. 214-232). Esta obra se atribuye á Max. Misson.
(7) Apollon. Rhod. *Argonautic.* lib. IV.
(8) Heraclides, in *Politiis.*

Salamina, en recompensa de haber vencido á un dragon que devastaba su territorio (1).

En un monumento descubierto en Tebas, se halla Anubis representado como lo son, en las pinturas cristianas, san Miguel y san Jorge: está armado con una coraza, y en la mano tiene una lanza con la que traspasa al monstruo, cuya cabeza y cola son de serpiente (2).

En una serie de narraciones, cuyos relatos maravillosos en su mayor parte han sido tomados, por los compiladores, de la antigua mitología del Indostan, se ven figurar por tres veces unos monstruos, que ya toman la forma de enormes *serpientes*, ya la de *dragones* gigantescos (3): cada año ha sido menester entregarles jóvenes *vírgenes* para saciar su voracidad; y siempre, en el momento en que la *hija* de un rey debe ser su víctima, sucumben á los golpes de un guerrero, ayudado por potencias sobrenaturales.

Chederles, héroe reverenciado por los turcos, mató, segun dicen, un dragon monstruoso, y salvó la vida de una *jóven* expuesta á su furor. Despues de beber las aguas de un *rio* que le hicieron inmortal, recorrió el mundo en un caballo inmortal como él (4). El principio de la leyenda recuerda los mitos de la India y las fábulas de Hércules y de Perseo; el final se parece al emblema del sol, viajero inmortal, que no cesa de dar la vuelta al mundo.

Entre las figuras esculpidas en granito, descubiertas en *Palenqui Viejo*, se nota una serpiente de cuya boca sale una cabeza de mujer (5). Este emblema tiene semejanza con las leyendas de los dragones monstruosos; y es difícil al menos no suponer que la leyenda haya pasado al Nuevo Mundo. Los Caribes creen que el Ser Supremo hizo descender á su Hijo del cielo para matar una serpiente horrible, que, con sus estragos, asolaba las naciones de la Guyana (6). El monstruo sucumbió: los caribes nacieron de los gusanos que produjo su cadáver: así ellos miran como enemigas á las naciones á quienes el monstruo hacia una guerra tan cruel. Hé aquí el mito de la serpiente Piton. ¿Pero qué pensar del extraño orígen que se atribuyen los caribes? Se puede sospechar que ellos recibieron en otro tiempo esta tradicion de un pueblo superior en fuerza, que queria humillarlos y degradarlos, y que la han conservado por cos-

(1) Noel, Diccionario de la Fábula, art. *Cenchreus*.
(2) A. Lenoir, *Du dragon de Metz*. etc. *Memorias de la Academia céltica*, tomo II, pág. 11 y 12.
(3) *Las Mil y una noches*.
(4) Noel, *Diccionario de la Fábula*, art. *Chederles*.
(5) *Revista enciclopédica*, tomo XXXI, pág. 850.
(6) Noel, Diccionario de la Fábula, art. *Cosmogonía américana*.

tumbre, y porque justificaba sus odios nacionales y su sed de conquistas. En el mismo pueblo encontramos otra tradicion no menos singular.

Los caribes de la Dominica aseguraban que, en un precipicio rodeado de altas montañas, tenia su guarida una serpiente monstruosa, la cual llevaba en la cabeza una piedra brillante como un *carbunclo*, de la que brotaba una luz tan viva, que iluminaba las rocas inmediatas (1).

Leyendas análogas han estado admitidas mucho tiempo en comarcas con las cuales no puede suponerse que tuvieran comunicacion los caribes.

En una época que los cronologistas no han pretendido fijar, santa Margarita triunfó de un dragon; y esta *virgen* arrancó de la cabeza del monstruo un *rubí*, un *carbunclo*, emblema de la estrella brillante de la *corona boreal* (*margarita*) colocada en el cielo, cerca de la cabeza de la *serpiente*.

En la historia de Dieudonné de Gozon, figura tambien la piedra sacada de la cabeza del dragon muerto en Rodas por este héroe, y conservada, segun dicen, por su familia. Era del tamaño de una aceituna y de varios y brillantes colores (2).

Dos tradiciones helvéticas hablan de una serpiente que ofrece á un hombre una *piedra preciosa*, en señal de homenaje ó de gratitud (3). Fiel á sus antiguas creencias, la lengua popular del Jura designa todavía con el nombre de *vouivre* una serpiente alada é inmortal, cuyo ojo es un *diamante* (4).

Plinio, Isidoro y Solin (5) hablan de la *piedra preciosa que lleva el dragon en la cabeza*. Un cuentista oriental (6) describe una piedra maravillosa, verdadero *carbunclo* que alumbra en la oscuridad; la cual se encuentra en la cabeza de un dragon, huésped horrible de las rocas de la isla de Serendib (*Ceilan*). Filostrato asegura tambien, que en la India, la cabeza de los dragones contiene una *piedra preciosa*, dotada de un vivo resplandor y de admirables propiedades mágicas (7).

Se remonta á una grande antigüedad el error que, transformando

___

(1) Rochefort. *Historia natural y moral de las Antillas*, Roterdam, 1658, pág. 21.
(2) *Diccion. de Moreri*, art. *Gozon (Dieudonné)*. Gozon murió en 1353.
(3) Scheuchzer. *Itinerar. per Helvet. Alp. reg.* tomo III, pág. 381-383.
(4) *Memorias de la Sociedad de anticuarios*, tomo IV, pág. 217.
(5) Plin. *Hist. nat.* lib. XXXVII, cap. 10.—Isidor. Hispal. *Origin.* libro XVI, cap. 13.—Solin. cap. 35.
(6) *Cuentos de Cheykh el Mohdy*, traducidos del árabe por J. J. Marcel, 1833, tomo III, pág. 73 y 74.
(7) Filostrat. *De vit. Apoll.* lib. III, cap. 2.

en hecho físico una alegoría astronómica, decora con una piedra brillante la cabeza de las serpientes. «Aunque una serpiente tenga un *rubí* en la cabeza, no por eso será dañina,» dice un filósofo indio que habia recopilado en sus proverbios las enseñanzas de los siglos mas remotos (1).

Nacida de la expresion figurada de la posicion relativa que ocupan en el cielo las constelaciones de Perseo, de la Ballena, de la Corona y de la Serpiente, la leyenda, como hemos visto, fué luego atribuida á la victoria del Sol de primavera sobre el invierno, y de la luz sobre las tinieblas. El *carbunclo ó rubí* que se menciona en ella y con el que Ovidio decora el palacio del Sol (2), era en efecto consagrado á este astro á causa de su color rojo esplendente (3).

V.

La misma leyenda se introduce en el cristianismo, sobre todo en los pueblos de Occidente.

Durante todo el tiempo que el cristianismo oprimido luchó oscuramente contra el politeismo, su culto, no menos austero que su moral, no admitió en sus ceremonias, cubiertas aun bajo el velo del misterio, nada mas que ritos sencillos, exentos de toda representacion material. Las pesquisas y las crueldades de sus perseguidores no podian arrancar á los fieles nada mas que los libros santos, los vasos sagrados y pocas ó ningunas imágenes.

Pero el culto público necesita signos visibles, por medio de los cuales habla á los ojos de todos y se insinúa á las inclinaciones mas naturales y universales de los hombres. La multitud entonces se complace en la magnificencia de sus actos religiosos y en la multiplicidad de las imágenes.

Esto debió suceder cuando el cristianismo estableció públicamente sus templos y su culto sobre las ruinas del politeismo. El progre-

---

(1) Proverbios de Barthoverri, etc. insertos en la obra de Abraham Roger, el *Teatro de la idolatría* ó la *Puerta abierta* etc., traduccion francesa, 1 tomo en 4.° 1760, pág. 328.

(2) . . . Flammasque imitante pyropo.
Ovid. *Metamorph*. lib. II, verso 2.

(3) «El cardenal Dailly y Alberto el Grande, obispo de Ratisbona, dice Cartaut de la Villate, distribuyen los planetas á las religiones. El Sol ha tocado á la religion cristiana, y por esto le tenemos una singular veneracion; por esto Roma es *ciudad solar*, y los cardenales que en ella residen van vestidos de *rojo, que es el color del Sol*.» (*Pensamientos críticos sobre las matemáticas*), 1 vol. en 12.° Paris, 1752, con aprobacion y privilegio.

so fué tanto mas rápido, cuanto que, sucediendo á una religion rica en pompa y en emblemas, no habria sido prudente reducir el culto á una sencillez demasiado severa, entre hombres acostumbrados á ver y tocar lo que creian y lo que adoraban.

La leyenda de un ser celestial vencedor de la serpiente, del principio del mal, estaba enteramente conforme con el lenguaje, con el espíritu y el orígen del cristianismo; y naturalmente fué acogida y reproducida en las pinturas y ceremonias religiosas.

En el siglo V se establecieron en Francia (1), y mas tarde en todo el Occidente, las procesiones conocidas con el nombre de *Rogativas*; en las cuales, durante tres dias, se presentaba á la vista de los fieles la imágen de un dragon, de una serpiente alada, cuya derrota era figurada por el modo ignominioso como se la llevaba el tercer dia (2).

La celebracion de las Rogativas ha variado, segun las diócesis, desde los primeros dias de la semana de la Ascension, hasta los últimos de la semana de Pentecostés: corresponde al tiempo en que, pasada la primera mitad de la primavera, está plenamente concluida la victoria del sol sobre el invierno, aun en los climas mas frios y lluviosos. No es difícil descubrir una conexion íntima entre la leyenda del dragon alegórico y la época en que se repetia, cada año, su aparicion.

Otras referencias robustecerán la fuerza de este indicio.

En el siglo VI, san Gregorio el Grande ordenó que se celebrase anualmente el dia de san Marcos (25 de abril) con una procesion semejante á la de las Rogativas. Hé aquí el orígen de esta ceremonia. Roma fué asolada por una inundacion extraordinaria: el Tíber, semejante á un mar inmenso, llegó hasta las ventanas superiores de los templos. De las aguas desbordadas del rio salieron innumerables serpientes, y por último un *dragon* enorme (3), nuevo Piton, nacido de este nuevo diluvio (4). Su aliento infestaba el aire, y engendró una enfermedad pestilencial (5), de la que morian los

(1) San Mamerto, obispo de Viena en el Delfinado, instituyó las *Rogativas* en 468, ó 474. *Enciclop. met. Teolog.* art. *Rogativas*.
(2) Guill. Durant. *Rationale divinorum officiorum*, in fol. 1479, fol. 226 recto.
(3) Guill. Durant. *Rationale divinorum officiorum*. in fol. 1479, fol. 225 V.—Sifredi presbyteri nimensis Epitome, lib. I, *De miro prodigio*.
(4) «Ut Noe diluvium renovatum crederetur.» Platina, *De vitis max. pontific...* in *Pelag.* II.
(5) «Pestis inguinaria seu inflatura inguinum.» Estos son los términos de que se vale el autor del *Rationale* (loco citato): añade que el papa Pelagio II, sucesor de san Gregorio el Grande, murió repentinamente de esta enfermedad, con otras setenta personas en medio de una procesion.

hombres á millares... El recuerdo de esta plaga y de su cesacion, obtenida por las oraciones del santo papa y de sus ovejas, fué consagrado por una procesion anual ; y la fecha del 25 de abril, menos distante del equinoccio que la de las Rogativas, debió parecer mas conveniente en un pais donde la primavera es mas temprana que en las Galias.

Sea casualidad ó cálculo, los que trasladaron á Lima, en el hemisferio austral, la *Tarasca*, el *Dragon* de los pueblos septentrionales, le hacen aparecer el 4 de octubre, dia de la festividad de san Francisco de Asís. Esta época concuerda mas aun con el equinoccio de primavera. Pero en las comarcas ecuatoriales, bajo el cielo templado de Lima, la victoria del Sol no tarda tanto en decidirse, como en nuestras regiones septentrionales, donde las primeras semanas de la primavera no parecen sino una prolongacion del invierno.

Plinio habla de un *huevo* misterioso (1), á cuya posesion atribuian los drúidas virtudes maravillosas, y que, segun ellos, era formado por el concurso de todas las *serpientes* del pais. Haciéndose eco de los drúidas, al cabo de dos mil años, y sin sospechar la antigüedad del mito que repiten, los habitantes de la Soloña afirman que todas las *serpientes* del pais se reunen anualmente para producir en *diamante* enorme, el cual refleja los mas vivos colores del arco iris, mejor aun que la *piedra* de Rodas. El dia señalado para su produccion milagrosa es el 13 de mayo (2), dia que corresponde al principio de la segunda mitad de la primavera.

La época de esta aparicion, siempre fija, basta para probar, contra la opinion que antes hemos combatido, que la serpiente no era el emblema de las inundaciones, del desbordamiento de los rios; pues no podia ser que esto se efectuase en todas partes en los mismos dias. ¿Pues cómo se ha formado esta opinion? Cuando se olvidó el sentido primitivo del emblema, fácilmente subsistió en la memoria una circunstancia, la que en las leyendas determina casi siempre el lugar de la escena á la orilla del *mar* ó de un *rio*. La idea de que por este medio se representaba la cesacion de los estragos de las aguas debió parecer tanto mas natural, cuanto que la procesion del *dragon* se celebraba regularmente en la época del año en que los rios mas crecidos por el deshielo de las nieves ó por las lluvias del equinoccio volvian todos á su cauce.

(1) Plin. *Hist. nat.* lib. XXIX, cap. 9.
(2) Legier (du Loiret). *Tradiciones y usos de la Sologne.* (Memorias de la Academia céltica, tomo II, pág. 215 y 216).

VI.

Explicaciones alegóricas de los emblemas en que figuraba la Serpiente.

Cada iglesia tenia un *dragon*, destinado á la procesion de Rogativas: cada dragon tuvo luego su leyenda particular, y estas se multiplicaron hasta lo infinito. Esto era natural que sucediese, atendida la emulacion de la piedad exterior, que en todas partes se esforzaba por inspirar á los espectadores admiracion y asombro. Los que pongan en duda la eficacia de esta causa, pueden fijarse en el hecho de que los cristianos de Oriente, que no adoptaron la institucion de las Rogativas, rara vez mencionan en la historia de los santos que ellos reverencian la victoria alcanzada por un ser celestial contra una serpiente.

La palabra *dragon* próviene de *drac*, *draco*, y ha designado los demonios ó espíritus malignos que el provenzal creia existir bajo las aguas del Ródano, y que se alimentaban con la carne de los hombres: hacer el *drac* era lo mismo que hacer todo el daño de que el diablo es capaz (1). Las personas mordidas por una *serpiente* se curaban acercándose á la tumba de San Focas, gracias á la victoria que este héroe cristiano alcanzó sobre el diablo, la antigua *serpiente*, al sufrir el martirio (2). Cuando, en el siglo VIII, se dijo haber encontrado una enorme serpiente en la tumba de Carlos Martel (3), no se quiso insinuar otra cosa, sino que el demonio se habia apoderado de este guerrero, que, si bien salvó á la Francia y acaso á la Europa del yugo de los musulmanes, tuvo la desgracia de indisponerse con los eclesiásticos.

Parece, pues, natural creer, como la enseña expresamente el autor del *Rationale* (4), que la *serpiente* ó el *dragon* llevado en las Rogativas, era el espíritu infernal, cuya derrota se pedia al cielo; y natural era tambien que esta derrota se atribuyese á la intercesion del santo que los fieles reverenciaban mas particularmente en cada parroquia.

Este género de explicacion lo reproducen, bajo formas diversas, cristianos muy sensatos, que no pueden admitir en un sentido físico tantas y tan repetidas narraciones de un mismo hecho.

El demonio es el vicio personificado: las victorias alcanzadas so-

(1) Du Cange. *Glosar*, verbo. *Dracus*.—Millin, *Viaje por el interior de Francia*, tomo III, pág. 450 y 451.
(2) Gregor. Turon. *De miracul*. lib. I, cap. 99.
(3) Mezerai, *Compendio cronológico de la historia de Francia*, año 741.
(4) Guill. Durant. *Rationale div. offic.* fol. 226 recto.

bre el vicio bien podian ser figuradas con el mismo emblema. En una plazuela de Génova, que está junto á la iglesia de San Ciro, hay un antiguo *pozo*, donde se ocultaba en otro tiempo un *dragon*, cuyo aliento hacia perecer á los animales y los hombres: san Ciro conjuró al monstruo, le obligó á salir del pozo y á precipitarse en el *mar* (1). Todavía existen cuadros que representan este milagro, que los eruditos interpretan alegóricamente por las victorias que alcanzaba el santo predicador sobre la impiedad y el libertinaje. La misma interpretacion podria convenir al triunfo de san Marcelo sobre la serpiente que asolaba á Paris, pues se dice que «esta *serpiente* apareció fuera de la ciudad, junto á la tumba de una *mujer* de calidad, que habia vivido desordenadamente (2).»

Mr. Dulaure (3) opina, sin embargo, que esta leyenda y otras muchas figuraban el triunfo de la religion cristiana sobre la de los romanos y la de los drúidas. La incredulidad es, en efecto, el peor de los vicios, á los ojos de los creyentes.

El *dragon* que venció san Julian (4) tenia su guarida cerca de un templo de Júpiter: su derrota pudo figurar la del politeismo, cuando á la voz del apóstol del Mans, los fieles derribaron los altares del dios destronado y dejaron su templo desierto.

En una medalla de plomo, acuñada en Amiens, en 1552 (sin duda á semejanza de un tipo mas antiguo), está representado san Martin, hundiendo su lanza en el cuerpo de un dragon, tendido á sus piés. «Con esto se quiso expresar su victoria sobre las divinidades paganas (5).»

Vencedor del paganismo, Constantino gustaba de que le pintasen armado con la cruz y atravesando con su lanza un dragon espantoso (6). En una ciudad de Normandía se veia, treinta años hace, un cuadro antiguo, que servia de muestra á una hosteria. La figura y su traje eran los de Luis XIV: á la manera de san Miguel, este monarca derribaba al dragon infernal: supongo que esto era una conmemoracion de la revocacion del edicto de Nantes (7).

(1) *Descripcion de las bellezas de Génova*, en 8.°, Génova, 1781, pág. 39-44.—Millin, *Viaje á Saboya y al Piamonte*, tomo II, pág. 239.
(2) *Vidas de los santos para todos los dias del año*, tomo II, pág. 84.
(3) Dulaure, *Historia física y moral de Paris*, 1.ª edicion, pág. 164 y 162; 185 y 186.
(4) *Memorias de la Academia céltica*, tomo IV, pág. 311.
(5) Memorias de la Academia del departamento de la Somme, tomo I, pág. 699.
(6) Euseb. Pamph. *De vita Constantini*, lib. III, cap. 3.
(7) Confirmando la suposicion del Autor, puede verse todavía en algunas ediciones de obras españolas, como la *Historia* de Sandoval, por ejemplo, la representacion alegórica de los príncipes herejes y de sus contrarios en las portadas de los libros; donde aparecen los primeros en figura de condenados, de serpientes, de monstruos diformes, acosados por los segundos, armados de corazas resplandecientes, etc.—N. del T.

La herejía, en efecto, no menos que las falsas religiones, se reputa obra del espíritu maligno (1). Así el *dragon* de bronce que, hasta 1728, llevaron los canónigos de San Lupo, en Troyes, en la procesion de las Rogativas, se consideraba como el emblema de la victoria alcanzada por aquel santo contra la herejía de los pelagianos.

VII.

Multiplicidad de los hechos de este género, adoptados como hechos reales.

Pero las alegorías no están á los alcances de la muchedumbre ignorante. La serpiente paseada en las Rogativas fué generalmente considerada como la representacion de una verdadera serpiente, á la que se le designaba la fecha de su existencia. En vano se revelaba á los supersticiosos el sentido de la alegoría: en vano, por ejemplo, se les mostraba en un cuadro á san Veran cargando de cadenas al espíritu infernal: á pesar de esto, se persistia en referir que el territorio de Arles fué libertado en otro tiempo por san Veran de los estragos de una serpiente monstruosa, y el recuerdo de esta victoria fué perpetuado por otro cuadro, puesto al lado del primero, figurando en él, segun la leyenda, la entrada de una *gruta*, cerca de una *fuente*.

Cada parroquia tuvo su *dragon*, como todavía hoy, en algunas iglesias de España, figura la imágen de la serpiente (*tarasca*) en la procesion del Corpus. La historia del monstruo varió aun mas que sus formas: la imaginacion y la credulidad llegaron hasta atribuirle obras sobrenaturales. El terror llegó á convertirse en respeto y algo mas. Al dragon de Poitiers (2) se le llamaba piadosamente la *buena santa Vermine;* se le rezaba con fervor, y se tocaban á él los rosarios.

Pero, por lo comun, el emblema del principio del mal solo inspiró odio y hórror. Su historia justificaba estos sentimientos; pues habia sido el azote del pais donde se paseaba su imágen: su veneno habia emponzoñado las *fuentes*, y su aliento habia infestado el aire con enfermedades contagiosas. Devoraba los ganados; se comia los hombres; elegia por víctimas á las *jóvenes* y á las *vírgenes* consa-

(1) Para celebrar el anatema lanzado en el concilio de Constanza contra la doctrina de Juan Hus y de Jerónimo de Praga, y el suplicio de estos dos desgraciados, el emperador Segismundo instituyó la órden del *Dragon derribado*: el Dragon figuraba la herejía vencida. *Diccionario de Moreri*, art. *Dragon derribado*.
(2) *Memorias de la Sociedad de anticuarios de Francia*, tomo I, pág. 464. —*Memorias de la Academia céltica*, tomo V, pág. 54 y 55.

gradas al Señor; los niños desaparecian en el abismo de su espantosa boca... El *Bailla*, figura de dragon que se paseaba en Reims el dia de Pascua, tenia probablemente este orígen. El dragon dorado que figuraba en la procesion de Rogativas, en la parroquia de Santiago de Douai, era el emblema del demonio que habia devorado el trigo en las espigas, y destruido la cosecha, para castigar á los labradores por no haber querido pagar el diezmo (1).

Hasta 1761, las parroquias de Nuestra Señora y de san Quiriacio de Provins sacaban en la procesion de Rogativas, la primera un *dragon*, la segunda un monstruo llamado *Lezarde* (lagarto): estos dos animales habian asolado en otro tiempo la ciudad y sus cercanías. San Florent vino, de órden de Dios, á fijarse en una *gruta* ó *caverna*, situada en la orilla izquierda del Loire, y arrojó de allí las serpientes de que estaba llena. Poco despues libertó á los habitantes de *Mur* (hoy Saumur) de una enorme serpiente que devoraba los hombres y los animales, y se escondia en un bosque, á orillas del Viena.

En Tonnerre, el santo abad Juan fué vencedor de un *basilisco*, que infestaba las aguas de una *fuente* (2). La *Vivre* de Larré, que un proverbio borgoñon asimila á las mujeres acusadas de tener mala cabeza (3), era una serpiente, oculta junto á una *fuente*, cerca de un priorato de la órden de san Benito, y que por sus estragos fué mucho tiempo objeto del terror público. En Aix (Provenza), la procesion de las Rogativas lleva hasta una roca, llamada *del dragon*, y cerca de una capilla dedicada á san Andrés, la figura de un dragon muerto por la intercesion del santo apóstol. San Víctor, en Marsella, aparece vencedor de un reptil monstruoso; san Teodoro huella una serpiente, y san Segundo, patron de Asti, está representado á caballo atravesando un dragon con su lanza. Citaríamos aun muchos ejemplos semejantes, sin agotar el asunto, cuyo orígen comun conocemos, así como la causa que, desde el siglo V, ha debido multiplicar estas leyendas en los pueblos de Occidente.

VIII.

Variantes en las circunstancias y fechas de estos relatos: nuevos vestigios de la leyenda astronómica.

Hasta hace poco no ha cesado la costumbre de sacar el dragon en

(1) Bottin, *Tradiciones de los Dragones voladores*, etc., pág. 157, 160 y 161.
(2) Greg. Turon. *De gloria confessor*. cap. 87.
(3) La Monnoye, *Noël bourguignon*, en 12.°, 1729, pág. 409 y 440.—*Vivre, vouivre* ó *guivre*, víbora, serpiente.

las procesiones de Rogativas, y se puede decir que este emblema del *espíritu de las tinieblas* se ha retirado ante el progreso de las luces. Durante el largo tiempo que subsistió esta costumbre, variaron mucho los relatos y sus explicaciones.

Para combatir la *Gargouilla*, el dragon de Ruan, san Roman se hizo acompañar de un gran criminal, condenado á muerte, que obtuvo gracia por el milagro del santo.

El vulgo acogió gustoso esta variante de la leyenda universal; pues, segun él, los hombres no habrian arrostrado un combate tan peligroso sino para librarse de una muerte infame y cruel. Tambien un criminal condenado á muerte usurpó así á santa Radegonda el honor de haber vencido á la *Grand'gueule*, terrible dragon de Poitiers, que salia todos los dias de su *caverna*, situada á orillas del rio de Clain, para ir á devorar á las *vírgenes* del Señor, las religiosas del convento de Santa Cruz (1). Otro condenado libró de los estragos de una serpiente á la parroquia de Villiers, cerca de Vendome. Otro mató un dragon ó cocodrilo que, oculto en las aguas del Ródano, era el azote de los marinos y de los habitantes del campo. Un soldado desertor, para obtener su gracia, combatió á un dragon que llenaba de espanto las cercanías de Niort; pero, al triunfar, perdió la vida.

Discutiendo su historia, M. Eloi-Johanneau la considera sospechosa, tanto por el nombre del supuesto soldado, que significa vencedor de la *bestia*, del *monstruo*, cuanto por la fecha, 1589 ó 1692, fecha demasiado reciente para que la Historia no hubiese consignado un hecho tan maravilloso. La fecha designada por D. Calmet á la aparicion de la serpiente de Luneville es aun mas moderna, pues la fija medio siglo antes del tiempo en que escribia (2).

De todas las variantes que el tiempo ha hecho sufrir á las tradiciones populares, la mas comun es quizá la de las fechas. Para estas relaciones no hay archivos, y es natural que el hombre trate de acercar á sí los recuerdos que le lega el pasado, porque un gran intervalo entre ellos y lo presente fatiga su imaginacion.

Así es como la destruccion del dragon de Niort ha sido sucesivamente referida á los años 1589 y 1692. La de la *Grand gueule* de Poitiers, cuando fué atribuida á un gran criminal, resultó muy distante del tiempo en que vivia santa Radegonda, para que se colocase en 1280 la aparicion de un *dragon volante* en dicha ciudad (3).

(1) *Memorias de la Academia céltica*, tomo V, pág. 52, 53-55.—111-135.
—*Memorias de la Sociedad de anticuarios de Francia*, tomo I, pág. 464 y 465.
(2) *Journal de Verdun*, junio 1754, pág. 430.
(3) *Memorias de la Academia céltica*, tomo V, pág. 61 y 62.

La tradicion que atribuye á santa Marta la destruccion de la *Tarasca* es moderna, en comparacion de la que dispensa este honor á diez y seis bravos, ocho de los cuales perecieron víctimas de su valor, mientras que los otros ocho fundaron las ciudades de Beaucaire y de Tarascon (1).

Pudiéramos consignar otras muchas fechas que el tiempo ha desplazado haciéndolas modernas. Pero de otro modo hay que considerar la muerte de los bravos de Tarascon y la del soldado de Niort. En los mitos que describen el combate del principio de la luz contra el principio de las tinieblas, el primero suele pagar la victoria con su vida: esto es lo que se cuenta de Osiris, de Baco, de Atis y de Adonis. Y en la mitología escandinava, el dia terrible en que el mundo será destruido y renovado, el dios Thor, despues de fulminar los rayos contra la gran *serpiente*, engendrada por el *principio del mal*, debe perecer él mismo, ahogado por las olas del veneno que habra vomitado el monstruo. No extrañemos el encontrar, en una circunstancia análoga, un nuevo resto de la leyenda solar, ni el ver á muchos vencedores de serpientes monstruosas sucumbir en medio de su triunfo, ó no sobrevivir á él.

La Grecia antigua presenta un ejemplo de este generoso sacrificio. La ciudad de Tespies, por órden de un oráculo, ofrecia cada año un adolescente á un dragon homicida. Cleostrato fué el designado por la suerte para este horrible sacrificio. Su amigo Menestrato ocupó su lugar, y revestido con una coraza, cada una de cuyas escamas tenia un anzuelo con la punta vuelta hácia arriba, se arrojó al dragon, al que mató, pereciendo él mismo (2).

A fines del siglo XV, ó segun una tradicion mas antigua, en 1273, las montañas de Neufchatel eran asoladas por una serpiente, cuyo recuerdo conservan varios nombres de lugares en las cercanías de Sulpy (3): Raimundo de Sulpy combatió al monstruo, le mató, y murió dos dias despues.

Tal fué tambien la suerte de un Belzunce que libró á Bayona de un dragon con muchas cabezas: murió sofocado por la llama y el humo que vomitaba el monstruo (4).

----

(1) *Memorias de la sociedad de anticuarios de Francia*, tomo I, pág. 423. La fundacion de Tarascon (ó mas exactamente, el establecimiento de los marselleses en aquella ciudad) parece ser anterior á la guerra de César contra Pompeyo.—Papon, *Viaje de Provenza*, tomo I, pág. 228.
(2) Pausanias, *Bœotic.* cap. 26.
(3) *Roche à la vuivra; combe à la vuivra; fontaine à la vuivra* (vivra, vivre, guivre, serpiente). *Descripcion de las montañas de Neufchâtel*, Neufchatel, 1766, en 12.°, pág. 34-37.
(4) *Mercurio de Francia*, 29 marzo, 1817, pág. 585.

El patriotismo celebra con entusiasmo el nombre de Arnoldo Strouthan de Winckelried, que en la batalla de Sempach, en 1386, se sacrificó por salvar á sus compatriotas. El nombre de uno de sus antepasados tiene un título menos auténtico, pero no menos popular, á la inmortalidad. Cerca de Alpenach, en el canton de Underwald, á orillas del *rio* de Meleh, apareció en 1250 un *dragon*, cuya *caverna* se enseña todavía. Struth de Winckelried, condenado al destierro por un duelo, quiso comprar el derecho de volver á su patria, librándola del monstruo: lo consiguió, pero murió de resultas de las heridas, al dia siguiente de su victoria (1). Petermann Eterlin (que, á la verdad, escribia doscientos cincuenta años despues) (2), consigna el hecho en su crónica. La pintura lo ha trazado en los muros de una capilla vecina al lugar del combate, el cual conserva el nombre de *Drakendsried (Laguna del dragon)*, y la caverna el de *Drakenok (Cueva del dragon)*. Estos nombres conmemorativos, y los del mismo género que subsisten cerca de Sulpy, indican tal vez, como el de *Roca del dragon*, en Aix, los sitios donde se detenia la procesion de las Rogativas, y donde la imágen del dragon alegórica era depositada momentáneamente (3). Quizá tambien hacian referencia, como hemos sospechado, á la corriente de algun torrente devastador.

IX.

Se aplica esta leyenda á personajes célebres, alterando la historia.

El historiador de Struth de Winckelried, Eterlin, fué tambien el primero que *transfirió* á Guillermo Tell la aventura de *la manzana* (4), que Saxo Grammaticus, que escribia un siglo antes del nacimiento de Tell, habia ya referido de un arquero danés, llamado Toko (5); aventura que una tradicion aun mas antigua referia, pre-

(1) *El conservador suizo*, 7, vol. en 12.°, Lausana, 1813-1815, tomo VI, pág. 440 y 441.—Mayer, *Viaje á Suiza*, tomo I, pág. 251, parece atribuir esta aventura á Arnoldo de Winckelried, y coloca cerca de Stanz la *caverna* del dragon.
(2) W. Coxe, *Cartas sobre la Suiza*, tomo I, pág. 160 de la traduccion de Ramond.
(3) La montaña mas inmediata á Colonia se llama *Roca de los dragones*, (Memorias de la Sociedad de Anticuarios de Francia, tomo XI, pág. 139 y 140).
(4) W. Caxe. *Cartas sobre la Suiza*, tomo I, pág. 160. Véase el escrito titulado: *Guillermo Tell, fábula danesa*, por Uriel Frendemberger, publicado en Berna, en 1760, por Haller hijo, un vol. en 8.º—Uriel Freudenberger, pastor de Glaresse, canton de Berna, murió en 1768.
(5) Saxo Gramm. *Hist. danic.* lib. X. in fol. Francofurti, 1576, pág. 166-

cisamente con las mismas circunstancias, de *Egil*, padre del hábil herrero *Wailland*, y tambien hábil arquero (1). Eterlin parece haber tomado á su cargo imprimir el carácter histórico á los mitos religiosos y á las tradiciones importadas de otros paises á su patria: escribia bajo el dictado de las creencias populares, y nada es mas natural en los hábitos del vulgo, que aplicar á los personajes que conoce todas las historias y fábulas que componen su instruccion. Winckelried y Tell eran para los campesinos suizos lo que Alejandro ha sido y es todavía en Oriente. Los asiáticos atribuyen al rey de Macedonia mil tradiciones anteriores á su existencia, ó evidentemente tomadas de la mitología. Una isla del África septentrional (2) conservaba todavía en el siglo XII el recuerdo de un dragon devastador del que triunfó Alejandro. El paladin Rolando, Róldan ú Orlando, ha gozado del mismo honor en Occidente, como lo atestiguan todavía muchos lugares. Al cantar á Orlando, vencedor de la *Orca*, del monstruo marino, próximo á devorar á una mujer (3), el Ariosto no hizo probablemente mas que copiar y embellecer una tradicion de los siglos precedentes, como sucede en otros muchos pasajes de su poema.

Un personaje que nada tiene de fabuloso, ni en su existencia ni en su gloria, llegó á ser, como Roldan, el héroe de un mito que le convierte en émulo de Hércules y de Perseo : este honor es debido á la importancia que adquirió en un pais donde residió mucho tiempo. Petrarca seguia á Laura en la caza, y llegaron cerca de una *caverna*, donde se abrigaba un *dragon*, que era el terror de la comarca. Menos hambriento que enamorado, el dragon persiguió á Laura: Petrarca corrió á socorrerla, combatió al monstruo y le dió de puñaladas. El soberano pontífice no quiso permitir que apareciese en un lugar santo el cuadro de este triunfo del amor ; pero Simon de Siena, amigo del poeta, eludió la prohibicion, y pintó esta aventura bajo el arco de la puerta de *Nôtre-Dame du Don* (en Aviñon): dió á Laura la actitud de una *vírgen* suplicante, y á Petrarca el traje de san Jorge, armándole, sin embargo, con un *puñal* en lugar de una lanza. El tiempo ha degradado su obra, pero no ha debili-

---

168.—Saxo murió en 1204.—Harald, que hace en la historia el mismo papel que Gessler, cae á los golpes de Toko, en 981. Siendo mucho mas antiguo el cuento de *la Manzana*, el odio público lo renovó bajo el nombre de Harald, para justificar el asesinato de este príncipe, como despues lo reprodujo en Suiza bajo el odioso nombre de Gessler.

(1) *Memorias de la Sociedad de anticuarios de Francia*, tomo V, pág. 229.
(2) La isla de *Mostachiin*. (*Geografía de Edrisi*, tomo I, pág. 198-200.)
(3) *Orlando furioso*, canto 11.

tado la tradicion, que me ha sido repetida como un hecho histórico (1).

En el exámen de las tradiciones, no siempre se ha tenido en cuenta la tendencia que tiene el hombre ignorante á encontrar en todas partes los mitos que ocupan el primer lugar en sus creencias. Para llegar á este fin, desnaturalizará sus recuerdos, ya sea atribuyendo á un personaje lo que jamás le ha sucedido, ya introduciendo en la historia las maravillas de la fábula. El suceso en que el Petrarca aparece en escena ofrece un ejemplo del primer género de alteracion: ya encontraremos otro del segundo género, sin salir de nuestro asunto.

Un príncipe sueco (2) habia hecho criar cerca de su hija *Thora* dos serpientes, que debian guardar su virginidad. Habiendo crecido desmesuradamente, estos monstruos esparcian la muerte en torno suyo con su aliento emponzoñado. Desesperado el rey, prometió la mano de su hija al héroe que matase á las serpientes. *Regner Lodbrog*, príncipe, escalda y guerrero, dió fin á esta peligrosa aventura y se casó con la bella *Thora*. Hé aquí la fábula: veamos la historia: segun la *Regnara Lodbrogs Saga* (3), el padre de Thora confió la guarda de su hija, no á dos serpientes, sino á uno de sus vasallos, poseedor de un fuerte castillo; el cual, enamorado de la princesa, se negó á entregarla al rey, que despues de varios esfuerzos para obligarle á ello, prometió dar la mano de Thora á su libertador: este fué *Regner Lodbrog*.

En una incursion por las costas de Northumberland, Regner, vencido y hecho prisionero, fué arrojado en un foso, en un calabozo subterráneo lleno de serpientes, cuyas mordeduras dieron fin á su vida, hácia el año 866. El hecho es referido por todos los historiadores (4), y se consigna en el *Canto de muerte* que se atribuye al mismo Regner. Yo sospecho, sin embargo, que la aficion á lo maravilloso inventó el género de su suplicio, teniendo presente la leyenda de que el héroe habia sido objeto. El mismo espíritu que habia alterado la historia de su himeneo, recordando el combate en que el principio del bien triunfa del principio del mal, quiso tal vez que

---

(1) En 1813. Debo advertir que en las relaciones de que es objeto la querida del Petrarca, en Aviñon y en el Vaucluse, siempre se la llama respetuosamente *Madama Laura*.

(2) Saxo Gramm. *Hist. dan.* lib. IX, pág. 153.—Olaus Magnus, *Hist. sept. gentium. brev.* lib. V, cap. 17.

(3) Citada en la obra de Biorner, titulada *Koempedater* (Stocolmo, 1737); y por Graberg de Hemsoe, *Saggio istorico sugli scaldi*, en 8.º, Pisa, 1811, pág. 217.

(4) Saxo Gramm. *Hist. dan.* lib. IX, pág. 159.-Olaus Magnus, loco cit.- *Ragnara Lodbrogs Saga*.

la relacion de su fin trágico recordase la muerte que sufre el principio del bien en el combate alegórico... El nombre del vencedor de Regner, *Hella*, favorecia esta ficcion : los escandinavos daban el nombre de *Hela* á la diosa de la muerte, nacida, como la *gran serpiente*, del principio del mal. Lo que autoriza mi conjetura es la alta importancia que la mitología escandinava atribuye á *la gran serpiente*; pues no la hace perecer, sino sepultando en la nada, juntamente con ella, al dios que la combate. Por esto las serpientes y los dragones reaparecen mas de una vez en los anales escandinavos. Antes y despues de Regner, encontramos por dos veces el mito general transformado en historia particular.—Careciendo de dinero para pagar á sus soldados, el noveno rey de Dinamarca, *Frotho* I (1) fué á combatir en una isla desierta á un dragon, que guardaba un tesoro, y le mató á la entrada misma de su caverna. Harald (2), desterrado de Noruega, se refugia en Bizancio. Culpable de homicidio, se le expone, en una caverna, al furor de un dragon monstruoso. Mas afortunado que Regner, triunfa, y vuelve para ocuparel trono de Noruega, y para inquietar en el trono de Dinamarca al sobrino de Canuto el grande.

X.

Objetos físicos y monumentos en que el vulgo encuentra el cuadro de la destruccion de una serpiente monstruosa.

Todo lo que hiere diariamente los sentidos influye en la creencia del hombre poco instruido, tanto por lo menos como los recuerdos confiados á su memoria: los objetos físicos, las pinturas, las esculturas, han debido, por consiguiente, hacer que la imaginacion encuentre por doquiera una leyenda en que se complace su credulidad.

En la abadía de San Víctor de Marsella, en el hospital de Lyon y en una iglesia de Ragusa, se enseña á los viajeros un despojo de cocodrilo, como perteneciente al monstruo cuya leyenda se aplica á estos diversos lugares: y sin embargo, en Ragusa, por ejemplo, nadie ignora que aquel despojo fué traido de Egipto por unos mari-

---

(1) 761 años antes de J. C. Saxo Grammat. *Hist. dan.* lib. II, pág. 18 y 19.
(2) En el siglo XI.-Saxo Grammat. *Hist. dan.* lib. XI, pág. 185 y 186. Traduzco por *caverna* la palabra *antrum*. El foso en que pereció Regner-Lodbrog me parece que tambien corresponde á la caverna que se encuentra en casi todas las leyendas citadas.

neros ragusinos (1). Esta especie de reliquias probablemente han ido á nuestros templos en calidad de *ex-voto*: tal es la opinion de Millin respecto de un despojo de caiman que se encuentra pendiente de la bóveda de una iglesia en Cimiers, condado de Niza, y al cual no se le aplica ningun recuerdo particular (2).

Un monumento de este género es la cabeza del dragon que venció milagrosamente Dieudonné de Gozon, y que se conservaba en Rodas. Dueños de esta ciudad, los turcos la han respetado. El viajero Thevenot la vió á mediados del siglo XVII, y la descripcion que hace de ella parece convenir mas bien á la cabeza de un hipopótamo que á la de una serpiente (3). No seria temeridad pensar que esta cabeza, como el caiman de Cimiers, ó como los cocodrilos de Ragusa, de Lyon y de Marsella, hubiese sido expuesta al público por la piedad ó por el interés, y que chocando continuamente á las miradas de la muchedumbre, fuese motivo para qué mas tarde se aplicase á un caballero célebre, á un *Gran Maestre de la órden*, la leyenda del héroe vencedor del dragon.

En Wasmes, cerca de Mons, se saca en procesion, el martes de Pentecostés y el dia de la Trinidad, una cabeza de cocodrilo, que, segun la gente crédula, pertenece á un dragon, que en el siglo XII hacia estragos, y que fué muerto en su caverna, en el momento de ir á devorar á una jóven, por Giles, señor de Chin (4). La leyenda conservada en el pais atribuye á este señor (muerto en 1137) los rasgos mas notables de la hazaña que, dos siglos despues, se atribuyó á Dieudonné de Gozon: la dificultad de obtener el permiso de combatir al dragon; el cuidado de fabricar mucho tiempo antes una figura semejante á él para adiestrar á los caballos y á los perros á combatirlo sin asustarse; la precaucion de hacerse acompañar al sitio del combate por servidores fieles... Hé aquí un ejemplo de la facilidad con que se aplica á personajes conocidos en un pais y tiempo dados, los mitos que corresponden á otro pais y otros tiempos.

No siempre ha sido menester un interés tan directo para convertir el mito astronómico en historia local. En Klagenfurth se colocó sobre una fuente un grupo antiguo encontrado en Saal ó Zolfeld *(la antigua colonia Solvensis)*; el cual representa un dragon enorme y un Hércules armado de una clava. El pueblo cree que es la imá-

---

(1) Pouqueville, *Viaje á la Grecia*, tomo I, pág. 24 y 25.
(2) Millin, *Viaje á Saboya, al Piamonte, á Niza y Génova*, tomo II, pág. 124.
(3) Thevenot, *Relacion de un viaje hecho á Levante*, etc. pág. 223.
(4) *Investigaciones históricas sobre Gilles, señor de Chin, y el dragon*. Mons, 1825.—*Revista enciclopédica*, tomo XXVIII. pág. 192 y 193.—M. Bottin, *Tradiciones de los dragones voladores*, etc., pág. 165-173.

gen de un pobre campesino que libró al pais en otro tiempo de los estragos de un dragon (1).

Los habitantes de Trebizonda refieren que, en 1204, Alejo Comneno mató por sus propias manos un dragon monstruoso. En memoria de esta hazaña, hizo construir en la ciudad una fuente, á la que llamó *fuente del dragon*. Este monumento existe: el grifo representa la cabeza del animal fabuloso (2), cuya figura ha dado á la fuente el nombre que lleva, y ha originado la leyenda.

Queriendo inmortalizar el recuerdo de la conquista y sumision del Egipto, Augusto dió por tipo á las medallas de una colonia que acababa de fundar en las Galias un *cocodrilo* atado á una *palmera*. La ciudad donde se estableció la colonia reconocia desde muchos siglos por fundador, esto es, por divinidad local, á *Nemausus*, cuyo nombre llevaba, y este nombre no podia menos de figurar en las medallas. Al poco tiempo, y á pesar de la palmera, que no se cria en el territorio de Nimes, el *cocodrilo* llegó á ser uno de esos monstruos dominados por los imitadores de Hércules, por hombres divinizados ó dignos de serlo. Este animal terrible envenenaba las aguas de una fuente y asolaba la comarca. El héroe triunfó de él, y recibió y transmitió á la ciudad, que fundó junto á la fuente, el nombre de *Nemausus*, el cual recuerda que él solo hizo lo que *nadie osó* intentar (3).

En este caso, al menos, habia una representacion real, aunque mal interpretada, que excusaba el error: pero, hé aqui un ejemplo mas notable del poder de la credulidad. Segun una tradicion admitida en Pisa, en 1109, Nino Orlandi logró encerrar en una jaula de hierro á una serpiente enorme y maléfica, y de este modo la paseó en triunfo por la ciudad. ¿Cómo dudar de la veracidad del hecho? Un bajo relieve, colocado en el *Campo santo*, lo representaba, y ademas habia una inscripcion... En nuestros dias han sido examinados ambos monumentos por personas inteligentes, y resulta que la inscripcion fué puesta en 1777, y el bajo relieve es un fragmento de un sarcófago en mármol de Paros, que no representa ningun objeto que pueda referirse á la supuesta victoria de Orlandi (4).

(1) Ed. Brown, *Relacion de varios viajes*, otc., trad. francesa. en 4.° Paris, 1674, pág. 176.
(2) Prottiers, *Itinerario de Tiflis á Constantinopla*. Bruselas, 1829, página 206.
(3) *Nemo ausus*.—El abad Simil. *Mémoires sur la maison carrée*.—Noticia sobre los trabajos de la Academia del *Gard*, de 1812 á 1822, 1.ª parte, páginas 329 y 330. Eusebio Salverte. *Essai sur les noms d'hommes, de peuples et de lieux*, tomo II, pág. 279 y 280.
(4) V. el *Moniteur universel* del lunes 2 de julio de 1812.

XI.

Los blasones y las insignias militares dan lugar á nuevas aplicaciones de la leyenda astronómica.

Era natural que los nobles, los guerreros, ávidos de gloria y de poder, quisiesen compartir con los semidioses del paganismo el honor de esos triunfos que aseguraban derechos inmortales á la gratitud de los pueblos. Despues de los héroes escandinavos, despues de Struth de Winckelried, Belzunze y Dieudonné de Gozon, podríamos citar un jóven noble que acompañó á San Pol, cuando quiso destruir al dragon de la isla de Batz (1).

Tambien pudiéramos citar el supuesto orígen del apellido de los *Nompar* de Caumont. Renovando la historia fabulosa del fundador de Nimes, cuéntase que el apellido les fué trasmitido por uno de sus abuelos, que se mostró en efecto *sin par* (*non par*), dando muerte á un dragon monstruoso, cuyos estragos asolaban las tierras de su señorío.

Mas, para evitar repeticiones fastidiosas, nos limitaremos á observar cuán favorecida debió ser esta pretension, de parte de los nobles, por las figuras con que cada uno adornaba su cásco ó su escudo, y que de allí han pasado á sus armas.

Uberto fué el primero que desempeñó, en el Milanesado, las funciones delegadas á los *condes* (*comites*) del Bajo-Imperio y del imperio de Carlomagno. En consecuencia adoptó el sobrenombre de *Vizconde* (*Visconti*), que transmitió á sus descendientes. En el lugar donde se levanta, en Milan, la antiquísima iglesia de San Dionisio, habia entonces una profunda caverna, guarida de un *dragon* siempre hambriento, y cuyo hálito daba la muerte de lejos. Uberto le combatió, le mató, y quiso que su imágen figurase en el escudo de armas de los Visconti (2). Segun Paulo Jove, Oton, uno de los primeros Visconti, se distinguió en el ejército de Godofredo de Bouillon: un jefe sarraceno, á quien mató en combate singular, llevaba en el casco la figura de una serpiente devorando á un niño: el vencedor la colocó en su escudo y legó á su posteridad este monumento de su gloria (3). La relacion de Paulo Jove, si no es mas verdadera que la otra, es mas verosímil.

Aymon, conde de Corbeil, llevaba en su escudo un dragon de dos

---
(1) Cambry, *Viaje al departamento de Finisterre*, tomo I, pág. 147 y 148.
(2) Carlo Torre, *Ritratto di Milano*, pág. 273.
(3) Paulo Jove, in *Vit. duod. vicecom. Mediol. princip... Præfatio.*

cabezas... En una calle de Corbeil hay un albañal cubierto, que termina en el rio de Etampes : allí, segun la tradicion popular, estaba en otro tiempo la guarida de un dragon con dos cabezas, terror de la comarca, del cual tuvo el honor de triunfar el conde Aymon (1).

La familia *Dragon* de Ramillies tenia por armas un dragon de oro en campo azul. Esta familia atribuia el orígen de su nombre y de sus *armas parlantes* á la victoria alcanzada por Juan, señor de Ramillies, contra un dragon que asolaba el territorio inmediato al Escalda, al que el intrépido baron fué á combatir hasta dentro de la caverna donde el monstruo devoraba sus víctimas (2).

El leon, símbolo de la fuerza, decoraba por lo comun la tumba de los caballeros. Sobre la de Goufier de Lascours se puso además una serpiente, símbolo de la prudencia : no tardó en traducirse esto como «una alusion evidente á una aventura maravillosa, referida en las crónicas, segun la cual este guerrero libertó á un leon perseguido por un dragon enorme. El animal agradecido siguió á su bienhechor, y le acompañó á todas partes como un perro fiel (3).» Observemos que esta aventura es precisamente la que atribuye á Renato de Montalvan el autor del *Morgante* (4). La invencion no le pertenece; pues el mismo cuento se encuentra en el romance de Chrestien de Troyes, titulado *El caballero del Leon* (5).

Semejantes narraciones han podido nacer de causas parecidas, antes de la invencion de los emblemas caballerescos y de los blasones.

Un guerrero se complace en presentar á sus adversarios objetos propios para inspirarles terror. La serpiente es el emblema de un enemigo prudente y temible ; la serpiente alada ó dragon, el presagio de una destruccion rápida é inevitable : estos signos se encuentran en los estandartes, en los escudos y en las cimeras de los cascos. El dragon figuraba entre las insignias militares de los asirios : Ciro lo hizo adoptar á los persas y á los medos. Bajo los emperadores romanos y los de Bizancio, cada *cohorte* ó *centuria* llevaba por enseña un dragon (6). Grosley afirma (pero sin dar pruebas decisivas), que de las enseñas militares que eran un objeto de culto para el soldado romano, pasaron los dragones á las iglesias, y figu-

---

(1) Millin, *Antiquités nationales*, tomo II, art. *Saint Spire de Corbeil*.
(2) Bottin, *Tradiciones*, cto. pág. 164 y 165.
(3) N. Dallou, *Monumentos de diferentes edades observados en el departamento de la Alta Viena*, pág. 359.
(4) *Morgante*. Cuento IV, octava 7 y sig.
(5) *Manuscr. de la Bibliothèque du Roi*, n.° 7535, fol. 16 verso, col. 2.
(6) Modestus, *De vocabul. rei milit.* - Flav. Veget. *De re militari*, lib. II, cap. 13.

raron en las procesiones de rogativas, como trofeos conquistados á la religion vencida (1).

Como quiera que sea, no será difícil admitir que tales signos han despertado mas de una vez el recuerdo del mito astronómico... *Uthero*, padre del famoso *Arturo*, fué el primero en Inglaterra que imitó en los combates el ejemplo de los asirios y de los persas, enarbolando por enseña un dragon, cuya cabeza era de oro: en consecuencia, recibió el sobrenombre de *Pen-dragon* (cabeza de dragon), sobrenombre que ha podido dar pié á muchos relatos maravillosos. Contábase, por ejemplo, que habia visto en el cielo una estrella, la cual tenia la forma de un dragon de fuego y que presagiaba su advenimiento al trono (2)... No se habia, pues, olvidado el orígen astronómico de la leyenda primitiva.

XII.

Mitología anterior, alterada para encontrar la leyenda de la Serpiente.

Despues de haber alterado la historia, desconocido el orígen de las representaciones físicas, olvidado la significacion de los monumentos, y hasta despues de haber leido y visto lo que no existia, el deseo de encontrar en todas partes un mito que habia llegado á ser familiar, no tenia que dar mas que un paso; no tenia que hacer mas que sacrificar los objetos de una antigua credulidad y desfigurar una mitología anterior, para acomodarla á los relatos de otra mitología nueva. Hé aquí, en este género, un hecho, que sin ser cierto, no carece, sin embargo, de probabilidad. Se refiere á un recuerdo harto famoso para que puedan excusársenos los detalles en que nos vemos obligados á entrar.

Explicando una medalla que parece ser del siglo XV, y que en el reverso de la cabeza de Geofroy de Lusignan, llamado *Geofroy el del gran diente*, hay la cabeza de un monstruo fantástico, refiere Millin (3) que Geofroy fué invitado á combatir á un monstruo que habia ya devorado á un caballero inglés: dispuesto á acometer la aventura, Geofroy murió de enfermedad. La cabeza figurada en la medalla es, añade, la del monstruo, «que Geofroy habria seguramente vencido, á no sobrevenirle la muerte.» Pero no se acuña una medalla para eternizar una hazaña que no se ha llevado á cabo: menester es que en la familia de los Lusignan, á la que atribuye

(1) Grosley, *Ephemérides*, 3.ª parte, cap. 9, tomo II, pág. 222-225.
(2) Du Cange, *Glossar.* verbo *Draco*.
(3) *Viaje al Mediodia de Francia*, tomo IV, pág. 707 y 708.—Geofroy el del gran diente murió hácia el año 1250.

Millin la fabricacion de la medalla, se conservase la tradicion de que el bravo conde, como tantos otros héroes que dejamos mencionados, habia sido el vencedor del monstruo.

Recordemos: 1.° que Geofroy era hijo ó mas bien descendiente de la famosa Melusiṇa ó Merlusina (1) *Melesendis*, que todos los sábados se transformaba en *serpiente*; 2.° que los *Sassenages*, que contaban á Geofroy *el del gran diente* entre sus antecesores, habian hecho esculpir sobre la puerta exterior de su castillo una *figura Melusina* (2), es decir, medio mujer, medio serpiente.

Merlusina era una hada benéfica: pareció natural colocar á uno de sus descendientes en el número de los héroes destructores de serpientes mortíferas, y, aplicándole la leyenda generalmente admitida, atribuirle una victoria consagrada por la medalla que Millin ha intentado explicar.

Pero, ¿de dónde pudo nacer, en las lagunas del Poitou, la creacion de un ser medio mujer, medio serpiente, ó tan pronto lo uno como lo otro?.

Una tradicion conservada hasta nuestros dias asegura, que Merlusina se transformaba, no en serpiente, sino en *pez* (3). Hé aquí la

---

(1). No disputaré á M. Mazet, sabio citado por Millin (*Viaje al Mediodía de la Francia*, tomo IV, pág. 706), que la madre de Geofroy no se llamase, en los títulos, *Melicendis*, *Melisendis* (*Melisenda*), ni que este nombre no haya podido confundirse con *Mellusine*. Pero, lejos de admitir que lo haya producido, yo pienso que la confusion solo tuvo efecto porque el nombre de Melusina era ya célebre. Menos fácilmente adoptaria yo otra etimología, segun la cual la dama de *Melle*, trayendo en dote este señorío al señor de *Lusignan*, hizo que de los dos nombres unidos se formase el de *Mellusine* (Memorias de la Sociedad de anticuarios de Francia, tomo III, pág. 279 y 280). A principios del siglo XIII, las mujeres no unian su nombre al del señorío de sus esposos; ni creo que llevasen tampoco el nombre de sus propios señoríos. Pronunciando *Merlusine* con Brantome (*Vidas de hombres ilustres*, etc., tomo VIII, pág. 322), y con el pueblo, guia mas seguro que los eruditos en cuanto á la pronunciacion de los nombres consagrados en los cuentos antiguos, lo comparo con la ortografía del nombre de la familia de Geofroy, escrito así en la medalla citada: *Godefridus de Lusinem*. Basta colocar antes de este último nombre la palabra *mère* (*mäter*), para reproducir el nombre de *Merlusine* y probar que este no es mas que el simple título de *madre de Lusignan* (*Mer-Lusinem*, aplicado por el pueblo á la mujer-serpiente, á la hada, de quien pretendia descender esta familia. Nuestra etimología es tanto menos inverosímil, cuanto que el primer autor que redactó la historia de Melusina, Juan de Arrás, escribia en tiempo del rey *Juan*, en el siglo XIV, cuando hacia ya mucho tiempo que el nombre de la familia de Lusignan se habia fijado y era célebre.

(2) Millin, *Magasin encyclopédique*, año 1811, tomo VI, pág. 108-112.

(3) *Memorias de la Sociedad de antiouarios de Francia*, tomo III, pág. 280.
—Scarron no ignoraba esta tradicion: en su sátira III, un fatuo anuncia que quiere hacer representar en el teatro

L' infante *Mellusine*;
L' héroine sera *moitié femme et poisson*.

la clave del enigma, que nos lleva á una remota antigüedad. La imágen de la *Mujer-pez*, en la que los modernos quieren ver una *sirena*, aunque todos los escritos y los monumentos de los antiguos presenten la sirena como *mujer-ave* (1); esta imágen, harto multiplicada todavía en tiempo de Horacio, para que el poeta, que ignoraba su significacion, la citase como el tipo de lo absurdo (2); esta imágen, que los griegos, menos distantes de su orígen, aplicaron á Eurinoma, una de las esposas del dios del mar, es aquella bajo la cual invocaban los sirios y los fenicios á Astarté, Atergatis, la vírgen celestial (3). Se la encuentra en el planisferio egipcio, donde representa el signo de *Piscis* reunido al de *Virgo*. Está consagrada en las religiones del Japon (4) y del Indostan (5), y en la antigua mitología de la isla de Java (6).

Tambien ha penetrado en el Kamtschatka, sin duda con la religion lámica. En las *yourtas* de los kamtschadales del Norte se ve el ídolo *Khan-tai*, que tiene forma humana hasta el pecho, y el resto se parece á una cola de pescado: se fabrica uno nuevo cada año, de modo que el número de estas imágenes indica cuántos años hace que se construyó la *yourta*. Esta particularidad prueba que el ídolo

Observemos que la tradicion mas generalmemente admitida la considera así, pues coloca á Melusina en un gran estanque, haciendo saltar el agua, con los golpes de su cola, hasta las bóvedas de la sala. *Boletin de la Sociedad de agricultura de Poitiers*, 1828, pág. 214 y 215.

(1) En un muro del patio interior del Museo de Paris, hay embutido un medallon antiguo de marmol blanco, que representa una *mujer-ave*, una *sirena*.

En la villa Aldobrandino, vió Montfaucon unas figuras semejantes de *sirenas* en marmol rojo (*Diarium italicum*, 1702, pag. 190 y 191). En Sytmphales, entre los límites de la Argólida y la Arcadia, habia unas estatuas que representaban jóvenes con las piernas de pájaro. (Pausanias, *Arcad.* cap. 22.) En las ruinas de los antiguos templos de la isla de Java, se descubren muchas figuras de mujer ; siendo de notar una que presenta la cabeza de un hombre anciano. *(Descripcion de Java*, por Marchal, en 4.º, Bruselas, 1824, lamina 31). Esto prueba la antigüedad del mito relativo á las *sirenas*, pero no revela su orígen. Platon, apoyado quizás en las tradiciones de la India antigua, colocaba en cada uno de los ocho círculos de los cielos una sirena, que cantaban siguiendo su revolucion periódica. (Plato. *De republ.*, lib X.) *Menephilo* en Plutarco (*Symposiac.* lib. IX), rechaza esta idea, porque las sirenas, dice, son genios maleficas; pero Ammonio justifica á Platon.

(2) . . . . . Turpiter atrum
Desinit in piscem mulier formosa superne.
Horacio, *De art. poet.* v. 3 y 4.

(3) Segun el escoliasta de Germánico (Arat. *Phænomena* ; *Virgo*), la vírgen celestial es en efecto Atergatis. Higinio reconoce á Venus en el signo de Piscis.

(4) *Canon*. Divinidad japonesa.
(5) Tercera *avatar de Wishnú*.
(6) *Descripcion de Java*, etc. lámina 31.

Khan—tai, como la vírgen-pez de los planisferios egipcios, tiene un orígen astronómico, pues ha continuado siendo el símbolo de la renovacion del año.

No podemos hablar tan afirmativamente de la *Madre del Agua*, divinidad maléfica, medio mujer, medio pez, que segun los indígenas de la Guyana, se complace en atraer á los pescadores á la alta mar, y en sumergir sus débiles embarcaciones. Dícese que esta fábula era conocida en América antes de la llegada de los europeos (1).

¿Pudo llegar á las Galias un símbolo tan reproducido sobre la tierra? ¿Pudo el tiempo modificarlo bastante para cambiar en serpiente la extremidad del pez?

A la primera pregunta respondo, que ese símbolo existe todavía en una de las mas antiguas ciudades de Francia, en Marsella. En un ángulo del fuerte de San Juan, se distingue la figura de un monstruo, medio mujer, medio pez. Si ha sido reproducida en la construccion del fuerte, no puede ser sino porque existia muy anteriormente como monumento nacional. Su nombre, que es el mismo de la ciudad, *Marsella*, indica que representaba la divinidad local, la ciudad misma divinizada. Al adoptar un símbolo tan propio para caracterizar á una gran ciudad marítima, los focenses no necesitaron tomarlo de Tiro, Sidon ó Cartago: habian fundado su ciudad bajo los auspicios de la D*iana de Efeso*, de la vírgen celestial, que fué adorada en esta forma, no solamente en Asia, sino tambien en Grecia; pues la estatua medio mujer, medio pez, venerada en Figalia, fué considerada como una estatua de Diana (2).

2.° Casi todos los principes tártaros hacen remontar su genealogía á una *vírgen* celestial, que concibió por obra de un rayo de *sol*, ó por otro medio no menos maravilloso (3): en otros términos, la mitología, que sirve de punto de partida á sus anales, se refiere á la

---

(1) Barbé-Marbois, *Journal d'un deporté*, tomo II, pag. 134.

(2) Pausan. *Arcad.* cap. 41.—Una sacerdotisa de Diana de Efeso, llevando una estatua de la divinidad, siguió á los focenses á Marsella, y estos, en todas las ciudades que fundaron en las Galias, y por ejemplo, en Agda, instituyeron el culto de Diana, tal como lo habian recibido de sus mayores. Estrabon, lib. IV.

(3) Elogio de *Munkden*, pag. 13, 221-225. *Alankava* ó *Alancuna*, princesa del Mogol, sintió tres veces sucesivas que una luz celestial habia penetrado en su seno. Habiendo quedado embarazada, anunció con seguridad que daria al mundo tres hijos varones, y su prediccion se cumplió. De estos tres hijos, á los que se dió el nombre de *hijos de la luz*, el uno fué el padre de los tártaros Kap-Giaks; el otro, padre de los *Selgink* o *Selgiukides*: Geugis y Tamerlan descendian del tercero. (Petis de la Croix, *Hist. de Gengis-Khan*, pag. 11-13... D. Herbelot, *Bibliot. oriental*, art. *Alankava*.

edad en que el signo de *Virgo* marcaba el solsticio de verano.

Los griegos atribuian el órigen de los scitas á una *vírgen*, mitad mujer, mitad serpiente, que tuvo comercio con Hércules ó Júpiter (1), emblemas uno y otro del *sol* generador. Si los dos orígenes no son mas que uno mismo, como es permitido creerlo, los griegos pueden haber desconocido la forma de la parte inferior á la imágen de la divinidad nacional, de la *vírgen celestial* de que pretenden descender los tártaros y scitas, dándole una estremidad de serpiente en lugar de la de pez.

Ahora, para traer á las orillas del Sevre, así el simbolo antiguo como la alteracion que lo ha desfigurado, no recordaré mas, sino que los drúidas reverenciaban á una *vírgen que debia parir*: la vírgen celestial que, todos los años, á media noche, brillando en lo mas alto de los cielos, debia dar á la tierra un hijo, el sol saliendo del solsticio de invierno: no parece que los drúidas ofreciesen representaciones físicas á la admiracion de nuestros antepasados, hasta el tiempo al menos en que el comercio de otros pueblos les indujo poco á poco á imitar su idolatría. Pero Piteas habia costeado las riberas occidentales de la Galia, y seguramente no fué el único que lo hizo entre los navegantes marselleses (2). Pero los fenicios y los cartagineses, que venian á buscar el estaño á las islas Casitérides, no pudieron dejar de desembarcar muchas veces en las costas de Bretaña y del Poitú. Alguna de estas naciones llevaria á la Galia occidental la imágen y el culto de la Vírgen-pez: los galos adoraron á *Onvana* ó *Anvana* bajo la figura de una mujer con cola de pescado (3). Celoso, como los príncipes tártaros, de crearse un órigen sobrenatural, un jefe galo pretenderia descender de esta divinidad, y escogeria dicha imágen por su emblema distintivo. El tiempo y la imperfeccion de la escultura pudieron mas tarde ocasionar un error semejante al que los griegos habian ya cometido, pasando de este modo la cola de pez á convertirse en cola de serpiente. Fundada en esta equivocacion, la nueva tradicion pudo prevalecer tanto mas fá-

(1) Herodoto, lib. IV, cap. 9.-Diod. Sic. lib. II, cap. 26.
(2) En todas las ciudades que fundaban, los marselleses establecian el culto de la Diana de Efeso. Estrabon, lib. IV.
(3) Martin, *Religion de los Galos*, tomo II, pág. 110.—Toland, *History of the druids*, pág. 137.—Entre las inscripciones descubiertas en la antigua muralla de Burdeos, se nota esta:

Caius Julius Florus ONVAVAE.

Memoria de la Academia de Burdeós, sesion del 16 de junio de 1829, página 182 y lámina 3, n.° 52. Creo que *onvavæ* es el dativo del mismo nombre que *onvana*; sea que la inscripcion fuese copiada inexactamente, ó que el operario cometiese un error al transcribir en la piedra un nombre extranjero.

cilmente, cuanto que, del siglo V, al XV, las serpientes, como hemos visto, representaron un gran papel en las creencias populares de los occidentales ; y entonces la forma dada á Melusina y la hazaña atribuida á su descendiente llegaron á ser las consecuencias del sacrificio de una creencia antigua, á una creencia nueva y generalmente adoptada.

XIII.

Resúmen.

La discusion de esta conjetura, que sometemos al juicio de los arqueólogos, no nos ha separado de nuestro asunto. Nos hemos propuesto averiguar cómo un relato evidentemente absurdo, falso, imposible, ha podido extenderse y multiplicarse, y siendo siempre el mismo bajo mil formas diversas, encontrar en todas partes una igual y constante credulidad.

Hechos reales, metáforas corrientes habrian podido á veces dar ocasion á esto, pero no hacerlo salir de un círculo estrecho.

Un accidente tan local, tan variable como lo es el desbordamiento de un rio, no pudo ser representado universalmente con una misma alegoría, que además no se le puede aplicar sino de un modo muy imperfecto.

El supuesto hecho no es, en su orígen, mas que la expresion de un cuadro astronómico, adoptado por casi todos los mitólogos de la antigüedad.

Aun cuando la tradicion de este dogma del politeismo habria debido ceder á los progresos del cristianismo, una ceremonia exterior, consagrada en esta religion, creo tantas repeticiones del mito original, como reuniones de fieles contaba la Iglesia de Occidente. En vano se hicieron esfuerzos para llamar la atencion del vulgo hacia la alegoría que representaba la ceremonia: su espíritu, como sus ojos, permaneció fijo en la representacion física ; sus hábitos se sobrepusieron á su piedad, y no solo buscó sus libertadores entre los habitantes del cielo, sino que los reconoció entre los hombres, sobre todo cuando, para conformarse con un punto de la alegoría astronómica, debió suponer que el vencedor habia perdido la vida en el acto mismo de su victoria. Los nombres de los personajes célebres, los de los nobles cuyo poder temia ó cuyo valor admiraba, vinieron á figurar en esta tradicion continuamente repetida. Se falsificaron los recuerdos históricos para encontrarla ; toda representacion física, propia para despertar su recuerdo, renovó la leyenda ; se la buscó en monumentos y emblemas que le eran extraños, y hasta en los signos inventados por la gloria ó el orgullo militar. Se llegó (si nuestra última conjetura no es temeraria) hasta alterar los símbolos y las creencias de una mitología anterior, para apropiárselos.... Singulares progresos de una credulidad, no solamente fácil y ciega, sino ávida, insaciable! ¿No merecen ser señalados á las meditaciones de los filósofos? **La historia de la credulidad es quizá la rama mas extensa, y seguramente, una de las mas importantes de la historia moral de la especie humana.**

NOTA B.

DE LA ESTATUA DE MEMNON.

Relatos é inscripciones que atestiguan la vocalidad de la estatua, y hasta hacen mencion de palabras pronunciadas.—Explicaciones poco concluyentes, propuestas por diversos autores.—Segun Langlés, los sonidos proferidos algunas veces por la estatua correspondian á las siete vocales, emblemas de los siete planetas.—Oráculo que pudo ser pronunciado por la estatua de Memnon.—Refutacion dél sistema de M. Letronne.—El milagro era *probablemente* efecto de la supercheria.—Imposibilidad de obtener una resolucion satisfactoria del problema.

Cerca de la antigua Tebas se elevaban dos colosos monolitos, encerrados en un recinto, al que se daba el nombre de *Memnonium*. Este nombre que, en lengua egipcia, designaba un lugar consagrado á la memoria de los muertos (1), recordaba á los griegos el de un héroe cantado por Homero. Dispuestos á apropiarse y á referir á sus tradiciones nacionales todo lo que su vanidad podia encontrar en la mitología ó en la historia de los pueblos mas antiguos, consideraron como consagrado á Memnon, como reproduccion de la imáger del guerrero hijo de la Aurora, que pereció ante los muros de Troya, á uno de aquellos colosos, construidos antes de la primera edad his-

(1) M. Letronne... *La estatua vocal de Memnon* (4 vol. en 4.°). Mas de una vez tendremos ocasion de citar esta obra científica, aunque no adoptemos el sistema que se propone hacer triunfar.

tórica de la Grecia: este coloso es la estatua que se hizo célebre por la propiedad de dejar oir, todas las mañanas, uno ó varios sonidos, que el entusiasmo religioso consideró como una salutacion dirigida á la Aurora ó al Sol.

En una época dudosa que no se ha podido fijar, la estatua fué rota por su parte superior; pero los sonidos maravillosos continuaron dejándose oir, y salian al parecer de la parte inferior. M. Letronne opina que el coloso fué restaurado en el siglo III de nuestra era: macizos sillares de asperon reemplazaron la porcion del monolito, cuyos fragmentos yacián por el suelo.

En el reinado de Adriano, Juvenal vió el coloso roto. Luciano, en el de Marco Aurelio, y Filostrato, en el de Severo, le representan como entero. Verdad es que Luciano habla de él en una obra satírica; pero sus burlas se refieren á las exageraciones que un testigo del prodigio se permite en su relato, y no al estado de mutilacion ó de restauracion de la estatua. Filostrato, por un anacronismo evidente, hace hablar á un observador contemporáneo de Domiciano. Esta licencia, que no pudo ser ignorancia, parece probar que la restauracion no era reciente; pues no se hace retroceder un siglo á un hecho de la víspera.

Los testimonios que acreditan la vocalidad de la estatua cesan en el reinado de Caracalla. Igualmente se ignora en qué tiempo y por quién fué rota de nuevo la estatua restaurada; y desde cuándo la parte inferior, ya muda, dejó de revelar su antigua gloria, como no fuese por medio de las inscripciones que la cubren.

Antes de discutir las explicaciones que se han querido dar del prodigio, recordemos lo que nos han dicho sobre el particular los griegos y los romanos, únicos de quienes tenemos testimonios directos.

Los egipcios acusaban á Cambises de que, en su furor impío, rompió y derribó la estatua de Memnon, así como insultó y destruyó otros monumentos (1) que la religion habia consagrado en la tierra de Osiris. El justo horror que les inspiraba la memoria de un conquistador bárbaro pudo inducirles á imputarle el resultado de una catástrofe natural, si es verdad, como refiere Estrabon, que la caida del coloso fué efecto de un terremoto, cuya fecha no señala este escritor.

Pero, ¿por qué no habria mutilado Cambises mas que una de las dos imágenes sagradas? Esta cuestion parece que desde luego debilita la tradicion generalmente admitida: la fortalece, por el contra-

(1) Justin. Lib. I, cap. 9.

rió, si se admite que el sonido milagroso era lo único que recomendaba esta imágen á la veneracion religiosa de los nacionales, y lo que provocaba el odio fanático de los adoradores del fuego.

Maneton, citado por Eusebio y por Josefe, y tambien por san Jerónimo, afirma que la estatua colosal de Amenofis era la misma estatua vocal de Memnon. Este testimonio de un contemporáneo de Ptolomeo Filadelfo, de un sacerdote egipcio muy instruido de las antigüedades de su pais, seria de gran peso, si no se pusiera en duda su autoridad.

Dionisio el Periegeta describe en sus versos «la antigua Tebas, »dónde el sonoro Memnon saluda la aparicion de la aurora (1).» Segun la opinion comun, el poeta geógrafo escribia poco tiempo despues que el Egipto fué reducido á provincia romana; de lo que puede inferirse que el prodigio y la tradicion fabulosa que al mismo aplicaban los griegos y los romanos eran entonces, y desde mucho antes, conocidos y celebrados... Pero la época en que floreció Dionisio flota, segun los críticos, entre el reinado de Augusto y los de Severo y Caracalla.

«Allí, dice Estrabon hablando del recinto sagrado del *Memnonium*, »allí habia dos colosos de una sola piedra cada uno, é inmediatos »uno á otro. El uno subsiste entero. La parte superior del otro ha »sido derribada, *segun dicen*, por un terremoto. Créese tambien que, »del tronó y de la parte del coloso que se ha conservado sobre su »base, sale un sonido semejante al que produciria un golpe modera-»do. Yo mismo, acompañando á Ælio Galo con una cuadrilla de ami-»gos y soldados suyos, lo he oido hácia la primera hora del dia. »¿Procedia de la base, ó del coloso mismo; era producido por al-»guno de los circunstantes? Hé aquí lo que no puedo asegurar. En »la incertidumbre de la causa real, es preferible creerlo todo, á »conceder que pueda salir un sonido de unas piedras de tal manera »dispuestas. (2).»

En su viaje á Egipto, «Germánico admiró la imágen de piedra de »Memnon, que despide un sonido semejante á una voz humana (*vo-»rcalem sonum*), cuando la hieren los rayos del sol.» Así se expresa Tácito, historiador tanto mas fidedigno, cuanto que en su juventud habia sabido de boca de varios ancianos, contemporáneos de Germánico, detalles importantes sobre la historia de este príncipe.(3).

«En Tebas, dice Plinio, en el templo de Serapis, está la estatua »que se cree consagrada á Memnon, y que despide un sonido todos

(1) Dionis. Perieg. vers. 249 y 250.
(2) Strabo, XVII.
(3) Tácito, *Annal.* lib. II, cap. 61, y lib. III, cap. 16.

»los dias, cuando la hieren los rayos del sol saliente (1).»
Residiendo, ó estando relegado Juvenal en el Alto Egipto, no lejos de la comarca famosa por los monumentos del *Memnonium*, caracteriza la estatua con estas palabras: «Allí, dice, resuenan las »cuerdas mágicas del mutilado Memnon (2).»

«Todavía he admirado mas al coloso, dice Pausanias (3). Es »una estátua sentada, que parece representa al sol... Muchos la lla- »man estatua de Memnon; pero los tebanos niegan que sea este »personaje... Cambises la rompió (literalmente, la dividió en dos). »Hoy, la parte superior, desde lo alto de la cabeza á la mitad del »cuerpo, yace abandonada en el suelo. La otra parte parece todavía »sentada; y todos los dias, al salir el sol, despide un sonido seme- »jante al de las cuerdas de una cítara ó de una lira, cuando se rom- »pen en el instante de subirlas.»

La fama del coloso atraia los curiosos á Egipto, en tiempo de Luciano. En el diálogo sobre la amistad (*Toxaris*), Luciano refiere que «el filósofo Demetrio hizo un viaje á Egipto para ver á Mem- »non... Habia oido decir que Memnon, al salir el sol, hacia resonar »su voz... Partí de Coptos, hace decir á Eucrates en el *Philopseu- »dó*, para ver á Memnon y oir el sonido maravilloso que produce al »salir el sol. Yo lo he oido, no como tantos otros, emitiendo un »ruido vacío de sentido: el mismo Memnon, abriendo su boca, me »ha dirigido un oráculo en siete versos, que os repetiria, si esto no »fuera superfluo.»

«Vuelta de cara hácia el oriente, dice Filostrato, la estatua de »Memnon *habla*, en cuanto un rayo de sol viene á dar en su »boca (4).»

En una época en que el prodigio habia cesado seguramente, Himerio, contemporáneo de Amiano Marcelino, recordaba todavía que el coloso *hablaba* al sol con una voz humana (5). Pero, confrontando fechas, su testimonio y el de Calistrato (6) consignan solamente la existencia de una tradicion que estos autores refieren sin discutirla.

Dos escoliastas inéditos de Juvenal y el sabio Eustatio nos instruyen de las modificaciones que la tradicion habia sufrido en tiempos posteriores.

(1) Plin. *Hist. nat.* lib. XXXVI, cap. 7.—Dion Crisóstomo (*Orat.* XXXI) habla de la estatua de Memnon como de la imágen de una divinidad.
(2) Juvenal, sat. XV, verso 5.
(3) Pausanias, *Attic.* cap. 42.
(4) Philostrat. *De vit. Apollon.* lib. VI, cap. 6.
(5) Himerius, *Orat.* VIII y XVI. Photius, *Bibl.* cod. 243.
(6) Calistrat. *Exercit. de Memnone.*

Segun el primero (1), «la estatua de Memnon, hijo de la Aurora, »estaba fabricada con un artificio mecánico tal, que *con voz humana* »saludaba al sol y al rey. Para conocer la causa de este prodigio, »Cambises hizo cortar la estatua en dos partes; despues de lo cual, »esta saludó todavía al sol, pero no al rey. Por esto el poeta empleó »el epíteto *dimidio* (de la que no resta mas que la mitad).»

El otro escoliasta trastorna de un modo extraño la tradicion admitida (2): «Una estatua de bronce, dice, que representaba á Mem- »non y tenia una cítara, *cantaba* á ciertas horas del dia. Cambises »hizo abrirla, suponiendo que habia oculto un mecanismo dentro de »la estatua. Pero, aunque abierta, la estatua, que habia recibido »una consagracion mágica, produjo sonidos á las horas acostumbra- »das. Por esto Juvenal da á Memnon el epíteto *dimidius*, abier- »to, cortado en dos partes.»

Comentando los versos 249 y 250 de Dionisio el Periegeta, Eustatio recuerda primeramente que el coloso representaba al *Dia*, hijo de la Aurora, y añade luego: «Era una estatua de hombre que, »animada por cierto mecanismo, hacia oir su voz, y así; por un mo- »vimiento que parecia ser natural ó espontáneo, hablaba como si »saludase al Dia y le rindiese homenaje.»

Numerosas inscripciones griegas y latinas, grabadas en el coloso, atestiguan que diversos personajes, atraidos por la religion ó la curiosidad, han oido la voz milagrosa. M. Letronne las ha reunido (3) en número de setenta y dos, y las ha restaurado y explicado. Conservando su numeracion, no citaré mas que las que arrojan una nueva luz sobre mi asunto.

Seis inscripciones (números X, XII, XVII, XX, XXXVI y XXXVII) atestiguan que Memnon se dejó oir *dos* veces diferentes en un mismo dia. Otra (núm. XIX) dice que la voz resonó *tres veces*, en presencia del emperador Adriano, para quien este prodigio vino á ser una prenda del favor de los dioses.

El autor de la XVII.ª asegura que Memnon le habló y le saludó amistosamente.

Hé aquí, segun la opinion de Jablonski (4), adoptada por varios sabios, la traduccion de la inscripcion núm. XII:

«El hijo de Titon y de la Aurora, Memnon, precedentemente, solo »nos ha hecho oir su voz: hoy nos ha saludado como á sus aliados y

---

(1) Escoliasta inédito de Juvenal, citado por Van Dale, Caselio y Douza.
(2) Otro escoliasta inédito citado por Van Dale.
(3) *La estatua vocal de Memnon*, etc.
(4) Jablonski, *De Memnone Græcorum et Ægyptiorum syntagmata* III. Francof. ad Viadrun. 1753.

»amigos. He penetrado el sentido de las palabras emanadas de la
»piedra. La naturaleza creadora de todas las cosas las ha inspira-
»do.» M. Letronne opina que la última frase debe ser sustituida por
esta : «La naturaleza, creadora de todas las cosas, ¿ha dado á la
»piedra el sentimiento y la voz?» Sin entrar en la discusion de las
palabras, observaremos que la correccion, en el fondo, tiene menos
importancia de la que parece tener. La distincion. bien marcada entre el sonido desprovisto de sentido que Memnon hacia oir comunmente, y una salutacion amistosa, prueba, á mi entender, que el autor de la inscripcion, como el de la XVII.ª, habia oido palabras distintas, que creyó emanadas de la piedra sagrada.

Confrontando estos diversos testimonios, se vé que el coloso producia comunmente, al principiar el dia, un sonido comparable al
de una cuerda de citara ó de un instrumento de cobre (inscripcion XIX). El prodigio se ha repetido dos y hasta tres veces en un
dia. En fin, el milagro, acomodándose sin duda á la credulidad de
sus admiradores, llegaba hasta la pronunciacion de palabras seguidas, que formaban un sentido completo.

Este último prodigio, que igualmente recuerdan las inscripciones
citadas y las tradiciones conservadas por Hemerius, Filostrato y el
Filopseudo de Luciano, parece el menos admisible de todos : sin
embargo, lo creo el mas fácil de explicar.

No era esto exclusivamente propio de Memnon. En Dafne, cerca
de Antioquía, se alzaba el templo de Apolo, cuya imágen, á la hora
de mediodia, habia hecho oir á sus adoradores el canto de un himno melodioso (1).

Si se recuerda lo que hemos dicho (cap. XII) de las *estatuas vocales* celebradas por Píndaro, de las *cabezas parlantes*, del partido
que sacaban los taumaturgos del engastrimitismo, y de los recursos
que les aseguraba la ciencia de la acústica, lo imposible desaparece:
todo depende de la eleccion del momento y de la ausencia de espectadores incómodos. Hasta es de suponer que Luciano, creyendo
repetir una mentira ridícula, pudo referir un hecho, cuyo fondo es
verdadero; un milagro susceptible de ser reproducido en circunstancias oportunas, delante de hombres entusiastas, tan incapaces de
penetrar un artificio, como de concebir una duda ó de hacer una
objecion.

¿Quién sabe si no podríamos encontrar aquel oráculo en *siete versos* que oyó el *Filopseudo*, y que sin duda consideró como «inspirado por la naturaleza creadora de todas las cosas?» Hé aquí un

(1) Libanius, *Monodia super Daphn. Apollin.*

oráculo, compuesto tambien de *siete versos*, que nos ha transmitido Eusebio (1), y que parece responder á la cuestion:

«Invoca á Mercurio; y al Sol de la misma manera
»El dia del Sol; y á la Luna, cuando á Ella le llegue
»El dia; y á Saturno; y á su turno á Venus;
»Por las invocaciones *inefables*, que ha encontrado el mas excelente de los magos (2);
»Rey de la *siete veces resonante*, conocido de un gran número de hombres;
»
»Y siempre (invoca) mucho y aparte, al dios de *la séptupla voz.*»

El texto mismo indica que falta un verso: lo prueba la omision de los nombres Marte y Júpiter: este verso era el primero, el tercero ó el cuarto, en vez del sexto; y completaba el oráculo, no solo en cuanto al sentido, sino tambien respecto al número de los versos. Transportado por la inadvertencia de un copista al sexto lugar, habrá sido omitido mas tarde, porque allí carecia de sentido.

El oráculo prescribe que se dirijan invocaciones á los planetas, observando el dia consagrado á cada uno de ellos. A pesar de faltar un verso, es visible que las invocaciones, como los dias de la semana y los planetas, debian ser siete. El que *ha encontrado* (instituido) este culto, era el *rey* (el *director*) de la *siete veces resonante*, nombre que parece indicar una máquina, una estatua á propósito para hacer resonar *siete* entonaciones. En seguida se ordena invocar constantemente al dios de la *séptupla voz*. Este Dios era sin duda aquel á quien estaba consagrada la máquina, la *siete veces resonante*, ó cuya estatua representaba su imágen, el Rey del mundo celeste conocido de los antiguos, el Sol. La estatua de Memnon era la del Sol, segun Pausanias.

A este primer indicio, se agregan otros en apoyo de nuestra conjetura.

En los primeros siglos del cristianismo, se daba una importancia religiosa á las siete vocales. Eusebio tiene cuidado de hacernos observar que, por un misterio maravilloso, el nombre *inefable* de Dios en las cuatro formas que le hace sufrir la gramática, comprende las siete vocales (3). Esta importancia explica tambien una inscripcion compuesta de siete líneas, cada una de las cuales presenta las siete

---

(1) Euseb. *Præpar. evangel.*, lib. IV.
(2) Esta expresion no designa á Zoroastro. Los griegos dieron muchas veces á los sacerdotes caldeos y aun á los egipcios el título de *Magos*: para ellos no significaba mas que un hombre consagrado á una divinidad especial, inspirado por ella, y superior en ciencia á los demás hombres.
(3) *Præp. evangel.* lib. VI, cap. 6.

vocales griegas combinadas de diferentes modos (1). Verdad es que Gruter y su editor consideran apócrifa la inscripcion; pero Edw. Holten ha visto esculpidas en una piedra las siete vocales, y combinadas de la misma manera (2). Todo el misterio que encierran consiste, segun dice, en el nombre de Jehovah compuesto de siete letras y siete veces repetido, y atribuye con verosimilitud las inscripciones de este género á los Basilidianos. Estos, como tantos otros sectarios de los primeros siglos de la Iglesia, eran simples teurgistas, que trasladaban al cristianismo los ritos y las supersticiones de iniciaciones mas antiguas.

La supersticion de las vocales, como otras muchas, la habian tomado del Egipto. Los sacerdotes egipcios cantaban las siete vocales como un himno consagrado á Serapis (3). En un epígrama que se ha conservado, el mismo Serapis decia á sus adoradores (4): «Las »siete vocales me glorifican, á mí, el Dios grande é inmortal, el »padre infatigable de todas las cosas.» ¿Hay necesidad de recordar que Serapis era uno de los emblemas del sistema solar divinizado, y que Plinio asigna á Serapis el templo al que pertenecia la estatua de Memnon?

El misterio inherente á este modo de adoracion explica el epíteto de *inefables* dado á las invocaciones, y el silencio que guarda *Eucrates* sobre el texto del oráculo en siete versos que pretende haber oido. Así la religion de los indios, la de los parsos y hasta el islamismo consagran ciertas sílabas cuya pronunciacion equivale á una plegaria, y cuya santa eficacia no se debe revelar.

Cualquiera que sea el valor que se conceda ó que se niegue á estas conjeturas, no habrá dificultad en conceder que, en casos particulares, en los que una curiosidad ilustrada no estorbaba las operaciones de los taumaturgos, el procedimiento propio para animar á los androides y acaso el engastrimilismo solamente bastaban para producir las palabras y los oráculos atribuidos á Memnon.

Menos fácil de explicar es el prodigio que se repetia cada mañana.

La idea de una supercheria que podia facilitar la gran masa del

(1) Gruter. *Corp. inscript.* tomo II, pag. 21.
(2) *Ibid.* pág. 356.
(3) Dionis. Halicarn.
(4) Scaliger, *Animadvers. in Euseb.* núm 1730.—Observemos que hasta muy tarde no dejaron las vocales de representar un papel en las alegorías místicas relativas al mundo solar. Ecos tanto mas fieles de los antiguos cuanto menos los comprendian, los escritores modernos han conservado la tradicion que unia á las vocales la idea de los planetas. En el siglo XVI, Belot, cura de Milmont, consignó en su *Chiromancia* (cap. 18) que las cinco vocales están consagradas á los cinco planetas principales.

coloso parece haberle ocurrido á Estrabon. Su lenguaje es el de un hombre que lucha contra una ilusion que se pretende hacerle, mas bien que el de que reconoce la que le han hecho. Se ve que llegó predispuesto á creerlo todo, menos admitir que el sonido pudiese realmente partir de la estatua. Por lo demás, ningun hecho viene á apoyar su conjetura.

Los términos de que se vale Juvenal parecen indicar que, en su opinion, el prodigio era resultado del arte mágica, es decir, de un mecanismo ingenioso y escondido. Eustatio lo afirma positivamente, así como tambien los dos escoliastas del satírico latino. Uno de ellos habla hasta de una *consagracion mágica* de la estatua. Pero, por lo demás, se aleja tanto de la historia ó de la tradicion conocida, que su testimonio casi carece de valor.

El sabio Langlés habia adoptado una explicacion análoga. Para hacerla plausible, parte de la suposicion de que Memnon repetia las siete entonaciones consagradas en el himno de los sacerdotes egipcios. Para reproducirlas, bastaba una serie de martillos dispuestos á lo largo de un teclado, que golpeasen piedras sonoras, de la naturaleza de aquellas que, desde tiempo inmemorial, sirven de instrumentos de música en la China (1).

Si creyésemos lo que dice Filostrato, que el coloso, vuelto hácia oriente, resonaba al contacto de los rayos del sol, en el instante mismo en que estos daban en su boca, se admitiria fácilmente que el mecanismo milagroso era puesto en accion por un secreto muy conocido de los antiguos: el calor vivo y pronto que se obtiene por la concentracion de los rayos solares bastaba para dilatar una ó varias vergas metálicas, que, prolongándose, obrarian sobre el teclado, cuya existencia supone Langlés. Así hubiera podido suceder que, gracias al sol mismo, saludase la estatua con una armonía religiosa la vuelta del dios á quien estaba consagrada y cuyo emblema era.

Pero, ¿en qué se funda la suposicion de que emanasen habitualmente del coloso siete entonaciones sucesivas? Si en algunos casos muy raros pudo la habilidad de los sacerdotes producir una cosa semejante, los testimonios históricos ó las inscripciones no revelan en general mas que la existencia de un sonido único. Además el prodigio fué observado mucho tiempo antes de la restauracion de la estatua, y cuando su cabeza, tendida sobre la arena, no se comunicaba ya con la base de donde parecia salir el sonido: por otra parte, ninguna observacion ha podido hacer que se descubra en el coloso

---

(1) Langlés, *Disertacion sobre la estatua de Memnon*... A continuacion de los *Viajes de Norden*, tomo II, pág. 157-256.

una cavidad acomodada para recibir el mecanismo sonoro imaginado por Langlés.

Esta última indicacion rechaza la conjetura de Van Dale, que suponia que, en el coloso egipcio, como en otras muchas estatuas, habia una cavidad (1), en la cual podian introducirse los sacerdotes encargados de prestar su propia voz á la divinidad.

No es mas admisible la explicacion propuesta por Dussault: «Sien- »do hueca la estatua, dice, el calor del sol calentaba el aire que »contenia, y este aire, saliendo por alguna abertura, producia un »ruido que los sacerdotes interpretaban á su gusto (2).» ¿Tenemos algun testimonio de que la estatua fuese hueca? Y ademas, ¿no atribuye Dussault á la elevacion de la temperatura un efecto imposible? Para llegar el calor del sol hasta el aire interior, habria tenido que penetrar una capa de piedra, de un espesor de dos ó tres decímetros lo menos, y esto, casi instantaneamente, cuando el disco del sol apenas se habia elevado sobre el horizonte.

En los aposentos inmensos, construidos con sillares de granito, que se descubren en las ruinas de Carnac, algunos artistas franceses afirman haber oido, al salir el sol, *esos sonidos tan famosos producidos por las piedras.* «Los sonidos proceden al parecer de las pie- »dras enormes que cubren los aposentos, y *algunas de las cuales* »*amenazan ruina:* el mismo fenómeno provenia sin duda del cam- »bio casi repentino de temperatura que se efectúa al amanecer (3).» Mas bien me inclino á creer que los sonidos eran efecto del crujido de uno de aquellos peñascos *próximos á romperse* entre aquellas masas de granito rojo que, golpeado con un martillo, *resuena como una campana* (4).

En efecto, si se admite la explicacion dada, es preciso conceder tambien, no solo que la estatua de Memnon jamás debió dejar de ser sonora, sino ademas que los techos, los muros, los colosos, las agujas de granito, existentes en tanto número sobre el suelo del Egipto, producian tambien sonidos al salir el sol. En este caso la maravilla habria desaparecido: la sonoridad no habria pasado de ser un hecho sencillo, tan comun como el curso de un arroyo y el ruido de una tempestad. Pero lo confesamos: solo el coloso de Memnon gozaba de su prerogativa, y la perdió sin que su exposicion al sol ni la temperatura del clima hayan sufrido el menor cambio.

(1) Van Dale, *De Oraculis*, pág. 207-209.—Véase el cap. VII de esta obra.
(2) Dussault, *Traduccion de Juvenal* (2.ª edicion). tomo II, pág. 452, nota 5.
(3) *Descripcion del Egipto*, tomo I, pág. 234.
(4) *Magasin encyclop.* 1816. tomo II, pág. 29.

El aserto que sirve de base á esta explicación carece además de verosimilitud. Un cambio de temperatura, por repentino que se le suponga, ¿cómo hará resonar á un cuerpo sonoro? No se cita ningun experimento directo que pueda autorizar á creer esto. Una campana, un timbal, expuestos á esa prueba, permanecerán mudos: las cuerdas de un arpa eólia, tan susceptibles de producir acordes prolongados al soplo del viento, guardan silencio, aunque al salir el sol suceda una temperatura sensiblemente elevada á la frescura de la noche.

Un viajero inglés, sir A. Smith, asegura que ha visitado la estatua de Memnon; y que, á las seis de la mañana, estando acompañado de una numerosa escolta, oyó distintamente los sonidos que despedia esta imágen tan célebre en la antigüedad (1). Segun dice, el ruido misterioso no salia de la estatua, sino del pedestal, y lo cree resultado de la *percusion del aire en las piedras del pedestal*, las cuales se hallan *dispuestas* de modo que producen este efecto singular. Pero, ¿cómo se concibe esta *disposicion*, dado que la base y la parte inferior del coloso han sido siempre y son todavía de una sola pieza? ¿Y cómo producirá el resultado indicado? Esto es lo que el viajero no explica. Tambien ocurre preguntar: ¿cómo es que uno solo, entre todos los modernos, ha oido la voz del coloso, que para los demás hombres se halla condenado al silencio, desde hace tantos siglos? ¿Cómo un fenómeno tan importante habrian dejado de observarlo los franceses que han permanecido muchos años en Egipto, y que han llevado tan adelante sus investigaciones científicas? Sir A. Smith se dejó engañar probablemente por algun estallido semejante á los que oyeron en Carnac los artistas franceses.

En tal estado se encontraba la cuestion, cuando M. Letronne intentó resolverla definitivamente por medio de una nueva hipótesis, que sostiene con erudicion profunda y hábil dialéctica (2).

El silencio de Herodoto y de Diodoro de Sicilia acerca del prodigio y de la tradicion que atribuia á Cambises la destruccion del monumento, le autoriza para rechazar esta última y referir á muchos siglos mas tarde la época en que la voz de Memnon comenzó á oirse. Repudia como interpolado el pasaje importante de Manethon; toma por punto de partida el aserto de Estrabon, y lo compara con la mencion que hace Eusebio de un terremoto que causó grandes desastres en Egipto, veintisiete años antes de nuestra era (3). Entonces, segun él, fué cuando se rompió el coloso, como otros monu-

(1) *Rev. enciclop.* 1821, tomo IX, pág. 592.
(2) *De la estatua vocal de Memnon*, etc.
(3) Euseb. *Chronicon.*

mentos, y adquirió, por su mutilacion, la sonoridad de que antes no había gozado.

Esta propiedad nueva no fué al principio para los espectadores nacionales mas que una singularidad de poca importancia. Mas tarde, los griegos y los romanos vieron en ella un milagro, cuya fama no cundió sin embargo hasta el tiempo de Neron. Solo entonces comenzaron los curiosos á inscribir en el coloso los testimonios de admiracion religiosa de que se hallaban penetrados. Ninguna de estas inscripciones fué hecha por egipcios; lo que prueba que la admiracion y el entusiasmo no alcanzaban á los nacionales. Refiriendo el viaje de Germánico á Egipto, Tácito habla de la estatua de Memnon, como se hablaba en tiempo de Domiciano y de Trajano : cometió la falta de sustituir las ideas que prevalecian en su tiempo á las que se habian concebido un siglo antes. La fama del milagro fué creciendo, y llegó á su colmo en el reinado de Adriano. No habia disminuido cuando Septimio Severo concibió y ejecutó el proyecto de restaurar el coloso, sustituyendo con sillares de piedra la porcion del monolito que se habia roto al caer. Entonces la estatua quedó muda : las últimas inscripciones que atestiguan su vocalidad no son posteriores al reinado simultáneo de Severo y de Caracalla ; y despues de este reinado, tampoco habla del milagro ningun escritor, como habiéndolo presenciado.

M. Letronme adopta la conjetura segun la cual la diferencia súbita de temperatura entre el final de la noche y el principio del dia determinaba un crujido sonoro en el fragmento que quedó en pié, cuando acaeció la caida de la parte superior de la estatua. Los sillares macizos con que se le cargó mas tarde opusieron con su peso una resistencia á la produccion del fenómeno. Por consiguiente, el suduesto milagro, limitado á la duracion de poco mas de dos siglos, no fué efecto de una superchería, ni los sacerdotes egipcios intentaron imprimirle un carácter religioso.

Este sistema es seductor, lo bastante para que á primera vista se halle uno tentado á considerar el problema como definitivamente resuelto: sin embargo, reflexionando, se presentan graves objeciones.

1.° Confieso que el silencio de Herodoto y de Diodoro es un argumento negativo. Para que resolviese la cuestion, seria menester que estos autores hubiesen debido hablar del hecho necesariamente, si tenia alguna realidad. Pero, al explorar una comarca extranjera, es difícil que no se escape alguna cosa á las miradas del observador; y mas difícil que este no omita en su relacion nada de lo que ha visto ó sabido. Los sabios modernos han encontrado la prueba de esto en el mismo Egipto, cuando han visitado dicha comarca, teniendo á la vista las obras de sus predecesores. Además, Herodoto escribió una historia, y no una descripcion. Esta distincion es importante: la descripcion debe ser completa; pero la historia se limita á trazar los rasgos principales, y descuida los detalles, aunque sean interesantes.

No nos prevaldremos del cargo, probablemente exagerado, que hace Josefo á Herodoto, de haber, por ignorancia, desfigurado la historia de los Egipcios (1). Pero Herodoto mismo, hablando de su viaje á Menfis (2), á Heliópolis y á Tebas, anuncia que no referirá de lo que allí ha podido saber nada mas que los nombres de las divinidades. Cuando un autor fija así de antemano la extension que quiere dar á sus revelaciones, ¿qué argumento puede sacar la crítica de su silencio sobre los hechos de que declara que no quiere hablar?

El plan de Diodoro, mas vasto que el de Herodoto, permitia menos detalles aun. Observemos tambien, que floreciendo este escritor bajo el reinado de Augusto, pudo no acabar su obra sino en la época en que, segun M. Letronne, estaba bien comprobada la vocalidad de la estatua. Sin embargo, no habló de ella. ¿Se podrá inferir de su silencio algo en contra de la realidad de un hecho reciente, y harto singular para que llamase su atencion? No. Su silencio no prueba mas contra la existencia de la maravilla antigua y generalmente conocida.

2.° M. Letronne considera como interpolado el pasaje de Manethon referido por Eusebio: ¿por qué?—Porque Josefo, dice, no lo reprodujo, habiendo citado textualmente al sacerdote egipcio (3). Pero todos los dias sucede que, al hacer una cita exacta, se suprima una frase incidental, que no tiene relacion con el asunto de que se trata, y que por lo mismo, distraeria la atencion del lector del punto en que se pretende fijarla. ¿Qué le importaba á Josefo la identidad de la estatua de Amenofis y de la de Memnon? Él pasó por alto esta particularidad, que no interesaba al orígen de la nacion judía. Él mismo dice expresamente. al terminar su cita, que, «para abreviar, omite de intento muchas cosas.» Esta declaracion basta para derribar el argumento de M. Letronne. El pasaje de Manethon existe tal como lo citó Eusebio, que no tenia interés alguno en alterarlo. La vocalidad del coloso y su caida eran hechos conocidos en tiempo de Ptolomeo Filadelfo; y siendo así, podian remontarse mucho mas atrás y hasta al reinado de Cambises.

(1) Josefo, *Adv. Apion.* lib. I.
(2) Horodoto, lib. II, cap. 3.
(3) Josefo, *Adv. Apion.* lib. I.

3.° La mutilacion del coloso, falsamente atribuida al rey de los persas, fué, dice Estrabon, efecto de un terremoto; el mismo, segun M. Letronne, que en el año 27 antes de nuestra era, derribó á *Tebas toda entera*. Así se expresa el texto griego de Eusebio: la version armenia corrige esta expresion exagerada, y limita los efectos del desastre á los arrabales *(suburbia)*.

Un terremoto ha sido en todos tiempos un fenómeno bastante raro en Egipto: lo prueba el número considerable de antiguos edificios que, despues de tantos siglos, han permanecido en pié en dicho pais. Por lo tanto, los egipcios no habrian debido olvidar fácilmente una catástrofe tan funesta á su antigua capital y á un monumento que era objeto de la veneracion nacional. Y sin embargo, Estrabon alega su testimonio en términos muy vagos: «*La parte superior fué derribada, dicen...*» El lenguaje de Estrabon no es menos extraordinario; dado que, en el sistema que combate, casi habria debido ser él mismo testigo del terremoto mencionado por Eusebio, en el año 27 antes de Jesucristo (1). La expedicion de Ælio Galo á la Arabia tuvo efecto el año 24, segun Dion Casio; y se debe asignar poco mas ó menos la misma fecha al viaje que hizo Estrabon á Tebas con este general. Un escritor concienzudo, ¿se habria expresado de una manera tan poco precisa, tratándose de un acontecimiento contemporáneo, ó del que habria encontrado huellas despues de un intervalo de tres ó cuatro años?

¿Cómo admitir tampoco que, quinientos años despues de la muerte de Cambises, se atribuyese á este la mutilacion del coloso, si realmente era resultado muy reciente de un terremoto, del cual todo el Egipto debia tener conocimiento y conservar por mucho tiempo su recuerdo? Los contemporáneos de Carlos VII, ¿habrian atribuido la destruccion de un edificio que se hubiese hundido naturalmente ante su vista, á los estragos de los Normandos, á quienes Carlos el Simple cedió la Neustria? La coincidencia de los pasajes de Eusebio y de Estrabon es, pues, una hipótesis contraria á toda verosimilitud, y que no se apoya en ninguna prueba, en ningun indicio: sin embargo, es la base del sistema de M. Letronne.

4.° ¿Qué nos queda del testimonio de Estrabon? Este visita la estatua, oye la voz maravillosa, y sin mas investigaciones, se aleja, convencido de que es preferible creerlo todo, menos el que unas piedras de tal modo dispuestas puedan emitir sonidos. Este es el lenguaje de un testigo demasiado predispuesto á negar, para que su opinion arrastre nuestro convencimiento.

(1) La version armenia de Eusebio pone este acontecimiento tres años mas tarde, el año 24 antes de Jesucristo.

Porque Estrabon no da el nombre de Memnon á la estatua vocal, M. Letronne declara que esta no lo llevaba todavía. No creo que se pueda deducir una consecuencia tan absoluta de una simple omision. El pasaje de Manethon contesta de antemano á ella.

5.° M. Letronne cree que puede retrasarse la época en que el milagro adquirió alguna celebridad, hasta la fecha de las primeras inscripciones grabadas en el coloso. Que rechace la autoridad de Dionisio el Periegeta, prevaliéndose de la incertidumbre que reina acerca del tiempo en que escribia el poeta geógrafo, se puede consentir: pero no es posible suponer con él que un historiador como Tácito (1), que un hombre que en su juventud habia conversado con los contemporáneos de Pison y de Germánico, insertase, en la relacion del viaje que hizo este príncipe á Egipto, hechos que no hubieran sido observados hasta cuarenta años despues. Para fundar la existencia de una falta tan extraña, seria menester producir pruebas positivas, y M. Letronne no alega ninguna.

6.° De que el nombre de Germánico no se encuentre inscrito en el coloso, ¿se infiere, como lo hace M. Letronne, que este príncipe no hubiese oido el sonido maravilloso? Elio Galo y Estrabon lo habian oido, y sin embargo, no grabaron en la piedra sus nombres ni sus testimonios.

7.° M. Letronne prestó un servicio á la ciencia, recopilando y explicando las inscripciones existentes; pero acaso va demasiado lejos al deducir, de que todas ellas son griegas ó romanas, que el supuesto milagro carecia de interés religioso para los nacionales, ó bien suponiendo que las fechas de las inscripciones fijan la duracion del milagro desde el reinado de Neron hasta el de Septimio Severo.

Un fenómeno, cuando menos sorprendente, como aquel, no habria podido existir durante siglos, en uno de los pueblos mas supersticiosos de la Tierra, sin llamar la atencion, y sin que los sacerdotes egipcios dejasen de aprovecharlo. Esto hubiera sido una maravilla mayor, si cabe, que la existencia de una piedra parlante... Los sacerdotes egipcios no podian menos de prevalerse de esta circunstancia para recoger los tributos de la admiracion y de la gratitud, sin que por esto se inquietasen de si los griegos ó los latinos reverenciaban la estatua bajo un nombre que ellos no adoptaban, y sin que revelasen al extranjero crédulo sus mitos religiosos. Lo qué debieron procurar seria obtener ofrendas y respeto á sus personas, gracias al prodigio diario, cuya maravilla no se reproducia en ningun otro templo.

(1) Tácito, *Arenal.* II, cap. 61, y III, cap. 16.

Pero no lo celebraron con ninguna inscripcion... En Egipto, los muros de los templos, y á veces el cuerpo de las estatuas, estaban llenos de jeroglíficos, cuyo sentido aun no conocemos sino imperfectamente. ¿Cómo podríamos afirmar que alguna de esas inscripciones misteriosas, encontradas en el *Memnonium*, no menciona la propiedad vocal de la estatua?

Las personas extrañas al órden sacerdotal no habrian intentado probablemente suplir el silencio de los sacerdotes. La usurpacion de semejante derecho habria sido poco compatible con el sentimiento de una veneracion religiosa: no hay mas que juzgar de las costumbres antiguas por las modernas. Hoy, los devotos pueden llenar de *ex-votos* el templo de un santo de quien creen haber recibido algun beneficio; pero no escribirán nada sobre la imágen; porque esto, lejos de ser un testimonio de gratitud, seria una profanacion sacrílega.

Los Ptolomeos introdujeron en Egipto el culto de Saturno y de Serapis, sin que por esto se levantasen templos á ninguna de estas divinidades, en el interior de las ciudades (1). Pero, ya fuese por política, ya por supersticion, lejos de atentar contra la religion nacional, los Lágidas adoptaron su culto y sus tradiciones. Los sacerdotes continuaron siendo, como antes, los guardadores de las imágenes de los dioses, y las preservaron de las ofensas que habria podido inferirles una admiracion indiscreta. Solo en tiempo de Augusto fué cuando el Egipto, enteramente sometido á los sectarios de un culto extranjero, reveló á estos sus maravillas. Los primeros viajeros que visitaron á Memnon se abstuvieron, sin embargo, de un acto, que los indígenas, muy recientemente sometidos, hubieran podido considerar como un ultraje. Los griegos y los romanos, afluyendo á las orillas del Nilo, familiarizaron poco á poco á la poblacion con la propension singular que ellos tenian de encontrar en todos los paises sus divinidades nacionales. Pretendieron haber reconocido á Memnon; le oyeron: el uso de las inscripciones era, entre ellos, tan familiar á los particulares, como á los ministros del sacerdocio. Las inscripciones se multiplicaron, gracias á la supersticion unas veces, y otras al placer de confirmar como testigos la existencia de un prodigio único, y acaso puesto en duda por los que no habian podido verificarlo por sí mismos. A su turno tomó parte en esto la vanidad; y ya no se quiso haber ido al Alto Egipto, y no jactarse de haber oido á Memnon. La muchedumbre de visitadores debilitó poco á poco estos motivos. La dificultad de su-

(1) Macrob. *Saturn.* lib. I, cap. 7.

birse muy arriba para encontrar sitio donde poner nuevas inscripciones, debió hacer, me parece, que cesara la costumbre despues de la muerte de Severo y de Caracalla ; y otras causas, todas independientes de la duracion del prodigio, pudieron contribuir al mismo efecto. Pretender enlazar esencialmente esta duracion con la fecha de las últimas inscripciones, es suponer que todos los testigos debian inscribirse precisamente en el coloso, y tambien que su número no fuese mayor que el de los nombres consignados en las setenta y dos inscripciones recogidas por Mr. Letronne : consecuencias inadmisibles, y prueba de que el principio mismo es erróneo.

La historia no habla de la restauracion del coloso, y, por consiguiente, no indica la fecha. Los restos de los sillares superpuestos sobre la base dan testimonio del hecho, y parece que Luciano y Filostrato tuvieron conocimiento de él, pues ambos se expresan como si, en su tiempo, se viese la estatua entera. Observemos solamente que, si se admite su testimonio, no se puede prescindir de él: ambos hablan de la voz maravillosa del coloso: así pues, contra la opinion de Mr. Letronne, parece que el prodigio sobrevivió á la restauracion de la imágen sagrada.

Luciano murió durante el reinado de Marco Aurelio, y Juvenal, en el de Adriano : por consiguiente, la restauracion debería hacerse entre estas dos épocas, y hubo de ser obra de Adriano ó de Antonino.

Esto es lo que Mr. Letronne no puede admitir : para que el silencio del dios coincida con la fecha de las últimas inscripciones, preciso es, en efecto, que Severo hubiese ejecutado la restauracion: pero el testimonio de Filostrato, por poco peso que se le atribuya, rechaza semejante hipótesis. En una narracion, ó mejor dicho, en una leyenda dirigida á una emperatriz supersticiosa, ¿hubiera Filostrato hecho que se remontase al tiempo de Domiciano ó de Tito un acto religioso, una reconstruccion ordenada y ejecutada por el emperador reinante? El autor de una obra dedicada á la reina Ana de Austria, por ejemplo, ¿habria colocado á un contemporáneo de Francisco I, ó de Enrique IV en la célebre procesion del voto de Luis XIII?

A falta de testimonios históricos que acrediten que la reconstruccion se efectuó en tiempo de Septimio Severo, y de inscripciones jeroglíficas que recuerden su memoria, Mr. Letronne observa que este príncipe, segun Sparciano, evitaba inscribir su nombre en los monumentos que reedificaba. Pero este aserto no parece que se aplicase mas que á los monumentos romanos: el mismo Mr. Letronne cita monumentos egipcios, en los que Severo inscribió su nombre y los de sus hijos. ¿Cómo no los habria inscrito en el coloso restaurado por su solicitud?

Mr. Letronne conjetura que el silencio imprevisto de Memnon *restaurado* fué el motivo que se opuso á que se consagrara con una inscripcion semejante acto de piedad ó de orgullo. Esta conjetura daria mucho valor al argumento negativo que podríamos deducir del silencio que Sparciano, Herodiano y Dion Casio (los dos últimos casi contemporáneos de Severo) guardan sobre un hecho tan notable como la restauracion del coloso. ¿Cómo no habrian hablado de ello estos escritores, aunque solo fuese como de un presagio funesto? ¡Habria sido tan natural, que la supersticion hiciese coincidir aquel hecho con la rápida extincion de la raza de Severo!

En resúmen: creemos poder considerar como demostrado:
1.° que si un terremoto (y no el furor de Cambises) derribó la estatua sonora, no fué aquel que Eusebio menciona, acaecido en el año 27 ó 24 antes de nuestra era; y que, por consiguiente, el sistema de Mr. Letronne flaquea por su base;
2.° Que la hipótesis de la restauracion de la estatua por el emperador Severo no se apoya en ningun indicio histórico;
3.° Que no está demostrado que Memnon se callase inmediatamente despues del reinado de Severo y Caracalla, y que, si bien no se sabe la época en que comenzó el prodigio, tampoco es mas conocida la mas inmediata á nosotros en que cesó el mismo.

La causa del prodigio permanece igualmente oscura. Ya hemos visto que Mr. Letronne adopta la explicacion fundada en la variacion repentina de temperatura. Podemos añadir á las objeciones que antes hemos opuesto á eso, 1.° Que esta variacion no podia reproducirse muchas veces en un dia, y la voz de Memnon fué oida dos ó tres veces, á diferentes horas, en el mismo dia. 2.° Se supone gratuitamente, en mi sentir, que el peso de los sillares con que se cargó la base al restaurar el coloso fuese la causa de su silencio repentino. Los inmensos peñascos de granito, cuyos estallidos se oyeron en Carnac, soportan masas mas pesadas que los asperones que pudieron servir para la restauracion del coloso, y no es dudosa su sonoridad casi espontánea. En general, la superposicion de un peso, aunque sea poco considerable, detiene las vibraciones de un cuerpo sonoro, pero no destruye su sonoridad: solo altera la calidad del sonido. La alteracion es menos sensible, si el cuerpo superpuesto forma uno con el primero, y si es de la misma naturaleza. Pues bien, los sillares cuyos vestigios subsisten son de un asperon idéntico al de que se compone la base (1), y casi tan sonoro como esta. 3.° En fin, habiéndose caido despues casi todos los sillares,

(1) *Moniteur*, n.° del martes, 19 de octubre, de 1838... *Carta de Mr. Nestor-l'Hôte á Mr. Letronne.*

y encontrándose el coloso casi en el mismo estado que en la época de su primera mutilacion, ¿no habria debido recobrar la voz de que le privó la restauracion?

Conjeturo que este llamado milagro era el efecto de una superchería. Mr. Letronne lo niega absolutamente; porque, segun dice, no se habria podido practicar un subterráneo, una cavidad, bajo la base de la estatua, muchos siglos despues de su ereccion. La objecion supone que el milagro no fué contemporáneo de esta ereccion, y eso es lo que en vano se ha tratado de probar. ¿Por qué, añade Mr. Letronne, no se dejaba oir Memnon todas las veces que se le visitaba? Por que el milagro, diferido ó rehusado alunas veces, picaba mas la curiosidad, excitaba mas vivamente la superstición, inspiraba un respeto mas profundo.

Un inglés, Mr. Wilkinson, ha descubierto recientemente una piedra sonora colocada sobre las rodillas del coloso: detrás hay una cavidad que él cree haber sido hecha de intento para ocultar á un hombre, cuyo destino era el de golpear la piedra y efectuar el prodigio. Un observador francés, Mr. Nestor-l'Hôte (1) se ha asegurado de que la piedra sonora existe, con efecto, en la rodilla de la estatua: es de la misma naturaleza del asperon que sirvió para restaurarla, y produce, por la percusion, un sonido enteramente semejante al de una masa de metal colado. La cavidad que se ve detrás no es otra cosa que una enorme grieta que divide de alto á bajo la silla de la estatua. Se puede afirmar que no ha sido hecha expresamente, y que la piedra sonora no fué empleada sino como uno de los materiales de la reconstruccion.

Esta conclusion es muy plausible, y destruye la hipótesis de Van Dale que antes hemos rechazado; pero no prueba nada en favor de la de Mr. Letronne. ¡Habia tantos otros medios de hacer el milagro!

¿Cuándo cesó la sonoridad de la estatua? El hilo de la historia se rompe aquí en nuestras manos. En medio de los desórdenes y disputas que despedazaron al imperio hasta despues del advenimiento de Constantino, los analistas tuvieron pocas ocasiones de recordar una maravilla aislada y extraña á la nueva religion cuyo triunfo se preparaba cada dia. Difícilmente, además, debió repetirse ya la maravilla, y pronto hubo de cesar del todo, desde que, á consecuencia de las controversias suscitadas entre los cristianos y los politeistas, se arrojó luz sobre los fraudes religiosos de estos últimos; y mas aun, cuando despreciados, reducidos á la indigencia y perseguidos, los sacerdotes dispersos abandonaron sus templos y sus imágenes, despojados ya de la veneracion de los pueblos.

(1) *Ibid.*

Como acontece á menudo al cabo de las mas concienzudas investigaciones, nos vemos obligados á confesar nuestra ignorancia, no pudiendo negar la existencia del prodigio, ni fijar su duracion, ni dar de él una explicacion que no pueda sufrir objeciones. Los ejemplos numerosos de los prodigios producidos por medio de efectos de acústica, nos autorizan á atribuir este á la habilidad de los sacerdotes egipcios. Pero, ¿de qué naturaleza era su intervencion en este caso? ¿Cómo explicar una superchería, modificada en ciertas ocasiones para hacer el milagro mas augusto, pero operada comunmente de un modo uniforme, todas las mañanas, á la luz del sol, al aire libre, en medio de testigos que acudian en gran número á observar el efecto, y sin embargo, nunca descubierta? Hé aquí la verdadera cuestion, que hasta hoy no se ha podido resolver.

OBSERVACIONES

HECHAS EN LA INTRODUCCION Á ESTA OBRA

POR M. E. LITTRÉ.

En el estudio de la Historia no han entrado, hasta hace poco, los principios de filiacion y de conexion, por los cuales se explica el órden natural de sucesion, y el enlace correlativo de los acontecimientos generales, en la marcha progresiva de la humanidad. Antes de los trabajos de M. Augusto Comte, el principio de filiacion era completamente desconocido, y no se poseia ningun hilo que sirviese de guia en el confuso cúmulo de los anales del género humano; y así es que los hechos científicos no eran calificados segun su propia jerarquía, y para explicar la complicacion de los incidentes históricos, los hombres mas ilustrados tenian que recurrir á hipótesis de barbaries intercurrentes, de civilizaciones destruidas, de perturbaciones caóticas, de resurrecciones incomprensibles, á un conflicto de albures y de fuerzas, que nunca podia adquirir un carácter científico. En tal estado, era fácil que se antepusiese lo que debia ser posterior, y que se pospusiese lo que debia preceder. No sucede así, desde que el principio de filiacion se ha introducido definitivamente en la Historia. Por él se reconoce que las sociedades, como los individuos, siguen un órden de sucesion en su desarrollo, no siendo posible que unas ni otros lleguen desde el primer dia al complemento de su existencia.

El principio de conexion es simplemente una extension del primero. Por lo mismo que las cosas se desenvuelven unas de otras, están íntimamente unidas entre sí. Nunca puede existir ninguna gran discordancia entre los diferentes elementos que componen una civilizacion: siempre un estado social dado corresponde á un cierto grado de adelanto en las artes industriales y el comercio, en las letras y las bellas artes, en las ciencias y en la filosofía; y recíprocamente, todos estos elementos diversos corresponden á un cierto estado social, y además se corresponden entre sí.

De esto se infiere que no es posible haya existido una ciencia muy adelantada en los tiempos antiguos; porque seria menester invertir el órden natural de las cosas, y no se concibe tampoco que los conocimientos científicos propiamente dichos hubiesen llegado á gran altura en los colegios sacerdotales del Egipto, de la Judea, de la China ó de Babilonia, sin que las ciencias tuviesen la misma ó análoga extension fuera de ellos, y sin que su adelanto se reflejase en el estado social de estos pueblos.

Mr. Salverte pertenece por su educacion científica á los últimos años del siglo XVIII, y por lo tanto, no pudo aprovecharse de las últimas nociones indicadas, que son mas recientes. Verdad es que Condorcet habia ya expuesto su gran idea del progreso continuo; pero no habiendo concebido la serie de las evoluciones históricas, pues consideraba la Edad media como una época de barbarie, y pretendia reanudar la civilizacion moderna con la civilizacion griega y romana, su pensamiento no dió á luz un verdadero sistema. Los pensadores que se ocupaban en investigaciones históricas, no teniendo á su servicio una teoría suficiente que les indicase las condiciones esenciales de su asunto, seguian las ideas mas acreditadas en su tiempo. Así es que, habiendo dejado grandes huellas en los ánimos la opinion de Bailly sobre la pérdida de una antiquísima ciencia, Mr. Salverte la adoptó como la explicacion mas natural de las maravillas atribuidas á la magia y á los colegios sacerdotales.

Si se rechaza, como no puede menos, la hipótesis de Bailly respecto á una civilizacion muy avanzada, anterior á los tiempos históricos, y si no se puede admitir que existiera en los antiguos templos mas que una ciencia muy limitada, parecerá que se quita su principal apoyo á la obra de M. Salverte: pero nada menos que esto: es preciso hacer una distincion, que el mismo Salverte implícitamente reconoce, y que es de una gran importancia histórica: tal es la distincion entre las ciencias y las artes. Hoy mismo no se para bastante la atencion en las relaciones de las unas con las otras: hoy las artes (se entiende, las artes industriales) no pueden prescindir de la direccion de la ciencia, que es para ellas el mas poderoso agente de su progreso; y parece á primera vista que las ciencias, así como son superiores, son tambien anteriores á las artes. Lógicamente podrán serlo, pero no lo son históricamente consideradas: las artes han precedido mucho tiempo á las ciencias en todas partes, y en muchos paises solo ellas han podido llegar á cierto desarrollo, permaneciendo la ciencia en estado rudimentario.

Las artes y las ciencias dependen de dos facultades humanas muy distintas, de las cuales la una adelanta siempre á la otra en su desarrollo : las primeras corresponden á lo útil; las segundas á lo verdadero. Y como lo que toca á la utilidad es mucho mas urgente que lo que corresponde á la verdad, no ha podido menos de ser que las artes precedan á las ciencias : estas últimas, débiles y vacilantes al principio, tuvieron necesidad de ser sostenidas por el trabajo intelectual que habian exigido las artes, y alimentadas por los materiales acumulados por las mismas; de tal modo que no hay ninguna ciencia que no haya emanado de un arte correspondiente.

Esta diferencia esencial entre las artes y las ciencias no ha sido rigurosamente observada, y muchas veces se ha inferido, con harta precipitacion, la existencia de las unas de la existencia de las otras. Sin penetrar en los tiempos pasados, podemos hoy mismo encontrar ejemplos de esta separacion. En la China, las ciencias no han salido del estado de elementos. La aritmética, la geometría, el cálculo se cultivan y han llegado á un punto bastante elevado, mucho menos sin embargo del que alcanzan entre nosotros. Junto con las matemáticas, existe una astronomía que conoce el cielo, que ha reunido observaciones, y que se extiende hasta donde lo permiten las nociones geométricas. Fuera de esto, no hay nada mas: ninguna de las ciencias superiores ha empezado allí á desarrollarse. La física no existe; menos aún la química, la biología y la sociología. Sin embargo, no se puede negar que los chinos poseen el conocimiento de artes muy avanzadas y de secretos muy curiosos : desde tiempo inmemorial hacen uso de la brújula, de la pólvora, de la imprenta; saben abrir los pozos artesianos, y diariamente se observa que poseen algun arcano cuyos elementos dificilmente puede encontrar la ciencia occidental. Estos arcanos verdaderamente singulares hicieron creer á los filósofos del pasado siglo, que la China era una de las fuentes de la antigua sabiduría; pero no hay nada de esto : la China posee arcanos eficaces, procedimientos hábiles, prácticas fundadas en una larga experiencia, descubrimientos debidos á la casualidad; pero no tiene ciencia, ni teoría, ni sistema.

Hoy tambien se encuentran hordas bárbaras en la América del Sur, las cuales saben fabricar un veneno tan singularmente sutil, que causa una muerte pronta y segura, que ingerido en el estómago, no suscita ningun accidente, que introducido en la menor herida, manifiesta rápidamente sus terribles propiedades, y cuya composicion es un misterio para nuestros químicos y nuestros médicos. Estos salvajes no dejan de ser, sin embargo, los mas groseros de los hombres, y enteramente ajenos al desarrollo de la razon colectiva.

Lo que hoy observamos en la China y en la India puede aplicarse á la alta antigüedad, particularmente en las orillas del Tigris y del Eufrates, en Etruria y en Egipto. Estos pueblos existieron durante tiempos prodigiosos, y en este espacio ilimitado surgieron en ellos todo género de artes, de procedimientos y de secretos. Si se pudiese penetrar en los templos de Egipto ó de la Caldea, tales como estaban cuando una poblacion numerosa constituia la fuerza de estos imperios, se sacaria de ellos lo menos tanto provecho como de análogas excursiones á la India ó á la China. Indudablemente encontraríamos arcanos que no poseemos, composiciones que se han perdido y no han vuelto á parecer, prácticas que excitarian nuestra sorpresa; y bajo este punto de vista, la tesis de M. Salverte recobra todos sus derechos.

Los procedimientos de las artes se descubren por casualidad, por medio de repetidos y diversos ensayos, por una observacion asidua, por las sugestiones activas de las necesidades: no exigen mas inteligencia que la que reclama el sentimiento de la utilidad; combinaciones muy limitadas; paciencia ó ardor, segun los casos : en una palabra, no hay aquí mas que el interés personal ejercitando en su provecho las facultades de la razon, en un órden mas elevado, sin embargo, que el de las simples satisfacciones individuales. De este modo las artes pueden desarrollarse y se desarrollan, en efecto, independientemente de la ciencia propiamente dicha; pero son por su naturaleza fragmentarias y no forman sistema; no llevan en sí mismas la causa que produce su evolucion; se crean y se agrupan en virtud de afinidades que no les son inherentes, que dependen menos de ellas mismas que de los accidentes de lugar y de circunstancias. Cuando se hallan plenamente perfeccionadas, forman la agrupacion de una sociedad tal como el Egipto, Babilonia, la India, la China; pero no hay en su esencia nada que pueda conducir á esas sociedades á un grado ulterior de civilizacion.

Esta distincion arroja mucha luz sobre la antigüedad; y, con el libro de M. Salverte en la mano, es permitido investigar lo que en las ciencias ocultas era resultado de procedimientos hábiles y poderosos y de arcanos sutiles. El nombre de ciencia no se opone á esto: se le puede reemplazar por el de artes y prácticas, para llegar á conocer el carácter de las ciencias ocultas, y ver mejor en lo que consisten la fuerza y la debilidad de los pueblos antiguos : su fuerza consistia en poseer una masa ya considerable de hechos prácticos, y en obrar empíricamente, sí, pero no sin energía, sobre la naturaleza : su debilidad consistia en no haber salido de los rudimentos de la ciencia general.

El orígen de las ciencias ocultas se pierde en los mas antiguos recuerdos de la humanidad. Por poco que se examine la manera de ser de las antiguas religiones, y que se sepa reconocer el carácter de las instituciones que les eran inherentes, se las ve escoltadas de un cierto sistema de opiniones y de prácticas que pertenecen á la magia ó á la ciencia oculta, llámese como se quiera. En muchos lugares, los templos tenian sus oráculos, profetas que anunciaban las cosas futuras : estos intérpretes de la divinidad tenian el don de penetrar en el porvenir y de anunciar á los consultantes la suerte que les aguardaba, en virtud de una influencia sobrenatural. La curacion de las enfermedades era del dominio sacerdotal : habia una medicina sagrada que no empleaba, como la ordinaria, medicamentos, ni operaciones, ni obraba con lentitud; sino que proviniendo del poder ilimitado de los seres superiores, disipaban los males que afligen á la humanidad por medio de intervenciones favorables, á las que se sometian las funciones del cuerpo contra el órden natural... Muchos templos eran teatro de visiones : los sacerdotes, en virtud de un poder que les estaba concedido, hacian descender de su mansion etérea á la divinidad, y la ponian en comunicacion con los débiles mortales... Los muertos, en su sueño de hierro, como le llama Virgilio, ó en los profundos abismos que la creencia les daba por mansion, no estaban libres del poder que poseian los templos : se sabia evocarlos de sus tumbas olvidadas y hacer que fuesen vistos, oidos y tocados por los que venian á interrogarlos, *veras audire et reddere voces*. Por último, el recinto de los templos y sus bosques sagrados veian frecuentemente repetirse actos milagrosos que excedian á las fuerzas humanas, y ante los cuales era preciso adorar la intervencion favorable ó amenazadora de las divinidades.

Todo este conjunto, estrechamente enlazado en el sistema de las antiguas religiones, constituye un empleo de la magia, una aplicacion de las fuerzas sobrenaturales, un ejercicio de la ciencia oculta; y no es otra cosa que el desarrollo, en una sociedad mas avanzada, de la hechicería primitiva de los sacerdotes, que todavía hoy se encuentra entre las hordas salvajes. Los sacerdotes de estos son los intérpretes entre las hordas y los fétiches ó las divinidades; ejercen la medicina; conjuran los vientos, las tempestades, las sequías; dan consejos sobre las cosas, y efectúan todo esto por medio de prácticas divinas, las mas ilusorias y supersticiosas, algunas atinadas y de buena aplicacion.

En una época mas reciente, á la magia se unió otra ciencia oculta, que adquirió un ascendiente inmenso sobre el espíritu de los hombres : tal fué la astrología. Esta hubo de venir necesariamente despues ; porque supone conocimientos matemáticos y astronómicos que se ignoran en las edades rudimentarias. Pero, luego que nació, fué compañera de la magia ; pues traia un gran refuerzo á la necesidad de saber las cosas futuras y á la pretension de predecirlas. Se construyó todo un sistema de influencias ejercidas por los astros sobre la suerte de los mortales ; y una vez admitidas estas influencias, se las sometió á construcciones geométricas. Desde este punto, la ciencia oculta tuvo un gran crecimiento; pues la magia, por muy adelantada que se la suponga en los antiguos templos, siempre llevó en sí un carácter de empirismo mas ó menos grosero ; al paso que la astrología judiciaria llevaba el sello de los conocimientos mas elevados que los hombres habian podido alcanzar hasta entonces.

En la Edad media, el dominio de la ciencia oculta se amplia con la alquimia ; y es curioso el ver la marcha del espíritu humano en las vias que toma para llegar á las mas altas concepciones. El miscubrió las obras de la alquimia : la realidad y la fantasía tomaron parte en sus trabajos; y mientras que con una mano formaba, en sus crisoles, nuevas y poderosas combinaciones, con la otra agitaba mágicamente sus mixtos para incorporarles cualidades maravillosas. Proponiase dos grandes objetos : queria descubrir una panacea universal, una sustancia soberana, que siendo capaz de fijar en los órganos la vida fugitiva, no permitiese jamás á las enfermedades disolver su trabazon : esto era completamente quimérico, pues no hay ningun remedio universal. El segundo objeto de la alquimia era encontrar la piedra filosofal, la grande obra, la transmutacion de los metales viles en metales preciosos : teóricamente hablando, la química moderna no tendria nada que oponer contra una hipótesis, basada en que, en el fondo, la materia es una, y que los diferentes estados en que se nos aparece no dependen de una diferencia radical, sino del distinto modo como se agregan las moléculas : pero de hecho, reconoce la multiplicidad de los elementos, y para ella, la transmutacion de los metales no es mas que una quimera, ó en todo caso una imposibilidad actual.

A medida que avanzamos hácia nuestra época, las ciencias ocultas que surgen se mezclan cada vez mas con las ciencias abiertas, que ya en adelante han conquistado un imperio incontestable. De este género es el magnetismo; el cual, si bien por ciertos hechos irrecusables que le pertenecen, ha entrado en el dominio de la biología y de la medicina, por otros muchos corresponde al de la magia. ¿Cuándo ha prometido esta maravillas como las del magnetismo? La homeopatía pudiera tambien colocarse en este cuadro, ya que se funda en la desproporcion entre los efectos y sus agentes. Y por último, las mesas giratorias y parlantes, los espíritus, los *medium* que hablan ó escriben, pertenecen á la historia de nuestro tiempo, y corresponden seguramente á la magia ó á la demonología.

Dada esta enumeracion sumaria, se tiene una idea de lo que debe entenderse por ciencia oculta. Es una desproporcion total entre la causa y el efecto. En el órden natural, para levantar un gran peso, se necesita una palanca, una polea, una grua, etc.: en el órden oculto, una palabra sacramental, una voluntad bastaran para ello. El mundo oculto es enteramente distinto del mundo natural: las leyes que lo rigen todo en este son inertes en aquel: en cambio, aquí solo prevalecen las voluntades, ya sean las de los seres sobrenaturales, á los que se sabe encadenar, ya sea la voluntad humana que manda directamente á los elementos.

El punto histórico del que M. Salverte ha hecho el objeto de sus investigaciones, como se deja conocer, es digno del mayor interés. Pertenece á los mas antiguos anales de la humanidad, se enlaza con las instituciones mas elevadas y poderosas, agita los espíritus, ocupa á los tribunales, asedia secretamente los oidos de los que buscan maravillas, oro, poder, el porvenir, y si no conduce los acontecimientos, cuya direccion se le escapa siempre, tiene de su parte el misterio que le rodea, la perturbacion que introduce, la curiosidad que excita, las pasiones que promueve.

Se han dado varias explicaciones de la ciencia oculta. La mas antigua y la mas acreditada es la de que las obras ocultas son debidas á las potencias sobrehumanas que pueblan el universo, en el cual ejercen, aunque invisibles, una perpetua intervencion. Estos seres sobrenaturales mandan al mundo; y, bajo ciertas condiciones, obedecen á los magos. Basta solamente llenar estas condiciones para entrar á participar de ese poder infinito, que es el atributo de las potencias del aire, de las esencias incorpóreas, de los espíritus infernales. Al mismo órden de ideas pertenecen los fétiches en los pueblos salvajes, los inmemorables dioses del politeismo, los genios del Oriente y las hadas de Occidente. Los mismos muertos, que han atravesado el paso tenebroso, llegando al estado de espíritus puros, se convierten para el mago en instrumentos de saber y de poder.

Cuando se explicaban así las obras ocultas, se conocian los seres sobrenaturales, y se ignoraban las leyes naturales. Todo cuanto pasaba en el mundo se suponia que era resultado de su accion; y si sobrevenia alguna cosa maravillosa, es decir, fuera del órden habitual, no se pensaba mas sino que las voluntades superiores, en vez de obrar de un modo, lo habian hecho de otro. Nada de esto embarazaba los ánimos. ¿Qué importaba que se violase la ley de la gravitacion, cuando no se sabia que todas las partículas de la materia gravitan invenciblemente unas hácia otras? ¿Qué importaba turbar el movimiento eterno del firmamento, cuando no se conocian ni los inmensos volúmenes, ni las inmensas distancias de los cuerpos que pueblan el espacio? Así es que esta explicacion se presenta coja y vacilante á la conciencia contemporánea: en lo antiguo bastaba una sola concepcion para interpretar el órden natural y el órden maravilloso: ahora se necesita admitir una doble concepcion: hay que suponer que las cosas obedecen á dos sistemas de fuerzas completamente distintas; las fuerzas inmanentes en la materia, y las fuerzas intercurrentes de los seres superiores. De aquí una contradiccion implícita, en la que el espíritu no puede guardar el equilibrio.

La segunda opinion, mucho menos antigua, es en el fondo una modificacion de la precedente. En lugar de considerar á las divinidades, á las esencias espirituales, á los genios ó demonios, se considera á las fuerzas elementales de la naturaleza, designando de este modo una especie de vida universal que, hallándose difundida en todas las sustancias, las hace susceptibles de oir la palabra mágica y de obedecer á ella. En esta hipótesis, las piedras vendrán dóciles á ponerse en órden al sonido de la lira de Anfion; los árboles inclinarán sus copas, bajarán sus ramas para que la mano pueda coger sus frutas. Los elementos, solicitados por las propiedades que les son inherentes, tales como el peso, el calor y la electricidad, no ceden á ellos, hallándose en estado de entorpecimiento y de insensibilidad; pero en cuanto quieren, ó mas bien, apenas las fórmulas sacramentales despiertan sus facultades adormecidas, sacuden aquellos el yugo de sus propiedades, y obran contra ellas tan fácilmente como antes se conformaban á las mismas.—La ciencia positiva tampoco los considera inertes y pasivos: sabe que se operan en su seno acciones poderosas: sabe que la gravitacion basta para comunicar al globo terrestre, todo entero, una velocidad mucho mayor de la de una bala disparada del cañon. Pero no reconoce de ningun modo esa duplicidad, que haria que un cuerpo, tan pronto estuviese sometido, como exento de la ley de la gravedad.

Desde hace mucho tiempo, la filosofía, amiga de la regularidad eterna, bajo cualquier punto que se la considere, ha rechazado las intervenciones y los rompimientos de la trama infinitamente ligada de las causas y los efectos; pero la razon es estrecha, y, ¿no podrá haber alguna probabilidad contra ella? Por esto ha podido hablarse en favor de las artes ocultas; pero lo que las destruye, independientemente de todo raciocinio, es la impotencia radical que manifiestamente reside en ellas. ¿Es posible que los que las practican no sean omnipotentes? Se hallan en relacion con unas potencias, á cuyo lado la potencia humana es miserablemente pequeña; con inteligencias ante las cuales la inteligencia humana es miserablemente limitada: y sin embargo, de este comercio no resulta ninguna obra efectiva, ninguna concepcion fecunda, ningun producto de genio. El mágico vive pobre junto á los tesoros, oscurecido al lado de la fama, ignorante en medio del saber: el hechicero no puede soltar los lazos de la justicia que atan sus manos, ni romper la frágil puerta de una cárcel. Ninguna noticia de algun interés se ha hecho venir jamás de entre los muertos. La comparacion mas superficial demuestra que el espíritu humano, entregado á sus propias fuerzas, es capaz de trabajos sostenidos, de maravillosos descubrimientos, de sistemas fecundos, de producciones espléndidas, en una palabra, de obras de fuerza y de genio; y que ese mismo espíritu, en relacion con los dioses y semidioses, con los genios y los príncipes infernales, con los manes de los difuntos, no produce mas que concepciones abortadas y sin consistencia. En esto estriba el juicio definitivo de todo el debate.

En vista de estas dificultades surgió una tercera opinion que niega absolutamente la existencia de la magia, del arte oculta, y la intervencion de los seres sobrenaturales, la conjuracion de fuerzas misteriosas fuera de las propiedades inherentes á la materia; y que afirma, que siempre que los hechos alegados son reales, son susceptibles de una explicacion diferente de la que se les ha dado; de una explicacion racional, opuesta á la explicacion tradicional. Esta es primitiva, pertenece á los primeros hombres y representa lo que los mismos sintieron y pensaron: aquella es sucesiva, crece con los siglos y constituye un sistema general de concepcion del mundo, tal como podemos concebirlo. La antigua se apoya en datos sobrenaturales, recogidos en épocas lejanas, no consiente dudas, supone el acuerdo de la razon con una autoridad superior é indiscutible: la moderna reposa en datos reunidos penosamente por la observacion y sistematizados por la inteligencia, y no acepta la tradicion sin discutirla: es el acuerdo de la razon con la experiencia.

En la tesis general, la ciencia oculta, la magia no es mas que un caso particular, y la opinion racional rechaza la condicion de sobrenaturales en las obras mágicas. Pero dando un paso mas, y queriendo explicarlas, algunos han admitido que, cuando están suficientemente justificadas, cuando las relaciones que hablan de ellas resisten á la crítica y merecen crédito, es necesario considerarlas como actos físicos, químicos ó medicinales de que se sabia hacer uso. M. Salverte fué de esta opinion, y escribió su libro para sostener el punto de que se trata. Segun él, la física, la química, la medicina explican toda la magia : cuanto hay en ella es natural, y lo que parece sobrenatural se debe á las habilidades que se ocultan al vulgo y que producen efectos que no guardan proporcion aparente con los medios empleados.

Es preciso no desconocer que las ciencias de los modernos no fuerón poseidas por los antiguos, y que interpretar los hechos históricos por una hipótesis que ponga todos nuestros conocimientos teóricos en manos de la antigüedad, seria negar una de las condiciones mas ciertas de la Historia. Pero debe tenerse en cuenta al mismo tiempo la distincion que hemos hecho entre las artes y las ciencias, y que, aun en la infancia de estas, pudieron tener aquellas una eficacia sorprendente. Naciones poco adelantadas científicamente poseen recetas y secretos poderosos, y lo que sabemos de la alta antigüedad nos autoriza para considerarla en un estado semejante. Así, pues, M. Salverte ha podido muy legítimamente investigar el papel que representaron secretos de este género en lo sobrenatural, que tanto intervino en la conciencia, en las instituciones y en el gobierno de los hombres.

Pero, ¿no hay nada mas que decir? Bajo tal punto de vista, ¿no puede ser rectificado por una parte, y ampliado por otra?

La rectificacion se presenta por sí misma, desde el momento en que se concibe que la alta antigüedad no poseyó el gran sistema de ciencia que constituye la gloria de los tiempos modernos. Por una consecuencia necesaria, es preciso admitir que los que poseian aquellos secretos capaces de maravillar á la multitud, estaban asimismo penetrados de la creencia en el milagro. Esta creencia y la falta de ciencia positiva marchan juntas y están estrechamente unidas. De cualquier modo que nos representemos la superioridad de los órdenes sacerdotales sobre los pueblos á cuya cabeza estaban colocados; cualquiera que sea el hábito que se les suponga de manejar secretos y prodigar maravillas, desde el momento en que carecian de un sistema de ciencias, no podian menos éllos mismos de estar subordinados á las creencias sobrenaturales. Cuando difundian un terror santo, comenzaban por sentirlo ; y solo se puede afirmar que considerasen lo sobrenatural con rasgos menos groseros que lo hacia la multitud. Habia misterios é iniciaciones, profanos é iniciados : allí, detrás de esos velos, se sutilizaba y purificaba lo sobrenatural, pero no perdia su imperio; y así como, psicológicamente, es muy difícil suponer que una casta de hombres se hallase perpetuamente ocupada en inculcar creencias de que no participase, históricamente, hay la imposibilidad absoluta de admitir una separacion completa de ideas entre los gobernados y los gobernantes. El estado mental de las sociedades varia de una á otra edad: el que corresponde á la antigüedad remota, sin excluir la casta privilegiada, no puede ser equivalente al que pertenece á la era moderna.

La ampliacion se refiere al sistema nervioso y á los fenómenos innumerables á que da lugar, y muchos de los cuales no pueden explicarse por la física, por la química, ni por una medicina mas ó menos experta, ni por prácticas mas ó menos hábiles.

Por su extrañeza y por su apariencia demoníaca, los fenómenos nerviosos inspiraron siempre, ya espanto, ya admiracion. Este elemento obraba de dos maneras en favor de las doctrinas ocultas: suministraba perpetuamente casos capaces de aturdir al mas decidido escepticismo, y tambien muchedumbres de testigos inquebrantables é incorruptibles; los cuales, no solo atestiguaban el carácter maravilloso de lo que veian, sino que la presencia del verdugo y de los suplicios no podia obligarles á desdecirse, y morian certificando la existencia de potencias sobrenaturales, y la posibilidad de tener comunicaciones con ellas y de recibir de las mismas un imperio sobre la naturaleza.

La posesion era uno de estos casos. Frecuentemente sucedia (y sucede todavía hoy, pero sin escándalo, porque los pacientes son inmediatamente confiados á los médicos y encerrados en asilos), acontecia frecuentemente, que algunas personas dijesen que estaban poseidas por el demonio, y no era solo decir por decir; pues, al menos, no se encontraban en su estado ordinario. Presas de una exaltacion extraordinaria, agitaban sus miembros, daban gritos, pronunciaban palabras extrañas, y llenaban de terror á los circunstantes, que se maravillaban de un espectáculo incomprensible para ellos, y que se creian en presencia de espíritus malignos y terribles.

Las formas eran varias. Tenemos historias muy numerosas de los procesos de hechiceros. El hechicero, la hechicera iban al aquelarre, cabalgaban por el aire, y llegaban á parajes desiertos, donde les aguardaba la ceremonia infernal, y se les aparecian Satanás, el príncipe de las tinieblas, un cabron inmundo: allí pasaban escenas horribles y obscenas; y todos los adoradores del demonio recibian sus órdenes, sus instrucciones y el poder de ejecutar las mayores maravillas. Luego venia la justicia, que en aquel tiempo perseguia con hierro y fuego á los adeptos del diablo: y entonces se desvanecia todo el poder prometido, y los infelices, entregados á las llamas, no renegaban en medio del dolor y de la muerte de las poderosas impresiones que habia dejado en sus ánimos el trato con Satanás.

Otras veces se manifestaban por la palabra las sugestiones ocultas de los seres superiores. Las bocas mas ignorantes y menos expertas se abrian de pronto y pronunciaban discursos llenos de exhortaciones y de amenazas, llenos de predicciones del porvenir, y con una facundia inagotable. Hasta los niños pequeñitos eran poseidos por el espíritu de prediccion y de profecía. Todos estos habladores parecian no ser, y ellos mismos aseguraban que no eran, en efecto, mas que instrumentos de una inspiracion ajena. Ignoraban lo que iban á decir, y parecian tan extraños á sus propias palabras, como los que las escuchaban sin poder comprender el orígen de su elocuencia.

Las convulsiones ocupan un lugar en este cuadro. Bajo influencias puramente místicas, sobrevienen los mas varios desórdenes en el aparato muscular. Estos desórdenes, no solo son de un carácter extraño, sino que asombran por su larga duracion, y por los esfuerzos de que entonces son capaces hasta las mas débiles mujeres, por la agilidad que despliegan las personas mas torpes, por las contorsiones increibles que en tal estado se ejecutan. Fuera de ese estado, ya no hay en tales personas fuerza, ni agilidad, ni atrevimiento. Las mas célebres de estas convulsiones son las del cementerio de San Medardo, en el que habia una tumba que esparcia en torno suyo una influencia oculta, privaba de su propia voluntad á los que iban á adorarla, y les hacia presa de los mas irregulares movimientos. Y lo mas maravilloso era que se despertaba en ellos un desordenado apetito á los golpes mas violentos, y una asombrosa aptitud para soportarlos, una especie de invulnerabilidad. Todo esto era producido, en el sentir de los convulsionarios, por una accion sobrenatural que emanaba de la sepultura venerada.

Los sentidos son susceptibles de exaltacion como los músculos, por la misma causa indicada; y los efectos, aunque menos ruidosos, no son menos capaces de sorprender á quien los presencia. Conviene, sin embargo, distinguir la exaltacion de los sentidos de las visiones y alucinaciones. Estas últimas no tienen realidad alguna en el mundo exterior; existen solamente en el cerebro del que las experimenta. La exaltacion de los sentidos, por el contrario, les da una agudeza, una finura que los hace aptos para percibir lo imperceptible en el estado ordinario; y entonces pueden dar indicaciones que á los demás hombres les parecen imposibles.

Tambien se presenta una como supresion de las leyes naturales en los éxtasis y en las visiones. Los éxtasis arrebatan á un alma á regiones inaccesibles al cuerpo y á los sentidos: mientras que el cuerpo permanece inmóvil, fijo, rígido; mientras que los sentidos están cerrados á todas las impresiones, sin que ningun contacto, ningun ruido pueda volverlos en sí, el alma viaja, obra y habla; entra en relaciones con los dioses ó con los demonios, con los ángeles ó con los muertos, y trae de estas emigraciones temporales la conviccion inquebrantable de haber visto y oido un mundo sobrenatural. Pero, aun sin éxtasis, las visiones se producen, y ofrecen al que las goza los espectáculos mas diversos, ya mostrándole los espacios que no ha hollado ninguna planta mortal, ya haciendo que se le aparezcan seres invisibles, ante quienes el hombre no es nada. Otros en vez de ver, oyen voces misteriosas que les comunican secretos, de los que solo se tiene idea en el mundo de los espíritus; ó bien les dan avisos que seria locura despreciar en las ocasiones apuradas de la vida. El demonio de Sócrates es uno de los ejemplos célebres de este género de comunicacion, que, por lo demás, es harto comun.

Desde luego se comprende que estos fenómenos tienen una estrecha conexion con la magia, la hechicería y las ciencias ocultas. Por ambas partes aparecen manifestaciones insólitas que se prestan á lo maravilloso: por ambas partes se está en relacion con las potencias invisibles. La Historia nos ofrece por doquiera realizada la fusion de estos dos elementos. Bastará citar como ejemplo los hechiceros del siglo XVI, que practicaban las artes ocultas, y que los mas eran presa de las perturbaciones enumeradas. Vision de cosas no aparentes, audicion de ruidos que no sonaban en otro oido, conversaciones con el demonio que los recibia en el aquelarre, éxtasis ó insensibilidad; todo esto se observó en aquellos desgraciados. Bajo el punto de vista teórico, no menos que del histórico, es imposible separar dos elementos que se prestan mutuo apoyo.

Pero, ¿qué necesidad hay de recordar las cosas pasadas? ¿no tenemos á la vista hoy los fenómenos del espiritismo? ¿No se encuentran en este reunidas todas las maravillas, y no se les ha querido hacer valer como una prueba actual y viviente de la demonología, de la ciencia oculta? Supongamos que esa grande y singular manifestacion hubiera sobrevenido en otra época, en plena Edad media, por ejemplo: indudablemente se la hubiera considerado como una obra de hechicería, y se hubiera perseguido como á la peste á todos los que recibiesen comunicaciones de las mesas ó de los espíritus. Supongámosla en siglos mas remotos, cuando no se atribuia á las divinidades infernales la voluntad determinada de inducir á los hombres á obrar mal, y esto habria sido solo una prueba mas de la presencia perpetua de los dioses entre los humanos, un nuevo medio de evocar los espíritus y de consultarles. Para la antigüedad, el milagro estaba siempre, por decirlo así, á la órden del dia: no turbaba la conciencia general, que veia en él una confirmacion, y no una contradiccion. En la Edad media, se le dividia: era procedente de Dios, de los ángeles y santos, y se acogia con adoracion; ó bien provenia del espíritu de las tinieblas, y era considerado como una abominacion digna de todo castigo.

Tenemos, pues, que ha habido épocas y todavía las hay, en que lo sobrenatural se apodera de multitud de espíritus ; domina, por decirlo así, la conciencia de todo un pueblo ; y en tal estado, la magia, las maravillas no pueden menos de existir, fuertes con el apoyo del comun consentimiento, por cuanto existe la mas estrecha alianza entre la ciencia oculta y la manifestacion sobrenatural ó alucinacion colectiva.

Con las anteriores observaciones se comprenderá mejor la obra de Mr. Salverte. Este parte de un principio al que nos adherimos, plenamente : el de que la magia y sus manifestaciones no son en realidad derogaciones del órden natural. Este principio es el de la ciencia que prepara la filosofía, y de la filosofía que emana de la ciencia : de acuerdo con él, no podemos menos de aceptar la juiciosa observacion del monje Roger Bacon, que Salverte ha puesto por epígrafe á su libro : *Non oportet nos magicis illusionibus uti, cum potestas philosophica doceat operari quod sufficit.*

En nada puede perjudicar á la obra la exposicion de algunos puntos de divergencia indicados en estas observaciones, toda vez que se respeta su raiz. Las miras históricas varian y se desenvuelven con el progreso de los estudios. Lo que bastaba al siglo XVIII y á sus discípulos, no es ya suficiente en nuestro tiempo; pero el principio subsiste, y solo se modifica el modo de aplicarlo.

Así, pues, hay que renunciar decididamente á la idea de una ciencia primitiva ; pero se puede y se debe admitir que la antigüedad poseyó secretos numerosos y eficaces. Hay que renunciar al empeño de atribuir las nociones de la magia y de lo sobrenatural únicamente á esos secretos hábilmente manejados ; pero se necesita agregarles la serie de las manifestaciones nerviosas, de las alucinaciones colectivas, que tan poderoso apoyo han dado á la ciencia oculta.

Cualesquiera que hayan sido esos secretos (y los habia muy poderosos), cuanto mas remota es la antigüedad á que pertenecen, tanta mayor influencia ejerció su conjunto sobre los ánimos, así de los que los ponian en práctica, como de aquellos que los contemplaban con admiracion ó terror. En el estado mental de las épocas remotas, poseer un secreto maravilloso era lo mismo que haber recibido un favor de las divinidades; era como usar de alguno de sus temibles poderes. Así vemos que en las concepciones del viejo Homero, no tanto se atribuyen los triunfos al valor de los héroes, como á la mano de los dioses protectores de sus dias y directores de sus cuerpos.

Mr. Salverte ha consagrado su libro al estudio de las prácticas mágicas, en cuanto al menos dependen del conocimiento de secretos naturales. Verdad es que los describe con el nombre de ciencia: pero, leyendo su libro, se descubre muy luego que el autor ha sabido encontrar hechos aislados, experimentos sueltos, arcanos de diferentes géneros; mas no las teorías coherentes y arduas que constituyen la ciencia actual.

Consignando estas observaciones, se previenen las críticas que pudieran levantarse contra la obra.

Es raro que en un libro no aparezca, además del sello del talento de su autor, la huella de su alma. En este, el alma de Mr. Salverte se manifiesta toda entera; y en cualquiera de sus páginas se ve al escritor grave que toma con empeño su asunto; al hombre sincero que busca sobre todo la verdad, y al pensador generoso que, remontándose por encima de la vida individual, se adhiere poderosamente al amor de la humanidad.

FIN.

ÍNDICE.

Pág.

CAPITULO I.—El hombre es crédulo, porque es naturalmente verídico.—Aprovechando su credulidad y poniendo en juego sus pasiones, algunos hombres superiores han hecho que se doblegue á una especie de sumision religiosa.—Las relaciones de las maravillas que les conducian á este fin no todas son falsas, por lo que es útil y al mismo tiempo curioso estudiar los hechos contenidos en estas relaciones y las causas de que los mismos hechos se derivan. 5

II.—Distincion de los *prodigios* y de los *milagros*.—Motivos que hacen creibles los relatos maravillosos: 1.º el número y la concordancia de estos, y la confianza que merecen los observadores y los testigos; 2.º la posibilidad de hacer que desaparezca lo maravilloso, remontándose á alguna de las causas principales que han podido dar un colorido maravilloso á un hecho natural. . . . 10

III.—Enumeracion y discusion de las causas.—Apariencias engañosas y juegos de la naturaleza.—Exageracion de los detalles de un fenómeno ó de su duracion.—Expresiones impropias, mal comprendidas, mal traducidas.—Expresiones figuradas: estilo poético.—Explicaciones erróneas de representaciones emblemáticas.—Apólogos y alegorías adoptados como hechos reales. 16

IV.—Fenómenos reales, pero raros, presentados como prodigios debidos á la intervencion de la divinidad, y presentados con éxito, porque se ignoraba que un fenómeno fuese local ó periódico; porque se habia olvidado un hecho natural, que en el principio habria excluido la idea de lo maravilloso; y á veces tambien, porque hubiera sido peligroso querer desengañar á la muchedumbre seducida.—La observacion de estos fenómenos aumentaba los conocimientos científicos de los sacerdotes.—Los escritores antiguos, verídicos en este punto, lo son en lo que dicen de las obras mágicas. 50

V.—*Magia*.—Antigüedad y universalidad de la creencia en la magia.—Sus obras fueron atribuidas lo mismo al bueno que al mal principio.—Antiguamente no se creyó que fuesen la perturbacion del órden natural.—No se ponia en duda su realidad, ni aun cuando eran producidas por los sectarios de una religion enemiga. 73

VI.—Lucha de habilidad entre los taumaturgos: el vencedor era reconocido como depositario de la ciencia del Dios mas poderoso.—Esta ciencia tenia por base la física experimental.—Pruebas sacadas: 1.º de la conducta de los taumaturgos: 2.º de lo que han dicho ellos mismos acerca de la magia. Los *genios* invocados por los magos, unas veces designan los agentes físicos ó químicos que servian para las operaciones de la ciencia oculta, y otras los hombres que cultivaban esta ciencia: 3.º la magia de los caldeos comprendia todas las ciencias ocultas............ 84

VII.—Errores mezclados á los conocimientos positivos. Estos errores nacian, ya de imposturas involuntarias, ya del misterio en que se encerraba la ciencia sagrada.—Imposturas, promesas exageradas de los taumaturgos: charlatanismo y escamoteo: rasgos de destreza mas ó menos groseros: empleo de la *suerte* y facilidad de dirigir su resultado.—Oráculos: para asegurar su éxito: al equívoco y á la impostura, se agregaron medios naturales, como el prestigio de la *ventriloquia*, los vértigos, etc., y por último, algunas observaciones exactas, aunque muy sencillas............ 94

VIII.—Garantías del misterio que envolvia las ciencias ocultas.—Geroglíficos, idioma y escritura sagrados, desconocidos de los profanos.—Lenguaje enigmático de las evocaciones.—Revelaciones graduadas, parciales, y que solo un corto número de sacerdotes obtenia en su plenitud.—Religion del juramento.—Mentira sobre la naturaleza de los procedimientos y la extension de las obras mágicas.

Consecuencias del misterio: 1.º en las manos del taumaturgo se degrada la ciencia, reducida á una práctica sin teoría, y cuyas fórmulas mismas acaban por no ser comprendidas: 2.º la ignorancia en que se está de los límites que circunscriben su poder, el deseo de adivinar sus secretos y el hábito de atribuir la eficacia de estos á los procedimientos que la ciencia emplea ostensiblemente, hacen germinar entre la muchedumbre los errores mas groseros........ 116

IX.—A pesar de la rivalidad de las religiones, el espíritu de la forma *fija* de civilizacion conserva el misterio en las escuelas filosóficas; pero á la larga es desterrado por la influencia de la civilizacion *perfectible*.—1.º Comunicacion habitual de los griegos con los sucesores de los magos, dispersados por el Asia despues de la muerte de Smerdis; primera revelacion de la magia.—2.º El empobrecimiento del Egipto, despues de la conquista de los romanos, hace afluir á Roma sacerdotes de grados inferiores, que trafican allí con los secretos de los templos.—3.º Los politeistas que se convierten al cristianismo, tráen á su seno los conocimientos mágicos que poseian.

En esta última época subsisten los restos de la ciencia sagrada, 1.º en las escuelas de los filósofos teurgistas; 2.º en poder de los sacerdotes errantes, y sobre todo de los sacerdotes egipcios. Se puede verosímilmente asignar por sucesores, á los primeros las *sociedades secretas* de Europa, y á los segundos los hechiceros modernos...... 136

X.—Enumeracion de las maravillas que el taumaturgo tenia posibilidad de operar por la práctica de las ciencias ocultas..... 153
XI.—Maravillas ejecutadas por medio de la mecánica.—Suelos movibles; autómatas; ensayos en el arte de elevarse en el aire. 157
XII.—Acústica: imitacion del ruido del trueno.—Órganos. —Cofres resonantes, andróides ó cabezas parlantes.—Estátua de Memnon. 162
XIII.—Optica.—Efectos semejantes á los del diorama.—Fantasmagoría.—Apariciones de los dioses y de las sombras de los muertos.—Cámara oscura.—Mágicos que cambian de aspecto y de figura.—Prestigio increible. 168
XIV.—Hidrostática.—Fuente maravillosa de Andros; tumba de Belo; estátuas que vierten lágrimas; lámparas perpétuas.—Química: Líquidos que cambian de color; sangre solidificada que se liquida; líquidos inflamables.—La destilacion y los líquidos alcohólicos eran conocidos antiguamente aun fuera de los templos. 182
XV.—Secretos para preservarse de la accion del fuego, empleados para ejecutar maravillas en las iniciaciones y en las ceremonias del culto: servian tambien para arrostrar impunemente la prueba del fuego: fueron conocidos en Asia y en Italia, y puestos en uso en el Bajo Imperio, y hasta nuestros dias en Europa.—Procedimiento para hacer la madera incombustible. 191
XVI.—Secretos para obrar sobre los sentidos de los animales.—Ejemplos modernos y antiguos.—Poder de la armonía; poder de los buenos tratamientos; serpientes y cocodrilos domesticados; reptiles cuyo veneno se destruye ó se agota.—*Psilas* antiguos: la facultad que tenian de arrostrar la mordedura de las serpientes, se halla fuera de duda por experimentos modernos, frecuentemente repetidos en Egipto: esta facultad depende de emanaciones olorosas que afectan los sentidos de los reptiles, y que no perciben los del hombre. . . 199
XVII.—Drogas y bebidas preparadas: unas soporíficas, otras á propósito para producir una imbecilidad pasajera.—Circe: *Nepenthes.*—Ilusiones deliciosas, ilusiones aterradoras, revelaciones involuntarias, valor invencible, producidos por los alimentos ó brebages.—El *Viejo de la montaña* seducia á sus discípulos por medio de ilusiones, y probablemente les precavia contra los tormentos por medio de drogas narcotizantes.—Ejemplos numerosos del empleo de estas drogas.—El uso de ellas, siendo habitual, conduce á la insensibilidad física y á la imbecilidad. 215
XVIII.—Accion de los olores sobre la parte moral del hombre.—Accion de los linimentos: la *uncion* mágica producia muchas veces, en sueños, imágenes que la prevencion y el deseo consideraban fácilmente como realidades.—Tales ensueños explican toda la historia de la hechicería.—El empleo de al-

gunos conocimientos misteriosos, los crímenes que á veces se han encubierto con el velo de supuestos sortilegios, el rigor de las leyes dirigidas contra el crímen absurdo de hechicería; tales son las principales causas que multiplicaron el número de los hechiceros.—Importancia de esta discusión, probada por hechos recientes. 232

XIX.—Efectos de la imaginación, preparada por la creencia habitual en relatos maravilosos; secundada por accesorios físicos, por la música, por el hábito de exaltar las facultades morales, por un terror irreflexivo, por los presentimientos.—Los movimientos simpáticos propagan los efectos de la imaginación.—Cura producida por la imaginación.—Extravíos de la imaginación perturbada por las enfermedades, por los ayunos, las vigilias y las maceraciones.—Remedios morales y físicos opuestos con éxito á los extravíos de la imaginación.. 249

XX.—La medicina formaba parte de la ciencia oculta: durante mucho tiempo fué solo ejercida por sacerdotes: las enfermedades eran enviadas por genios maléficos ó dioses irritados: las curaciones fueron milagros, es decir, obras mágicas.—La credulidad y el espíritu de misterio atribuyeron propiedades maravillosas á sustancias sin energía, y el charlatanismo secundó este género de decepcion.—Curaciones falaces.—Abstinencias extraordinarias.—Sustancias nutritivas tomadas en volúmen casi imperceptible.—Resurrecciones aparentes.. 265

XXI.—Sustancias venenosas.—Venenos cuyo efecto puede graduarse.—Muertes milagrosas.—Veneno empleado en las pruebas judiciales.—Enfermedades enviadas por la venganza divina.—Enfermedades predichas naturalmente.. 280

XXII.—Esterilidad de la tierra.—La creencia en los medios que los taumaturgos tenian para producirla nació sobre todo del lenguaje de los emblemas.—Esterilidad producida naturalmente.—Cultivos que se perjudican mutuamente, y sustancias que dañan á la vegetacion.—Atmósfera pestilencial.—*Pólvora hedionda* y nitrato de arsénico, empleados como armas ofensivas.—Terremotos y hundimientos previstos y predichos.. 289

XXIII.—Meteorología.—Arte de predecir la lluvia, las tempestades y la direccion de los vientos: se convierte á los ojos del vulgo en la facultad de conceder la lluvia y los vientos favorables.—Ceremonias mágicas para conjurar la caida del granizo. . . 299

XXIV.—Arte de sustraer la electricidad de las nubes.—Medallas y tradiciones que indican su existencia en la antigüedad.—Velado bajo el nombre de culto de «Júpiter Elicius,» y de «Zeus Cataibates,» fué conocido de Numa y de otros personajes de la antigüedad. — Los limitadores del rayo hicieron uso de aquel arte, que se remonta hasta Prometeo: fué conocido de los hebreos: la construccion del templo de Jerusalen lo prueba.—Zoroastro se sirvió del mismo medio para encender el fuego sagrado, y para las pruebas y maravillas que operaba en la iniciacion de sus adeptos.—Si los caldeos lo poseyeron, se perdió entre sus manos.—En tiempo de Ctesias subsistian algunos rastros en la India.—Milagros análogos á los que este arte producia, y que, no obstante, merecen diferente explicacion. 307

XXV.—Sustancias fosforescentes.— Aparicion súbita de llamas.—Calor desarrollado por la extincion de la cal.—Sustancias que arden al contacto del aire y del agua.—El piróforo y el fósforo, el nafta y los licores alcohólicos, empleados en diversos milagros.—Fuego descendido de lo alto.—*La sangre de Neto* era un fósforo de azufre; y el veneno que Medea empleó contra Creusa, un verdadero fuego griego.—Este fuego, muchas veces descubierto, fué usado antiguamente: se hacia uso de un fuego inextinguible en Persia y en el Indostan. . . 325

XXVI.—Composiciones análogas á la pólvora.— Los antiguos hebreos debieron conocerlas, y el secreto fué transmitido hasta Herodes y tiempos posteriores.—Explosion de una mina en Jerusalem en tiempo de Juliano, y en Siria, en el del califa Motassen.—Minas empleadas por los sacerdotes de Delfos para rechazar á los persas y á los galos. — Antigüedad de la invencion de la pólvora, verosímilmente originaria del Indostan, y conocida en la China desde tiempo inmemorial.—Sus efectos, poéticamente descritos, han parecido fabulosos. —Sacerdotes de la India, que empleaban el mismo medio para lanzar el rayo á sus enemigos.— El rayo de Júpiter comparado á nuestras armas de fuego.—Diversos milagros explicados por el empleo de estas armas.—La pólvora fué conocida en el Bajo-Imperio, y probablemente hasta el siglo XII. 340

XXVII.—Los taumaturgos podian tambien ejecutar maravillas con la escopeta de viento, con la fuerza del vapor de agua caliente y con las propiedades del iman.—Los feaciences pudieron conocer la brújula, como los navegantes fenicios.—La «Flecha» de Abaris era tal vez una brújula.—Los fineses tienen una brújula particular suya, y se ha hecho uso de la brújula en la China, desde la fundacion del imperio.— Otros medios de hacer milagros.— Fenómenos del galvanismo.—Accion del vinagre sobre la cal.— Recreaciones de física, lágrimas batávicas, etc. 354

XXVIII.—Conclusion.—Principios seguidos en el curso de esta discusion.—Respuesta á la objecion de la pérdida de los conocimientos científicos de los antiguos.—Solo Demócrito, entre ellos, se ocupó en observaciones y en física experimental.— Este filósofo veia, como nosotros, en las obras mágicas los resultados de una aplicacion científica de las leyes de la naturaleza.—Utilidad de estudiar bajo este punto de vista los milagros de los antiguos. —Los taumaturgos no ligaban entre sí, por medio de una teoría, sus conocimientos científicos: este es un indicio de que los habian recibido de un pueblo anterior. — Los primeros taumaturgos no pueden ser acusados de impostura; pero seria peligroso seguir hoy sus huellas, tratando de subyugar al pueblo con milagros: la obediencia voluntaria á las leyes es una consecuencia segura de la felicidad que las leyes procuran á los hombres. 362

NOTA A. — De los dragones y serpientes monstruosas que figuran en muchas narraciones fabulosas ó históricas.. . 369

NOTA B. — De la estatua de Memnon. — Relatos é inscripciones que atestiguan la vocalidad de la estatua, y hasta hacen mencion de palabras pronunciadas. — Explicaciones poco concluyentes, propuestas por diversos autores.—Segun Langlés, los sonidos proferidos algunas veces por la estatua correspondian á las siete vocales, emblemas de los siete planetas.—Oráculo que pudo ser pronunciado por la estatua de Memnon.—Refutacion del sistema de M. Letronne. — El milagro era *probablemente* efecto de la superchería. — Imposibilidad de obtener una resolucion satisfactoria del problema.. 404

OBSERVACIONES hechas en la Introduccion á esta obra por M. E. Littré. 425

ERRATAS.

Página.	Línea.	Dice.	Léase.
69 nota	5	corsos	corzos
76	19	sorprende al ver	sorprende el ver
87	24	da al hombre	dan al hombre
89	13	de maravillosas	de maravillas
90	4	idioma sagrado	idioma sagrado?
91	14	arte, oculto ó	arte, oculta á
95	27	alcanzar de Dios	alcanzar del dios
96	13	amenazaban	amenazaba
114	21	las siglos	los siglos
122	26	arte mágico	arte mágica
124	15	fuesen dignos	fuesen dignas
126	17	Asclepiodotes	Asclepiodoto
129	1	la creencia	la ciencia
174	4	su esposo muerto, en	su esposo, muerto en
184 nota (3)	2	impiar fuertemente	limpiar frecuentemente
194	27	al que usaban	al que usan.
203	5	hastaba	bastaba
211	1	los Marcos	los Marsos
216	7-8	Marcosios	Marcosianos
»	13	denunciados y castigados	denunciadas y castigadas
240	14	á favorecidos	ó favorecidos
»	26-27	á tratado	ha tratado
266	24	Almeno	Alcmena
267	30	los explicaba	las explicaba
277	28	sobre un enfermo	sobre un cuerpo
285	17	étiche	fétiche
»	22	la mane	la mano
»	24	tiene do	tiene de
292	24	del maléfico	del maleficio

Página.	Línea	Dice.	Léase.
295	22	habrá confirmado	haya confirmado
307	12	á losa. pueblos	á los pueblos
314	18	de á discurrir	de discurrir
319	4	habrá invocado	habrás invocado
324	1-2	Devuélvese	Devuélvase
326	12	Fringal	Fingal
333 nota	1	fósforo	fosfuro
335 y 336	última primera	el cheik de Barnú, que posee todos los gunos años,	el cheik de Barnú, que posee todos los conocimientos de este pueblo, se admiró mucho, hace algunos años,
346	15	de armas Tchinggis	de armas de Tchinggis
349 nota (5)	4	Laudant	Ludant
358	12	comurcas	comarcas
359	15	taumaturgos	taumaturgo,
360	14-15	las antiguos	los antiguos

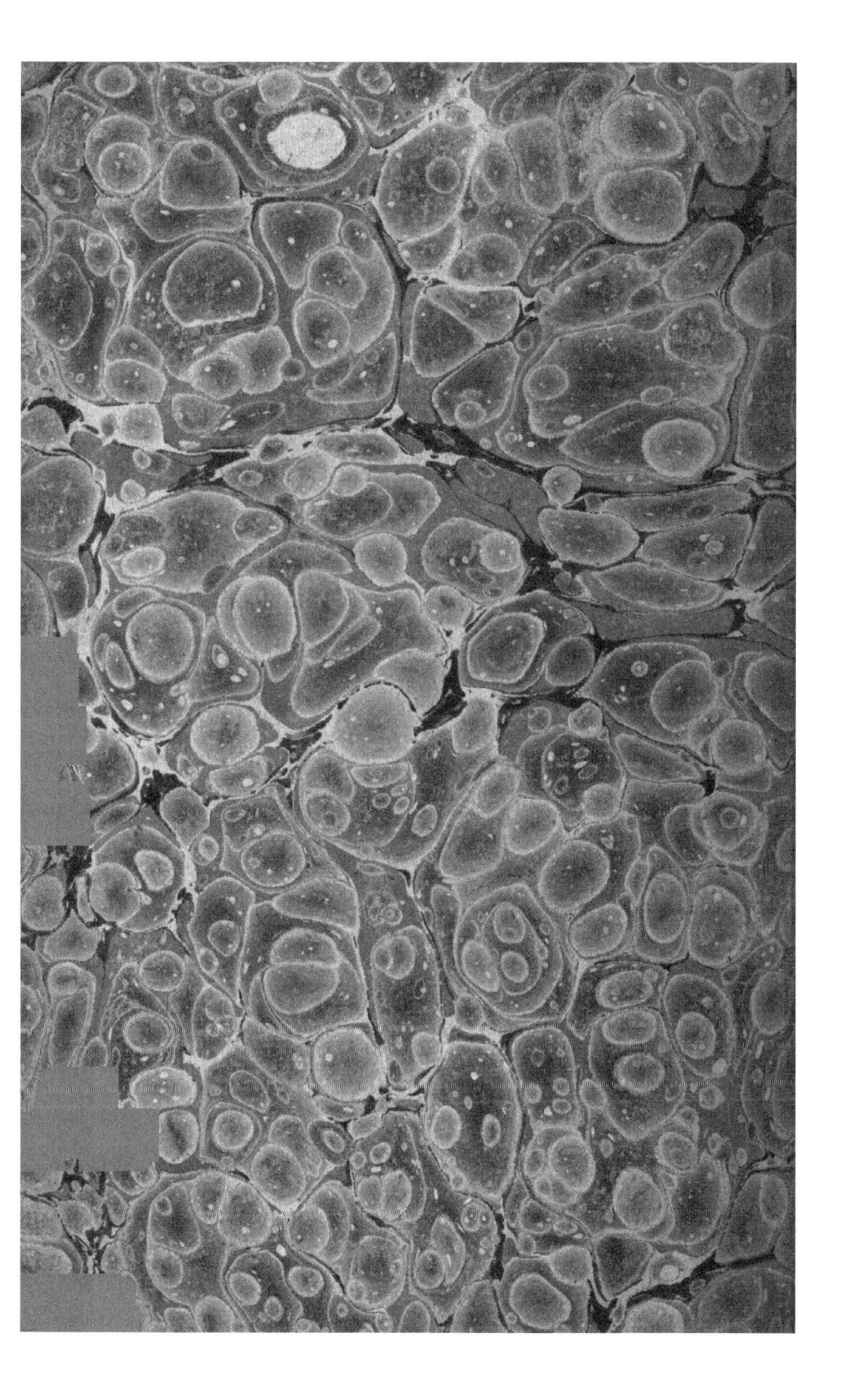

Lightning Source UK Ltd.
Milton Keynes UK
UKHW021839160920
369974UK00006B/75